新編諸子集成

墨子閒詁

上

〔清〕孫詒讓 撰

孫啟治 點校

中華書局

目録

前言

墨子是研究先秦墨家學派及其創始人墨子思想學説的重要著作，内容主要記載墨子的言論與活動。還有一部分涉及邏輯學、自然科學的論述，是後期墨家著作。書中也摻入了一些後人僞作，如親士、脩身等篇即是。至於書中談論守城拒敵方法的篇文，容或有漢人文字羨入，但大體保存了一些墨家的守城技術與方法〔一〕。總之，墨子是先秦諸子書中内容最爲豐富的著作之一。

墨子名翟，生卒年於史無載。根據清代及近代學者研究，他是春秋、戰國之際的人，時代略後於孔子。至其籍貫，載記説法不一，一般認爲他是魯國人〔二〕。

墨子思想最具代表性的觀點是「兼愛」，即一視同仁地愛一切人〔三〕。由於主張兼愛，必然導致他的「非攻」思想，反對一切侵伐别國的戰爭，不僅口頭反對，而且付諸行動，積極講究守城禦敵的方法。他又反對貴族生活的奢侈化，提倡節省財力，減輕下層勞作者的負擔，於是導致他的「節用」、「節葬」、「非樂」等主張。而儒家的繁文縟禮、厚葬久喪正是耗費財物人力的因素之一，於是導致他的「非儒」思想。他還提出「尚賢」、「尚同」的政治學說，主張用人唯賢是舉，不偏黨父兄親貴。他的「爲賢之道」是什麽呢？就是「有力者疾以助人，有財者勉以分人，有道者勸以教人」（見本書兼愛下篇），換句話説也就是實行「兼愛」。他提出，自百姓、里長、鄉長、國君直至最高統治者天子，由下而上層層服從，都要遵守同一個最高準則，即他所謂的「天志」，而這個上天的意志不是别的，正是他自己「兼相愛、交相利」思想的神格化。最後，不論是他宣揚鬼神能賞善罰暴的「明鬼」思想，還是認爲國家的治亂興亡、個人的貧富榮辱都非命裏所定的「非命」思想，目的都在告誡統治者勤政行善。

墨家學派與先秦其他學派一樣，是在一定歷史環境下産生的。春秋至戰國以來，周天子的獨尊地位日益衰落，漸至有名無實。隨着代表王權的禮樂制度大壞，王權的觀念早已淡化。當其時，諸侯割據爲政，羣龍無首，弱肉强食。歷史正向割據者提出問題：怎樣才能生存自强？於是在這個舊秩序已壞、新秩序未立的權威空白時代，社會各階層都想説出自己的話。於是反映不同階層利益和思想情緒的各種政治與人生觀的學説，便隨同其代表人物應運而生，形成「百家争鳴」的思想活躍局面。墨子的思想反映了社會下層的願望，因之受到佔社會大多數的人羣的歡迎。所以墨學能够與儒學一起，成爲戰國時期最有聲望的兩大學派〔四〕。

然而秦漢以後，王權重新建立，儒學因能適應中央集權的新秩序而空前發展，墨學則完全不能適應。本來，歷史上任何時代，愈是能反映社會下層利益的學説，其空想成分就愈多。「兼愛」自然是空想，簡單地説是社會制度不容，根本上説是社會生産力還達不到實行「兼愛」的要求。墨學在權威空白時代可以少干擾地主要流行於下層，一旦王權建立並鞏固，在一個從制度上、觀念上把人分成等級的統一社會中，「兼愛」的空想性質就更明顯，而宣傳這個空想是統治者不能接受的。墨子提出的不分等級地用人、節儉省用等主張，也是統治者做不到的。所以秦漢以後，墨學畢竟不適合封建統治需要，終於衰落下去。

墨學是先秦諸子學中唯一反映下層利益、反貴族化最鮮明的學説。墨學雖有空想成分，但其書的説理過程有很强邏輯性，尤其在經、説、大取、小取等六篇中已歸納成理論。墨學又是最重實踐的學説，在上述六篇中可以看到有關力學、光學、幾何學等論述，而在論城守諸篇中可以看出這些學科的應用。這些，在古代尤其先秦著作中並不多見。所以要了解、研究中國古代思想史、自然科學史、軍事工程學及邏輯學，都要涉及到墨子這部書。

由於歷代統治者不提倡墨學，自秦漢直至清代中葉，二千多年來研究墨子的人很少。先秦各大學派的代表性著作大多有唐宋以上人作的舊注，唯獨墨子無舊注〔五〕。據漢書藝文志，漢代墨子尚存七十一篇，今本則爲五十三篇。且不僅篇文有亡佚，該書因少有人研究，所以在鈔、刻流傳中産生的譌誤就難得到糾正，尤其經、説、大取、小取及論城守諸篇錯譌嚴重，幾至不能句讀者。

畢沅是清代首先整理墨子全書的人〔六〕。他以明道藏本爲底本，參校了幾種明刻本及傳注、類書的引文，校正一些錯字，並作簡要注釋，刊布於乾隆四十八年。畢氏的工作雖疏漏不少，但此書經他一番整理並加刊布，爲後人進一步研讀、整理打下了基礎。自畢刻通行，清儒始注意研讀墨子，樸學名家如王念孫、引之父子及俞樾諸人均就畢刻進行研究，頗多成績。然而他們做的都是札記工作，並未通治全書。最後，晚清著名學者孫詒讓以其覃思十年之功，考校文字，徵引文獻，訓詁名物，兼採王俞等十餘家之説，撰墨子閒詁十卷及目録、附録、後語凡四卷，初以活字印行，至宣統二年刊布定本。梁啓超評孫氏此書説：「蓋自此書出，然後墨子人人可讀。現代墨學復活，全由此書導之。古今注墨子者固莫能過此書，而仲容一生著述，亦以此書爲第一也。」（中國近三百年學術史）這一高度評價，大致公允。墨子閒詁不僅是清代墨學研究的總結，更是推動近代以來墨學研究空前發展的先導。孫詒讓著作中對後世影響最大的，當推此書。

孫詒讓（一八四八——一九〇八）字仲容，號籀高（廎），浙江瑞安人。他精於考據之學，在文字學、訓詁學方面功底深厚，爲晚清著名學者。一生著述宏富，已刊定的即有二十多種，其中以墨子閒詁、周禮正義、札迻最爲稱著。此外，他研治金文、甲骨文亦有成就，所著名原，爲後來古文字研究習用的「偏旁分析法」之開派性著作。所著契文舉例，則是我國最早的一部甲骨文研究專著。

在孫詒讓之前，學者已就畢刻本做了不少校釋工作，因而墨子閒詁得以在踏實的基礎上進行。孫氏本就精通校勘訓詁，又諳熟古文獻，所以他能歸納衆家校説，取長補短，融會貫通到全書的注釋中去，正如黄紹箕跋中所説，「集畢氏及近代諸儒之説，從善匡違，增補扇略」。孫氏以其深厚的經學、小學、古文字學功底，校正了本書不少訛誤，往往發人所未發，多爲後人視爲定論。例如兼愛下「且不惟誓命與湯説爲然」，湯説已見上文，而誓命並不見上文，此處從何提起？校釋者多不能明。孫氏謂「誓命」當依上文作「禹誓」，因「禹」字古文作「□」，與「命」字形似而訛，後人不悟，臆乙「命誓」爲「誓命」。按孫説甚是。三體石經（品字式）書益稷之「禹」字古體作「□」，隸變作「□」（漢書藝文志）、「□」（敦煌唐寫本尚書釋文），均與「命」或其六朝別體「□」（北齊成世猷造像）相似。又如尚同中「是以先王之書術令之道曰」云云，以往校釋者都放過「術令」二字不置一辭。而孫氏指出術令即尚書逸篇説命，「術」與「説」、「命」與「令」皆音近相通，引禮記緇衣「術令」作「兑命」爲證。按孫説是。古文「命」、「令」本爲一字。「術」從「术」得聲，「説」從「兑」得聲，皆舌音字，一聲之轉。

史記南越列傳「不可以説好語入見」，索隱「説」作「悦」，云「漢書作『怵』」，亦足證孫説。他如兼愛中之「召之邸」即周禮夏官職方氏之「昭餘祁」，非攻中之「不著何」即逸周書王會篇之「不屠何」，非攻下「有神人面鳥身，若瑾以侍」之「若瑾」乃「奉珪」之誤，耕柱篇「𦬸蔪雉已」今本訛作「翁難乙」等等，皆言之有據。大抵溯其籀篆變遷之源以還舊觀，循其聲音通轉之理以揭本字，發滯解疑，類此者所在多多。

墨子閒詁主要不足之處，是孫氏寫書時能看到的墨子版本很少，除以畢刻爲底本外，僅據明吴寬殘鈔本、道藏本、日本寶曆本殘袟等參校。而道藏本尚未見原書，僅據顧廣圻等人寫的校記。孫氏所見異本既很有限，以至畢刻的文字訛誤往往爲閒詁所承襲而未糾正。例如七患篇「爲者疾，食者衆，則歲無豐」，俞樾説「疾」字當作「寡」。孫謂俞説未確，當作「爲者疾，食者寡，則歲無凶。爲者緩，食者衆，則歲無豐」，憑空增出「食者寡」至「爲者緩」十字。不知作「疾」者乃畢刻誤字，墨子各本均作「寡」。孫因限於版本缺乏，判斷失誤。以他的才識，倘當時能多見異本，其書成就可更大。近代以來，墨學研究經歷了空前發展時期，尤其對經、説、大取、小取六篇的研究，已有多種專著問世，超過了孫書的成就。至於通治全書，近人吴毓江的墨子校注完全可以同孫書媲美，在蒐集版本異文、考訂文字方面比孫氏更進一步。但作爲一部集清代墨學大成的彙解性質的書，孫書保存了豐富的資料，近代著作無一不是在孫書的基礎上完成的。所以孫書仍然是注釋墨子的代表著作，爲研究者所必需參考。

墨子閒詁的定本刊刻於清宣統二年，以後出版的影印、排印本均據宣統本。一九八六年中華書局出版了新的標點本。我在整理吴毓江墨子校注時，發現新版墨子閒詁中標點訛誤及文字失校處頗多，遂匯爲一編，寄交中華書局。於是中華書局約我重新點校此書，這裏有兩點要向讀者交待：

一、本書以上海商務印書館涵芬樓影印清宣統二年刊定本墨子閒詁爲底本，畢沅校刻墨子爲主校本，道藏等本爲參校本。宣統本刻錯的字，凡有版本依據的，則改正並出校記；無版本依據的，除個别明顯版刻錯字外，一仍其舊，但出校記説明。對於孫氏引用各書或他人之説者，均取原書對勘，若有訛誤之處則據以訂正，亦出校記説明。

二、正文各篇多有以「子墨子言曰」起首，有的篇中還連續出現「子墨子言曰」，基本上是墨家弟子記載或轉述墨子的思想言論。這次標點，「子墨子言曰」下衹加冒號，不加引號。文中自設問答、或與假設的對立面問答之辭，凡起訖易明的，也不加引號。但文中明確引書及他人言論，則加引號。這樣做是爲了避免正文中單、雙引號出現太頻繁，徒然亂人眼目而實無必要。至於「子墨子言曰」下的文字哪些可認作是墨子的言論，哪些是後人滲入的議論，是學術觀點問題。本書施加標點，僅有助於文意顯豁，屬技術問題而已。

古籍點校頭緒紛挐，整理工作的失誤在所難免，讀者指正是荷。

一九九八年四月　孫啟治

〔一〕墨子各篇時代及真僞，參看本書有關各篇的題注及孫詒讓自序。又吳毓江墨子校注附墨子各篇真僞考，彙集清代及近代學者的研究，大體已有結論，可以參看。

〔二〕參看本書後語上墨子傳略、墨子年表。又吳毓江墨子校注附墨子姓氏生地考，彙集資料較多，也可參看。

〔三〕孟子滕文公上、告子下及呂氏春秋不二談到墨子，均説他「兼愛」、「貴兼」。孟子批評墨子最爲激烈，斥之爲「禽獸」，所指的也是「兼愛」，可見都把「兼愛」看作墨子的最具代表性觀點。

〔四〕韓非子顯學説：「世之顯學，儒墨也。」「顯」即顯赫的意思。孟子滕文公下也説「墨翟之言盈天下」。

〔五〕西晉時，魯勝曾注墨辯（即經説四篇），見晉書卷九十四。又通志藝文略載樂臺注墨子三卷。二人均非通注全書，其注今亦不傳。

〔六〕清汪中也有墨子校本（見述學墨子序），早於畢氏，但此書未流傳，大概未刊行。

俞序

孟子以楊墨並言，辭而闢之，然楊非墨匹也。楊子之書不傳，略見於列子之書，自適其適而已。墨子則達於天人之理，熟於事物之情，又深察春秋、戰國百餘年閒時勢之變，欲補弊扶偏，以復之於古。鄭重其意，反復其言，以冀世主之一聽。雖若有稍詭於正者，而實千古之有心人也。尸佼謂孔子貴公，墨子貴兼，其實則一。韓非以儒墨並爲世之顯學，至漢世猶以孔墨並稱，尼山而外，其莫尚於此老乎！墨子死而墨分爲三，有相里氏之墨，有相夫氏之墨，有鄧陵氏之墨。今觀尚賢、尚同、兼愛、非攻、節用、節葬、天志、明鬼、非樂、非命，皆分上、中、下三篇，字句小異，而大旨無殊。意者此乃相里、相夫、鄧陵三家相傳之本不同，後人合以成書，故一篇而有三乎？墨氏弟子網羅放失，參攷異同，具有條理，較之儒分爲八，至今遂無可考者，轉似過之。乃唐以來，韓昌黎外無一人能知墨子者，傳誦既少，注釋亦稀。樂臺舊本，久絶流傳，闕文錯簡，無可校正，古言古字更不可曉，而墨學塵薶終古矣。

國朝鎮洋畢氏始爲之注，嗣是以來，諸儒益加讎校。涂徑既闢，奧窔粗窺，墨子之書稍稍可讀。於是瑞安孫詒讓仲容乃集諸説之大成，著墨子閒詁。凡諸家之説，是者從之，非者正之，闕略者補之。至經説及備城門以下諸篇尤不易讀，整紛剔蠹，衇摘無遺，旁行之文，盡還舊觀，訛奪之處，咸秩無紊，蓋自有墨子以來未有此書也。以余亦嘗從事於此，問序於余，余何足序此書哉。竊嘗推而論之，墨子惟兼愛是以尚同，惟尚同是以非攻，惟非攻是以講求備禦之法。近世西學中光學、重學，或言皆出於墨子，然則其備梯、備突、備穴諸法，或即泰西機器之權輿乎？嗟乎！今天下一大戰國也，以孟子反本一言爲主，而以墨子之書輔之，儻足以安内而攘外乎。勿謂仲容之爲此書，窮年兀兀，徒敝精神於無用也。光緒二十一年夏，德清俞樾。

自序

漢志墨子書七十一篇，今存者五十三篇。魯問篇墨子之語魏越云：「國家昏亂，則語之尚賢、尚同；國家貧，則語之節用、節葬；國家憙音湛湎，則語之非樂、非命；國家淫僻無禮，則語之尊天、事鬼；國家務奪侵淩，則語之兼愛、非攻。」今書雖殘缺，然自尚賢至非命三十篇，所論略備，足以盡其恉要矣。經說上下篇，與莊周書所述惠施之論及公孫龍書相出入，似原出墨子，而諸鉅子以其説綴益之。備城門以下十餘篇，則又禽滑釐所受兵家之遺法，於墨學爲別傳。惟脩身、親士諸篇，誼正而文靡，校之它篇殊不類。當染篇又頗涉晚周之事，非墨子所得聞，疑皆後人以儒言緣飾之，非其本書也。墨子之生蓋稍後於七十子，不得見孔子，然亦甚老壽，故前得與魯陽文子、公輸般相問答，而晚及見田齊太公和，又逮聞齊康公興樂及楚吴起之亂。身丁戰國之初，感悕於獷暴淫侈之政，故其言諄復深切，務陳古以剴今。亦喜稱道詩、書及孔子所不修百國春秋。惟於禮則右夏左周，欲變文而反之質，樂則竟屏絕之，此其與儒家四術六蓺必不合者耳。至其接世，務爲和同，而自處絕艱苦，持之太過，或流於偏激，而非儒尤爲乖盭。然周季道術分裂，諸子舛馳。荀卿爲齊、魯大師，而其書非十二子篇於游、夏、孟子諸大賢，皆深相排笮。洙、泗齗齗，儒家已然，墨儒異方，跬武千里，其相非寧足異乎？綜覽厥書，釋其紕駮，甄其純實，可取者蓋十六七。其用心篤厚，勇於振世救敝，殆非韓、呂諸子之倫比也。莊周天下篇之論墨氏曰：「不侈於後世，不靡於萬物，不暉於數度，以繩墨自矯而備世之急。」又曰：「墨子真天下之好也，將求之不得也，雖枯槁不舍也。才士也夫！」斯殆持平之論與！墨子既不合於儒術，孟、荀、董無心、孔子魚之倫咸排詰之。漢、晉以降，其學幾絶，而書僅存，然治之者殊尟，故脱誤尤不可校。而古字古言，轉多沿襲未改，非精究形聲通叚之原，無由通其讀也。舊有孟勝、樂臺注，今久不傳。近代鎮洋畢尚書沅始爲之注，藤縣蘇孝廉時學復刊其誤，刱通涂徑，多所諟正。余昔事讎覽，旁摭衆家，擇善而從，於畢本外又獲見明吴寬寫本，黄丕烈所景鈔者，今臧杭州丁氏，缺前五卷，大致與道臧本同。顧千里校道臧本，臧本，明正統十年刊，畢本亦據彼校定，而不無舛譌。顧校又有季本，傳録或作李本，未知孰是。明槧諸本大氐皆祖臧本，畢注略具，今並不復詳校。又嘗得倭寶歷閒放刻明茅坤本，并爲六卷，而篇數尚完具，册耑附校異文，閒有可采，惜所見本殘缺，僅存後數卷。用相斟覈，别爲寫定。復以王觀察念孫、尚書引之父子，洪州倅頤煊，及年丈俞編修樾，亡友戴茂才望所校，參綜考讀。竊謂非儒以前諸篇，誼恉詳焯，畢王諸家校訓略備，然亦不無遺失。經、説、兵法諸篇，文尤奥衍淩襍，檢攬舊校，疑滯殊衆，覃覈有年，用思略盡，謹依經誼字例，爲之詮釋。至於訂補經説上下篇旁行句讀，正兵法諸篇之譌文錯簡，尤私心所竊自喜，以爲不繆者，輒就畢本更爲增定，用遺來學。昔許叔重注淮南王書，題曰鴻烈閒詁。據宋槧本淮南子及晁公武讀書志。閒者，發其疑啎；詁者，正其訓釋。今於字誼多遵許學，故遂用題署，亦以兩漢經儒本説經家法箋釋諸子，固後學所睎慕而不能逮者也。光緒十有九年，歲在癸巳十月，瑞安孫詒讓序。

墨子書舊多古字，許君説文舉其「羛繃」二文，今本並改易不見。則其爲後人所竄定者，殆不知凡幾。蓋先秦諸子之譌舛不可讀，未有甚於此書者。今謹依爾雅、説文正其訓故，古文篆隸校其文字。若尚同篇引術令，即書説命之佚文。魏晉人作僞古文尚書，不知「術」爲「説」之叚字，遂摭其文，竄入大禹謨矣。兼愛篇「注召之邸虖池之瀆」，「召之邸」，即孫炎本爾雅釋地之「昭餘底」，亦即周禮職方氏之「昭餘祁」。今本「召」譌爲「后」，其義不可解，畢氏遂失其句讀矣。非攻篇之「不著何」，即周書王會之「不屠何」，畢氏不憭，依俗本改爲「中山」，遂與墨子舊文不合矣。明鬼篇「迓無罪人乎道路術徑」，「迓」即孟子「禦人於國門之外」之「禦」。非樂篇「折壤坦」，「折」即周禮哲蔟氏之「晢」。今本「迓」譌爲「退」，「折」譌爲「拆」，畢蘇諸家各以意校改，遂重悂貤繆，不可究詰矣。耕柱〔二〕篇「夏后啓使森蔪雉已，卜於白若之龜」，「蔪」即「嗌」之籀文，亦即伯益，與漢書述尚書古文伯益字正合。今本「森蔪雉已」譌作「翁難雉乙」，又脱「雉」字，遂以「翁難乙」爲人姓名矣。非攻下篇説禹攻有苗，「有神人面鳥身，奉珪以侍」，此與秦穆公所見句芒同。奉珪者東方之玉，與禮經祀方明東方以珪之義合。而今本「奉珪」誤作「若瑾」，其義遂不可通矣。若此之類，輒罄蠡管，證厥違迕。它若經説篇之「蠙」爲「蚼」，「虎」爲「霍」，兵法諸篇之「幎」爲「順」，又爲「類」，「芒」爲「芸」，「桴」爲「杯」，其踳互尤不易理董。覃思十年，略通其誼，凡所發正，咸具於注。凡譌脱之文，舊校精塙者，徑據補正，以資省覽。其以愚意訂定者，則箸其説於注，不敢專輒增改，以昭詳慎。世有成學治古文者，儻更宣究其恉，俾二千年古子釐然復其舊觀，斯亦達士之所樂聞與？校寫既竟，復記於後，詒讓。

此書寫定於壬辰、癸巳閒，還甲午夏，屬吴門梓人毛翼庭以聚珍版印成三百部，質

〔二〕「耕柱」，原誤「公孟」，據本書改。

之通學，頗以爲不謬，然多苦其奥衍，瀏覽率不能終卷。惟吾友黄中弢學士爲詳校一過，舉正十餘事，多精塙，亦今之張伯松矣。余亦自續勘得賸義逾百事，有前誤讀誤釋，覆勘始覺之者，咸隨時迻録別册存之。此書最難讀者莫如經、經説四篇。余前以未見皋文先生經説解爲憾，一日得如皋冒鶴亭孝廉廣生書，云武進金湝生運判武祥臧有先生手稿本，急屬鶴亭馳書求叚録。金君得書，則自校寫一本寄贈，得之驚喜絫日。余前補定經下篇句讀，頗自矜爲剏獲，不意張先生已先我得之。其解善談名理，雖校讎未宷，不無望文生義之失，然固有精論，足補正余書之闕誤者。金、冒兩君惠我爲不淺矣。既又從姻戚張文伯孝廉之綱許，叚得陽湖楊君葆彝經説校注，亦閒有可取，因與張解并删簡補録入册。凡余舊説與兩家有闇合者，皆改從之。蓋深喜一得之愚與前賢冥符遥契，固不敢攘善也。竊謂先秦古子誼恉深遠，如登岳觀海，莫能窮其涯涘。畢王張蘇諸家於此書甄校亦良勤矣，然其偶有不照，爲後人所匡正者，不可僂指數。余幸生諸賢之後，得據彼成説，以推其未竟之緒。然此書甫成，已有旋覺其誤者，則其不自覺而待補正於後人，殆必有倍蓰於是者，其敢侈然以自足邪！甲辰春，取舊寫別册，散入各卷，增定爲此本，并識之，以見疏陋之咎，無可自掩，且以睎望於後之能校讀是書者。光緒丁未四月，籀廎居士書。

墨子閒詁卷一

親士第一

畢沅云：「衆經音義云：『倉頡篇曰：親，愛也，近也。』說文解字云：『士，從一，從十。孔子曰：推十合一爲士。』玉篇云：『傳曰：通古今，辯然不，謂之士。』此與脩身篇無稱『子墨子云』，疑翟所著也。」案：畢說未塙。此書文多闕失，或稱「子墨子曰」，或否，疑多非古本之舊，未可據以定爲墨子所自著之書也。又此篇所論，大抵尚賢篇之餘義，亦似不當爲第一篇。後人因其持論尚正，與儒言相近，遂舉以冠首耳。以馬總意林所引校之，則唐以前本已如是矣。

入國而不存其士，則亡國矣。說文子部云：「存，恤問也。」見賢而不急，則緩其君矣。非賢無急，非士無與慮國。說文思部云：「慮，謀思也。」緩賢忘士，而能以其國存者，未曾有也。

昔者文公出走而正天下，畢云：「正，讀如征。」王念孫云：「畢讀非也。爾雅曰：『正，長也。』晉文爲諸侯盟主，故曰『正天下』，與下『霸諸侯』對文。又廣雅：『正，君也。』尚賢篇曰『堯舜禹湯文武之所以王天下正諸侯者』，凡墨子書言『正天下』、『正諸侯』者，非訓爲長，即訓爲君，皆非征伐之謂。」案：王說是也。呂氏春秋順民篇云「湯克夏而正天下」，高誘注云「正，治也」，亦非。桓公去國而霸諸侯，越王句踐遇吳王之醜，蘇時學云：「醜猶恥也。」詒讓案：呂氏春秋不侵篇「欲醜之以辭」，高注云：「醜，或作恥。」而尚攝中國之賢君。畢云：「尚與上通。攝，合也，謂合諸侯。郭璞注爾雅云：『聶，合。』攝同聶。」案：畢説未允。攝當與懾通，左襄十一年傳云「武震以攝威之」，韓詩外傳云「上攝萬乘，下不敢敖乎匹夫」。此義與彼同，謂越王之威足以懾中國賢君也。三子之能達名成功於天下也，皆於其國抑而大醜也。畢云：「猶曰安其大醜。廣雅云：『抑，安也。』」俞樾云：「抑之言屈抑也。『抑而大醜』與『達名成功』相對，言於其國則抑而大醜，於天下則達名成功，正見其由屈抑而達，下文所謂『敗而有以成』也。畢注於文義未得。」案：俞説是也。太上無敗，畢云：「李善文選注云：『河上公注老子云：太上，謂太古無名之君也。』」案：「太上」對「其次」爲文，謂等之最居上者，不論時代今古也。畢引老子注，義與此不相當。其次敗而有以成，此之謂用民。言以親士，故能用其民也。

吾聞之曰：「非無安居也，我無安心也；非無足財也，我無足心也。」畢云：「言不肯苟安，如好利之不知足。」是故君子自難而易彼，畢云：「言自處於難，即躬自厚而薄責人之義。」衆人自易而難彼。君子進不敗其志，內究其情，「內」下畢增「不」字，云：「舊脱此字，據上文增。疚、究同，猶云內省不疚。」俞云：「『內』當作『衲』，即『退』字也。『進不敗其志，退究其情』正相對成文，所謂大行不加，窮居不損也。因『退』從或體作『衲』，又闕壞而作『內』，畢氏遂據上句增入『不』字，殊失其旨。」案：俞説近是。雖雜庸民，終無怨心，畢云：「言遺佚不怨。」彼有自信者也。是故爲其所難者，必得其所欲焉；未聞爲其所欲，而免其所惡者也。是故偪臣傷君，國語周語韋昭注云：「偪，迫也。」偪臣，謂貴臣權重迫君。然此與「諂下」同舉，而對「弗弗之臣」爲文，則不當云「偪臣」，「偪」疑「佞」之譌。諂下傷上。畢云：「言佞人病國與偪臣同。」君必有弗弗之臣，弗讀爲咈，說文口部云：「咈，違也。」上必有詻詻之下。廣雅釋訓云：「詻詻，語也。」周禮保氏鄭康成注云：「軍旅之容，暨暨詻詻。」莊子人閒世篇釋文引崔譔云：「逆擊曰詻。」案：詻，洪頤煊謂與「謣」同，近是，詳後。畢云：「禮記云『言容詻詻』，鄭君注云：『教令嚴也。』說文云『論訟也』，玉篇云『魚格切』。」分議者延延，而支苟者詻詻，畢云：「『支苟』二字疑誤。」洪頤煊云：「延延，長也。『支苟』當是『致敬』之譌。詻詻與謣謣同。言分議者皆延延以念久長，而致敬者又謣謣以盡其誠，即上文所謂『上必有詻詻之下』也。」蘇云：「『支苟』二字，疑『敬』字之訛。」俞云：「『支苟』乃『積𥝩』二字之叚音，說文禾部：『𥝩，積𥝩也。』徐鍇曰：『積𥝩，不伸之意。』然則積𥝩者詻詻，殆謂在下位者，或爲上所淩壓而不得申，亦必詻詻然自伸其意而後已，上文所謂『上必有詻詻之下』是也。」案：洪謂「苟」爲「敬」字之譌，是也。而以「支」爲「致」，則未塙。俞說尤誤。以文義推之，「支」疑當爲「交」，形近而譌。經說上篇「圜，規寫交也」，今本「交」亦誤「支」，是其證。敬讀爲儆。交儆，謂交相儆戒也。「苟」即「敬」之壞字。國語楚語「左史倚相見申公子亹曰：唯子老耄，故欲見以交儆子」，韋注云：「交，夾也。」焉可以長生保國。王云：「『焉』字下屬爲句，焉猶乃也。言如是乃可以長生保國也。」臣下重其爵位而不言，近臣則喑，畢云：「當爲『瘖』，說文云：『瘖，不能言也。』『喑，宋齊謂兒泣不止曰喑』，非此義。玉篇云『瘖，於深切，不能言』，『喑，於金、於甘二切，啼極無聲也』。則作『喑』亦是。」詒讓案：喑、瘖字同，尚賢下篇有「瘖」字。晏子諫下篇云「近臣嘿，遠臣瘖」，又云「朝居嚴，則下無言，下無言，則上無聞矣。下無言，則吾謂之瘖，上無聞，則吾謂之聾」。說苑正諫篇「晏子云：下無言則謂之喑」，「喑」即「瘖」也。又穀梁文六年傳云「下闇則上聾」，闇與喑、瘖字亦通。遠臣則唫，范望太玄經注云：「唫猶噏也。」亦與吟同，文選蘇子卿古詩李善注引倉頡篇云：「吟，歎也。」漢書息夫躬傳顏師古注云：「唫，古吟字。」畢云：「與『噤』音義同。史記『蒯通曰：吟而不言』，索隱云：『吟，音戶蔭反，又音琴。』」怨結於民心，蘇云：「喑、唫、心爲韻。」諂諛在側，善議障塞，蘇云：「側、塞亦爲韻。」則國危矣。桀紂不以其無天下之士邪？殺其身而喪天下！故曰：「歸國寶，畢云：「歸，讀如『齊人歸女樂』之『歸』。」不若獻賢而進士。」

今有五錐，說文金部云：「錐，銳也。」釋名釋用器云：「錐，利也。」此其銛，畢云：「史記集解云：『徐廣曰：思廉反。』駰案漢書音義曰：銛，謂利。』」銛者必先挫；有五刀，此其錯，廣雅釋詁云：「錯，磨也。」畢云：「言磨錯之利。」錯者必先靡。「䃺」之叚字，今省作「磨」，謂銷磨也。畢云：「挫、靡爲韻，靡字麻聲。」是以甘井近竭，招木近伐，畢云：「招與喬音相近。竭、伐爲韻。」案：畢說是也。經說下篇「橋衡」之「橋」亦作「招」，可證。靈龜近灼，神蛇近暴。畢云：「灼、暴爲韻。」俞云：「四『近』字皆『先』字之誤。上文曰：『今有五錐，此其銛，銛者必先挫；有五刀，此其錯，錯者必先靡。』然則『甘井』四喻正承上文而言，亦必是『先』字明矣。『先』篆書作『□』，『近』字古文作『岓』，篆書作『□』，兩形相似而誤。」案：俞說是也。意林引此二句，「近」正作「先」。莊子山木篇亦云：「直木先伐，甘井先竭。」暴蛇者，蓋以求雨。淮南子齊俗訓云「犧牛粹毛，宜於廟牲，其於以致雨，不若黑蜧」，許慎注云：「黑蜧，神蛇也，潛於神淵，能興雲雨。」春秋繁露求雨篇云：「春旱求雨，暴巫聚蛇。」是故比干之殪，其抗也；抗、亢聲類同。莊子刻意篇云「刻意尚行，離世異俗，高論怨誹，爲亢而已矣」，釋文：「李頤云：『窮高曰亢。』」蘇云：「抗猶抗直。」孟賁之殺，其勇也；孟子公孫丑篇僞孫奭疏引皇甫謐帝王世紀云：「秦武王好多力之人，齊孟賁之徒並歸焉。孟賁生拔牛角。」史記范雎傳集解引許慎，漢書東方朔傳顔師古注，並云孟賁衞人。案：依世紀説，則賁在墨子後。此文蓋後人所增竄。西施之沈，其美也；蘇云：「案吴越春秋逸篇云：『吴亡後，越浮西施於江，令隨鴟夷以終。』其言與此合，是吴亡西施亦死也。墨子書記當時事必有據，後世乃有五湖隨范蠡之説，誣矣。」詒讓案：吴越春秋逸文，見楊慎丹鉛録引修文殿御覽。吴起之裂，其事也。淮南子繆稱訓云「吴起刻削而車裂」，亦見氾論訓及韓詩外傳一、吕氏春秋執一篇高注。史記本傳不云車裂，蓋文不具。畢云：「謂事功。」蘇云：「墨子嘗見楚惠王，而吴起之死當悼王二十一年，上距惠王之卒已五十一年，疑墨子不及見此事，此蓋門弟子之詞也。」汪中説同。案：魯問篇墨子及見田齊大公和，和受命爲諸侯，當楚悼王十六年，距起之死僅五年耳。況非樂上篇説「齊康公興樂萬」，康公之薨復在起死後二年。然則此書雖多後人增益，而吴起之死非墨子所不及見，明矣。蘇説攷之未審。故彼人者，寡不死其所長，故曰「太盛難守」也。

故雖有賢君，不愛無功之臣；雖有慈父，不愛無益之子。是故不勝其任而處其位，非此位之人也；不勝其爵而處其禄，非此禄之主也。良弓難張，然可以及高入深；良馬難乘，然可以任重致遠；良才難令，然可以致君見尊。是故江河不惡小谷之滿己也，説文谷部云：「泉出通川爲谷。」爾雅釋水云：「水注川曰谿，注谿曰谷。」故能大。聖人者，事無辭也，物無違也，故能爲天下器。是故江河之水，非一源之水也；畢本作「非一水之源也」，云：「舊云『非一源也』，據初學記江引此增二字，裘引此與舊同。藝文類聚引作『非一水之源』，北堂書鈔引作『非一源之水』。古無『源』字，本書脩身云『原濁者流不清』，只作『原』，此類俗寫亂之，非舊文也。」王云：「此本作『江河之水，非一源之水也』，今本脱『之水』二字，而『一源』二字則不誤。北堂書鈔衣冠部三、初學記器物部引此竝作『非一源之水』。初學記地部中引作『非一源之流』，『流』字雖誤，而『一源』二字仍與今本同。畢謂初學記作『一水之源』，誤也。太平御覽服章部十一引作『江河之水非一源，千鎰之裘非一狐』，皆節去下二字，而『一源』二字亦與今本同。其藝文類聚衣冠部引作『非一水之源』者，傳寫誤耳。」案：王説是也，今據補正。**千鎰之裘，**畢云：「鎰，從金，俗寫。本書貴義云『待女以千益』，只作『益』。文選注云：『賈逵國語注曰：一溢，二十四兩。』漢書食貨志云『黄金以溢爲名』，孟康曰：『二十兩爲溢也。』」案：貴義篇本作「千盆」，非「益」字，畢誤。**非一狐之白也。**玉藻云：「君衣狐白裘。」淮南子説山訓云：「天下無粹白之狐，而有粹白之裘，掇之衆白也。」晏子春秋外篇云：「景公賜晏子狐白之裘，玄豹之茈，其貲千金。」漢書匡衡傳顔注云：「狐白，謂狐腋下之皮，其毛純白，集以爲裘，輕柔難得，故貴也。」**夫惡有同方取不取同而已者乎？**畢云：「惡讀如烏，言聖人之與士同方相合，猶江河同源相得，烏有不取諸此而自止者。」俞云：「『取不』二字傳寫誤倒，『而』字當在『取同』二字之上，『已』當爲人已之『己』。此文本云『夫惡有同方不取，而取同己者乎』。同方，謂同道也；同己，謂與己意同也。聖人但取其與道同，而不必其與己意同，故曰『夫惡有同方不取，而取同己者乎』。傳寫錯誤，遂不可讀，畢曲爲之説，非是。」案：俞説近是。**蓋非兼王之道也。是故天地不昭昭，**説文日部云：「昭，日明也。」中庸鄭注云：「昭昭猶耿耿，小明也。」**大水不潦潦，**畢云：「説文云：『潦，雨大皃。』然此義與明瞭同。老子云『水至清則無魚也』。」**大火**

不燎燎，王德不堯堯者，畢云：「說文云：『堯，高也。從垚在兀上，高遠也。』白虎通云：『堯猶嶢嶢，至高之貌。』」乃千人之長也。此與上云「王德」不相冢，疑上句「者」字當爲「若」，「若乃」連讀，爲更端之詞，下三語即承此言之。其直如矢，其平如砥，不足以覆萬物。是故谿陜者速涸，說文谷部云：「谿，山瀆無所通者。」𨸏部云：「陜，隘也。」俗作「陿」、「狹」，非。畢云：「說文云：『涸，渴也。讀若狐貈之貈。』」逝淺者速竭，王引之云：「『逝淺』二字義不相屬，『逝』當爲『遊』。俗書『游』字作『遊』，與『逝』相似而誤。『遊』即『流』字也。曲禮注『士視得旁遊目五步之中』，釋文『遊』作『游』，云『徐音流』。『流淺』與『谿陜』對文。」俞云：「『逝』當讀爲澨，古字通也。詩有杕之杜篇『噬肯適我』，釋文曰：『噬，韓詩作逝。』然則『逝』之通作『澨』，猶『逝』之通作『噬』也。成十五年左傳『則決睢澨』，楚辭湘夫人篇『夕濟兮三澨』，杜預、王逸注竝曰：『澨，水涯。』『澨淺』與『谿陜』對文，因叚『逝』爲『澨』，其義遂晦。」案：王說近是。嶢埆者，畢云：「『嶢埆』當爲『磽确』，礊石也，見說文。俗寫從土。何休公羊學曰：『嶢埆不生五穀。』」其地不育。王者淳澤不出宮中，淮南子齊俗訓高注云：「淳，厚也。」則不能流國矣。

脩身第二

畢云：「脩治之字從彡。從肉者，脩脯字，經典假借多用此。」

君子戰雖有陳，而勇爲本焉；喪雖有禮，而哀爲本焉；士雖有學，而行爲本焉。俞云：

「『君子』二字衍文也。此蓋以『戰雖有陳』、『喪雖有禮』二句，起『士雖有學』一句，若冠以『君子』二字，則既言『君子』不必又言『士』矣。馬總意林作『君子雖有學，行爲本焉；戰雖有陳，勇爲本焉；喪雖有禮，哀爲本焉』，與今本不同。然有『君子』字，即無『士』字，亦可知今本既言『君子』又言『士』之誤矣。『士雖有學』與『君子雖有學』，文異而義同。」案：說苑建本篇載孔子語與此略同，「君子」似非衍文，亦見家語六本篇。是故置本不安者，無務豐末；置與植通，詩商頌那「置我鞉鼓」，鄭箋云：「置讀曰植。」方言云：「植，立也。」俞云：「『者』衍字也。下文『近者不親，無務來遠；親戚不附，無務外交；事無終始，無務多業；舉物而闇，無務博聞』，上句竝無『者』字，是其證。」近者不親，無務來遠；親戚不附，曲禮云「兄弟、親戚，稱其慈也」，孔穎達疏云：「親指族內，戚言族外。」案：古多稱父母爲親戚，詳兼愛下篇。此則似通內外族姻言之，與孔義同。無務外交；事無終始，無務多業；爾雅釋詁云：「業，事也。」舉物而闇，無務博聞。是故先王之治天下也，必察邇來遠。君子察邇而邇脩者也。見不脩行，畢讀句。見毀，畢讀句。而反之身者也，此以怨省而行脩矣。譖慝之言，無入之耳；「之」，畢本譌「于」，今據道藏本正，王校同。畢云：「玉篇云：『慝，他得切，惡也。』經典多此字，古只作『匿』。」王云：「譖慝即讒慝，僖二十八年左傳『閒執讒慝之口』是也。讒與譖古字通，故小雅巷伯篇『取彼譖人』，緇衣注及後漢書馬援傳竝引作『取彼讒人』。無入之耳，言不聽讒慝之言也。故下文曰『雖有詆訐之民，無所依矣』。」批扞之聲，廣雅釋詁云：「批，擊也。」易林睽之賁云「批捍之言，我心不快」，批扞即批捍也。畢云：「說文云：『扞，忮也。』玉篇云：『忓，古安切，又胡旦切，擾也。』」無出之口；殺傷人之孩，畢云：「當讀如根荄。」無存之心，雖有詆訐之民，畢云：「說文云：『詆，訶也。』『訐，面相斥罪也。』玉篇云：『詆，都禮切；訐，居謁切，攻人之陰私也。』」**無所依矣。故君子力事日彊，願欲日逾，**逾當讀爲偷，同聲叚借字，此與「力事日彊」文相對。禮記表記云「君子莊敬日強，安肆日偷」，鄭注云：「偷，苟且也。」此義與彼正同。**設壯日盛。**畢云：「『設壯』疑作『飾莊』。」**君子之道也，貧則見廉，富則見義，**畢云：「字當爲『羛』，說文云『墨翟書「義」從弗』，則漢時本如此。今書『義』字皆俗改也。」王引之云：「『弗』於聲義均有未協，『弗』當作『𢦐』。『𢦐』，古文『我』字，與『弗』相似，故譌作『弗』耳。周晉姜鼎銘『我』字作『𢦐』，是其明證。羊𢦐之從𢦐聲，與義之從我聲，一也。說文『我』字下，重文未載古文作『𢦐』，故於此亦不知爲『𢦐』字之譌。蓋鍾鼎古篆，漢人亦不能偏識也。」**生則見愛，死則見哀，四行者不可虛假，反之身者也。藏於心者無以竭愛，動於身者無以竭恭，出於口**〔一〕**者無以竭馴，**馴猶雅馴。史記五帝本紀云「不雅馴」，張守節正義云：「馴，訓也。」案：馴、訓字通。周禮地官敘官鄭衆注云：「訓讀爲馴。」訓與爾雅釋訓義同，謂出口者皆典雅之言。**暢之四支，**說文肉部云：「胑，體四胑也。或作肢。」支即肢之省。易坤文言云「美在其中，而暢於四支」，孔穎達疏云：「四支，猶言手足。」**接之肌膚，**小爾雅廣詁云：「接，達也。」亦與挾通，儀禮鄉射禮鄭注云：「古文『挾』皆作『接』。」俗作「浹」，義並同。呂氏春秋諭威篇云「其藏於民心，捷於肌膚也，深痛疾固」，高注云：「捷，養也。」案：捷、接字亦通，高失其義。**華髮隳顛，**道藏本「顛」作「巔」，非。後漢書邊讓傳李賢注云：「華髮，白首也。」畢云：「『隳』字當爲『墮』。」詒讓

〔一〕「口」，原誤「日」，據畢沅刻本改。

案：説文髟部云：「髻，髮墮也。」頁部云：「顛，頂也。」墮與髻通，墮顛即禿頂。新序襍事篇云：「齊宣王謂閭丘卬曰：士亦華髮墮顛而後可用耳。」而猶弗舍者，其唯聖人乎！

志不彊者智不達，言不信者行不果。畢云：「文選注云：『許君注淮南子云：果，成也。』」據財不能以分人者，不足與友；守道不篤、偏物不博，俞云：「偏亦辯也。儀禮鄉飲酒禮『衆賓辯有脯醢』，燕禮『大夫辯受酬』，少牢饋食禮『辯擩于三豆』，今文『辯』皆作『徧』，是『辯』與『徧』通用。物言徧，是非言辯，文異而義同。」辯是非不察者，不足與游。本不固者末必幾，畢云：「廣雅云：『幾，微也。』或『禾』字之假音，説文云：『禾，木之曲頭，止不能上也。』」王云：「爾雅：『幾，危也。』言木本不固者，其末必危也。畢引廣雅『幾，微也』，已非塙詁，又引説文以『幾』爲『禾』，則失之愈遠矣。」雄而不脩者畢云：「雄猶勇。」其後必惰，原濁者流不清，行不信者名必秏。畢云：「舊從『耒』，非。玉篇云：『秏，可到切，減也，敗也。』詩云：秏斁下士。』又云：『耗，正作秏。』」名不徒生，而譽不自長，功成名遂，名譽不可虛假，反之身者也。務言而緩行，雖辯必不聽；多力而伐功，雖勞必不圖。蘇云：「圖，謀也。春秋傳曰：『勞之不圖，報於何有。』」慧者心辯而不繁説，多力而不伐功，此以名譽揚天下。言無務爲多而務爲智，無務爲文而務爲察。故彼智無察，畢云：「『彼』當爲『非』。」在身而情，當爲「惰」，形近而誤。上云：「雄而不脩者，其後必惰。」反其路者也。「路」當爲「務」，即冢上「務爲智」、「務爲察」而言，謂違反其所當務之事。明鬼下篇云「今執無鬼者曰『鬼神者固無有』」，則此反聖王之務」，此義與彼同。畢讀「在身而情反其路者也」九字句，云：「言非智無察，則所欲反其道。說文云：『情，人之陰氣有欲者。』」失之。善無主於心者不留，行莫辯於身者不立。名不可簡而成也，譽不可巧而立也，君子以身戴行者也。戴、載古通，春秋隱十年經「伐戴」，穀梁作「伐載」。釋名釋姿容云：「戴，載也。」思利尋焉，儀禮有司徹賈公彥疏引服虔左傳注云：「尋之言重也，温也。」畢云：「尋，習。」忘名忽焉，可以爲士於天下者，未嘗有也。

所染第三

畢云：「呂氏春秋有當染篇，文略同。」蘇云：「篇中言中山尚、宋康，皆墨子後事，而禽子爲墨子弟子，至與傳說並稱，此必非墨子之言，蓋亦出於門弟子。」汪中云：「宋康之滅在楚惠王卒後一百五十七年，墨子蓋嘗見染絲者而歎之，爲墨之學者增成其說耳。」案：此篇固不出墨子，但中山尚疑即桓公，時代正與墨子相及，蘇說未審。

子墨子言見染絲者而歎，曰：「言」字疑衍。公羊隱十一年何休注云：「稱子冠氏上者，著其爲師也，其不冠子者他師。」列子天瑞篇張注云：「載子於姓上者，首章是弟子之所記故也。」染於蒼則蒼，廣雅釋器云：「蒼，青也。」染於黃則黃，韓詩外傳云：「藍有青，而絲假之，青於藍；地有黃，而絲假之，黃於地。」淮南子說林訓云：「墨子見練絲而泣之，爲其可以黃，可以黑。」所入者變，其色亦變，五入必，考工記鍾氏「染羽，三入爲纁，五入爲緅，七入爲緇」，鄭注云：「玄，其六入者與？」爾雅釋器云：「一染謂之縓，再染謂之赬，三染謂之纁。」必讀爲畢，左隱元年傳「同軌畢至」，白虎通義崩薨篇引「畢」作「必」，是其證。言五入畢，而爲五色也。高誘云：「一入一色。」畢云：「一本無『必』字。」**而已則爲五色矣。**畢云：「吕氏春秋無『則』字，後漢書注引作『五入之則爲五色』，太平御覽引作『五入則爲五色』。」**故染不可不慎也！**治要作「可不慎耶」。

非獨染絲然也，國亦有染。畢云：「太平御覽、吴淑事類賦俱作『治國亦然』，有節文。」**舜染於許由、**高誘云：「許由，陽城人，堯聘之，不至。」**伯陽，**畢云：「高誘注吕氏春秋云：『伯陽蓋老子也，舜時師之者也。』楊倞注荀子云：『老子姓李，字伯陽，號聃，著書五千言。』案：此云『舜染』，則非聃也。」詒讓案：吕氏春秋本味篇云「堯、舜得伯陽、續耳然後成」，注云：「伯陽、續耳皆賢人，堯用之以成功也。」御覽八十一引尸子云：「舜事親養老爲天下法，其遊也，得六人，曰雒陶、方回、續耳、伯陽、東不識、秦不空，皆一國之賢者也。」陶潛聖賢羣輔録引皇甫謐逸士傳「舜友七子」，亦有伯陽。韓非子説疑篇作「晉伯陽」，漢書古今人表作「柏陽」，北堂書鈔四十九引尸子作「柏楊」。此伯陽自是舜時賢人，高以爲老子，繆。**禹染於臯陶、伯益，湯染於伊尹、仲虺，**高誘云：「仲虺居薛，爲湯之左相。」**武王染於太公、周公。此四王者所染當，**高誘云：「所從染得其人，故曰當。」**故王天下，立爲天子，功名蔽天地。**高誘云：「蔽猶極也。」**舉天下之仁義顯人，必稱此四王者。**高誘云：「稱美其德，以爲喻也。」**夏桀染於干辛、**畢云：「吕氏春秋云『夏桀染於羊辛』，又慎大云『桀爲無道，干辛任威，陵轢諸侯，以及兆民』，高誘曰：『干辛，桀之諛臣。』説苑云『桀用干莘』，班固古今人表云『干辛、崇侯與之爲惡則行』。表又作『干莘』，同説苑。」詒讓案：吕氏春秋知度篇云：「桀用羊辛。」漢書顏注云：「干莘，桀之勇人也。」抱朴子良規篇亦作「干辛」。**推哆，**畢云：「本書明鬼云『王手禽推哆、大戲』，下又云『推哆、大戲，主別兕虎，指畫殺人』，古今人表作『雅侈』。」詒讓案：「推哆」，晏子春秋諫上篇、賈子新書連語篇作「推侈」，韓子説疑篇又作「侯侈」，淮南子主術訓又作「推移」。惟抱朴子良規篇作「推哆」，與此同。**殷紂染於崇侯、惡來，**高誘云：「崇，國，侯，爵，名虎。惡來，嬴姓，飛廉之子，紂之諛臣。」史記秦本紀云：「蜚廉生惡來，惡來有力，蜚廉善走，父子俱以材力事殷紂。周武王之伐紂，並殺惡來。」**厲王染於厲公長父、**治要作「文」，誤。畢云：「吕氏春秋『厲』作『虢』，注云：『虢、榮，二卿士。』」洪云：「案荀子成相篇楊倞注引墨子作『蠇公長父』，吕氏春秋當染篇『厲王染於虢公長父』，『蠇』即『虢』字之譌。今本作『厲』字，又後人所改。」蘇云：「厲公，虢君謚。」詒讓案：荀子成相篇云「孰公長父之難，厲王流於彘」，楊注引此云：「蠇公與孰公不同，不知孰是。或曰孰公長父即詩云『皇父』也，『孰』或作『郭』。」案：荀子別本作「郭」，與吕覽合，是也。虢、郭古通。洪以「蠇」爲「虢」之譌，亦近是。蘇以「厲」爲虢公謚，未塙。竹書紀年「厲王三年，淮夷侵洛，王命虢公長父伐之，不克」，後漢書東夷傳作「虢仲」，今本紀年出於摭拾，未知足據否？**榮夷終，**吕氏春秋當染同。國語周語「厲王説榮夷公，爲卿士」，韋注云：「榮，國名；夷，謚也。」書叙有榮伯。史記周本紀集解引馬融云：「榮伯，周同姓，畿内諸侯爲卿大夫也。」夷公蓋榮伯之後。畢云：「『終』一本作『公』。史記『厲王好利，近榮夷公』。」蘇云：「終，或榮夷公名。」**幽王染於傅公夷、**治要作「幾」。蘇云：「傅公夷無攷。國語惠王時有傅氏，注曰：『傅氏，貍姓也，在周爲傅氏。』」**蔡公穀。**畢云：「『蔡』一本作『祭』。吕氏春秋作『虢公鼓』、『祭公敦』。」詒讓案：高誘謂虢公鼓即虢石父，見國語晉語、鄭語，未知是否。蘇云：「蔡公穀，吕覽作『祭公敦』，竊謂當從呂覽作「祭公」爲是。祭爲周畿内國，周公少子所封，自文公謀父〔二〕以下，世爲卿士於周，隱元年所書「祭伯來」者，即其後也。若蔡，當幽王時唯有釐侯所事，不聞更有名穀者。」案：蘇説是也。**此四王者，所染不當，故國殘身死，爲天下僇。**高誘云：「不當者，不得其人。僇，辱也。」「僇」，治要作「戮」。畢云：「此戮字假音。」**舉天下不義辱人，必稱此四王者。**舊本「稱」下脱「此」字，今據道藏本補，與上文及治要合，呂氏春秋當染亦同。高誘云：「稱其惡以爲戒也。」**齊桓染於管仲、鮑叔，晉文染於舅犯、高偃，**「齊桓」、「晉文」下治要並有「公」字。畢云：「未詳。呂氏春秋『高』作『郤』，疑當爲『郤』。晉有郤氏。」王云：「『高』當爲『𦎫』，『𦎫』即城郭之『郭』，形與『高』相近，因譌爲『高』。賈子過秦篇『據億丈之𦎫』，今本『𦎫』譌作『高』。墨子多古字，後人不識，故傳寫多誤耳。左傳晉大夫卜偃，晉語作『郭偃』，韋注曰：『郭偃，晉大夫卜偃也。』商子更法篇、韓子南面篇並與晉語同。呂氏春秋作『郤偃』，『郤』即『郭』之譌，非郤氏之『郤』也。太平御覽治道部一引呂氏春秋正作『郭偃』。梁玉繩云：『高與郭，聲之轉也。』」俞云：「高亦可讀如郭，詩緜篇毛傳曰『王之郭門曰臯門』，郭偃之爲高偃，猶『郭門』之爲『臯門』也。」**楚莊染於孫叔、**左宣十一年傳「楚令尹蔿艾獵城沂」，孔穎達疏引服虔云：「艾獵，蔿賈之子孫叔敖也。」洪適隸釋漢孫叔敖碑云「楚相孫君，諱饒，字叔敖」，不知何據。**沈尹，**畢云：「呂氏春秋作『沈尹蒸』，又贊能有沈尹莖，楚莊王欲以爲令尹，沈尹莖辭曰：『期思之鄙

〔二〕按：「文公謀父」，蘇時學墨子刊誤卷一原文如此。然作「文公」與上下文意全不合，且史書亦無「文公謀父」其人。今按「文」應是「祭」之誤，祭公謀父見國語周語上，爲周穆王卿士。

人有孫叔敖者，聖人也。』又尊師云『楚莊王〔二〕師孫叔敖、沈申巫』，高誘曰：『沈縣大夫。』新序作『沈尹竺』。案申、尹，莖、巫、竺，皆字之誤。」李惇云：「宣十二年左傳邲之戰，孫叔敖令尹也，而將中軍者爲沈尹，注云：『沈或作寑，寑縣也。』韓詩外傳所載楚樊姬事，與淮南子、新序正同，但淮南、新序並曰『虞邱子』，惟外傳則曰『沈令尹』，乃知沈尹即虞邱子。令尹者其官，沈者其氏或食邑也。」案：李説是也。沈尹莖，吕氏春秋察傳篇又作「沈尹筮」，字形並相近，未知孰爲正也。至余知古渚宫舊事作「沈尹華」，以吕氏春秋去宥篇攷之，乃楚威王臣，蓋誤并爲一也。**吴闔閭染於伍員、**閭，吕氏春秋當染篇作「廬」，左昭二十七年傳、史記吴世家同。此及後非攻中篇並作「閭」，與史記十二諸侯年表、淮南子泰族訓、吴越春秋同。**文義，**當染作「文之儀」。畢云：「吕氏春秋尊師云『吴王闔閭師伍子胥、文之儀』，高誘曰：『文，氏；之儀，名。』案：彼有『之』字者，如庾公差，孟子云『之斯』；專諸，史記云『設諸』，音之緩急。」**越句踐染於范蠡、**高誘云：「范蠡，楚三户人也，字少伯。」**大夫種。**畢云：「高誘注吕氏春秋云：『大夫種，文氏，字子禽，楚之鄒人。』」詒讓案：文選豪士賦序李注引吴越春秋云「文種者，楚南郢人也，姓文，字少禽」，太平寰宇記説同。吕覽注「鄒」即「郢」之譌。**此五君者所染當，**舊脱「者」字，今據治要增，與吕氏春秋合。**故霸諸侯，功名傳於後世。**治要無「功」字。**范吉射染於長柳朔、王勝，**治要「長」作「張」。畢云：「吕氏春秋『長』作『張』，『勝』作『生』字。」高誘注云：『吉射，晉范獻子鞅之子昭子也。張柳朔、王生二人者，吉射家臣也。』」詒讓案：左哀五年傳「初，范氏之臣王生惡張柳

〔二〕「王」字原脱，據吕氏春秋尊師補。

朔，言諸昭子，使爲柏人」，此長柳朔、王勝，即張柳朔、王生，呂覽與左傳同。長柳，古複姓，漢書藝文志有長柳占夢。但據左傳，則朔、生乃范氏之賢臣，朔并死范氏之難，與此書異，或所聞不同。**中行寅染於籍秦、高彊，**畢云：「呂氏春秋作『黃藉秦』，非。高誘注云：『寅，晉大夫中行穆子之子荀子也。黃藉秦、高彊，其家臣。高彊，齊子尾之子，奔晉，爲中行氏之臣。』史記索隱云：『系本：籍秦，晉大夫籍游之孫，籍談之子。』」詒讓案：呂覽注「荀子」當作「荀文子」，即寅謚也，見定八年左傳。**吳夫差染於王孫雒、**雒，畢校改「雄」，云：「舊誤作『雒』。」盧文弨云：「今外傳吳語『王孫雄』，舊宋本作『王孫雒』，墨子所染篇同。吳越春秋夫差内傳、句踐伐吳外傳、越絶請糴内傳皆作『王孫駱』。說苑雜言篇作『公孫雒』，唯呂氏春秋當染篇作『王孫雄』。史記越世家作『公孫雄』，宋公序作國語補音，定作『雄』字，且爲之說曰：『漢改「洛」爲「雒」，疑「雒」字非吳人所名。』今按宋說殊誤，周禮職方氏『豫州其川熒雒』，春秋文八年經書『公子遂會雒戎』，傳作『伊雒之戎』，宣三年傳『楚子伐陸渾之戎，遂至于雒』，是漢以前本有『雒』字，豈東京創製此字乎？以『駱』字證之，則『雒』字是矣。」顧廣圻校同。王云：「盧說是也。隸書『雄』字或作『雄』，與『雒』相似，故『雒』譌爲『雄』。困學紀聞左氏類引國語、呂氏春秋並作『雒』。韓子說疑篇有吳王孫額，『額』即『雒』之譌，則其字之本作『雒』益明矣。」**太宰嚭，**定四年左傳云：「伯州犂之孫嚭爲吳太宰。」畢云：「高誘注呂氏春秋云：『嚭，晉伯宗之孫，楚州犂之子。』」詒讓案：嚭爲伯州犂孫，史記吳世家、越絶書、吳越春秋、杜預春秋釋例說並同，唯高誘呂氏春秋當染、重言兩篇注以爲州犂之子，誤也。國語吳語韋注誤與高同。**知伯摇染於智國、張武，**畢云：「摇，一本作『瑶』。」詒讓案：呂氏春秋當染亦作「瑶」，高誘注云：「智瑶，宣子申之子襄子也。國、武二人，其家臣。」國語晉語云：「三卿宴於藍臺，知襄子戲韓康子而侮段規，知伯國聞之，諫曰：主不備，難必至矣！」韋注云：「伯國，晉大夫知氏之族。」左哀二十三年傳「晉荀瑶伐齊，將戰，長武子請卜」，杜注云：「武子，晉大夫。」案：知國、張武，蓋即知伯國、長武子也。長、張字通。淮南子人閒訓云：「張武教智伯奪韓、魏之地，而擒於晉陽。」**中山尚染於魏義、偃長，**畢云：「偃，呂氏春秋作『椻』，高誘注云：『尚，魏公子牟之後，魏得中山以邑之。義、長，其二臣。』」蘇云：「中山爲魏之別封，非春秋時之鮮虞也。魏文侯滅中山而封其少子摯，至赧王二十年，爲趙武靈王所滅，其君有武公、桓公，見世本。此名尚者，當爲最後之君。」案：中山即春秋之鮮虞，左傳定四年始見於傳。其初亡於魏，文侯十七年使樂羊圍中山，三年滅之，以其地封子擊，後擊立爲太子，改封次子摯，後中山復國，又亡於趙，則惠文王四年滅之，並見史記魏、趙世家及樂毅傳。據水經滱水酈道元注及太平御覽百六十一引十三州志，並謂中山桓公爲魏所滅，則尚或即桓公，墨子猶及見之。高、蘇以爲魏別封，非也。至列子仲尼篇、莊子讓王篇、呂氏春秋審爲篇、淮南子道應訓並云魏中山公子牟，高誘、張湛皆謂魏伐中山，以邑子牟，然魏牟與趙平原君、秦魏冄、范雎同時，其時中山入趙已久，安得尚屬魏？則牟所封必非鮮虞之中山，而尚亦必非牟後，殆無疑義。張湛又以子牟爲魏文侯子，蓋掍牟與摯爲一人，其説尤謬，則楊倞已疑之矣。畢引高説，而不審校其時代，亦其疏也。**宋康染於唐鞅、佃不禮。**「佃」，道藏本作「伷」，非。畢云：「呂氏春秋『佃』作『田』，是；『禮』作『裡』，誤。」詒讓案：宋王偃爲齊湣王所滅，謚康，見國策宋策。呂氏春秋作宋康王，荀子王霸篇又作宋獻。佃不禮，荀子解蔽篇楊注引亦作田不禮。漢書古今人表有田不禮，則似據趙世家也。呂氏春秋淫辭篇云：「宋王謂其相唐鞅曰：『寡人所殺戮者衆矣，而羣臣愈不畏，其故何也？』唐鞅對曰：『王之所罪，盡不善者也，罪不善，善者故爲不畏。王欲羣臣之畏也，不若無辨其善與不善，而時罪之，若此則羣臣畏矣。』居無幾何，宋君殺唐鞅。」荀子解蔽篇亦云「唐鞅蔽於欲權而逐戴子」，又云「唐鞅戮於宋」，皆其事也。史記趙世家載趙主父使田不禮相太子章，後爲李兌所殺事，當宋康之末年，或即一人先仕宋而後仕趙與？蘇云：「宋康之亡，當楚頃襄王十一年，上去楚惠王之卒一百四十三年，此不獨與墨子時世不值，且與中山之亡相距止數年，而皆在孟子之後。孟子言方千里者九，則中山未亡；言宋王行仁政，則宋亦未亡。若此書爲墨子自著，則墨子時世更在孟子之後，不知孟子之闢墨子，正在墨學方盛之時，其必不然也審矣。」此六君者所染不當，故國家殘亡，畢云：「家，吕氏春秋作『皆』。」身爲刑戮，宗廟破滅，絶無後類，荀子禮論篇云「先祖者，類之本也」，楊注云：「類，種也。」逸周書嘗麥篇云：「殷無類於冀州。」君臣離散，民人流亡，舉天下之貪暴苛擾者，畢云：「擾，『擾』字之誤，經典通用此。」必稱此六君也。凡君之所以安者，何也？以其行理也。廣雅釋詁云：「理，道也。」行理性於染當。畢云：「『性』當爲『生』，一本作『在』，誤。」詒讓案：治要及吕氏春秋並作「生」。故善爲君者，勞於論人，高誘云：「論猶擇也。」而佚於治官。「佚」，治要作「逸」。不能爲君者，傷形費神，愁心勞意，然國逾危，身逾辱。逾，治要並作「愈」。吕氏春秋當染同，高誘云：「愈，益也。」此六君者，非不重其國、愛其身也，以不知要故也。高誘云：「不知所行之要約也。」不知要者，所染不當也。高誘云：「所從染不得其人也。」

非獨國有染也，士亦有染。以後至篇末，與吕氏春秋當染篇文絶異。其友皆好仁義，淳謹畏令，則家日益，身日安，名日榮，處官得其理矣，畢云：「理猶治。」詒讓案：理亦道也。則段干木、畢云：「呂氏春秋云：『田子方學于子貢，段干木學于子夏。』」詒讓案：呂覽尊師篇又云：「段干木，晉國之大駔也，學于子夏。」史記老子傳集解云：「『段干』是魏邑名也，魏世家有『段干木〔二〕』，蓋因邑爲姓。」風俗通氏姓注云「姓段名干木〔三〕」，恐或失之矣。禽子、詳公輸篇。畢云：「呂氏春秋云：『禽滑釐學于墨子，許犯學于禽滑釐。』此稱禽子，則墨子門人小子之文矣。」傳說之徒傳說，見尚賢中篇。此與段干木、禽子並舉，似不類，疑後人所增竄也。是也。其友皆好矜奮，荀子正名篇云「有兼聽之明，而無奮矜之容」，又子道篇楊注云：「奮，振矜也。」創作比周，左文十八年傳云「頑嚚不友，是與比周」，杜注云：「比，近也。周，密也。」則家日損，身日危，名日辱，處官失其理矣，則子西、易牙、豎刀之徒是也。蘇云：「春秋時子西有三：一爲鄭公孫夏，一爲楚鬭宜申，一爲楚公子申。茲所舉，蓋鬭宜申也。」畢云：「經傳或作『豎貂』，此作『刀』者，『貂』省文。舊作『刁』，非。玉篇云：『刀，丁幺切，亦姓，俗作刁。』」案：論語憲問篇「或問子西，曰：彼哉彼哉」，集解：「馬融云：子西，鄭大夫，或曰楚令尹子西。」此子西或亦斥楚公子申，蘇説未塙。易牙、豎刀竝見公羊僖十八年傳。左僖二年傳作「寺人貂」，杜注云：「寺人，奄官豎貂也。」貂、刀字通。詩曰「必擇所堪，畢云：「『堪』當爲『媅』字假音。」王云：「媅訓爲樂，與染義無涉。『堪』當讀爲湛，湛與漸漬

〔二〕「段干木」下原衍「本」字，據史記老子傳集解删。

〔三〕按今本風俗通已佚氏姓篇，此注當本齊東野語卷一所引。

之漸同。說文作『瀸』，云：『漬也。』月令『湛熾必絜』，鄭注曰：『湛，漬也。』內則說八珍之漬云『湛諸美酒』，注曰：『湛，亦漬也。』考工記鍾氏『以朱湛丹秫』，注曰：『鄭司農云：湛，漬也。玄謂湛讀如漸車帷裳之漸。』是湛與漸同。湛、漬皆染也。楚辭七諫『日漸染而不自知兮』，王注曰：『稍漬爲漸，汙變爲染。』考工記鍾氏注曰『漬』，亦染也。必擇所湛，猶云必擇所染耳。荀子勸學篇曰：『蘭槐之根是爲芷，其漸之滫中，君子不近，庶人不服，其質非不美也，所漸者然也。』晏子春秋襍篇曰：『今夫蘭本三年而成，湛之苦酒，則君子不近，庶人不佩，湛之麋醢，而賈匹馬矣。非蘭本美也，所湛然也。願子之必求所湛。』說苑襍言篇曰：『今夫蘭本三年，湛之以鹿醢，既成，則易以匹馬，非蘭本美也。願子詳其所湛，既得所湛，亦求所湛。』義並與墨子同。」案：王說是也。蘇云：「此蓋逸詩。」必謹所堪」者，此之謂也。

法儀第四

畢云：「法，說文云：『灋，刑也，平之如水，從水。廌，所以觸不直者去之。法，今文省。』此借爲法度之義。儀，義如渾天儀之儀。說文云：『檥，榦也。』儀與檥音相近。又說文云：『儀，度也。』亦通。」詒讓案：爾雅釋詁云：「儀，榦也。」與說文「檥」說解同。管子形勢解篇云：「法度者萬民之儀表也。」此篇所論，蓋天志之餘義。

子墨子曰：天下從事者不可以無法儀，無法儀而其事能成者，無有也。舊本脫，今據羣書治要增。雖至士之爲將相者皆有法，雖至百工從事者亦皆有法。百工爲方以矩，爲圓以

規，直以繩，正以縣。畢云：「此縣挂正字。」詒讓案：考工記輿人云「圜者中規，方者中矩，立者中縣，衡者中水」，莊子馬蹄篇云「匠人曰：我善治木，曲者中鉤，直者應繩」，即此義。**無巧工不巧工，皆以此五者爲法。**俞云：「『五』當作『四』，上文『百工爲方以矩，爲圓以規，直以繩，正以縣』，並無五者。」詒讓案：以考工記校之，疑上文或當有「平以水」三字，蓋本有五者，而脱其一與？**巧者能中之，**畢云：「史記索隱云：『倉頡篇云：中，得也。』」**不巧者雖不能中，放依以從事，**畢云：「説文云：『仿，相似也。』放與仿同。」**猶逾已**〔二〕**。**畢云：「猶勝于已。」**故百工從事，皆有法所度。**治要無「所」字，下同。**今大者治天下，其次治大國，而無法所度，此不若百工辯也。**畢云：「説文云：『辯，治也。』」

然則奚以爲治法而可？當皆法其父母奚若？當與嘗通。嘗，試也。詳天志下篇。王引之云：「『當』並與『儻』同。」畢云：「奚若與何如同。」**天下之爲父母者衆，而仁者寡，若皆法其父母，此法不仁**

〔二〕按：「已」，墨子明刻諸本及畢刻、本書均同。畢氏注文亦作「已」。民國時，四部備要等本誤解畢注，改正文及注文「已」字作「己」，嗣後各翻印本及今流行各本多有從之作「己」者，實誤。「已」字訓止，在此意指無作爲。「猶逾已」，謂猶勝過止而不爲也。用現在的話説，即「總比不做强」。論語陽貨：「不有博弈者乎，爲之，猶賢乎已。」賢、逾均勝過之意，「猶賢乎已」與「猶逾已」意同。孟子盡心上：「爲期之喪，猶逾於已。」「猶逾於已」亦即本文之「猶逾已」。是此爲古人成語，凡今通行本或作「己」者，均誤。

也。法不仁，不可以爲法。當皆法其學奚若？學謂師也。天下之爲學者衆，而仁者寡，若皆法其學，此法不仁也。法不仁，不可以爲法。當皆法其君奚若？天下之爲君者衆，而仁者寡，若皆法其君，此法不仁也。法不仁，不可以爲法。故父母、學、君三者，莫可以爲治法。下舊有「而可」二字。王云：「既言莫可以爲治法，則不當更有『而可』二字，此涉下句而衍。」案：王說是也，今據刪。

然則奚以爲治法而可？故曰莫若法天。天之行廣而無私，其施厚而不德，治要作「息」。其明久而不衰，故聖王法之。既以天爲法，動作有爲必度於天，天之所欲則爲之，天所不欲則止。然而天何欲何惡者也？天必欲人之相愛相利，而不欲人之相惡相賊也。奚以知天之欲人之相愛相利，而不欲人之相惡相賊也？以其兼而愛之、兼而利之也。奚以知天兼而愛之、兼而利之也？治要「知天」下有「之」字。以其兼而有之、兼而食之也。今天下無大小國，「大小」，治要作「小大」。皆天之邑也。人無幼長貴賤，皆天之臣也。此以莫不犓羊、畢云：「當云『牛羊』。」豢犬豬，畢云：「說文云：『犓，以芻莖養牛也。』『豢，以穀圈養豕也。』玉篇云：『犓，則俱切，今作芻。』陸德明莊子音義云：『司馬云：牛羊曰芻，犬豕曰豢。』」蘇云：「案『犓』乃『芻』、『牛』兩字而誤合爲一者，文當云『芻牛羊』。」絜爲酒醴粢盛，畢云：「『潔』字正作『絜』。說文云：『粢，稷也。』『粢，稻餅也。』然則『粢盛』之字作『齍』。」以敬事天，此不爲兼而有之、兼而食之邪？天苟兼而有食之，夫奚說以不欲人之相愛相利也！故曰愛人利人者，天必福之；惡人賊人者，天必禍之。曰殺不辜者，得不祥焉。夫奚說人爲其相殺而天與禍乎？是以知天欲人相愛相利，舊本無「知」字，治要同。王云：「『是以』下有『知』字，而今本脱之，則文義不明。上文曰『奚以知天之欲人之相愛相利，而不欲人之相惡相賊也』，『奚以知』正與『是以知』相應。」案：王説是也，今據增。而不欲人相惡相賊也。

昔之聖王禹湯文武，兼愛天下之百姓，畢云：「舊脱『愛』字，以意增。」率以尊天事鬼，其利人多，故天福之，使立爲天子，天下諸侯皆賓事之。廣雅釋詁云：「賓，敬也。」暴王桀紂幽厲，兼惡天下之百姓，率以詬天侮鬼，廣雅釋詁云：「詬，罵也。」左昭十三年傳「楚靈王投龜詬天而呼」，釋文云：「詬，詈辱也。」其賊人多，「其賊」，舊本作「賊其」。俞云：「按當作『其賊人多』，與上文『其利人多，故天福之』相對。」案：俞校是也，今據乙。故天禍之，使遂失其國家，遂與隊通。易震「遂泥」，釋文云：「『遂』，荀本作『隊』。」俗作「墜」，義同。淮南子天文訓高注云：「隊，隕也。」身死爲僇於天下，「僇」，治要作「戮」。大學「辟則爲天下僇矣」，孔穎達疏云：「僇謂刑僇也。」荀子非相篇云「爲天下大僇」，楊注云：「僇與戮同。」後世子孫毁之，至今不息。故爲不善以得禍者，桀紂幽厲是也；愛人利人以得福者，禹湯文武是也。愛人利人以得福者有矣，惡人賊人以得禍者亦有矣。

七患第五

以下二篇所論皆節用之餘義。

子墨子曰：國有七患。七患者何？城郭溝池不可守，而治宮室，一患也；邊國至境，畢云：「當爲『竟』。本書耕柱云『楚四竟之田』，只作『竟』。」洪云：「『邊』當是『適』字之譌，古『敵』字多作『適』。言敵國至境，而四鄰莫救，故可患也。」**四鄰莫救，二患也；先盡民力無用之功，賞賜無能之人，民力盡於無用，財寶虚於待客，三患也；仕者持禄，游者愛佼，**舊本「持」譌「待」，「愛佼」譌「憂反」。羣書治要引「待」作「持」，「反」作「佼」。王云：「『待』當爲『持』，『憂反』當爲『愛交』。吕氏春秋慎大篇注：『持猶守也。』言仕者守其禄，游者愛其交，皆爲己而不爲國家也。管子明法篇曰『小臣持禄養交，不以官爲事』，晏子春秋問篇曰『士者持禄，游者養交』，『養交』與『愛交』同意。今本『持』作『待』，『愛交』作『憂反』，則義不可通。逸周書大開篇『禱無愛玉』，今本『愛』譌作『憂』。隸書『交』字或作『文』，與『反』相似而譌。」俞云：「王説是矣，然以『憂』爲『愛』字之誤，恐未必然。古書多言持禄養交，尟言持禄愛交者。且持、養二字同義，荀子勸學篇『除其害者以持養之』，榮辱篇『以相羣居，以相持養』，議兵篇『高爵豐禄以持養之』，吕氏春秋長見篇『申侯伯善持養吾意』，並以『持養』連文。墨子天志篇亦云『持養其萬民』。然則此文既云『持禄』，必云『養交』，不當云『愛交』也。墨子原文蓋本作『恙交』，『恙』即『養』之叚字，古同聲通用，後人不達叚借之旨，改其字作『憂』，而墨子原文不可復見矣。」案：王校是也，今據正。「佼」即「交」，字通，今從治要正。管子七臣七主篇云「好佼友而行私請」，又明法篇云「以黨舉官，則民務佼而不求用」，明法解云「羣臣相推以美名，相假以功伐，務多其佼，而不爲主用」，並以「佼」爲「交」。此云「愛佼」，猶管子云「好佼」、「務佼」也。韓非子三守篇云「羣臣持禄養交」，荀子臣道篇云「偷合苟容，以之持禄養交而已耳」，諸書並云「持禄」，與此書同，而「養交」之文，則與此書微異。俞校必欲改

「憂」爲「恙」，以傅合之，則又求之太深，恐未塙。君脩法討臣，臣慴而不敢拂，舊本「臣」字不重，今據羣書治要補。拂，治要作「咈」。案：「咈」正字，「拂」叚字。說文手部云：「拂，過擊也。」口部云：「咈，違也。」荀子臣道篇云「事暴君者，有補削無撟拂」，楊注云：「拂，違也。」賈子保傅篇云：「潔廉而切直，匡過而諫邪者謂之拂。拂者，拂天子之過者也。」書堯典「咈哉」，僞孔傳云：「咈，戾也。」四患也；君自以爲聖智而不問事，自以爲安彊而無守備，四鄰謀之不知戒，五患也；所信者不忠，所忠者不信，上句「信」字舊本譌「言」，又無兩「者」字，今據羣書治要補正。六患也；畜種菽粟不足以食之，大臣不足以事之，畢云：「舊脱『以』字，一本有。」詒讓案：羣書治要亦有「以」字。荀子正名篇楊注云：「事，任使也。」賞賜不能喜，誅罰不能威，七患也。以七患居國，必無社稷；「無」疑當爲「亡」。畢云：「國、稷爲韻。」以七患守城，敵至國傾。畢云：「城、傾爲韻。」七患之所當，國必有殃。畢云：「當、殃爲韻。」

凡五穀者，民之所仰也，君之所以爲養也。故民無仰則君無養，畢云：「仰、養爲韻。」民無食則不可事。畢云：「食、事爲韻。」故食不可不務也，地不可不力也，用不可不節也。力，畢本作「立」，云：「立、節爲韻。」案：畢本譌，今據道藏本及明刻本正。王云：「畢説非也。古音『立』在緝部，『節』在質部，則立、節非韻。原本『立』作『力』，『力』在職部，力、節亦非韻。」五穀盡收，則五味盡御於主，獨斷云：「御者，進也。凡飲食入於口曰御。」不盡收，則不盡御。白虎通義諫諍篇云：「陰陽不調，五穀不熟，故王者爲不盡味而食之。」畢云：「主、御爲韻。」王云：「古音『主』在厚部，『御』在御部，則主、御非韻。」一穀不收謂之饉，二穀不收

謂之旱，俞云：「按旱者不雨也，不得爲二穀不收之名。疑『旱』乃『罕』字之誤。一穀不收謂之饉，二穀不收謂之罕。饉也，罕也，皆稀少之謂。饉猶僅也，故襄二十四年穀梁傳作『一穀不升謂之嗛』。嗛猶歉也。然則二穀不收謂之罕，其義正一律矣。」**三穀不收謂之凶，四穀不收謂之餽，**畢云：「漢書食貨志云『負擔餽饟』，師古曰：『餽亦饋字。』言須饋餉。」邵晉涵云：「餽與匱通。鄭注月令曰：『匱，乏也。』」王云：「『須餽餉』不得謂之餽，畢説非，邵説是也。」**五穀不收謂之饑。**畢云：「太平御覽引作『飢』，誤。此飢餓字。」又畢本此下增「五穀不熟謂之大侵」八字，云：「八字舊脱，據藝文類聚增。穀梁傳云：『一穀不升謂之嗛，二穀不升謂之饑，三穀不升謂之饉，四穀不升謂之康，五穀不升謂之大侵。』爾雅云：『穀不熟爲饑，蔬不熟爲饉，果不熟爲荒。』與此異。」王云：「既言五穀不收謂之饑，則不得又言五穀不熟謂之大侵。藝文類聚百穀部引墨子『五穀不熟謂之大侵』者，乃涉上文引穀梁傳『五穀不升謂之大侵』而衍，故太平御覽時序部二十、百穀部一引墨子皆無此八字。墨子所記本與穀梁傳不同，不可强合也。下文『饑則盡無禄』，畢依類聚於『饑』下增『大侵』二字，亦御覽所無。」案：王説是也。釋慧苑華嚴經音義二引「饑」亦作「飢」，下無「五穀不孰謂之人侵」八字。**歲饉，則仕者大夫以下皆損禄五分之一。旱，則損五分之二。凶，則損五分之三。餽，則損五分之四。饑，**畢據藝文類聚增「大侵」二字，誤，今不從。**則盡無禄，稟食而已矣。**稟食，謂有稍食而無禄也。説文㐭部云：「稟，賜穀也。」周禮司士鄭注云：「食，稍食也。」又宮正注云：「稍食，禄稟。」**故凶饑存乎國，人君徹鼎食五分之五，**曲禮鄭注云：「徹，去也。」「五分之五」義不可通，疑當作「五分之三」。玉藻云：「諸侯日食特牲，朔月少牢。」此五鼎則少牢也。以禮經攷之，蓋羊一、豕二、倫膚三、魚四、腊五，五者各一鼎。徹其三者，去其牢肉，則唯食魚腊，不特殺也。白虎通義諫諍篇云：「禮曰：一穀不升徹鶉鷃，二穀不升徹鳧雁，三穀不升徹雉兔，四穀不升損囿獸，五穀不升不備三牲。」白虎通蓋據天子而言，故云三牲。大荒不特殺，則不止不備而已。**大夫徹縣**，周禮小胥云「卿大夫判縣」，鄭注謂左右縣。曲禮云「大夫無故不徹縣」，孔疏云：「徹亦去也。」**士不入學**，周書糴匡篇云：「成年，餘子務藝；年儉，餘子務穡。」是不入學也。**君朝之衣不革制**，君朝之衣，天子皮弁服，諸侯則冠弁服也。周禮司服云「眡朝則皮弁服」，鄭注云：「視朝，視内外朝之事。皮弁之服，十五升白布衣，積素以爲裳。」又「凡甸冠弁服」，注云：「冠弁委貌，其服緇布衣，亦積素以爲裳，諸侯以爲視朝之服。」是也。周書大匡篇云：「大荒，祭服漱不制。」朝服輕於祭服，不制明矣。蘇云：「革，改也。」**諸侯之客，四鄰之使，雍食而不盛**，畢云：「『雍食』疑『饔』字。説文云：『饔，孰食也。』」王云：「『雍食』當爲『雍飧』。周官外饔『凡賓客之飧饔饗食之事』，鄭注曰：『飧，客始至之禮。饔，既將幣之禮。』飧饔即饔飧也。饔、雍古字通。」案：王説是也。糴匡篇云：「年儉，賓祭以中盛；年饑，則勤而不賓；大荒，賓旅設位有賜。」與此略同。**徹驂騑**，畢云：「高誘注吕氏春秋云：『在中曰服，在邊曰騑。』」**塗不芸**，穀梁襄二十四年傳云「大侵之禮，廷道不除」，范甯注云：「廷内道路不修除也。」畢云：「『塗』俗寫從土，本書非攻中云『涂道之脩遠』，只作『涂』。芸，蕓省文。」**馬不食粟，婢妾不衣帛，此告不足之至也。**

今有負其子而汲者，隊其子於井中，畢云：「此『墜』正字。説文云：『隊，從高隊也。』井讀如阱。」案：阱不當云汲，畢誤。**其母必從而道之。**蘇云：「道與導同，謂引也。」**今歲凶、民饑、道餓，重其子此疚**

於隊，畢云：「言重于其子。」王引之云：「『重其子此疚於隊』當作『此疚重於隊其子』。疚，病也。言此病較之隊其子者爲尤重也。今本顛倒，不成文義。」案：王說是也，蘇說同。其可無察邪？故時年歲善，畢云：「說文云：『秊，穀孰也。』故曰時年。」案：年歲連讀，年即歲也，畢非。則民仁且良；時年歲凶，則民吝且惡。夫民何常此之有？句。爲者疾，食者衆，則歲無豐。俞云：「『疾』當爲『寡』。爲之者寡，食之者衆，則雖有豐年不足以供之，故歲無豐也。今作『爲者疾』，則不可通矣，蓋後人據大學以改之，而不知其非也。」案：俞說未塙，此疑當作「爲者疾，食者寡，則歲無凶。爲者緩，食者衆，則歲無豐」。此上文咸以「歲善」與「歲凶」對舉，是其證。今本脫「食者寡」至「爲者緩」十字，文義遂舛牾不合矣。故曰：「財不足則反之時，食不足則反之用。」故先民以時生財，禮記坊記鄭注云：「先民，謂上古之君也。」書伊訓孔疏引賈逵國語注云：「先民，古賢人也。」固本而用財，則財足。故雖上世之聖王，豈能使五穀常收，而旱水不至哉？然而無凍餓之民者，何也？其力時急，而自養儉也。故夏書曰「禹七年水」，殷書曰「湯五年旱」，畢云：「管子權數云『管子曰：湯七年旱，禹五年水』，與此文互異。莊子秋水云『湯之時八年七旱』，荀子王霸云『禹十年水，湯七年旱』，賈誼新書憂民云『禹有十年之蓄，故免九年之水。湯有十年之積，故勝七年之旱』，淮南子主術云『湯之時七年旱』，又異。」詒讓案：呂氏春秋順民篇云：「昔者湯克夏而正天下，天大旱，五年不收，湯乃以身禱於桑林。」與此書所言正合。王充論衡感虛篇亦云：「書傳言湯遭七年旱，或言五年。」是古書本有二說也。此其離凶餓甚矣，畢云：「離讀如羅。」

詒讓案：「凶餓」當作「凶饑」，即冢上三穀四穀不收而言。下云「不可以待凶饑」，又云「民見凶饑則亡」，皆其證也。此涉下「凍餓」而誤。

然而民不凍餓者，何也？其生財密，其用之節也。

故倉無備粟，不可以待凶饑。倉，舊本譌「食」，俞云：「『食』乃『倉』字之誤，『倉無備粟』與下句『庫無備兵』文正相對，若作『食』字，失其旨矣。下文云『食者國之寶也，兵者國之爪也』，『食』字即此文『粟』字，不得據彼而疑此文當作『食』也。」案：俞校是也，今據正。庫無備兵，雖有義不能征無義。城郭不備全，不可以自守。心無備慮，不可以應卒。是若慶忌無去之心，不能輕出。要離殺吴王子慶忌，見呂氏春秋忠廉篇，高注云：「慶忌者，吴王僚之子也，有力捷疾，而人皆畏之，無能殺之者。」案：淮南子説山訓高注及吴越春秋闔閭内傳並以慶忌爲王僚子，惟淮南詮言訓許注以爲僚之弟子，未知孰是。畢云：「言慶忌雖勇，猶輕出致死。昔吴王患慶忌之在鄰國，恐合諸侯來伐，要離詐以負罪出奔，戮妻子，斷右手，如衛，求見慶忌，與東之吴，渡江中流，順風而刺慶忌。事見吴越春秋闔閭内傳。」蘇云：「『去』下據上文當脱『備』字。」夫桀無待湯之備，故放；紂無待武之備，故殺。王引之云：「禦敵謂之待。魯語『帥大讎以憚小國，其誰云待之』，楚語『其獨何力以待之』，韋注並云：『待，禦也。』」桀紂貴爲天子，富有天下，然而皆滅亡於百里之君者，何也？孟子公孫丑篇云：「湯以七十里，文王以百里。」有富貴而不爲備也。故備者國之重也，食者國之寶也，兵者國之爪也，城者所以自守也，畢云：「寶、爪、守爲韻。」此三者國之具也。故曰以其極賞周書命訓篇云：「極賞則民賈其上，賈其上則民無讓，無讓則不順。」以賜無功，虛其府庫以備車馬衣裘奇怪，苦其役徒以治宮室觀樂，死又厚爲棺椁，畢云：「舊作『槨』，俗寫。」多爲衣裘，生時治臺榭，畢云：「當爲『謝』。荀子王霸云『臺謝甚高』，楊倞曰：『謝、榭同。』陸德明左氏音義云：『榭，本亦作謝。』知古無榭字。」死又脩墳墓，故民苦於外，府庫單於内，畢云：「史記云『王之威亦單矣』，集解云：『徐廣曰：單亦作殫。』索隱云：『按單音丹。單，盡也。』」上不厭其樂，下不堪其苦。故國離寇敵則傷，畢云：「離讀如羅。」民見凶饑則亡，此皆備不具之罪也。且夫食者，聖人之所寶也。故周書曰：「國無三年之食者，國非其國也；家無三年之食者，子非其子也。」此之謂國備。畢云：「周書云：『夏箴曰：小人無兼年之食，遇天饑，妻子非其有也；大夫無兼年之食，遇天饑，臣妾輿馬非其有也；國無兼年之食，遇天饑，百姓非其有也。』墨蓋夏教，故義略同。」案：畢據周書文傳篇文，此文亦本夏箴而與文傳小異。攷穀梁莊二十八年傳云「國無三年之畜，曰國非其國也」，與此文略同。疑先秦所傳夏箴文本如是也。又御覽五百八十八引胡廣百官箴敍云「墨子著書稱夏箴之辭」，蓋即指此。若然，此書當亦稱夏箴，與周書同，而今本脱之。

辭過第六

畢云：「辭受之字從受，經典假借用此。過，謂『宮室』、『衣服』、『飲食』、『舟車』、『蓄私』五者之過也。」詒讓案：此篇與節用篇文意略同，羣書治要引并入七患篇，此疑後人妄分，非古本也。

子墨子曰：古之民畢云：「太平御覽引作『上古之民』。」未知爲宮室時，畢云：「舊脱『室』字，據太平御覽增。」詒讓案：趙蕤長短經適變篇引亦有「室」字。禮運云：「昔者先王未有宮室，冬則居營窟，夏則居橧巢。」就陵阜而居，穴而處，「穴」上疑脱一字。下潤濕傷民，故聖王作爲宮室。畢云：「王，太平御覽引作

『人』。」爲宮室之法，畢云：「太平御覽引作『制』。」曰：「室高足以辟潤濕，謂堂基之高。舊本脱「室」字，今據羣書治要補。辟，治要、長短經並作「避」。「濕」字治要無。畢云：「辟，避字假音。」邊足以圉風寒，畢云：「邊，太平御覽引作『中』，非。圉，李善注左思賦引作『御』，太平御覽引作『禦』。玉篇云：『圉，禁也。』」上足以待雪霜雨露，王引之云：「待，禦也。節用篇『待』作『圉』，圉即禦字也。」宮牆之高禮記儒行鄭注云：「宮謂牆垣也。」畢云：「太平御覽引作『牆高』二字。」足以別男女之禮。」謹此則止，畢云：「謹，廑字假音。」凡費財勞力，不加利者，不爲也。舊本脱「凡」字，今據治要補。畢云：「此下舊接『是故聖王作爲宮室』云云，今移。」役，畢云：「當云『以其常役』，上脱三字。」脩其城郭，則民勞而不傷；以其常正，蘇云：「正同征。」收其租稅，則民費而不病。道藏本「則民」作「民則」。民所苦者非此也，苦於厚作斂於百姓。舊本此三十九字在「作誨婦人治」之下，盧文弨校云：「當在此。」畢據移正。王云：「『作斂』與『籍斂』同。籍，古讀若昨。節用上篇：『其籍斂厚。』」是故聖王作爲宮室，便於生，治要作「使上」二字，誤。畢云：「太平御覽引作『以便生』。」不以爲觀樂也；作爲衣服帶履，便於身，治要作「使身」，誤。不以爲辟怪也。畢云：「辟，僻字假音。」故節於身，誨於民，是以天下之民可得而治，長短經作「故天下之人」，無「可得而治」四字。財用可得而足。長短經有「也」字。當今之主，長短經作「王」。其爲宮室則與此異矣。必厚作斂於百姓，治要、長短經並無「作」字。暴奪民衣食之財，以爲宮室臺榭曲直之望、青黃刻鏤之飾。畢云：「已上六句，太平御覽節。」爲宮室若此，故左右皆法象之。長短經「法」下有「而」字。是以其財不足以待凶饑，振孤寡，「振」，舊本作「賑」，俗字，今據治要正。故國貧而民難治也。長短經「治」作「理」，蓋避唐諱改。君實欲天下之治而惡其亂也，實，治要作「誠」。當爲宮室不可不節。王引之云：「當猶則也。」

古之民未知爲衣服時，衣皮帶茭，畢云：「『衣皮』，藝文類聚引作『衣皮毛』，非。說文云：『茭，乾芻。』」王云：「乾芻非可帶之物，畢說非也。說文：『筊，竹索也。』其草索則謂之茭。尚賢篇曰『傅說被褐帶索』，謂草索也。此言帶茭，猶彼言帶索矣。」詒讓案：禮運說上古云：「未有麻絲，衣其羽皮。」帶茭，疑即喪服之「絞〔二〕帶」，傳云：「絞帶者，繩帶也。」冬則不輕而溫，長短經作「煖」。案：下文「輕」、「煖」常見，似是。夏則不輕而清。曲禮「冬溫而夏清」，釋文云：「清，七性反，字從冫，秋冷也。本或作水旁，非也。」說文仌部云：「清，寒也。」聖王以爲不中人之情，情，治要作「溫清」二字，誤。故作誨婦人長短經「作」上有「聖人」二字，與下文同。但上已云「聖王」，則此不當重復，恐不足據。治絲麻、畢云：「『治』下舊有『役脩其城郭』云云四十八字，今移前。」梱布絹，畢云：「『梱』字當爲『稛』，說文云：『絭束也。』」詒讓案：非樂上作「綑布縿」，非命下作「捆布縿」，此「梱」或當爲「捆」，亦「稛」之叚字。「絹」當爲「綃」，綃與繰通，故彼二篇又誤「縿」，詳非樂篇。以爲民衣。爲衣服之法：「冬則練帛之中，說

〔二〕「絞」，原誤「茭」，據儀禮喪服改。

文糸部云：「練，湅繒也。」「繒，帛也。」畢云：「中讀去聲。」案：畢説非也。中即中衣，凡上服以内之衣，通稱中衣。深衣鄭目録云「大夫以上，祭服中衣用素」，練帛即素也。詩唐風揚之水孔穎達疏云：「中衣者，朝服〔二〕、祭服之裏衣也，其制如深衣。」儀禮聘禮賈疏云：「凡服四時不同，假令冬有裘，襯身有襌衫，又有襦袴，襦袴之上有裘，裘上有裼衣，裼衣之上有上服，皮弁祭服之等。若夏以絺綌，絺綌之上則有中衣，中衣之上加以上服也。」案：裼衣亦通謂之中衣。冬或服裘，或服袍襺，皆有中衣。中，經典亦作「衷」。説文衣部云：「衷，裏褻衣。」穀梁宣九年傳云「或衣其衣，或衷其襦」，范注云：「衷者，襦在裏也。」是對文衷爲裏衣，散文則通言衣，故節用中篇云：「冬服紺緅之衣，足以爲輕且暖。」**足以爲輕且煖；**畢云：「文選注引作『煗』。」詒讓案：後文「煗」字兩見。説文火部煖、煗並訓温也。長短經仍作「煖」。**夏則絺綌之中，**説文糸部云：「絺，細葛也。」「綌，粗葛也。」禮家説以絺綌上加中衣，此即以絺綌爲中衣，則内衣通得謂之中也。**足以爲輕且清。**舊本脱「煖」至「且」十二字，畢本據北堂書鈔增「煖夏則絺綌輕且」七字。王云：「『夏則絺綌輕且清』，本作『夏則絺綌之中，足以爲輕且清』，與『冬則練帛之中，足以爲輕且煖』對文。北堂書鈔衣冠部三引作『冬則練帛輕且煖，夏則絺綌輕且清』，省文也。若下二句内獨少『之中足以爲』五字，則與上二句不對矣。羣書治要所引上下皆有此五字，當據補。」案：王校是也。長短經引云「夏則絺綌，足以爲輕清」，亦有「足以爲」三字。**謹此則止。故聖人之爲衣服，**舊本脱「之」字，今據治要補。**適身體、和肌膚**畢云：「北堂書鈔引云『以適身體，以

〔二〕「服」字原脱，據詩唐風揚之水孔疏補。

和肌膚』。」而足矣，非榮耳目而觀愚民也。長短經「非」下有「以」字。當是之時，堅車良馬不知貴也，刻鏤文采不知喜也。何則？其所道之然。故民衣食之財，家足以待旱水凶饑者，何也？得其所以自養之情，而不感於外也。感，治要同。案：當爲「惑」之誤。「也」字治要無。是以其民儉而易治，長短經引「儉」上有「用」字。其君用財節而易贍也。畢云：「呂氏春秋適音云『不充則不詹』，高誘曰：『詹，足也。詹讀如澹然無爲之澹。』文選注云：『許君注淮南子云：澹，足也。』古無從貝字，此俗寫。」府庫實滿，足以待不然，不然，謂非常之變也。漢書司馬相如傳「發巴蜀之士各五百人以奉幣，衛使者不然」，顏注引張揖云：「不然之變也。」治要作「不極」，蘇云「『不然』疑當作『不時』」，並誤。兵革不頓，襄四年左傳「甲兵不頓」，杜注云：「頓，壞也。」士民不勞，足以征不服，故霸王之業可行於天下矣。當今之主，舊本作「王」，長短經同，今據治要正，與上下文合。其爲衣服，則與此異矣。冬則輕煗，治要作「煖」，下同。夏則輕清，皆已具矣。必厚作斂於百姓，長短經無「作」字。暴奪民衣食之財，以爲錦繡文采靡曼之衣，舊本倒作「衣之」。俞云：「『衣之』當作『之衣』，此十字一句讀。」詒讓案：長短經正作「以爲文彩靡曼之衣」，今據乙。小爾雅廣言云：「靡，細也。」漢書韓信傳「靡衣婾食」，顏注云：「靡，輕麗也。」文選七發李注云：「曼，輕細也。」鑄金以爲鉤，珠玉以爲珮，大戴禮記保傅篇云：「玉佩上有蔥衡，下有雙璜，衝牙蚍珠以納其間，琚瑀以雜之。」珮，治要作「佩」，長短經同。畢云：「當爲『佩』，古無此字。」女工作文采，男工作刻鏤，以爲身服。治要作「以身服之」。此非云益煐之情也，俞云：「情猶實也。煐之情，猶言煐之實。云益者，有益也。廣雅釋詁曰：『云，有也。』『此非云益煐之情』，猶曰『此非有益煖之實』。上文曰：『冬則輕煐，夏則輕清』，而此獨言煐者，衣固以煐爲主耳。」單財勞力，單亦盡也，詳上篇。畢歸之於無用也。舊本脱，今據治要增。以此觀之，以，長短經作「由」。其爲衣服，非爲身體，皆爲觀好。長短經下有「也」字。是以其民淫僻而難治，其君奢侈而難諫也。夫以奢侈之君御好淫僻之民，治要、長短經並無「好」字。欲國無亂，不可得也。君實欲天下之治而惡其亂，實，治要作「誠」。當爲衣服不可不節。

古之民未知爲飲食時，治要無「時」字。素食而分處，素食，謂食草木。管子禁藏〔二〕篇云：「果蓏素食當十石。」素，疏之叚字。淮南子主術訓云：「夏取果蓏，秋畜疏食。」「疏」俗作「蔬」，月令「取蔬食」，鄭注云：「草木之實爲蔬食。」禮運説上古云「未有火化，食草木之實」，即此素食也。故聖人作誨男耕稼樹藝，畢云：「古只作『埶』，説文云：『埶，種也，從坴。丮，持而種之。』」以爲民食。其爲食也，足以增氣充虛、彊體適腹而已矣。呂氏春秋重己篇云：「昔先聖王之爲飲食酏醴也，足以適味充虛而已矣。」故其用財節，其自養儉，民富國治。治要「故」字在「民富」上。今則不然，厚作斂於百姓，治要無「作」字。以爲美食芻豢，蒸炙魚鼈，蒸與烝通，毛詩小雅瓠葉傳云：「炕火曰炙。」禮記禮運鄭注云：「炙，貫之火上。」治要無「魚鼈」二字。畢云：

〔二〕「禁藏」，原引誤作「七臣七主」，據管子改。

「太平御覽引此『炙』作『庖』，『鼈』作『鱉』。」**大國累百器，小國累十器，前方丈，**畢本作「美食方丈」，云：「舊作『前方丈』三字，今據文選注兩引改『美食方丈』。太平御覽作『前則方丈』。」案：畢據文選七命及應璩與從弟君苗君胄書注所引校也。王云：「『美食』二字與上文相複，畢改非也。羣書治要引作『前方丈』，則魏徵所見本正與今本同。文選注引作『美食方丈』者，此以上文之『美食』與下文之『方丈』連引，而節去『芻豢』以下十七字，乃是約舉其詞，不得據彼以改此也。太平御覽治道部八引作『前則方丈』，句法較爲完足。」詒讓案：孟子盡心篇云「食前方丈」，趙岐注云：「極五味之饌食，列於前方一丈。」**目不能徧視，手不能徧操，口不能徧味，冬則凍冰，夏則飾饐。**畢云：「飾，若覆食之冪是也。饐，說文云：『飯傷濕也。』」洪云：「案『飾饐』與『凍冰』對文，皆言其食味之壞。『飾饐』當作『餲饐』。爾雅釋器『食饐謂之餲』，郭璞注：『飯穢臭。』論語鄉黨『食饐而餲』，孔注：『饐、餲，臭味變也。』『飾』本作『飭』，『餲』、『飭』字形相近。」俞說同。張文虎云：「覆食之冪，義不當爲飾。飾饐，羣書治要引作『餕饐』，是也。玉藻『日中而餕』，注云：『餕，食朝之餘也。』論語鄭注云：『食餘曰餕。』餕饐者，謂食餘而致壞也。」案：洪說近是。飾，治要作「餕」，則疑「酸」之借字。荀子正名篇云「香臭、芬鬱、腥臊、灑〔二〕酸、奇臭以鼻異」，楊注云：「酸，暑浥之酸氣也。」於此義亦得通。張望文生訓，不足據。**人君爲飲食如此，故左右象之，是以富貴者奢侈，孤寡者凍餒，**畢云：「當爲『餧』，說文云：

〔二〕「灑」，原誤「酒」，據荀子正名改。按：「灑」應爲「漏」（見荀子楊倞注），謂馬羶氣。又按：下「酸」字王念孫謂當是「庮」之誤，牛羶氣（見王先謙荀子集解），與孫引楊（倞）注說不同。

『餧，饑也。』」雖欲無亂，畢云：「舊脱『雖』字，據太平御覽增。」不可得也。君實欲天下治而惡其亂，實，治要作「誠」。「治」上王校增「之」字。當爲食飲當作「飲食」。不可不節。

古之民未知爲舟車時，重任不移，遠道不至，故聖王作爲舟車，以便民之事。其爲舟車也，全固輕利，畢云：「全，太平御覽引作『完』。」詒讓案：治要引亦作「完」，意林同。可以任重致遠。其爲用財少，而爲利多，是以民樂而利之。法令不急而行，令，治要作「禁」。「法」上舊本有「故」字。王云：「上『故』字涉下『故』字而衍，羣書治要無。」民不勞而上足用，畢云：「『上』舊作『止』，一本如此。」詒讓案：治要亦作「上」。「足」下治要有「以」字。故民歸之。當今之主，其爲舟車與此異矣。全固輕利皆已具，全，治要亦作「完」。「具」下有「矣」字。必厚作斂於百姓，以飾舟車，治要作「以爲舟車飾」。飾車以文采，飾舟以刻鏤。女子廢其紡織而脩文采，故民寒；男子離其耕稼而脩刻鏤，故民饑。治要作「飢」，下同。人君爲舟車若此，故左右象之，是以其民饑寒並至，故爲姦衺。治要作「邪」。姦衺多則刑罰深，此句首舊本無「姦衺」二字。王云：「舊本兩『姦衺』脱其一，則義不可通。今據羣書治要補。」刑罰深則國亂。治要「國」上衍「固」字。畢云：「太平御覽引云『而國亂矣』。」君實欲天下之治而惡其亂，實，治要作「誠」。當爲舟車不可不節。

凡回於天地之間，「回」字譌，蘇云「當作『同』」，亦未塙。包於四海之內，天壤之情，陰陽之和，莫不有也，雖至聖不能更也。何以知其然？聖人有傳：天地也，則曰上下；四時也，則曰陰陽；人情也，則曰男女；禽獸也，則曰牡牝雄雌也。真天壤之情，雖有先王不能更也。雖上世至聖，必蓄私不以傷行，私，謂妾媵私人。顧云：「晏子春秋內篇諫下『古聖王畜私不傷行』。」故民無怨。宮無拘女，故天下無寡夫。小爾雅廣議云：「凡無妻無夫，通謂之寡，寡夫曰煢〔一〕。」左襄二十七年傳云「齊崔杼生成及彊而寡」，杜注云：「偏喪曰寡。寡，特也。」內無拘女，外無寡夫，故天下之民衆。當今之君，畢云：「上俱作『主』。」其蓄私也，大國拘女累千，小國累百，是以天下之男多寡無妻，女多拘無夫，男女失時，畢云：「『女』，舊作『子』，一本如此。」故民少。君實欲民之衆而惡其寡，當蓄私不可不節。凡此五者，聖人之所儉節也，小人之所淫佚也。儉節則昌，淫佚則亡，此五者不可不節。夫婦節而天地和，風雨節而五穀孰，衣服節而肌膚和。

三辯第七

畢云：「此辯聖王雖用樂，而治不在此。三者，謂堯舜及湯及武王也。」詒讓案：此篇所論蓋非樂之餘義。

程繁畢云：「太平御覽引作『程子』。」詒讓案：公孟篇亦作「程子」，蓋兼治儒墨之學者。問於子墨子曰：

〔一〕「煢」，原誤「索」，據小爾雅廣義（在孔叢子中）改。

「夫子曰：舊本無此三字，王云：「『聖王』上當有『夫子曰』三字，而今本脱之，則文義不明。下文『今夫子曰：聖王不爲樂』，是其證。」案：王説是也，今據增。『聖王不爲樂。』昔諸侯倦於聽治，息於鐘鼓之樂；「鐘鼓」謂金奏。士大夫倦於聽治，息於竽瑟之樂；周禮小胥云：「卿大夫判縣，士特縣。」曲禮云「大夫無故不徹縣，士無故不徹琴瑟」，孔穎達疏以爲不命之士，若命士，則特縣。若然，士大夫之樂亦有鐘鼓。攷賈子新書審微篇云「大夫直縣，士有琴瑟」，公羊隱五年何注引魯詩傳云「大夫士曰琴瑟」，白虎通義禮樂篇云「詩傳曰：大夫士琴瑟御〔二〕。大夫士北面之臣，非專事子民，故但琴瑟而已」，曲禮疏引春秋説題辭亦謂「樂無大夫士制」。此書義蓋與魯詩、春秋緯略同。農夫春耕夏耘，畢云：「説文云：『䢷，除苗間穢也。耘，或字。』此省文。」秋斂冬藏，畢云：「古只作『臧』。」息於聆缶之樂。畢云：「『聆』當爲『瓴』。『聆缶』，太平御覽引作『吟謡』，是也。『缶』是『缶』字之壞。」王云：「今本墨子作『聆缶』者，『聆』乃『瓴』字之譌，『瓴』即『瓴』字也，但移瓦於左，移令於右耳。北堂書鈔樂部七缶下、鈔本太平御覽樂部三及二十二缶下引墨子並作『吟缶』。『吟』亦『瓴』之譌。蓋墨子書『瓴』字本作『瓴』，故今本譌作『聆』，諸類書譌作『吟』，而『缶』字則皆不譌也。其刻本御覽作『吟謡』者，後人不知『吟』爲『瓴』之譌，遂改『吟缶』爲『吟謡』耳。上文云『諸侯息於鐘鼓，士大夫息於竽瑟』，此云『農夫息於瓴缶』，鐘鼓、竽瑟、瓴缶皆樂器也。淮南精神篇『叩盆拊瓴，相和而歌』，盆即缶也。若吟謡則非樂器，不得言吟謡之樂矣。」案：王説是也。説文瓦部云：「瓴，罋也，似

〔二〕「御」，原誤「也」，據白虎通義禮樂改。

缾者。」又缶部云：「缶，瓦器，所以盛酒漿，秦人鼓之以節歌。」詩陳風宛丘篇「坎其擊缶」，毛傳云：「盎謂之缶。」爾雅釋器同，郭注云：「盆也。」史記李斯傳云：「擊甕叩缻，真秦之聲也。」缻、甕同物，缻即缶之俗。今夫子曰『聖王不爲樂』，此譬之猶馬駕而不稅，方言云：「稅，舍車也。趙、宋、陳、魏之閒謂之稅。」郭璞注云：「稅猶脫也。」畢云：「太平御覽作『脫』，同。」弓張而不弛，無乃非有血氣者之所不能至邪？」俞云：「『非』字衍文。」

子墨子曰：「昔者堯舜有茅茨者，畢云：「『茅茨』舊作『第期』，今據太平御覽改。」俞云：「茅茨土階，是言古明堂之儉，不得云『且以爲禮，且以爲樂』也。下文曰：『周成王之治天下也，不若武王；武王之治天下也，不若成湯；成湯之治天下也，不若堯舜。故其樂逾繁者，其治逾寡。』然則其說堯舜亦當以樂言，不當以宮室言也。疑後人不達『第期』之義而臆改之，未可爲據，仍當從原文而闕其疑。」案：俞說非也。若「第期」專以樂言，則下文不當云「且以爲禮」。畢校不誤。詩小雅甫田鄭箋云：「茨，屋蓋也。」孔疏云：「墨子稱茅茨不翦，謂以茅覆屋。」且以爲禮，且以爲樂；湯放桀於大水，蘇云：「案列女傳云『流於海，死於南巢之山』，尚書大傳云『國，君之國也，吾聞海外有人。與其屬五百人去〔二〕』，與此言合。」環天下自立以爲王，事成功立，無大後患，因先王之樂，又自作樂，命曰護，又脩九招；畢云：「『脩』舊作『循』，今以意改。已上十六字舊脫，今據太平御覽增。呂氏春秋云：

〔二〕按：陳壽祺輯本尚書大傳卷二下云：「桀曰：『國，君之有也，吾聞海外有人。』與五百人俱去。」蘇引文句首當缺「桀曰」二字。

『湯命伊尹作爲大護，歌晨露，脩九招、六列。』」案：道藏本雖亦有脱文，然尚有「自作樂命曰九招」七字，則未全脱也，畢説未審。風俗通義聲音篇云「湯作護，護言救民也」，藝文類聚帝王部引春秋元命苞云：「湯之時，民大樂其救於患害，故護者救也」，白虎通義禮樂篇云「湯曰大護者，言湯承衰能護民之急也」，公羊隱五年何注云「殷曰大護，殷時民樂，大其護己也」，並與此同。周禮大司樂「護」作「濩」，漢書禮樂志同。「護」、「濩」字亦通。九招即書皋陶謨「簫韶九成」，舜樂也。史記夏本紀云「禹興九招之樂」，吕氏春秋古樂篇云「嚳作九招，舜令質修之」，山海經大荒西經云「啓始歌九招」，周禮大司樂作「九磬」。招、韶、磬字並通。**武王勝殷殺紂，環天下自立以爲王，事成功立，無大後患，因先王之樂，又自作樂，命曰象；**畢云：「吕氏春秋云『周公爲三象』，乃成王之樂。此云象又是武王作，未詳。」案：毛詩周頌序云「維清，奏象舞也」，鄭箋云：「象，用兵時刺伐之舞，武王制焉。」禮記文王世子「下管象」，鄭注云：「象，周武王伐紂之樂。」春秋繁露三代改制質文篇云：「文王作武樂，武王作象樂，周公作汋樂。」淮南子氾論訓云「周武象」，高注云：「武王樂也。」白虎通義禮樂篇云：「周公曰酌，武王曰象者，象太平而作樂，示已太平也，合曰大武。」此皆以象爲武王所作。畢專據吕覽古樂篇以疑此書，殊爲失攷。周禮大司樂六樂有大武而無象，則大武自爲周之正樂，象蓋舞之小者。周頌孔疏謂象舞象文王之事，大武象武王之事，大武之樂亦爲象，傳合武、象爲一，非也。左襄二十九年傳云「見舞象箾、南籥者」，杜注云：「象箾，舞所執，文王之樂。」杜又以象爲文王樂。史記吳世家集解引賈逵、詩周頌疏引服虔説並同，蓋皆傳聞之異。**周成王因先王之樂，又自作樂，命曰騶虞。**王云：「御覽引作『周成王因先王之樂，又自作樂，命曰騶吾』，是也。上文云『湯因先王之樂，又自作樂，命曰護。武王因先王之樂，又自作樂，命曰象』，即其證。今本脱去『又自作樂』四字，則義不可通，困學紀聞所引已同今本。書傳中『騶虞』字多作『騶吾』，故困學紀聞詩類引墨子尚作『騶吾』。今作『騶虞』者，後人依經典改之。」案：王説是也，今據增。鈔本御覽樂部三引此書「騶虞」又作「鄒吾」，字並通。詩召南有騶虞篇，蓋作於成王時，故墨子以爲成王之樂，凡詩皆可入樂也。周禮大司樂「大射令奏騶虞」，鄭注云：「騶虞，樂章名。」周成王之治天下也，不若武王，武王之治天下也，不若成湯，成湯之治天下也，不若堯舜。故其樂逾繁者，其治逾寡。自此觀之，樂非所以治天下也。」

程繁曰：「子曰『聖王無樂』，此亦樂已，若之何其謂聖王無樂也？」

子墨子曰：「聖王之命也，命與令義同。蘇云：「此下有闕文、誤字。」多寡之。此疑當作「多者寡之」。言凡物病其多者，則務寡之。食之利也，以知饑而食之者智也，因爲無智矣。今聖有樂而少，此亦無也。」畢云：「言人所以生者，食之利，但必以知饑而食之，否則非智。今聖人雖用樂而少，此亦無違于聖人。『無』下疑有脱字。」案：畢説非也。「因」當作「固」，「今聖」下當有「王」字。此言食爲人之利，然人饑知食，不足爲智，若因饑知食而謂之爲智，則所知甚淺，固爲無智矣，以喻聖王雖作樂而少，猶之無樂也。末句「無」下似無脱字。

墨子閒詁卷二

尚賢上第八

經典釋文叙録引鄭康成書贊云：「尚者，上也。」淮南子氾論訓云：「兼愛、上賢、右鬼、非命，墨子之所立也，而楊子非之。」漢書藝文志亦作「上賢」。畢云：「説文云：『賢，多才也。』玉篇云：『有善行也。』尚與上同。」

子墨子言曰：今者王公大人爲政於國家者，今者，舊本作「古者」。王云：「此謂今之王公大人，非謂古也。『古者』當依羣書治要作『今者』，義見下文。」案：王説是也，今據正。禮運云「大人世及以爲禮〔一〕」，鄭注云：「大人，諸侯也。」孔疏云：「易革卦『大人虎變』對『君子豹變』，故大人爲天子。相見禮云『與大人言，言事君』，對士又云事君，故以大人爲卿大夫。」皆欲國家之富，人民之衆，刑政之治。然而不得富而得貧，不得衆而得寡，不得治而得亂，則是本失其所欲，得其所惡，是其故何也？

〔一〕「禮」，原誤「國」，據禮記禮運改。

子墨子言曰：是在王公大人爲政於國家者，不能以尚賢事能爲政也。蘇云：「『事』當作『使』，二字形近而訛。」案：事、使義同。漢書高帝紀如淳注云：「事謂役使也。」非訛字。是故國有賢良之士衆，則國家之治厚，賢良之士寡，則國家之治薄。故大人之務，將在於衆賢而已。

曰：然則衆賢之術將奈何哉？

子墨子言曰：譬若欲衆其國之善射御之士者，必將富之貴之，敬之譽之，然后國之善射御之士「后」，羣書治要作「後」，下同。將可得而衆也。王引之云：「此『將』字猶乃也，與上『將』字異義。」況又有賢良之士厚乎德行，辯乎言談，博乎道術者乎，此固國家之珍，而社稷之佐也。畢云：「『佐』當爲『左』。」鈕樹玉云：「佐字見漢刻石門頌。」亦必且富之貴之，敬之譽之，然后國之良士亦將可得而衆也。后，道藏本作「後」。

是故古者聖王之爲政也，舊本脱「也」字，今據治要補。言曰：「不義不富，不義不貴，不義不親，不義不近。」治要「不富」、「不貴」、「不親」、「不近」並在「不義」上。是以國之富貴人聞之，皆退而謀曰：「始我所恃者，富貴也，今上舉義不辟貧賤，治要作「避」，下並同。蘇云：「辟，讀如避，下同。」然則我不可不爲義。」親者聞之，亦退而謀曰：「始我所恃者親也，今上舉義不辟疏，「疏」上舊本有「親」字，治要同。王云：「『親』字涉上文而衍，『不避疏』義見上下文。」案：王説是也，今據删。然則我不可不爲義。」近者聞之，亦退而謀曰：「始我所恃者近也，今上舉義不辟〔二〕遠，舊本作「近」，治要作「遠近」。王云：「『近』字涉上文而誤，『近』當爲『遠』。『不辟遠』，見下文。」案：王説是也，今據正。蓋故書本衍一「近」字，後人誤删「遠」存「近」，遂不可通。然則我不可不爲義。」遠者聞之，亦退而謀曰：「我始以遠爲無恃，今上舉義不辟遠，然則我不可不爲義。」逮至遠鄙郊外之臣、「遠鄙」即下「四鄙」，謂都鄙、縣鄙也。書文侯之命孔疏引鄭注云：「鄙，邊邑也。」周禮載師杜子春注云：「五十里爲近郊，百里爲遠郊。」又引司馬法云：「王國百里爲郊。」門庭庶子、説文广部云：「庭，宫中也。」周禮宫伯「掌王宫之士庶子凡在版者」，鄭衆注云：「庶子，宿衛之官。」鄭康成云：「王宫之士，謂王宫中諸吏之適子也。庶子，其支庶也。」案：士庶子，即公族及卿大夫之子宿衛宫中者也。新序襍事二〔三〕云：「楚莊王中庶子曰：臣尚衣冠御郎十三年矣。」蓋凡宿衛位署，皆在路寢内外朝門庭之閒，故此書謂之「門庭庶子」。新序云「御郎」，郎謂郎門，即路寢門也。凡宿衛子弟，已命者謂之士，未命者謂之庶子，説詳周禮正義。國中之衆、周禮鄉大夫鄭注云：「國中，城郭中也。」四鄙之萌人，漢書劉向傳顔注云：「萌與甿同，無知之貌。」管子山國軌篇尹注云：「萌，田民也。」一切經音義云：「萌，古文氓同。」史記三王世家「姦巧邊萌」，索隱云：「『萌』一作『甿』。」説文民部云：「氓，民也，讀若盲。」又：「甿，田民也。」畢云：「萌，『氓』字之假音。」聞

〔二〕「辟」，原作「避」，據活字本改，與墨子原文合。

〔三〕「襍事二」，原誤作「襍事一」，據新序改。

之皆競爲義。是其故何也？曰：上之所以使下者，一物也；下之所以事上者，一術也。譬之富者，畢云：「富，舊作『異』，一本如此。」有高牆深宮，牆立既，「牆立既」疑當作「宮牆既立」。「宮」字涉上而脱，「既立」又誤作「立既」，遂不可通。謹上爲鑿一門，「謹上」疑當爲「謹止」，辭過篇云「謹此則止」。謹止爲鑿一門，謹與僅通。言於牆閒纔開一門，不敢多爲門户也。有盜人入，闔其自入而求之，畢云：「自入，言所從入之門。」盜其無自出。是其故何也？則上得要也。

故古者聖王之爲政，列德而尚賢，小爾雅廣詁云：「列，次也。」國語周語韋注云：「列，位次也。」雖在農與工肆之人，論語子張篇云：「百工居肆，以成其事。」有能則舉之，高予之爵，重予之禄，任之以事，斷予之令，禮記樂記鄭注云：「斷，決也。」謂其令必行。曰：「爵位不高則民弗敬，蓄禄不厚則民不信，政令不斷則民不畏。」舉三者授之賢者，非爲賢賜也，欲其事之成。故當是時，治要無此二字。以德就列，論語季氏篇云「陳力就列」，集解引馬融云：「當陳其才力，度己所任，以就其位。」亦釋列爲位。以官服事，周禮大司徒鄭衆注云：「服事，謂爲公家服事者。」以勞殿賞，殿，治要作「受」。畢云：「殿，讀如『奔而殿』。」俞云：「畢讀非也。論功行賞，勞者當在前，安得反云殿乎？殿者，定也。殿與定一聲之轉，文選江賦注曰：『澱與淀古字通。』殿之與定，猶澱之與淀也。詩采菽篇『殿天下之邦』，毛傳曰：『殿，鎮也。』鎮即有定義。小爾雅廣言：『殿，填也。』填與奠通。禮記檀弓篇『主人既祖填池』，鄭注：『填池當爲奠徹。』是也。奠亦定也。周官司士職曰『以久奠食』，此云『以勞殿賞』，句法一律，殿、奠文異而義同。」量功而分禄。故官無常貴，而民無終賤，終，治要作「恒」。

有能則舉之，無能則下之，舉公義，辟私怨，辟，治要亦作「避」。畢云：「辟，讀如辟舉之辟。」俞云：「畢說非也。豈有私怨者，不問其賢否而概辟舉之乎？小爾雅廣言：『辟，除也。』辟私怨，謂惟公義是舉，而私怨在所不問，故除去之也。又禮記郊特牲篇『有由辟焉』，鄭注曰：『辟，讀爲弭。』此辟字或從鄭讀，亦通。」此若言之謂也。王云：「若亦此也。古人自有複語。管子山國軌篇曰『此若言何謂也』，地數篇曰『此若言可得聞乎』，輕重丁篇曰『此若言曷謂也』，此書節葬篇曰『以此若三聖王者觀之』，又曰『以此若三國者觀之』，皆並用『此若』二字。」故古者堯舉舜於服澤之陽，畢云：「未詳其地。服與蒲，音之緩急，或即蒲澤，今蒲州府。」詒讓案：文選曲水詩序李注引帝王世紀云：「堯求賢而四嶽薦舜，堯乃命于順澤之陽。」疑即本此書。史記五帝本紀「就時於負夏」，集解引鄭玄云：「負夏，衛地。」孟子離婁篇「舜生於諸馮，遷於負夏」，趙注云：「諸馮、負夏皆地名，負海也。」案：服澤疑即負夏。趙岐云「負海」，必有所本。授之政，天下平；禹舉益於陰方之中，畢云：「未詳其地。」授之政，九州成；蘇云：「成與平爲韻。」湯舉伊尹於庖廚之中，史記殷本紀：「阿衡欲奸湯而無由，乃爲有莘氏媵臣，負鼎俎，以滋味説湯。」畢云：「韓非子云：『上古有湯，至聖也。伊尹，至智也，然且七十説而不受，身執鼎俎爲庖宰，昵近習親，湯乃僅知其賢而舉之。』文選注云：『魯連子曰：伊尹負鼎佩刀以干湯得意，故尊爲宰舍。』又云：『文子曰：伊尹負鼎而干湯。』」授之政，其謀得；文王舉閎夭泰顛於罝罔之中，書君奭云：「惟文王尚克修和我有夏。亦惟有若虢叔，有若閎夭，有若散宜生，有若泰顛，有若南宮括。」僞孔傳云：「閎、泰，氏；夭、顛，名。」詩周南兔罝敍云：「兔罝，后妃之化也。關雎之化行，則莫不好德，賢人衆多也。」毛傳云：「兔罝，兔罟也。」畢云：「事未詳。或以詩兔罝有『公侯腹心』之語〔一〕而爲說，恐此詩即賦閎夭泰顛事。古者書傳未湮，翟必有據。」蘇云：「罝，即詩所謂『兔罝』，當爲閎夭而作。泰顛，當即太公望也。罝屬夭，則罔屬顛，與太公釣渭遇文王事亦合。迨馬融注『十亂』，以泰顛與太公望並舉，後世以爲二人。然文王諸臣，自以太公爲稱首。書君奭篇唯以泰顛與諸臣並舉，而不及太公，逸周書克殷篇亦然。若使果爲二人，豈容都不道及？是顛即望無疑也。」案：罝、罔通稱，蘇分屬二人，非也。太顛即太公，乃宋吴仁傑之謬說。攷詩大雅緜孔疏引鄭君奭注云：「不及呂望，太師也。教文王以大德，謙不以自比焉。」是馬、鄭並以泰顛與太公非一人。周書克殷篇有泰顛，又有尚父，尤其塙證。吴說不足據，蘇從之，傎矣。**授之政，西土服。**蘇云：「服與得爲韻。」**故當是時，雖在於厚禄尊位之臣，莫不敬懼而施，**畢云：「下疑脱一字。」俞云：「畢非也。施當讀爲惕，尚書盤庚篇『不惕予一人』，白虎通號篇引作『不施予一人』是也。『敬懼而施』即敬懼而惕，文義已足，非有闕文。」**雖在農與工肆之人，莫不競勸而尚意。**「意」疑當爲「悳」，形近而譌。「悳」正字，「德」段借字。**故士者，所以爲輔相承嗣也。**大戴禮記曾子立事篇云「使子猶使臣也，使弟猶使承嗣也」，盧辯注云：「承嗣，謂冢子也。」孔廣森云：「承，丞也，左傳曰『請承』。嗣讀爲司。丞司者，官之偏貳，故弟視之。臣則私臣，自所謁除也，可以子視之。」案：孔說是也。此云「輔相承嗣」，中篇云「承嗣輔佐」，承嗣亦皆非嗣子。承當與文王世子「師保疑丞」之丞同。大戴禮記保傅篇以道、充、弼、承爲四聖，云：「博聞强記，接給而善對者謂之承，承者，承天子之遺忘者也。」書益稷「欽四鄰」，孔疏引鄭康成云：「四近，謂左輔右弼，前疑後

〔一〕「語」，原誤「詩」，據活字本改，與畢刻合。

承。」文王世子孔疏引尚書大傳「承」作「丞」。此承義並與彼同。故得士則謀不困，體不勞，名立而功成，美章而惡不生，舊本作「名立而功，業彰而惡不生」。王云：「羣書治要引作『名立而功成，美章而惡不生』，是也。『功成』與『名立』對文，『惡不生』與『美彰』對文，今本脱『成』字，『美』字又譌作『業』，則文不對，而句亦不協矣。『美』、『業』字形相似，故譌。漢書賈誼傳『一動而五美附』，今本『美』譌作『業』。」案：王説是也，今據補正。則由得士也。

是故子墨子言曰：得意賢士不可不舉，不得意賢士不可不舉，尚欲祖述堯舜禹湯之道，王引之云：「尚與儻同。」案：王説未塙。「尚」疑與「上」同，下篇云「上欲中聖人之道」。將不可以不尚賢。夫尚賢者，政之本也。

尚賢中第九

子墨子言曰：今王公大人之君人民、主社稷、治國家，欲脩保而勿失，故不察尚賢爲政之本也？畢云：「故，一本作『胡』。」蘇云：「『胡』是也，下同。」詒讓案：下文兩見，一作「胡」，一作「故」。盧云：「當云『尚賢之爲政本』。」王云：「盧説非也。下文曰『胡不察尚賢爲政之本也？且以尚賢爲政之本者，亦豈獨子墨子之言哉』，與此文同一例。則不得倒『之』字於『爲政』上矣。故與胡同，故下文又曰『故不察尚賢爲政之本也』。管子侈靡篇『公將有行，故不送公』，亦以『故』爲『胡』。」何以知尚賢之爲政本也？曰：自貴且智者爲政乎愚且賤者則治，自愚賤者爲政乎貴且智者則亂，「愚」下依上文亦當有「且」字。是以知尚賢之爲政本也。

故古者聖王甚尊尚賢而任使能，不黨父兄，不偏貴富，不嬖顏色，賢者舉而上之，富而貴之，以爲官長；不肖者抑而廢之，貧而賤之，以爲徒役。是以民皆勸其賞，畏其罰，相率而爲賢，者以賢者衆而不肖者寡，俞云：「『相率而爲賢』絶句，『者』字乃『是』字之誤，屬下讀。惟其相率而爲賢，是以賢者衆而不肖者寡也。兩句皆用『是以』字，古人行文不避重複。今誤作『相率而爲賢者』，則是民之相率爲賢，以賢者衆而不肖者寡之故，於義不可通矣。」此謂進賢。畢云：「謂，一本作『爲』。」詒讓案：「進賢」依上文當作「尚賢」。然後聖人聽其言，迹其行，察其所能，而慎予官，此謂事能。事與使同，詳上篇，上文作「使能」。故可使治國者，使治國；可使長官者，使長官；可使治邑者，使治邑。凡所使治國家、官府、邑里，此皆國之賢者也。

賢者之治國也，畢云：「『國』下一本有『家』字。」詒讓案：道藏本「國」下有「者」字。蚤朝晏退，畢云：「『蚤』字同『早』。」聽獄治政，是以國家治而刑法正。賢者之長官也，夜寢夙興，收斂關市、山林、澤梁之利，以實官府，是以官府實而財不散。賢者之治邑也，蚤出莫入，耕稼樹藝，聚菽粟，是以菽粟多而民足乎食。故國家治則刑法正，官府實則萬民富。上有以絜爲酒醴粢盛，以祭祀天鬼；外有以爲皮幣，與四鄰諸侯交接；內有以食飢息勞，飢，舊本作「饑」，今依道藏本正。將養其萬民，俞云：「『將』當作『持』。持養乃古人恒言，詳見七患篇。此作『將養』，形似而誤。天志中篇正作『内有以食飢息勞，持養其萬民』，可據以訂正。非命上篇『將養老弱』，亦持養之誤。」外有以懷天下之賢人。王云：「『外有以』三字，涉上文『外有以爲皮幣』而衍。下文曰『内者萬民親之，賢人歸之』，是養民與懷賢皆内事，非外事也。」是故上者天鬼富之，外者諸侯與之，内者萬民親之，賢人歸之，以此謀事則得，舉事則成，入守則固，出誅則彊。故唯昔三代聖王堯舜禹湯文武之所以王天下、正諸侯者，正，長也，義詳親士篇。此亦其法已。

既曰若法，未知所以行之術，則事猶若未成，畢云：「若猶順。」王云：「『曰』者，『有』之壞字也。若法，此法也。言既有此法，而無術以行之，則事猶然未成也。畢以若法爲順法，失之，若與此同義。猶若即猶然。」俞云：「王非也。『曰』字乃『云』字之誤。云者，有也，説見辭過篇。『既云若法』即既有此法。淺人不達『云』字之義，謂是『云曰』之『云』，疑本書皆用『曰』字，此不當用『云』字，故改『云』作『曰』耳。」是以必爲置三本。何謂三本？曰：爵位不高則民不敬也，蓄禄不厚則民不信也，政令不斷則民不畏也。故古聖王高予之爵，重予之禄，任之以事，斷予之令，夫豈爲其臣賜哉，欲其事之成也。詩曰：「告女憂卹，誨女予爵，舊本「爵」誤「鬱」，盧以意改爲「序爵」，畢從之。王云：「『鬱』爲『爵』之譌，『予』則非譌字也。上文言『古聖王高予之爵，重予之禄』，下文言『今王公大人之用賢，高予之爵，而禄不從』，此引詩『誨女予爵』，正與上下文『予』字同義，則不得改『予』爲『序』矣。毛詩作『告爾憂恤，誨爾序爵，誰能執熱，逝不以濯』，今墨子兩『爾』字皆作『女』，『序』作『予』，『誰』作『孰』，『逝』作『鮮』，『以』作『用』，是墨子所見詩固有異文也。」案：王説是也。王應麟詩攷引亦作「序爵」，盧蓋兼據彼文。然王攷多以意改，未必宋本「予」果作「序」也，今不據改。毛詩大雅桑柔傳云：「濯所以救熱也，禮亦所以救亂也。」鄭箋云：「恤亦憂也，逝猶去也。我語女以憂天下之憂，教女以次序賢能之爵，其爲之當如手持熱物之用濯。謂治國之道，當用賢者。」**孰能執熱，鮮不用濯。**」詩攷引「孰」作「誰」，蓋亦王氏所改。蘇云：「案詩大雅桑柔篇『孰』作『誰』，『鮮』作『逝』，『用』作『以』。」**則此語古者國君、諸侯之不可以不執善承嗣輔佐也，**王云：「善，謂善待此承嗣輔佐之人，即上文所云『高予之爵，重予之禄，任之以事，斷予之令』也。蓋『善』上不當有『執』字，涉上下文『執熱』而衍。」案：王説非也。執猶親密也。曲禮云「執友稱其仁也」，鄭注云：「執友，志同者。」吕氏春秋遇合篇云「故嫫母執乎黄帝」，列女傳辯通篇齊鍾離春傳云「衒嫁不售，流弃莫執」，執並與親義相近。此執善亦言親善也。**譬之猶執熱之有濯也，將休其手焉。**爾雅釋詁云：「休，息也。」**古者聖王唯毋得賢人而使之，**唯，舊本作「惟」，今據王校改。毋，畢本改「毌」，云：「毌讀如貫習之貫。」王云：「畢改非也。毋，語詞耳，本無意義。『唯毋得賢人而使之』者，唯得賢人而使之也。若讀毋爲貫習之貫，則文不成義矣。下篇曰：『今唯毋以尚賢爲政其國家百姓，使國之爲善者勸，爲暴者沮。』又曰：『然昔吾所以貴堯舜禹湯文武之道者，何故以哉？以其唯毋臨衆發政而治民，使天下之爲善者可而勸也，爲暴者可而沮也。』尚同中篇曰：『上唯毋立而爲政乎國家，爲民正長，曰人可賞吾將賞之。若苟上下不同義，上之所賞，則衆之所非。上唯毋立而爲政乎國家，爲民正長，曰人可罰吾將罰之。若苟上下不同義，上之所罰，則衆之所譽。』下篇曰：『故唯毋以聖王爲聰耳明目與〔二〕？豈能一視而通見千里之外哉，一聽而通聞千里之外哉。』非攻中篇曰：『今師徒唯毋興起，冬行恐寒，夏行恐暑，此不可以冬夏爲者也。春則廢民耕稼樹藝，秋則廢民穫斂。今唯毋廢

〔二〕「與」，原誤「爲」，據尚同下篇改。

一時，則百姓飢寒凍餒而死者，不可勝數。』節用上篇曰：『且大人唯毋興師以攻〔二〕伐鄰國，久者終年，速者數月，男女久不相見，此所以寡人之道也。』節葬下篇曰：『今雖毋法執厚葬久喪者言，以爲事乎國家。』又曰：『今唯無以厚葬久喪者爲政。』天志中篇曰：『故唯毋明乎順天之意，奉而光施之天下，則刑政治，萬民和，國家富，財用足，百姓皆得煖衣飽食，便寧無憂。』非樂上篇曰：『今王公大人雖無造爲樂器，以爲事乎國家。』又曰：『今王公大人唯毋處高臺厚榭之上而視之。』又曰：『今王公大人唯毋爲樂，虧奪民衣食之財，以拊樂如此多也。』又曰：『今唯毋在乎王公大人説樂而聽之，即必不能蚤朝晏退，聽獄治政。』『今唯毋在乎士君子説樂而聽之，即必不能竭股肱之力，亶其思慮之智，内治官府，外收斂關市、山林、澤梁之利，以實倉廩府庫。』『今唯毋在乎農夫説樂而聽之，即必不能蚤出暮入，耕稼樹藝，多聚菽粟。』『今唯毋在乎婦人説樂而聽之，即必不能夙興夜寐，紡績織紝，多治麻絲葛緒，綑布縿。』以上諸篇其字或作『毋』，或作『無』，皆是語詞，非有實義也。孟康注漢書貨殖傳曰：『無，發聲助也。』管子立政九敗解篇曰：『人君唯毋聽寢兵，則羣臣賓客莫敢言兵；人君唯毋聽兼愛之説，則視天下之民如其民，視國如吾國；人君唯無好全生，則羣生皆全其生，而生又養；人君唯無聽私議自貴，則民退静隱伏，窟穴就山，非世閒上，輕爵禄而賤有司；人君唯無好金玉貨財，必欲得其所好，則必易之以大官尊位，尊爵重禄；人君唯毋聽羣徒比周，則羣臣朋黨，蔽美揚惡；人君唯毋聽觀樂玩好，則敗；人君唯毋聽請謁任譽，則羣臣皆相爲請；人君唯無聽諂諛飾過之言，則敗。』以上諸條其字或作『毋』，或作『無』，並與墨子同義。案：王説是也，洪説同。蘇疑「毋」爲「務」字之假借，非。

般爵以貴之，畢云：「般，讀如頒賜之頒。」裂地以封之，終身不厭。賢人唯毋得明君而事之，竭四肢之力以任君之事，終身不倦。若有美善則

〔二〕「攻」，原誤「及」，據節用上篇改。

歸之上，是以美善在上而所怨謗在下，寧樂在君，畢云：「當爲『寍』，經典通用此。」憂慼在臣。故古者聖王之爲政若此。

今王公大人亦欲效人以尚賢使能爲政，效人，謂效古人之爲政也。高予之爵，而禄不從也。夫高爵而無禄，民不信也，曰：「此非中實愛我也，假藉而用我也。」漢書薛宣朱博傳贊「假借用權」，宋祁校云：「借，蕭該謂本作『藉』字。」大戴禮記衛將軍文子篇云：「使其臣如藉。」畢云：「古無『借』字，只用『藉』。說文序有假借字，從人，俗寫亂之。」夫假藉之民，將豈能親其上哉！故先王言曰：「貪於政者畢云：「『貪』，舊作『食』，一本如此。」不能分人以事，厚於貨者不能分人以禄。」事則不與，禄則不分，請問天下之賢人將何自至乎王公大人之側哉？若苟賢者不至乎王公大人之側，則此不肖者在左右也。不肖者在左右，則其所譽不當賢，而所罰不當暴。王公大人尊此以爲政乎國家，則賞亦必不當賢，而罰亦必不當暴。若苟賞不當賢而罰不當暴，則是爲賢者不勸而爲暴者不沮矣。是以入則不慈孝父母，國語齊語云：「不慈孝於父母，不長弟於鄉里。」王引之云：「賈子道術篇云：『親愛利子謂之慈，子愛利親謂之孝。』孝與慈不同，而同取愛利之義，故孝於父母亦可謂之孝慈。莊子漁父篇曰：『事親則慈孝。』」出則不長弟鄉里，居處無節，出入無度，節、度義同。非命上篇云：「坐處不度，出入無節。」男女無別。使治官府則盜竊，守城則倍畔，君有難則不死，出亡則不從。使斷獄則不中，分財則不均。與謀事不得，舉事不成，入守不固，出誅不彊。故雖昔者三代暴王上文云

「故唯昔三代聖王堯舜湯文武之所以王天下、正諸侯者」。王引之云：「雖即唯也，古字通。」**桀紂幽厲之所以失措其國家，傾覆其社稷者，**王云：「『措』字義不可通，當是『損』字之誤，大戴記曾子立事篇曰『諸侯日旦思其四封之內，戰戰恐惟失損之』。損讀爲抎，故非命篇作『失抎』。說文：『抎，有所失也。』」**已此故也。**畢云：「古字『以』、『已』通，一本作『以』，非。」**何則？皆以明小物而不明大物也。**周禮大司徒鄭注云：「物猶事也。」

今王公大人有一衣裳不能制也，必藉良工；有一牛羊不能殺也，必藉良宰。呂氏春秋不苟篇「與良宰遺之」，高注云：「宰謂膳宰。」**故當若之二物者，王公大人未知以尚賢使能爲政也。**王云：「『未知』當作『未嘗不知』，義見上下文。」蘇云：「『未知』當作『未有不知』。」詒讓案：「未」疑「本」之誤。**逮至其國家之亂，社稷之危，則不知使能以治之。**蘇云：「『使能』上當脫『尚賢』二字。」**親戚則使之，無故富貴、面目佼好則使之。**詩陳風月出篇「佼人僚兮」，釋文云：「『佼』字又作『姣』，好也。」畢云：「佼，姣字假音。說文云：『姣，好也。』玉篇云：『姣音狡，妖媚也。』」俞云：「『無故富貴』義不可通，『無』乃衍字。『故富貴』，謂本來富貴者也。不問其賢否，而惟故富貴者是使，則非尚賢之謂矣。上文曰『故古者聖王甚尊尚賢而任使能，不黨父兄，不偏富貴，不嬖顏色』，此云『親戚則使之』，是黨父兄矣；『故富貴、面目佼好則使之』，是偏富貴而嬖顏色矣。後人不達『故富貴』之義，而妄加『無』字，殊失其旨。下篇同。」案：「無故富貴」，中下兩篇屢見，羣書治要引同。「無」似非衍文，俞說未塙。竊疑「故」當爲「攻」，即「功」之借字。下篇云「其所賞者，已無故矣」，「故」亦「攻」之譌，可以互證。**夫無故富貴、面目佼好則使之，豈必智且有慧哉。**說文心部云：「慧，儇也。」王云：「『智且慧』與前『貴且智』、『愚且賤』文同一例。『慧』上不當有『有』字，蓋後人所加。」若使之治國家，則此使不智慧者治國家也，國家之亂既可得而知已。且夫王公大人有所愛其色而使，據下文，下當有「之」字。其心不察其知而與其愛，是故不能治百人者，使處乎千人之官，不能治千人者，使處乎萬人之官。此其故何也？曰：「處若官者爵高而祿厚，故愛其色而使之焉。」「處若」舊本倒。王云：「『若』與『故』義不相屬，『若處官者』當爲『處若官者』。若官，此官也。言以處此官者，爵高而祿厚，故特用其所愛也。下文曰『雖日夜相接以治若官』，是其證。若與此同義，説見上文。」夫不能治千人者，使處乎萬人之官，則此官什倍也。夫治之法將日至者也，日以治之，日不什脩，小爾雅廣言云：「脩，長也。」什脩，謂十倍其長。知以治之，知不什益，而予官什倍，則此治一而棄其九矣。雖日夜相接以治若官，官猶若不治。此其故何也？則王公大人不明乎以尚賢使能爲政也。故以尚賢使能爲政而治者，夫若言之謂也，王云：「夫亦此也。」詒讓案：此「夫」對「吾」爲文，疑當訓彼。漢書賈誼傳顔注云：「夫猶彼人耳。」以下賢爲政而亂者，「下賢」下當有「不使能」之語，而今脱之。若吾言之謂也。「若吾言」疑亦當作「吾若言」。

今王公大人中實將欲治其國家，欲脩保而勿失，胡不察尚賢爲政之本也？且以尚賢爲政之本者，亦豈獨子墨子之言哉！此聖王之道，先王之書距年之言也，畢云：「距年，下篇作『豎年』，猶云遠年。」案：畢説未塙。傳曰：「求聖君哲人，以裨輔而身。」國語晉語云「裨輔先君」，韋注云：「裨，補也。」此下篇云「晞夫聖武知人，以屏輔爾身」，文義較詳備，此約述之。裨輔不當有聖君，「君」蓋亦「武」之譌。蘇云：「伊訓云『敷求哲人，俾輔于爾後嗣』，與此略同。」詒讓案：伊訓僞孔傳云：「布求賢智，使師輔於爾嗣王，言仁及後世。」**湯誓曰：**書敍云：「伊尹相湯伐桀，升自陑，遂與桀戰于鳴條之野，作湯誓。」今湯誓無此文，僞古文摭此爲湯誥，謬。**「聿求元聖，與之戮力同心，**湯誥僞孔傳云：「聿，遂也。大聖陳力，謂伊尹。」孔疏云：「戮力猶勉力也。」案：說文力部云：「勠，并力也。」戮，勠之借字。**以治天下。」**蘇云：「今書湯誥篇無『同心』以下六字。」**則此言聖之不失以尚賢使能爲政也。故古者聖王唯能審以尚賢使能爲政，無異物雜焉，天下皆得其利。**道藏本作「列」。「聖」下當有「王」字。案：上篇云「列德而尚賢」，又云「以德就列」，則此云「皆得其列」或謂尊卑賢否皆得其等列，無僭越也。此義亦得通，而不及作「利」之長，故今不據改。**古者舜耕歷山，**史記五帝本紀同。畢云：「史記集解云：『鄭玄曰：在河東。』水經注云：『河東郡南有歷山，謂之歷觀，舜所耕處也。有舜井，嬀、汭二水出焉。』二說在今山西永濟縣。高誘注淮南子云：『歷山在沛陰成陽也。一曰濟南歷城山也。』水經注又云：『周處風土記曰：記云：耕於歷山，而始寧、剡二縣界上，舜所耕田，於山下多柞樹，吴越之閒名柞爲櫪，故曰歷山。』與鄭說異。括地志云：『蒲州河東縣歷山南有舜井。』又云：『越州餘姚縣有歷山舜井，濮州雷澤縣有歷山舜井，二所又有姚墟，云生舜處也。及嬀州歷山舜井，皆云舜所耕處，未詳也。』案：說各不同。」**陶河瀕，**呂氏春秋慎人篇云「陶於河濱」，高注云：「陶，作瓦器。」史記五帝本紀「瀕」亦作「濱」。畢云：「此古『濱』字，見說文。史記集解云：『皇甫謐曰：濟陰，定陶西南陶丘亭是也。』正義曰：『按於曹州濱河作瓦器也。括地志云：陶城在蒲州河東縣北三十里，即舜所都也，南去歷山不遠，或耕或陶，所在則可，何必定陶方得爲陶也？舜之陶也，斯或一焉。』按：守節說本水經注，是也。雷澤則亦以山西永濟說爲強也。」詒讓案：水經濟水注云：「陶丘，墨子以爲釜丘也。」今檢勘全書，無釜丘之文，疑古本此文或作「陶釜丘」矣。**漁雷澤**，史記五帝本紀同。畢云：「太平御覽、玉海引作『濩澤』。地理志：河東郡有濩澤，應劭曰：『澤在西北。』通典云：『澤州陽城縣有濩澤水。』史記集解云：『鄭玄曰：雷夏，兗州澤，今屬濟陰。』案：今山西永濟縣南四十里雷首山下有澤，亦云舜所漁也。」王云：「雷澤本作濩澤，此後人習聞舜漁雷澤之事，而以其所知改其所不知也。漢書地理志：河東郡濩澤縣，應劭曰：『有濩澤在西北。』穆天子傳『天子四日休于濩澤』，郭璞曰：『今平陽濩澤縣是也。濩音穫。』水經沁水注曰：『濩澤水出濩澤城西白澗渠，東逕濩澤，墨子曰舜漁濩澤，又東逕濩澤縣故城南，蓋以澤氏縣也。』初學記州郡部正文出『舜澤』二字，注曰：『墨子曰舜漁于濩澤，在濩澤縣西。』今本初學記作『雷澤』，與注不合，明是後人所改。又元和郡縣志河東道下、太平寰宇記河東道下、太平御覽州郡部九、路史疏仡紀引墨子竝作『濩澤』。是墨子自作『濩澤』，與他書作『雷澤』者不同。濩澤在今澤州府陽城縣西，嶕嶢山下。下篇『漁於雷澤』，亦後人所改。」**堯得之服澤之陽，**服澤，詳上篇。**舉以爲天子，與接天下之政，治天下之民。伊摯，有莘氏女之私臣，**詩商頌長發孔疏引鄭康成書注云：「伊尹名摯，湯以爲阿衡，以尹天下，故曰伊尹。」史記殷本紀云：「伊尹名阿衡，欲奸湯而無由，乃爲有莘氏媵臣，負鼎俎，以滋味説湯。」索隱云：「孫子兵書：伊尹名摯。孔安國亦曰『伊摯』。然解者以阿衡爲官名，非名也。」案：孫子用間篇云「殷之興也，伊摯在夏」，即小司馬所本也。伊摯亦見楚辭離騷、天問二篇。畢云：「『莘』，漢書作『㜪』。玉篇：『㜪、嫀二同，色臻切，有㜪國。』説文云：『呂不韋曰：有侁氏以伊尹㑞女。』案：呂氏春秋本味云：『有侁氏女子採桑，得嬰兒於空桑之中，獻之其君，其君令烰人養之，長而賢。湯聞伊尹，使人請之有侁氏，有侁氏不可。伊尹亦欲歸湯。於是請取婦爲婚，有侁氏喜，以伊尹爲媵送女。』高誘曰：『侁，讀曰莘。』有莘在今河南陳留縣。括地志云：『古莘國，在汴州陳留縣東五里，故莘城是也。陳留風俗傳云：陳留外黄有莘昌亭，本宋地，莘氏邑也。』或云在陝西郃陽，非。」**親爲庖人，**周禮天官庖人鄭注云：「庖之言苞也，裹肉曰苞苴。」説文广部云：「庖，廚也。」莊子庚桑楚篇云「伊尹以胞人籠湯」，呂氏春秋本味篇作「烰人」，「胞」、「烰」並「庖」之借字。湯得之，舉以爲己相，與接天下之政，治天下之民。傅説被褐帶索，庸築乎傅巖，畢云：「庸，史記索隱引作『傭』。孔安國書傳云：『傅巖在虞、虢之界。』史記索隱云：『在河東太陽縣。又夏靖書云：倚氏六十里黄河〔一〕西岸吴阪下，便得隱穴，是説所潛身處也。』案：今在山西平陸縣東二十五里。」詒讓案：賈誼傳索隱引「被」作「衣」，「乎」作「於」，義並通。書敍云「高宗夢得説，使百工營求諸野，得諸傅巖」，孔疏引馬融云：「高宗始命爲傅氏。」又鄭康成云：「得諸傅巖，高宗因以傅命説爲氏。」説文𡕥部引書敍釋之云：「傅巖，巖穴也。」僞古文説命云：「説築傅巖之野。」僞孔傳云：「傅氏之巖，在虞、虢之界。通道所經，有澗水壞道，常使胥靡刑人築護此道。説賢而隱，代胥靡築之以供食。」孔疏引皇甫謐云：「高宗夢天賜賢人，胥靡之衣，蒙之而來，且曰我徒也，姓傅名説。明以夢示百官，百官皆非也。乃使百工寫其形象，求諸天下，果見築者胥靡衣褐帶索，執役於虞虢之閒、傅巖之野，名説。以其得之傅巖，謂之傅説。」水經河水注云：「沙澗水出虞山，東南逕傅巖，歷傅説隱室前，俗謂之聖人窟。」史記殷本紀「傅巖」作「傅險」，音近字通。武丁得之，舉以爲三公，國語楚語云「武丁使以象夢求四方之賢聖，得傅説以來，升以爲公」，韋注云：「公，上〔二〕公也。」史記殷本紀云：「武丁得而與之語，果聖人。舉以爲相，殷國大治。」與接天下之政，治天下之民。此何故始賤卒而貴，始貧卒而富？則王公大人明乎以尚賢使能爲政。是以民無飢而不得食，寒而不

〔一〕「黄」字原脱，據史記屈原賈生列傳索隱補。
〔二〕「上」，原誤「三」，據國語楚語上改。

得衣，勞而不得息，亂而不得治者。故古聖王以審以尚賢使能爲政，而取法於天。雖天亦不辯貧富貴賤、遠邇親疏，賢者舉而尚之，不肖者抑而廢之。

然則富貴爲賢以得其賞者，誰也？曰：若昔者三代聖王堯舜禹湯文武者是也。所以得其賞何也？曰：其爲政乎天下也，兼而愛之，從而利之，又率天下之萬民以尚尊天事鬼，愛利萬民，是故天鬼賞之，立爲天子，以爲民父母，萬民從而譽之曰「聖王」，至今不已。則此富貴爲賢以得其賞者也。

然則富貴爲暴以得其罰者，誰也？曰：若昔者三代暴王桀紂幽厲者是也。何以知其然也？曰：其爲政乎天下也，兼而憎之，從而賊之，賊，舊本譌「賤」。王云：「『賤』當爲『賊』，字之誤也。尚同篇『則是上下相賊也』，天志篇『上詬天，中詬鬼，下賊人』，非儒篇『是賊天下之人者也』，今本『賊』字竝誤作『賤』。此言桀紂幽厲之爲政乎天下，兼萬民而憎惡之，又從而賊害之，非謂賤其民也。上文云『堯舜禹湯文武之爲政乎天下也，兼而愛之，從而利之』，愛利與憎賊正相反。天志篇曰：『堯舜禹湯文武之兼愛天下也，從而利之；桀紂幽厲之兼惡天下也，從而賊之。』故知『賤』爲『賊』之誤。」案：王說是也，今據正。又率天下之民以詬天侮鬼，賊傲萬民，賊，舊本亦譌「賤」。王云：「『賤』亦當爲『賊』，『傲』當爲『殺』。說文『敖』字本作『𢾞』，『殺』字古文作『𢿆』，二形相似。『𢿆〔二〕』誤爲『敖』，又誤爲『傲』耳。墨子多古字，後人不識，故傳寫多誤。此說桀紂幽厲之暴虐，故曰『詬

〔二〕「𢿆」，原誤「敖」，據王念孫讀書雜誌改。

天侮鬼，賊殺萬民』，非謂其賤傲萬民也。上文言堯舜禹湯文武『尊天事鬼，愛利萬民』，愛利與賊殺亦相反。法儀篇曰：『禹湯文武兼愛天下之百姓，率以尊天事鬼，其利人多；桀紂幽厲兼惡天下之百姓，率以詬天侮鬼，其賊人多。』故知『賤傲』爲『賊殺』之誤。魯問篇『賊敖百姓』，太平御覽兵部七十七引『賊敖』作『賊殺』，是其明證也。」案：王說是也，今並據正。

是故天鬼罰之，使身死而爲刑戮，子孫離散，室家喪滅，絶無後嗣，萬民從而非之曰「暴王」，至今不已。則此富貴爲暴而以得其罰者也。

然則親而不善以得其罰者，誰也？曰：若昔者伯鯀，帝之元子，大戴禮記五帝德篇云：「禹，高陽之孫，鯀之子也。」帝繫篇云：「顓頊產鯀。」史記夏本紀云「鯀之父曰帝顓頊」，三代世表亦云「顓頊生鯀」，索隱云：「皇甫謐云：『鯀，帝顓頊之子，字熙。』系本亦以鯀爲顓頊子。漢書律曆志則云：『顓頊五代而生鯀。』按鯀既仕堯，與舜代系殊懸，舜即顓頊六代孫，則鯀非是顓頊之子。蓋班氏之言近得其實。」案：小司馬說於理近是。漢志亦引帝繫，而與今本大戴禮舛異。楚辭離騷王注引帝繫及淮南子原道訓高注，說並與漢志同。吳越春秋越王無余外傳亦以鯀爲顓頊之後。山海經則云：「黃帝生駱明，駱明生白馬，白馬是爲鯀。」則又以鯀爲黃帝之孫，諸文錯互。此書云帝之元子，疑墨子於鯀之世繫亦同世本說，未能審校其年代也。**廢帝之德庸，既乃刑之于羽之郊，**左傳襄二十五年杜注云：「庸，用也。」書堯典、孟子萬章篇、史記五帝本紀並云：「殛鯀於羽山。」晉語韋注云：「殛，放而殺也。」楚辭天問云：「永遏在羽山，夫何三年不施？」王注云：「言堯長放鯀於羽山，絶在不毛之地，三年不舍其罪也。」案：此「刑」亦謂放，故下云「乃熱照無有及也」。山海經云「殺鯀於羽郊」，亦謂鯀放而死也。畢云：「郭璞注山海經云：『今東海祝其縣西南有羽山。』案：在今山東蓬萊縣。」詒讓案：史記正義引括地志云：「羽山在沂州臨沂縣。」**乃熱照無有及也，**畢云：「言其罪績用弗成，亦正見有所不及耳。」案：此似言幽囚之，日月所不照，畢說殊繆。**帝亦不愛。則此親而不**

善以得其罰者也。

然則天之所使能者，誰也？曰：若昔者禹稷皋陶是也。何以知其然也？先王之書呂刑道之書敍云：「呂命，穆王訓夏贖刑，作呂刑。」曰：「皇帝清問下民，有辭有苗。書釋文引馬融云：「清問，清訊也。」僞孔安國傳云：「帝堯詳問民患，皆有辭怨於苗民。」孔疏引鄭康成說，亦以此皇帝爲堯。畢云：「孔書作『鰥寡有辭于苗』。」曰：『羣后之肆在下，畢云：「肆，孔書作『逮』。」孫星衍云：「說文云：『肆，極陳也』。」詒讓案：肆，正字作「隸」，與逮聲類同，古通用。此「肆」即「逮」之叚字。僞孔傳云：「羣后諸侯之逮在下國。」明明不常，畢云：「孔書『不』作『棐』，傳云『輔』，據此當作『匪』。」孫星衍云：「不常，言非常明察。」案：明明，謂明顯有明德之人。不常，猶言立賢無方也。書作「棐」者，「匪」之叚字，匪、不義同。畢說得之。僞孔傳云「皆以明明大道輔行常法」，非經義，孫說亦非。鰥寡不蓋，今書「羣后」以下十四字在「皇帝清問下民」上。僞孔傳云：「使鰥寡得所，無有掩蓋。」德威維威，畢云：「孔書作『畏』。」詒讓案：維，孔書作「惟」，下同。禮記表記引甫刑二「畏」字亦並作「威」，與此同。德明維明。』僞孔傳云：「言堯監苗民之見怨，則又增修其德。行威則民畏服，明賢則德明，人所以無能名焉。」表記鄭注云：「德所威則人皆畏之，言服罪也；德所明則人皆尊寵之，言得人也。」乃名三后，名、命通。說文口部云：「名，自命也。」畢云：「孔書『名』作『命』。」恤功於民。僞孔傳云：「堯命三君，憂功於民。」伯夷降典，哲民維刑。書釋文引馬融云：「折，智也。」王引之云：「折之言制也，『折』正字，『哲』借字。」畢云：「孔書『哲』作『折』。」詒讓案：僞孔傳云：「伯夷下典禮教民，而斷以法。」漢書刑法志引「折」作「悊」，「悊」、「哲」字同，與此書合。禹平水

土，主名山川。偽孔傳云：「禹治洪水，山川無名者主名之。」**稷隆播種，**隆，畢本依呂刑改爲「降」。王云：「古者『降』與『隆』通，不煩改字。非攻篇『天命融隆火于夏之城』，亦以『隆』爲『降』。喪服小記注『以不貳降』，釋文：『降，一本作隆。』荀子賦篇『皇天隆物，以示下民』，『隆』即『降』字。魏策『休祲降於天』，曾、劉本作『休烈隆於天』。説文：『隆，從生，降聲。』書大傳『隆谷』，鄭注：『隆，讀如厖降之降。』是隆、降古同聲，故『隆』字亦通作『降』。荀子天論篇『隆禮尊賢而王』，韓詩外傳『隆』作『降』。史記司馬相如傳『業隆於繦褓』，漢書『隆』作『降』。淮南泰族篇『攻不待衝降而拔』，『衝降』即『衝隆』。」案：王説是也，今不據改。**農殖嘉穀。**偽孔傳云：「后稷下教[二]民播種農畝，生善穀。」孫星衍云：「農者，廣雅釋詁云『勉也』；殖者，文選藉田賦注引蒼頡篇云『種也』。」案：孫説是也，王念孫、劉逢祿説同。**三后成功，維假於民。**畢云：「假，一本作『殷』。孔書亦作『殷』。」王鳴盛云：「疑隸變相似而誤。」詒讓案：偽孔傳云：「各成其功，惟所以殷盛於民。言禮教備，衣食足。」此作「假」，蓋與「嘏」通。士冠禮釋文云：「嘏，本或作『假』。」爾雅釋詁云：「嘏，大也。」禮記郊特牲云：「嘏，長也。」説文古部云：「嘏，大遠也。」「維嘏於民」，言其功施於民者大且遠，下文所謂「萬民被其利」也。王應麟漢書藝文志攷證引墨子亦作「假」，則宋本固如是。今本或作「殷」，乃據孔書改，非其舊也。**則此言三聖人者，謹其言，慎其行，精其思慮，索天下之隱事遺利以上事天，則天鄉其德，**畢云：「鄉讀如向。」案：鄉當讀爲享，明鬼下篇云「帝享女明德」。畢讀非。**下施之萬民，萬民被其利，終身無已。故先王之言曰：「此道也，大用之天下則不窕，**舊本誤「究」。畢云：「一本作

[二]「教」，原誤「降」，據尚書呂刑孔傳改。

『窕』，非。」王云：「作『窕』者是也。」詒讓案：尚同中篇亦云：「大用之治天下不窕」，今據正。管子宙合篇「其處大也不窕」，今本亦誤「究」，與此正同，説詳尚同中篇。小用之則不困，脩用之則萬民被其利，終身無已。」周頌道之曰：「聖人之德，若天之高，若地之普，其有昭於天下也。若地之固，若山之承，承與丞通。説文収部云：「丞，翊也。從卩，從収，從山，山高奉承之義。」「若山之承」，亦言如山之高也。不拆不崩。若日之光，若月之明，與天地同常。」常，猶言保守也。詩魯頌閟宫篇「魯邦是常」，鄭箋云：「常，守也。」俞云：「此文疑有錯誤，當云：『聖人之德，昭於天下，若天之高，若地之普，若山之承，不拆不崩，若日之光，若月之明，與天地同常。』蓋首四句下、普隔句爲韻，中二句承、崩，末三句光、明、常，皆每句協韻。『昭於天下』句傳寫脱去，而誤補於『若地之普』下，則首二句無韻矣。又增『其有也』三虚字，則非頌體矣。既云『若地之普』，又云『若地之固』，重複無義，故知其錯誤也。」則此言聖人之德章明博大，埴固以脩久也。淮南子泰族訓云：「勇者可令埴固。」畢云：「埴訓黏土，堅牢之意。」故聖人之德蓋總乎天地者也。

今王公大人欲王天下、正諸侯，正，長也，詳親士篇。夫無德義，將何以哉？其説將必挾震威彊。今王公大人將焉取挾震威彊哉？傾者民之死也？此冢上「將焉取挾震威彊〔一〕」爲問辭。傾者，「者」當爲「諸」之省，也古與邪通。漢書田蚡傳「欲以傾諸將相」，顔注云：「傾，謂踰越而勝之也。」此云「傾諸民之死」，亦言驅民使必死以相傾也。民，生爲甚欲，死爲甚憎，所欲不得而所憎屢至，畢云：「『屢』

〔一〕「彊」，原誤「疆」，據正文改。

即『屨』字省文。史記或作『屨』，漢書或作『婁』，皆訓數。」自古及今，未有嘗能有以此王天下、正諸侯者也。蘇云：「上『有』衍字。」今大人欲王天下，正諸侯，將欲使意得乎天下，名成乎後世，故不察尚賢爲政之本也？「政」上舊本脱「爲」字，王據上文補。故亦與胡同。畢云「當云『不可不察』」，非。此聖人之厚行也。

尚賢下第十

子墨子言曰：天下之王公大人皆欲其國家之富也，人民之衆也，刑法之治也，然而不識以尚賢爲政其國家百姓，王公大人本失尚賢爲政之本也。若苟王公大人本失尚賢爲政之本也，則不能毋舉物示之乎？今若有一諸侯於此，爲政其國家也，曰：「凡我國能射御之士，我將賞貴之，不能射御之士，我將罪賤之。」問於若國之士，孰喜孰懼？我以爲必能射御之士喜，不能射御之士懼。我賞因而誘之矣，「賞」當爲「嘗」。嘗，試也。此句爲下文發端。書中「嘗」字多譌爲「賞」，詳尚同下篇。曰：「凡我國之忠信之士，我將賞貴之，不忠信之士，我將罪賤之。」問於若國之士，孰喜孰懼？我以爲必忠信之士喜，不忠不信之士懼。今惟毋以尚賢爲政其國家百姓，畢本「毋」改「毌」，云：「『毌』同『慣』，下同。」案：畢校非也。毋，語詞，説詳中篇。使國爲善者勸，爲暴者沮，大以爲政於天下，畢云：「大，一本作『夫』。」使天下之爲善者勸，爲暴者沮。

然昔吾所以貴堯舜禹湯文武之道者，何故以哉？以其唯毋臨衆發政而治民，使天下之爲善者可而勸也，畢云：「高誘注淮南子云：『而，能也，古通』。」陳壽祺説同。王云：「可而猶可以也。下文曰『上可而利天，中可而利鬼，下可而利民』，與此文同一例。」案：王説是也。尚同下篇云：「尚用之天子，可以治天下矣；中用之諸侯，可而治其國矣；下用之家君，可而治其家矣。」上句作「可以」，下二句並作「可而」，可證。爲暴者可而沮也。然則此尚賢者也，與堯舜禹湯文武之道同矣。

而今天下之士君子，居處言語皆尚賢，逮至其臨衆發政而治民，莫知尚賢而使能，我以此知天下之士君子明於小而不明於大也。上「於」字舊本脱，今據羣書治要增，與下文合。何以知其然乎？治要作「也」。今王公大人有一牛羊之財畢云：「同『材』。」不能殺，必索良宰；有一衣裳之財不能制，必索良工。當王公大人之於此也，雖有骨肉之親、無故富貴、「無」疑當爲「毋」，下同。詳中篇〔一〕。面目美好者，實知其不能也，不使之也。是何故？恐其敗財也。當王公大人之於此也，則不失尚賢而使能。王公大人有一罷馬不能治，罷，治要作「疲」，下同。案：罷、疲字

〔一〕按：孫注疑有筆誤。中篇云「無故富貴、面目佼好則使之」，孫注云：「竊疑『故』當爲『攻』，即『功』之借字。」是孫以「無故富貴」即無功富貴之意。此注云：「『無』疑當爲『毋』，下同。詳中篇。」然與中篇之注全不相符，故知係孫偶有筆誤，本當云：「『故』疑當爲『攻』，下同。詳中篇。」

同。國語齊語云「天下諸侯罷馬以爲幣」，韋注云：「罷，不任用也。」管子小匡篇作「疲馬」，尹知章注云：「疲，謂瘦也。」必索良醫；有一危弓不能張，考工記弓人云「豐肉而短，寬緩以荼，若是者爲之危弓」，鄭注云：「危猶疾也。」必索良工。當王公大人之於此也，雖有骨肉之親、無故富貴、面目美好者，實知其不能也，實，治要作「誠」。必不使。是何故？恐其敗財也。當王公大人之於此也，則不失尚賢而使能。逮至其國家則不然，逮至，治要作「至建」。王公大人骨肉之親、無故富貴、面目美好者，則舉之，則王公大人之親其國家也，親，疑並當作「視」。不若親其一危弓、罷馬、衣裳、牛羊之財與？下句「其」字治要無。我以此知天下之士君子皆明於小而不明於大也。畢云：「舊脱『明』字，一本有。」案：道藏本、季本並有。此譬猶瘖者而使爲行人，説文疒部云：「瘖，不能言也。」聾者而使爲樂師。

是故古之聖王之治天下也，其所富，其所貴，未必王公大人骨肉之親、無故富貴、面目美好者也。是故昔者舜耕於歷山，陶於河瀕，漁於雷澤，當作「濩澤」，説詳上篇。灰於常陽，畢云：「疑即恒山之陽。」洪云：「『灰』當是『販』字之譌，尚書大傳『販於頓丘』。史記五帝本紀『就時於負夏』，索隱：『就時猶逐時，若言乘時射利也。』義亦與販相近。」俞云：「『灰』疑『反』字之誤。『反』者『販』之叚字，販從反聲，古文以聲爲主，故止作『反』也。」堯得之服澤之陽，立爲天子，使接天下之政，而治天下之民。昔伊尹爲莘氏女師僕，畢云：「僕，佚也。」女師，見詩云『言告師氏』。」王云：「『僕』即『佚』之譌。此謂有莘氏以伊尹媵女，非以爲僕也。說文：「佚，送也。」呂不韋曰：「有侁氏以伊尹佚女。」侁、莘同。今本呂氏春秋本味篇「佚」作「媵」。經傳皆作「媵」，而「佚」字罕見。唯墨子書有之，而字形與「僕」相似，因譌而爲「僕」。淮南時則篇「其曲栚筥筐」，今本「栚」作「撲」，誤與此同。」俞云：「『師』當爲『私』，聲之誤。僕猶臣也。禮記禮運篇『仕於公曰臣，仕於家曰僕』，是臣、僕一也。私僕猶曰私臣。中篇曰『伊摯，有莘氏女之私臣』。」案：王說近是。使爲庖人，湯得而舉之，立爲三公，使接天下之政，治天下之民。昔者傅說居北海之洲，畢云：「書正義云：『尸子云：傅巖在北海之洲。』孔傳云：『傅巖在虞、虢之界。』『洲』當爲『州』。」詒讓案：虞、虢界近南河，距北海絕遠，墨子、尸子說蓋與漢晉以後地理家異。圜土之上，畢云：「史記殷本紀云『說爲胥靡，築於傅巖』，孔傳云『說賢而隱，代胥靡築之以供食』，故此云圜土也。」詒讓案：呂氏春秋求人篇亦云：「傅說，殷之胥靡也。」周禮大司徒鄭注云：「圜土，謂獄也。獄城圜。」又比長注云：「圜土者，獄城也。獄必圜者，規主仁，以仁心求其情。古之治獄者，閔於出之。」釋名釋宮室云：「獄又謂之圜土，言築土表牆，其形圜也。」月令孔疏引鄭記崇精問〔一〕曰：「獄，周曰圜土，殷曰羑里，夏曰均臺。」案：周以圜土爲繫治罷民之獄。據此書，則殷時已有圜土之名，不自周始矣。衣褐帶索，庸築於傅巖之城，武丁得而舉之，立爲三公，使之接天下之政，而治天下之民。是故昔者堯之舉舜也，湯之舉伊尹也，武丁之舉傅說也，豈以爲骨肉之親、無故富貴、面目美好者哉？惟法其言，惟，治要作「唯」。用其謀，行其

〔一〕按禮記月令孔疏引僅稱篇名崇精問。據隋書經籍志，有鄭記六卷，鄭玄弟子撰。又有鄭志十一卷，魏侍中鄭小同（玄孫）撰。二書今均佚，此引崇精問實鄭志篇名，孫補「鄭記」二字，蓋偶誤。

道，上可而利天，而猶以也。畢云「『而』同『能』」，非。中可而利鬼，下可而利人，是故推而上之。

古者聖王既審尚賢，欲以爲政，故書之竹帛，琢之槃盂，爾雅釋器云：「雕謂之琢。」韓非子大體篇云：「至安之世，不著名於圖書，不録功於盤盂。」傳以遺後世子孫。於先王之書呂刑之書然，王曰：「於！畢云：「孔書作『吁』。」詒讓案：僞孔傳云：「吁，歎也。」釋文引馬融本作「于」，云：「于，於也。」來，有國有土〔二〕，孔傳云：「有國土諸侯。」畢云：「孔書『國』作『邦』。」詒讓案：史記周本紀亦作「國」。告女訟刑，段玉裁云：「訟刑，公刑也，古訟、公通用。」畢云：「孔書『女』作『爾』，『訟』作『詳』。」王鳴盛云：「墨子作『訟』，從『詳』而傳寫誤。」案：王説是也。今書又改作「祥」。孔傳云：「告汝以善用刑之道。」周禮大宰大司寇鄭注引並作「詳」。後漢書劉愷傳李注引鄭書注云：「詳，審察之也。」此「訟」疑即「詳」之誤。在今而安百姓，畢云：「孔書『而』作『爾』，是。」女何擇言人？畢云：「孔書無『女』字，作『何擇非人』。」王引之云：「『言』當爲『否』，篆書『否』字作『[illegible]』，『言』字作『[illegible]』，二形相似。隸書『否』字或作『音』，『言』字或作『音』，亦相似，故『否』誤爲『言』。否與不古字通，故下二句云『何敬不刑，何度不及』也。今書作『何擇非人，何敬非刑，何度非及』，非、否、不並同義。」段玉裁云：「『言人』當是『吉人』之譌，謂何擇非吉人乎？冡上苗民罔擇吉人言之。」案：王説是也。何敬不刑？何度不及？」孔傳云：「在今爾安百姓兆民之道，當何所擇，非惟吉人乎？當何所敬，非惟五刑乎？當何所度，非惟及世輕重所宜乎？」釋文引馬融云：「度，造謀也。」案：以此下文推之，則墨子訓「不及」爲不及堯舜禹湯文武之道，猶言何慮其不能逮也，與孔説異。

〔二〕「土」，原誤「士」，據畢沅刻本改。

畢云：「孔書兩『不』字作『非』。」能擇人而敬爲刑，堯舜禹湯文武之道可及也。是何也？則以尚賢及之。於先王之書豎年之言然，曰：畢云：「豎，距字假音。」「晞夫聖武知人，畢云：「晞，疑當從目。」蘇云：「晞，當從口作『唏』。唏夫，嘆詞，猶嗚呼也。」案：畢說是也。說文目部云：「晞，望也。」聖武，謂聖人與武人也。知與智通。逸周書皇門篇云：「乃方求論擇元聖武夫，羞于王所。」以屏輔而身。」此言先王之治天下也，必選擇賢者以爲其羣屬輔佐。曰：今也天下之士君子，皆欲富貴而惡貧賤。之，舊本譌「言」。王云：「『言』當爲『之』，『今天下之士君子，皆欲富貴而惡貧賤』，又見下文。草書『言』與『之』相似，故『之』譌爲『言』。」案：王說是也，今據正。曰：然女何爲而得富貴而辟貧賤？畢云：「辟同避。」莫若爲賢。爲賢之道將柰何？曰：有力者疾以助人，有財者勉以分人，有道者勸以教人。若此，則飢者得食，寒者得衣，亂者得治。若飢則得食，寒則得衣，亂則得治，此安生生。王引之云：「安猶乃也。言如此乃得生生也。」

今王公大人其所富，其所貴，皆王公大人骨肉之親、無故富貴、面目美好者也。今王公大人骨肉之親、無故富貴、面目美好者，焉故必知哉。論語子路皇侃義疏云：「焉猶何也。」顏子推家訓音辭篇引葛洪字苑云：「焉字訓何，訓安，音於愆反。」若不知，使治其國家，則其國家之亂可得而知也。今天下之士君子皆欲富貴而惡貧賤，然女何爲而得富貴而辟貧賤哉？曰：莫若爲王公大人骨肉之親、無故富貴、面目美好者。舊本脫此八字，王據上下文補，今從之。王公大人骨肉之親、無故富貴、面目美好者，此非可學能者也。王校「能」上增「而」字。使不知辯，舊本脫「知」字，今據道藏本補。**德行之厚若禹湯文武不加得也，王公大人骨肉之親、躄瘖聾暴爲桀紂，不加失也。**説文止部云：「𣦢，人不能行也。」吕氏春秋盡數篇高注云：「躄，不能行也。」「躄」即「𣦢」之或體。「躄、瘖、聾」皆廢疾，不宜與「暴」並舉。且荀子非相篇稱桀、紂長巨姣美，則必無此諸疾，疑「聾」下脱一字，下「暴爲桀、紂」自爲句。「爲」又「如」之誤，二字艸書相近。「躄、瘖、聾」，言其有惡疾。「暴如桀、紂」，言其有惡行也。又案：「聾」下或脱「瞽」字，耕柱篇亦云「聾瞽」。**是故以賞不當賢，罰不當暴，其所賞者已無故矣，**王云：「『故』乃『攻』字之誤，『攻』、『故』字相似，又涉上文『無故富貴』而誤。攻即功字也，『無功』與『無罪』對文。」**其所罰者亦無罪。是以使百姓皆攸心解體，**畢云：「攸，一本作『放』。」詒讓案：攸與悠通，言悠忽也。淮南子脩務訓高注云：「悠忽，游蕩輕物也。」**沮以爲善，垂其股肱之力，**「垂」義不可通，字當作「舍」，艸書二字形近而誤。尚同中篇云「至乎舍餘力不以相勞，隱匿良道不以相教，腐㱙餘財不以相分」，與此文意正同。節葬下篇亦云「無敢舍餘力，隱謀遺利，而不爲親爲之者矣」。此以下六句，即舍力、遺利、隱謀之事。**而不相勞來也；**爾雅釋詁云：「勞來，勤也。」孟子滕文公篇云：「勞之來之。」史記周本紀云：「武王曰：日夜勞來，定我西土。」説文力部云：「勑，勞勑也。」「勞來」即勞勑。**腐臭餘財，**畢云：「臭，殠省文。」**而不相分資也；**戰國策齊策高誘注云：「資，與也。」莊子大宗師篇郭象注云：「資者，給濟之謂。」**隱慝良道，**尚同上、中並作「隱匿良道」。畢云：「『慝』即『匿』字異文。隱匿之字，亦寫從心，知經典慝惡字即匿也。」**而不相教誨也。若此，則飢者不得食，寒者不得衣，亂者不得治。**舊本脱此十二字，王據上文補，今從之。**推而上之以。**王云：「此五字與上下文義不相屬，蓋涉上文『推而上之』而衍。」

是故昔者堯有舜，舜有禹，禹有皋陶，湯有小臣，此即上文所謂伊尹爲有莘氏女師僕也。楚辭天問云「成湯東巡，有莘爰極，何乞彼小臣，而吉妃是得」，王注云：「小臣，謂伊尹也。」呂氏春秋尊師篇云：「湯師小臣」，高注云：「小臣謂伊尹。」武王有閎夭、泰顛、南宮括、散宜生，閎夭、泰顛、南宮括、散宜生，並見書君奭篇。散宜生亦見孟子盡心篇，趙注云：「散宜生，文王四臣之一也。散宜生有文德而爲相。」大戴禮記帝繫篇云：「堯娶於散宜氏之女。」散宜蓋以國爲氏也。畢云：「紂拘文王於羑里，於是散宜生乃以千金求天下之珍怪，得騶虞雞斯之乘，玄玉百工，大貝百朋，玄豹黃羆，青豻白虎，文皮千合，以獻于紂。以費仲而通，紂見而悦之，乃免其身，殺牛而賜之。見淮南子道應訓。」而天下和，庶民阜。是以近者安之，遠者歸之。日月之所照，舟車之所及，雨露之所漸，廣雅釋詁云：「漸，漬也。」粒食之所養，王云：「自『而天下和』至此，凡三十七字，舊本誤入下文『國家百姓之利』之下，今移置於此。」案：王校是也，今依乙正。粒食，謂食穀之人。小爾雅廣物云：「穀謂之粒。」書益稷云「烝民乃粒」，僞孔傳云：「米食曰粒。」天志上篇云：「四海之內，粒食之民。」王制云：「西方曰戎，被髮衣皮，有不粒食者矣。北方曰狄，衣羽毛穴居，有不粒食者矣。」得此莫不勸譽。且今天下之王公大人士君子，中實將欲爲仁義，求爲上士，上欲中聖王之道，下欲中國家百姓之利，王云：「自『得此莫不勸譽』至此，凡四十五字，舊本誤入上文『而天下和』之上，今移置於此。『得此莫不勸譽』，舊本脱『莫』字，今補。『求爲上士』，舊本脱『上』字，今據各篇補。」案：王校是也，今依乙補。故尚賢之爲説，而不可不察此者也。治要作「是故尚賢之爲說，不可不察也。」尚賢者，天鬼百姓之利，而政事之本也。

墨子閒詁卷三

尚同上第十一

「尚」亦與「上」通，漢書藝文志作「上同」，注：「如淳云：言皆同，可以治也。」趙岐孟子章指云「墨子玄同質而違中」，亦指此。畢云：「楊倞注荀子『尚』作『上』。」

子墨子言曰：古者民始生未有刑政之時，道藏本「刑」作「形」，字通。蓋其語「人異義」。俞云：「此本作『古者民始生，未有政長之時，蓋其語曰：天下之人異義』，中篇文同，可據訂。」是以一人則一義，二人則二義，十人則十義，其人茲衆，其所謂義者亦茲衆。蘇云：「茲、滋古通用，是書皆作『茲』。」詒讓案：説文艸部云：「茲，艸木多益。」水部云：「滋，益也。」古正作「茲」，今相承作「滋」。是以人是其義，以非人之義，故交相非也。是以內者父子兄弟作怨惡，畢云：「『非也是』，舊作『非是也』，字倒，今以意改。」離散不能相和合。天下之百姓皆以水火毒藥相虧害，小爾雅廣言云：「虧，損也。」至有餘力不能以相勞，爾雅釋詁云：「勞，勤也。」孟子滕文公篇趙注云「共井之家，各相營勞也」，即此「相勞」之義。腐㱙餘財不以相分，尚賢下作「腐臭餘財」，「臭」、「㱙」亦聲近。畢云：「舊本『㱙』俱作『列』，非。説文云：『㱙，腐也。』」隱匿良道不以相教，天下之亂，若禽獸然。

夫明虖天下之所以亂者，說文虍部云：「虖，哮虖也。」此借爲「乎」字。生於無政長。畢云：「『政』當爲『正』。」是故選天下之賢可者，王云：「『選』下有『擇』字，而今本脫之，下文及中下二篇皆作『選擇』。太平御覽皇王部二引此同。」立以爲天子。天子立，以其力爲未足，又選擇天下之賢可者，置立之以爲三公。天子三公既以立，以、已通。以天下爲博大，遠國異土之民、是非利害之辯，不可一二而明知，故畫分萬國，畢云：「說文云：『畫，界也。』」立諸侯國君。諸侯國君既已立，以其力爲未足，又選擇其國之賢可者，置立之以爲正長。爾雅釋詁云：「正，長也。」書立政云「立民長伯，立政」，「政」與「正」同。此「正長」，即中篇所云左右將軍大夫及鄉里之長，與上文「正長」通天子諸侯言者異。淮南子脩務訓云：「且古之立帝王者，非以奉養其欲也；聖人踐位者，非以逸樂其身也。爲天下强掩弱、衆暴寡、詐欺愚、勇侵怯、懷知而不以相教、積財而不以相分，故立天子以齊一之。爲一人聰明而不足以徧燭海內，故立三公九卿以輔翼之。絶國殊俗，僻遠幽閒之處，不能被德承澤，故立諸侯以教誨之。是以地無不任，時無不應，官無隱事，國無遺利。」蓋本此書。正長既已具，天子發政於天下之百姓，言曰：「聞善而不善，畢云：「而與如同。」王引之云：「而猶與也，言善與不善也。而、與聲之轉。故莊子外物篇『與其譽堯而非桀』，大宗師篇『與』作『而』。」皆以告其上。上之所是必皆是之，所非必皆非之。上有過則規諫之，下有善則傍薦之。畢云：「則，一本作『必』。」案：傍與訪通，王訓爲徧，非也。義詳中篇。上同而不下比者，樂記鄭注云：「比猶同也。」此上之所賞而下之所譽也。意若聞善而不善，不以告其上。上之所是弗能是，上之所非弗能非。上有過弗規諫，下有善弗傍薦。下比不能上同者，此上之所罰而百姓所毁也。」韓非子難三篇云：「明君求善而賞之，求姦而誅之，其得之一也。故以善聞之者，以説善同於上者也；以姦聞之者，以惡姦同於上者也；此宜賞譽之所及也。不以姦聞，是異於上而下比周於姦者也，此宜毁罰之所及也。」與此説略同。上以此爲賞罰，甚明察以審信。甚，舊本譌「其」。王云：「『其』當爲『甚』，『甚明察以審信』見中篇。」案：王校是也，今據正。是故里長者，里之仁人也。此「里」爲鄉之屬別，與周禮地官六遂所屬里異。里長發政里之百姓，言曰：「聞善而不善，必以告其鄉長。鄉長之所是必皆是之，鄉長之所非必皆非之。去若不善言，學鄉長之善言；去若不善行，學鄉長之善行。」則鄉何説以亂哉？察鄉之所治者，何也？「所」下據下文當有「以」字。鄉長唯能壹同鄉之義，壹，中下篇並作「一」，字通。是以鄉治也。鄉長者，鄉之仁人也。鄉長發政鄉之百姓，言曰：「聞善而不善者，必以告國君。國君之所是必皆是之，國君之所非必皆非之。去若不善言，學國君之善言；去若不善行，學國君之善行。」則國何説以亂哉？察國之所以治者，何也？國君唯能壹同國之義，是以國治也。國君者，國之仁人也。國君發政國之百姓，言曰：「聞善而不善，必以告天子。天子之所是皆是之，天子之所非皆非之。去若不善言，學天子之善言；去若不善行，學天子之善行。」則天下何説以亂哉？察天下之所以治者，何也？天子唯能壹同天下之義，是以天下治也。

天下之百姓皆上同於天子，而不上同於天，子，舊本作「一」。蘇云：「『一』當作『子』。」俞云：「『而』字乃『夫』字之誤，『夫』字篆書作『𠀆』，與『而』相似，故誤。『一夫不上同於天』，謂有一夫不與天同也。尚同下篇『使天下之民，若使一夫』，以『一夫』對『天下之民』言，與此一律，可證。」戴云：「依中篇『夫既上同乎天子』云云，當如蘇說。」案：蘇、戴校是也，今據正。則菑猶未去也。「菑」上依中篇當有「天」字。畢云：「菑，『巛』字之假音。菑，不耕田也，見說文。」今若天飄風苦雨，王云：「『今若天』，『天』當爲『夫』。『夫』與『天』字相似，篇內又多『天』字，故『夫』誤爲『天』。今若夫猶言今夫。兼愛篇曰『今若夫攻城野戰，殺身而爲名，此天下百姓之所皆難也』，又曰『今若夫兼相愛、交相利，此自先聖六王者親行之』，又曰『今若夫兼相愛、交相利，此其有利且易爲也，不可勝計也』，鴻烈覽冥篇曰『今若夫申、韓、商鞅之爲治也』，皆其證矣。」案：王說亦通。但中篇云「故當若天降寒熱不節，雪霜雨露不時，五穀不孰，六畜不遂，疾菑戾疫，飄風苦雨，薦臻而至者，此天之降罰也」，則此「天」字似非譌文。爾雅釋言云：「迴風爲飄。」詩大雅何人斯毛傳云：「飄風，暴起之風。」釋文云：「疾風也。」左莊四年傳云「春無凄風，秋無苦雨」，杜注云：「霖雨爲人所患苦。」禮記月令云：「苦雨數至，五穀不滋。」溱溱而至者，畢云：「『溱』同『臻』。太平御覽作『臻』。史記三王世家云『西溱月氏』，正義云：『溱音臻。』」詒讓案：溱溱，言風雨之盛也。詩小雅無羊云「室家溱溱」，毛傳云：「溱溱，衆也。」廣雅釋言云：「蓁蓁，盛也。」「溱」、「蓁」聲同字通，中篇作「薦臻」。此天之所以罰百姓之不上同於天者也。

是故子墨子言曰：古者聖王爲五刑，請以治其民。俞云：「『請』字衍文。『古者聖王爲五刑以治其民』十一字爲一句。中篇曰『昔者聖王制爲五刑以治天下』，是其證也。」案：「請」與「誠」通，此書「誠」多作「請」，詳下篇。俞以爲衍文，非。譬若絲縷之有紀，畢云：「説文云：『紀，絲别也。』」詒讓案：紀，本義爲絲别，引申之，絲之統總亦爲紀。説文糸部云：「統，紀也。」禮記樂記鄭注云：「紀，總要之名也。」禮器云「紀散而衆亂」，注云：「絲縷之數有紀。」罔罟之有綱，畢云：「説文云：『綱，維紘繩也。』」所連收天下之百姓不尚同其上者也。俞云：「『所』下奪『以』字。『所以連收天下之百姓不尚同其上者也』，若無『以』字，則不成義，中篇曰『將以運役天下淫暴而一同其義也』，彼云『將以』，此云『所以』，文法雖異而實同。」

尚同中第十二

子墨子曰：方今之時，復古之民始生未有正長之時，易雜卦傳云：「復，反也。」謂反而考之古之民始生之時。蓋其語曰「天下之人異義」。是以一人一義，十人十義，百人百義，其人數茲衆，其所謂義者亦茲衆。是以人是其義，而非人之義，故相交非也。戴云：「當從上篇作『交相非也』。」内之父子兄弟作怨讎，皆有離散之心，不能相和合。至乎舍餘力不以相勞，隱匿良道不以相教，腐㱙餘財不以相分，畢云：「㱙，舊作『列』，見上。」天下之亂也，至如禽獸然。無君臣上下長幼之節、父子兄弟之禮，是以天下亂焉。

明乎民之無正長以一同天下之義而天下亂也，是故選擇天下賢良聖知辯慧之人，立以爲天子，使從事乎一同天下之義。天子既以立矣，以爲唯其耳目之請，畢云：「『請』當爲『情』」，下同。」顧云：「史記樂書『情文俱盡』，徐廣曰：『古情字或假作請，諸子中多有此比。』」洪云：「列子説符篇『發於此而應於外者唯請』，張湛注：『請當作情。』荀子成相篇〔一〕『聽之經，明其請』，楊倞注：『請當爲情。』『言』古文『□』，與『心』字篆文『□』，字形近，故『情』字多爲『請』。」不能獨一同天下之義，是故選擇天下贊閲賢良聖知辯慧之人，漢書東方朔傳顔注云：「贊，進也。」太玄經范望注云：「閲，簡也。」置以爲三公，與從事乎一同天下之義。天子三公既已立矣，以爲天下博大，山林遠土之民不可得而一也，是故靡分天下，俞云：「『靡』當爲『歷』，字之誤也。大戴記五帝德篇『歷離日月星辰』，是歷與離同義。此云『歷分天下』，與彼云『歷離日月星辰』，文義正同。若作『靡』字則無義矣。非攻下篇『禹既已克有三苗焉，磨爲山川，别物上下』，天志中篇『磨爲日月星辰，以昭道之』，兩『磨』字皆『磿』字之誤，『磿』即『歷』之叚字也。」設以爲萬諸侯國君，使從事乎一同其國之義。國君既已立矣，又以爲唯其耳目之請，不能一同其國之義，是故擇其國之賢者，置以爲左右將軍大夫，將軍，謂卿也。周禮夏官「軍將皆命卿」。春秋戰國時，侯國亦皆以卿爲將，通謂之將軍。非攻中篇云「晉有六將軍」，即六卿也。管子立政篇云「將軍大夫以朝」，水經河水酈注引竹書紀年云「邯鄲命將軍大夫、適子、戍〔二〕吏皆貂服」，並稱卿大夫爲將軍大夫。以遠至乎鄉里之長，「遠」當爲「逮」，形近而誤。後文

〔一〕「成相篇」，原誤「成用篇」，據荀子改。

〔二〕「戍」，原誤「代」，據酈注引竹書紀年改。

云「逮至有苗之制五刑，以亂天下」，尚賢上篇云「逮至遠鄙郊外之臣、門庭庶子、國中之衆、四鄙之萌人，聞之皆競爲義」，與此文例正同。與從事乎一同其國之義。天子諸侯之君，天子，「子」疑當作「下」。民之正長，既已定矣。天子爲發政施教曰：「凡聞見善者必以告其上，聞見不善者亦必以告其上。上之所是必亦是之，上之所非必亦非之。己有善傍薦之，祭義云「卿大夫有善，薦於諸侯」，鄭注云：「薦，進也。」謂在位之人，己有善，則告進之於上也。「傍」當爲「訪」之借字，二字皆從方得聲，古多通用。魯問篇云：「所謂忠臣者，上有過則微之以諫，己有善，則訪之上，而無敢以告外。匡其邪而入其善，尚同而無下比。」與此上下文義並略同，可證。「傍薦」之義，上篇亦同。王云：「『己』字義不可通。『己』當爲『民』，字之誤也。傍者，溥也，偏也。說文：『旁，溥也。』旁與傍通。言民有善則衆共薦之，若堯典所云『師錫』也。上篇曰『上有過則規諫之，下有善則傍薦之』，下亦民也。」案：此「己」字可通，不必與上篇同義，王失檢魯問篇文，故不得其解。上有過規諫之。尚同義其上，「義」當作「乎」，下文云「尚同乎鄉長，尚同乎國君」，可證。而毋有下比之心，管子小匡篇云：「公又問焉曰：於子之鄉有不慈孝於父母，不長弟於鄉里，驕躁淫暴，不用上令者，有則以告，有而不以告，謂之下比。」尹注云：「下與有衆者比，而掩蓋之。」上得則賞之，萬民聞則譽之。意若聞見善不以告其上，聞見不善亦不以告其上。上之所是不能是，上之所非不能非。己有善不能傍薦之，王云「『己』亦『民』之誤」，非。上有過不能規諫之。下比而非其上者，上得則誅罰之，萬民聞則非毀之。」故古者聖王之爲刑政賞譽也，甚明察以審信。是以舉天下之人，皆欲得上之賞譽，而畏上之毀罰。

是故里長順天子政，而一同其里之義。里長既同其里之義，率其里之萬民以尚同乎鄉長，曰：「凡里之萬民，皆尚同乎鄉長，而不敢下比。鄉長之所是必亦是之，鄉長之所非必亦非之。去而不善言，學鄉長之善言；去而不善行，學鄉長之善行。」鄉長固鄉之賢者也，舉鄉人以法鄉長，夫鄉何説而不治哉？察鄉長之所以治鄉者，何故之以也？曰：唯以其能一同其鄉之義，是以鄉治。

鄉長治其鄉，而鄉既已治矣。王云：「舊本脱『鄉長治』三字，下文曰『國君治其國，而國既已治矣』，今據補」。案：王校是也，蘇説同。有率其鄉萬民，有讀爲又，下並同。以尚同乎國君，曰：「凡鄉之萬民，皆上同乎國君，而不敢下比。國君之所是必亦是之，國君之所非必亦非之。去而不善言，學國君之善言；去而不善行，學國君之善行。」國君固國之賢者也，舉國人以法國君，夫國何説而不治哉？察國君之所以治國而國治者，何故之以也？曰：唯以其能一同其國之義，是以國治。

國君治其國，而國既已治矣。舊本「而」下脱「國」字，今據王校補。有率其國之萬民，以尚同乎天子，曰：「凡國之萬民，上同乎天子，而不敢下比。天子之所是必亦是之，天子之所非必亦非之。去而不善言，學天子之善言；去而不善行，學天子之善行。」天子者，固天下之仁人也，舉天下之萬民以法天子，夫天下何説而不治哉？畢云：「下，舊作『子』，一本如此。」察天子之所以治天下者，何故之以也？曰：唯以其能一同天下之義，是以天下治。

夫既尚同乎天子，而未上同乎天者，則天菑將猶未止也。故當若天降寒熱不節，王云：「『天』亦『夫』字之誤。『降』字則因下文『降罰』而衍。」案：「天降」二字，蓋通貫下文言之，王説未塙。雪霜雨露不時，五穀不孰，道藏本作「熟」，非。六畜不遂，國語齊語云「犧牲不略，則牛羊遂」，韋注云：「遂，長也」。疾菑戾疫，漢書食貨志顔注云：「戾，惡氣也。」案：「戾疫」即兼愛下篇之「癘疫」，戾、癘一聲之轉。畢云「戾，沴字之假音」，亦通。飄風苦雨，荐臻而至者，荐、薦同。毛詩大雅節南山傳云：「薦，重也。」爾雅釋詁云：「臻，仍，乃也。」仍與重義亦同。易坎象「水荐至」，釋文引京房「荐」作「臻」。此天之降罰也，將以罰下人之不尚同乎天者也。故古者聖王，明天鬼之所欲，而避天鬼之所憎，而，舊本誤「不」，今據道藏本正，天志中篇同。以求興天下之利，除天下之〔二〕害。是以率天下之萬民，齊戒沐浴，齊，道藏本作「齋」。潔爲酒醴粢盛，畢云：「本書多作『絜』，俗從水。」以祭祀天鬼。其事鬼神也，酒醴粢盛不敢不蠲潔，周禮宮人鄭注云：「蠲猶絜也。」呂氏春秋尊師篇云：「臨飲食，必蠲絜。」犧牲不敢不腯肥，曲禮云「豚曰腯肥」，鄭注云：「腯亦肥也。腯，充貌也。」左桓六年傳云「吾牲牷肥腯」，又云「奉牲以告曰：博碩肥腯」。珪璧幣帛不敢不中度量，珪璧有度，若考工記玉人云「四圭尺有二寸以祀天，兩圭五寸有邸以祀地」之屬是也。幣帛有度，若漢書食貨志云

〔二〕以上「利除天下之」五字原誤脱，據畢沅刻本補。

「周法，布帛廣二尺二寸爲幅」、周禮内宰鄭注引天子巡守禮云「制幣丈八尺純四䊷」是也。王制云：「布帛幅廣狹不中度量，不粥於市。」春秋祭祀不敢失時幾，聽獄不敢不中，畢云：「幾，讀如『關市譏』。」俞云：「畢以『幾』字屬下『聽獄不敢不中』讀，然關市與獄訟不當并爲一事，殆失之矣。『幾』字仍當屬上讀。幾者，期也。詩楚茨篇『如幾如式』，毛傳訓幾爲期，是也。不敢失時幾者，不敢失時期也。國語周語注曰：『期，將事之日也。』是期以日言。不敢失時，并不敢失日，故曰不敢失時幾。」分財不敢不均，居處不敢怠慢。曰：其爲正長若此，是故上者天鬼有厚乎其爲政長也，下云「天鬼之所深厚」，則此「厚」上疑脱「深」字。下者萬民有便利乎其爲政長也。天鬼之所深厚，而能彊從事焉，則王云：「自『上者天鬼』以下至此，凡三十八字，舊本誤入下文『入守固』之下，今移置於此。『而能彊從事焉』，舊本脱『能』字，今據下文補。」案：王校是也，蘇説同，今從乙補。天鬼之福可得也。萬民之所便利，而能彊從事焉，則萬民之親可得也。其爲政若此，是以謀事得，畢云：「舊脱此字，據後文增。」舉事成，入守固，出誅勝者，何故之以也？曰：唯以尚同爲政者也。故古者聖王之爲政若此。

今天下之人曰：方今之時，王云：「自『出誅勝』以下至此，凡三十八字，舊本誤入上文『上者天鬼』之上，今移置於此。」案：王校是也，蘇説同，今從乙正。天下之正長猶未廢乎天下也，而天下之所以亂者，何故之以也？子墨子曰：方今之時之以正長，則本與古者異矣，譬之若有苗之以五刑然。畢云：「苗，舊作『量』，據下改。」昔者聖王制爲五刑，書舜典僞孔傳云：「五刑：墨、劓、剕、宮、大辟。」以治天下，畢云：「文選注引此云『畫衣冠，異章服，而民不犯』，疑此閒脱文。」逮至有苗之制五刑，此即下五殺之刑。以亂天下。俞云：「『之』衍字。」則此豈刑不善哉？用刑則不善也。是以先王之書呂刑之道畢云：「當云『道之』。」案：下文兩云「之道」，此疑不倒。曰：「苗民否用練，折則刑，畢云：「孔書作『弗用靈，制以刑』，『靈』『練』、『否』『弗』、『折』『制』音同。」錢大昕云：「古書弗與不同，否即不字。靈、練聲相近。緇衣引作『匪用命』，『命』當是『令』之譌，令與靈古文多通用。令、靈皆有善義。鄭康成注禮解爲政令，似遠。」王鳴盛云：「古音靈讀若連，故轉爲練也。折爲制，古字亦通。古文論語云『片言可以折獄』，魯論『折』作『制』是也。」段玉裁云：「靈作練者，雙聲也。依墨子上下文觀之，練亦訓善，與孔正同。」詒讓案：僞孔傳云：「三苗之君〔一〕，習蚩尤之惡，不用善化民，而制以重刑。三苗，帝堯所誅。」呂刑及緇衣孔疏引書鄭注云：「苗民，謂九黎之君也。九黎之君於少昊氏衰而棄善道，上效蚩尤重刑。必變九黎言苗民者，有苗，九黎之後，顓頊代少昊誅九黎，分流其子孫，爲居於西裔者三國。至高辛之衰，又復九黎之君，惡。堯興，又誅之。堯末又在朝，舜時又竄之。後禹攝位，又在洞庭逆命，禹又誅之。後王深惡此族三生凶惡，故著其氏而謂之民。民者，冥也，言末見仁道。」又鄭緇衣注云：「命，謂政令也。高辛氏之末，諸侯有三苗者作亂，其治民不用政令，專制御之以嚴刑，乃作五虐蚩尤之刑，以是爲法。」案：鄭書、禮二注不同，書注與此合，於義爲長。戰國策魏策：「吳起云：昔者三苗之居，左彭蠡之波，右洞庭之水，文山在其南，而衡山在其北，恃此險也，爲政不善，而禹

〔一〕按此引僞孔傳，見尚書呂刑「苗民弗用靈，制以刑」云云一段之下。傳文首「三苗之君」四字，原作「三苗之主頑凶，若民」八字，乃呂刑下段僞孔傳之首八字而誤置於此，今據僞孔傳原文改正。

放逐之。」史記吳越傳作「左洞庭，右彭蠡」。五帝本紀張守節正義據彼云：「今江州、鄂州、岳州，三苗之地也。」案古三苗國當在今湖南、湖北境。**唯作五殺之刑，曰法。」**僞孔傳云：「惟爲五虐之刑，自謂得法。」畢云：「孔書『殺』作『虐』。」孫星衍云：「虐、殺義相同。」詒讓案：吕刑下文云「殺戮無辜，爰始淫爲刵、劓、椓、黥」，則止四刑。書堯典孔疏引今文夏侯等書作「臏、宫割、劓、頭鹿剠」，臏一，宫割二，劓三，頭鹿剠四，亦無五刑。以吕刑五刑之「辟」校之，惟少大辟，蓋即以殺戮晐大辟矣。**則此言善用刑者以治民，不善用刑者以爲五殺。則此豈刑不善哉？用刑則不善，故遂以爲五殺。是以先王之書術令之道曰：「唯口出好興戎。」**蘇云：「出書大禹謨。」詒讓案：「術令」當是「説命」之叚字。禮記緇衣云「兑命曰：惟口起羞，惟甲胄起兵，惟衣裳在笥，惟干戈省厥躬」，鄭注云：「『兑』當爲『説』，謂殷高宗之臣傅説也。作書以命高宗，尚書篇名也。羞猶辱也。惟口起辱，當慎言語也。」案此文與彼引兑命辭義相類，「術」「説」、「令」「命」音並相近，必一書也。晉人作僞古文書不悟，乃以竄入大禹謨，疏繆殊甚。近儒辯古文書者，亦皆不知其爲説命佚文，故爲表出之。僞孔傳云：「好謂賞善，戎謂伐惡。言口榮辱之主。」**則此言善用口者出好，不善用口者以爲讒賊寇戎。則此豈口不善哉？用口則不善也，故遂以爲讒賊寇戎。**

故古者之置正長也，將以治民也。譬之若絲縷之有紀，而罔罟之有綱也，將以運役天下淫暴而一同其義也。王云：「『運役』二字義不可通，當依上篇作『連收』，字之誤也。『連收』二字，正承絲縷罔罟而言。」**是以先王之書相年之道曰：**畢云：「『相年』當爲『拒年』」。」**「夫建國設都，乃作后王君公，否用泰也，**論語子罕皇疏云：「泰，驕泰也。」王引之云：「否，非也。」**輕大夫師長，**畢云：「『輕』當爲

『卿』。」盧云：「下篇作『奉以卿』，字誤也。」否用佚也，維辯使治天均。」辯、辨字通。周易集解引易鄭注云：「辯，分也。」謂分授以職，使治天均。王念孫釋辯爲徧，未塙，詳下篇。詩大雅節南山「秉國之均」，毛傳云：「均，平也。」莊子寓言篇云「天均者，天倪也」，非此義。下篇作「治天明」。又案：王引之尚書述聞據廣雅釋詁訓此辯爲使，則辭義重複，亦不可從。則此語古者上帝鬼神之建設國都立正長也，非高其爵、厚其禄、富貴佚而錯之也，王云：「『佚』上有『游』字，而今本脱之，則語意不完。下篇曰『非特富貴游佚而擇之也』，是其證。游佚即淫佚，語之轉耳。」畢云：「錯，讀如舉措。」將以爲萬民興利除害、富貴貧寡、此與上下文例不合，疑當作「富貧衆寡」。安危治亂也。故古者聖王之爲若此。戴云：「『爲』下疑脱『政』字。」

今王公大人之爲刑政，則反此。戴云：「『刑』字衍。」政以爲便譬，政與正同。畢云：「譬讀如僻。」洪云：「論語『季氏友便辟』，馬、鄭皆讀辟爲譬，謂巧爲譬諭，以求容媚。義即本此。」宗於父兄故舊，「宗於」疑「宗族」之誤。以爲左右，置以爲正長。戴云：「『政以爲便譬』三句，當作『宗於便譬父兄故舊，立以爲左右，置以爲正長』。『便譬』誤寫在『宗』字上，『以爲左右』上之『立』字又誤作『政』，『政以爲』三字又誤在句首，故不可通。『便譬』謂巧爲譬喻，見公羊定四年疏引論語鄭注。或當爲『便嬖』，亦通。宗讀爲是崇。『立』字與『正』相似，故誤爲『正』」，又誤沾攴旁耳。」案：戴説未塙。民知上置正長之非正以治民也，戴云：「『非』下『正』字衍。」是以皆比周隱匿，比周，詳前篇。而莫肯尚同其上，是故上下不同義。若苟上下不同義，賞譽不足以勸善，而刑罰不足以沮暴。何以知其然也？曰：上唯毋立而爲政乎國家，爲民正長，王云：「唯與雖同。」詒讓案：毋，語詞，詳尚賢中篇。曰：「人可賞，吾將賞之。」若苟上下不同義，上之所賞，則衆之所非，曰人衆與處，於衆得非。則是雖使得上之賞，未足以勸乎！上唯毋立而爲政乎國家，爲民正長，曰：「人可罰，吾將罰之。」若苟上下不同義，上之所罰，則衆之所譽，曰人衆與處，於衆得譽。則是雖使得上之罰，未足以沮乎！若立而爲政乎國家，爲民正長，賞譽不足以勸善，而刑罰不沮暴，「沮暴」上亦當有「足以」二字。則是不與鄉吾本言民始生未有正長之時同乎？若有正長與無正長之時同，則此非所以治民一衆之道。

故古者聖王唯而審以尚同畢云：「而讀與能同。舊脱『審』字，文選注引作『能審以尚同』，今據增。」以爲正長，是故上下情請爲通。畢云：「『文選注引作『是故上下通情』，舊脱『故』字，今據增。」王云：「此本作『是故上下請通』，『請』即『情』字也。墨子書多以『請』爲『情』，今作『情請爲通』者，後人旁記『情』字，而寫者遂誤入正文，又涉上文『以爲正長』而衍『爲』字耳。文選東京賦注引『情通』作『通情』者，乃涉賦文『上下通情』而誤。」顧校同。俞云：「惟『以爲正長』句亦有衍字，下文曰：『故古者聖王之所以濟事成功，垂名於後世者，無它故異物焉，曰唯能以尚同爲政者也。』然則此文當云：『唯而審以尚同爲政』，上下文義始相應。因涉上文屢言『正長』，遂誤作『以爲正長』，上下不應矣。且既云『審以尚同』，又云『以爲正長』，一句中兩用『以』字，義亦未安。上文曰『其爲正長若此，是故出誅勝者，何故之以也？曰唯以尚同爲政者也』，然則『爲正長』以人言，『爲政』以事言，明爲正長者當以尚同爲政也，若作『尚同以爲正長』，即失其義矣。下篇云『聖王皆以尚同爲政，故天下治』，亦其證也。」案：俞校未塙。上有隱事遺利，隱事遺利，與節葬篇「隱謀遺利」義同。下得而利之；下有蓄怨積害，上得而除之。是以數千萬里之外有爲善者，其室人未徧知，鄉里未徧聞，天子得而賞之。數千萬里之外有爲不善者，其室人未徧知，鄉里未徧聞，天子得而罰之。是以舉天下之人皆恐懼振動惕慄，不敢爲淫暴，曰：「天子之視聽也神。」畢云：「子，舊作『下』，一本如此。」先王之言曰：「非神也，夫唯能使人之耳目助己視聽，使人之吻助己言談，說文口部云：「吻，口邊也。」以上句文例校之，「吻」上疑有「脣」字。非命下篇云：「今天下之士君子之爲文學出言談也，非將勤勞其喉舌，而利其脣呡也。」呡與吻字同。使人之心助己思慮，使人之股肱助己動作。」助之視聽者衆，則其所聞見者遠矣；助之言談者衆，則其德音之所撫循者博矣；荀子富國篇云「拊循之」，楊注云：「拊與撫同。撫循，慰悅之也。」助之思慮者衆，則其談謀度速得矣；王云：「『謀度』上不當有『談』字，蓋涉上文『言談』而衍。」案：王說是也，蘇說同。助之動作者衆，即其舉事速成矣。舊本「其」在「舉」下。蘇云：「當作『則其舉事速成矣』。」俞云：「此本作『即其舉事速成矣』。上文三言『則其』，此言『即其』，即、則古通用也。今作『即舉其事』，誤。」案：俞說是也，今據乙。

故古者聖人之所以濟事成功，垂名於後世者，無他故異物焉，異物，猶言異事。韓非子右儲說上篇云：「晉文公一舉而八有功，所以然者，無他故異物，從狐偃之謀，假顛頡之脊也。」曰：唯能以尚同爲政者也。是以先王之書周頌之道之曰：古書詩、書多互偁。「載來見彼王，詩載見敍云：「諸侯始見乎武王廟也。」毛傳云：「載，始也。」鄭箋云：「諸侯始見君子，謂見成王也。」畢云：「一本作『載見辟王』，同詩。」聿求厥章。」道藏本「聿」字缺。蘇云：「聿，詩作『曰』。」詒讓案：聿、曰古通用。鄭箋云：「求車服禮儀之文章制度也。」則此語古者國君諸侯之以春秋來朝聘天子之廷，受天子之嚴教。退而治國，政之所加，莫敢不賓。爾雅釋詁云：「賓，服也。」當此之時，本無有敢紛天子之教者。廣雅釋詁云：「紛，亂也。」謂不敢變亂天子之教令。詩曰：「我馬維駱，爾雅釋畜云：「白馬黑鬣，駱。」六轡沃若。毛詩衛風氓傳云：「沃若，猶沃沃然。」載馳載驅，周爰咨度。」毛詩小雅皇皇者華傳云：「咨禮義所宜爲度。」又曰：「我馬維騏，毛詩魯頌駉傳云：「蒼騏曰〔二〕騏。」六轡若絲。毛傳云：「言調忍也。」蘇云：「若，詩作『如』。」載馳載驅，周爰咨謀。」毛傳云：「咨事之難易爲謀。」即此語也。王云：「即與則同，語猶言也。『則此語』三字文義直貫至『以告天子』而止。則語下不當有『也』字。凡墨子書用『則此語』三字者，『語』下皆無『也』字，此蓋後人不曉文義而妄加之。」古者國君諸侯之聞見善與不善也，皆馳驅以告天子，是以賞當賢，罰當暴，不殺不辜，不失有罪，則此尚同之功也。

是故子墨子曰：「今天下之王公大人士君子，請將欲富其國家，王云：「請即誠字。」案：說詳節葬下篇。俞云：「『請』上奪『中』字。墨子書多以『請』爲『情』，中請即中情也。下篇曰『今天下王公大人士君子，中情將欲爲仁義』，是其證也。後人不知請之當讀爲情，故誤删『中』字耳。尚賢篇曰『且今天下之王公大人士君子，中

〔二〕「曰」，原誤「日」，據魯頌駉毛傳改。

實將欲爲仁義』，中實亦即中情也。」衆其人民，治其刑政，定其社稷，當若尚同之不可不察，此之本也。」畢云：「當云『此爲政之本也』。」俞云：「『若』字衍文，『不可不察』上奪『説』字，『此』下奪『爲政』二字，當據下篇補。」案：畢、俞校是也。惟「若」字實非衍文，當若猶言當如。尚賢中篇云「古當若之二物者，王公大人未知以尚賢使能爲政也」，兼愛下篇云「當若兼之不可不行也，此聖王之道而萬民之大利也」，非攻下篇云「當若繁爲攻伐，此實天下之巨害也」，又云「故當若非攻之爲説，而將不可不察者此也」，節葬下篇云「故當若節喪之爲政，而不可不察此者也」，明鬼下篇云「當若鬼神之有也，將不可不尊明也」，非命下篇云「當若有命者之言，不可不強非也」，皆其證。俞以「若」爲衍文，失之。

尚同下第十三

畢云：「中興書目云『一本自親士至上同凡十三篇』者，即此已上諸篇，非有異本。」

子墨子言曰：知者之事，必計國家百姓所以治者而爲之，必計國家百姓之所以亂者而辟之。畢云：「辟同避。」然計國家百姓之所以治者，何也？上之爲政，得下之情則治，不得下之情則亂。何以知其然也？上之爲政得下之情，則是明於民之善非也。若苟明於民之善非也，畢云：「『若苟』二字舊倒，據下文改。」則得善人而賞之，得暴人而罰之也。善人賞而暴人罰，則國必治。上之爲政也，不得下之情，則是不明於民之善非也。若苟不明於民之善非，則是不得善人而賞之，不得暴人而罰之。善人不賞而暴人不罰，爲政若此，國衆必亂。故賞不得下之情，蘇云：「『賞』下當脱『罰』字。」俞校同。而不可不察者也。俞云：「『而不可』當作『不可而』，猶言不可以也。」

然計得下之情將柰何可？故子墨子曰：唯能以尚同一義爲政，然後可矣。何以知尚同一義之可而爲政於天下也？而，陳壽祺讀爲能。今案而亦猶以也，説詳尚賢下篇。下文「諸侯可而治其國」、「家君可而治其家」，同。然胡不審稽古之治爲政之説乎？王云：「然猶則也。『然胡不』，則胡不也。」俞云：「『治』字乃『始』字之誤。下文曰『古者天之始生民，未有正長也』云云，是從古之始爲政者説，故此云『胡不審稽古之始爲政之説乎』。」古者天之始生民，未有正長也，百姓爲人。戴云：「此人字，讀如『人偶』之人。」若苟百姓爲人，是一人一義，十人十義，百人百義，千人千義，逮至人之衆不可勝計也，則其所謂義者亦不可勝計。此皆是其義而非人之義，是以厚者有鬭而薄者有爭。畢云：「薄，舊作『蕩』，一本如此。」是故天下之欲同一天下之義也，上「天下」二字，疑當作「天」。畢云：「文選注引作『古者同天之義』。」是故選擇賢者立爲天子。文選王元長三月三日曲水詩序注引此作「上聖立爲天子」，蓋李善所改易。又袁彦伯三國名臣序贊注引則竝與此同。天子以其知力爲未足獨治天下，是以選擇其次立爲三公。三公又以其知力爲未足獨左右天子也，是以分國建諸侯。諸侯又以其知力爲未足獨治其四境之内也，是以選擇其次立爲卿之宰。之猶與也。卿之宰又以其知力爲未足獨左右其君也，是以選擇其次立而爲鄉長家君。是故古者天子之立三公、諸侯、卿之宰、鄉長家君，非特富貴游佚而擇之也，擇，當依中篇讀爲「措」。將使助治亂刑政也。「治」下「亂」字疑衍。故古者建國設都，乃立后王君公，奉以卿士師長，此非欲用説也，王云：「『説』字義不可通。『説』當爲『逸』，字之誤也。中篇曰『夫建國設都，乃作后王君公，否用泰也。卿大夫師長，否用佚也』，否用佚即非用逸，是其證。否猶非也，説見尚賢下。僞古文説命『建邦設都，樹后王君公，承以大夫師長，不惟逸豫』，即用墨子而小變其文。」案：王説是也。僞孔傳云：「言立國設都，立君臣上下，不使有位者逸豫民上，言立之主使治民。」唯辯而使助治天明也。舊本「助治天」下有「助」字。王云：「下『助』字衍。『唯辯而使助治天明』者，辯讀爲徧，古『徧』字多作『辯』。天明，天之明道也，哀二年左傳曰『二三子順天明』。言所以設此卿士師長者，唯徧使助治天道也。中篇作『維辯使治天均』。」案：王謂下「助」字衍，是也，今據删。辯當訓爲分，王讀爲徧，尚未得其義。左傳哀二年孔疏釋「天明」爲天之明道，即王説所本。大戴禮記虞戴德篇云「法于天明，開施教于民」，左昭二十五年傳云「則天之明」，義並略同。僞古文書説命作「惟以亂民」，疑僞孔讀「天明」爲「天民」。

今此何爲人上而不能治其下，爲人下而不能事其上？則是上下相賊也。賊，舊本譌「賤」，今依王校正，説詳尚賢中篇。蘇云：「『賤』當作『殘』，或『殘賊』二字各脱其偏傍。」非。何故以然？則義不同也。若苟義不同者有黨，上以若人爲善，將賞之，畢云：「賞，舊作『毁』，一本如此。」若人唯使得上之賞，唯、雖字通。而辟百姓之毁，辟、避字亦同，後文辟、避錯出。是以爲善者必未可使勸，見有賞也。上以若人爲暴，將罰之，若人唯使得上之罰，而懷百姓之譽，是以爲暴者必未可使沮，見有罰也。故計上之賞譽，不足以勸善，計其毁罰，不足以沮暴。此何故以然？則義不同也。

然舊本脱此六字。王云：「『此何故以然』是問詞，『則義不同也』是答詞，『然則欲同一天下之義，將柰何可』又是問詞，舊脱中六字，則上下文皆不可通矣。今據上文補。」案：王校是也，今從之。則欲同一天下之義，將柰何可？故子墨子言曰：然胡不賞使家君試用家君發憲布令其家，王云：「『賞』字義不可通，『賞』當爲『嘗』。『嘗』、『賞』字相似，又涉上下文『賞罰』而誤。『使家君』三字，則涉下文『使家君』而衍。既言『用家君』，則不得又言『使家君』。『胡不嘗試用家君發憲布令其家』作一句讀。」案：王校是矣。然下文説國君發憲布令，則云「故又使家君總其家之義，以尚同於國君」；説天子發憲布令，則云「故又使國君選其國之義，以尚同於天子」，則此文疑亦當云「胡不嘗使家人總其身之義，以尚同於家君，試用家君發憲布令其家」，前後文例乃相應。蓋今本「胡不嘗使家」下脱十一字，「使家君」三字非衍文也。發憲，猶言布憲。憲者，法也。非命上篇云：「先王之書，所以出國家布施百姓者，憲也。」曰：「若見愛利家者必以告，若見惡賊家者亦必以告。若見愛利家以告，亦猶愛利家者也，上得且賞之，衆聞則譽之；若見惡賊家不以告，亦猶惡賊家者也，上得且罰之，衆聞則非之。」是以徧若家之人，畢云：「徧，舊作『禍』，一本如此。下同。」皆欲得其長上之賞譽，辟其毀罰。是以善言之，不善言之，畢云：「舊脱四字，一本有。」家君得善人而賞之，得暴人而罰之。善人之賞，而暴人之罰，則家必治矣。然計若家之所以治者，何也？唯以尚同一義爲政故也。

家既已治，國之道盡此已邪？則未也。國之爲家數也甚多，國之，舊本作「天下」。畢云：「『天下』下當脱『之』字，一本『天下』作『國之』。」詒讓案：「國之」是，下文云「天下之爲國數也甚多」，則此不當作「天下」明矣，今據正。此皆是其家而非人之家，是以厚者有亂，而薄者有爭。故又使家君總其家之義，畢云：「舊脱此字，一本有。」以尚同於國君。國君亦爲發憲布令於國之衆，曰：「若見愛利國者必以告，若見惡賊國者亦必以告。若見愛利國以告者，亦猶愛利國者也，上得且賞之，衆聞則譽之；若見惡賊國不以告者，亦猶惡賊國者也，上得且罰之，衆聞則非之。」是以偏若國之人，皆欲得其長上之賞譽，避其毀罰。是以民見善者言之，見不善者言之，國君得善人而賞之，得暴人而罰之。善人賞而暴人罰，則國必治矣。然計若國之所以治者，何也？唯能以尚同一義爲政故也。

國既已治矣，天下之道盡此已邪？則未也。天下之爲國數也甚多，此皆是其國畢云：「舊脱『其』字，一本有。」而非人之國，是以厚者有戰，而薄者有爭。故又使國君選其國之義，以尚同於天子。舊本「以」下有「義」字，畢云：「一本無此字，是。」俞云：「下『義』字衍文，上文云『故又使家君總其家之義，以尚同于國君』，下文云『天子又總天下之義，以尚同於天』，竝無下『義』字，是其證也。上下文竝言『總』，而此言『選』，選亦總也。詩猗嗟篇『舞則選兮』，毛傳訓選爲齊。『選其國』之義，猶齊其國之義。曰總，曰選，文異而義同也。史記仲尼弟子列傳『任不齊，字選』，是選有齊義。賈子等齊篇曰：『撰然齊等』，撰與選通。」戴説同。案：一本是也，今據删。天子亦爲發憲布令於天下之衆，曰：「若見愛利天下者必以告，若見惡賊天下者亦以告。若見愛利天下以告者，亦猶愛利天下者也，上得則賞之，衆聞則譽之；若見惡賊天下不以告者，亦猶惡賊天下者也，上得且罰之，畢云：「且，一本作『則』。」衆聞則非之。」是以偏天下之人，皆欲得其長上之賞譽，避其毀罰，是以見善、不善者告之。天子得善人而賞之，得暴人而罰之，善人賞而暴人罰，天下必治矣。然計天下之所以治者，何也？唯而以尚同一義爲政故也。畢云：「一本無『而』字，非。而同能。」

天下既已治，畢云：「既，一本作『計』，非。」天子又總天下之義，以尚同於天。舊本「天下」亦作「天子」。俞云：「當作『天子又總天下之義，以尚同於天』，義見上下文。」案：俞校是也，今據正。故當尚同之爲説也，同，舊本作「用」，蓋與下文互譌。蘇云「『用』當作『同』」，是也，今據正。尚用之天子，舊本「用」作「同」，畢云：「一本作『上同』。」王改「尚用」，云：「舊本『用』作『同』，涉上句而誤，今據下文改。」案：王校是也，今從之。蘇云：「當作『上用』。」可以治天下矣；中用之諸侯，可而治其國矣；王引之云：「而與以同義，故二字可以互用。」案：王説是也，詳尚賢下篇。小用之家君，可而治其家矣。王引之云：「『小用之』當作『下用之』，與『尚用之』、『中用之』對文，下文『小用之』則與『大用之』對文。今本『下用』作『小用』者，即涉下文『小用之』而誤。」是故大用之治天下不窕，小用之治一國一家而不横者，畢云：「爾雅云：『窕，閒也。』猶云無閒。」王云：「畢説非也。窕，不滿也；横，充塞也。孔子閒居『以横於天下』，鄭注：『横，充也。』祭義曰：『置之而塞乎天地，溥之而横乎四海。』以小居大則窕，以大入小則塞。唯此尚同之道，則大用之治天下而不窕，小用之治一國一家而不塞也。大戴記王言篇曰：『布諸天下而不窕，内諸尋常之室而不塞。』」又云：「廣雅曰：『窕，寬也。』昭二十一年左傳『鍾小者不窕』，杜注曰：『窕，細不滿也。』吕氏春秋適音篇『不詹則窕』，高注云：『窕，不滿密也。』」若道之謂也。故曰：

治天下之國若治一家，使天下之民若使一夫。意獨子墨子有此，而先王無此其有邪？疑當作「無有此邪」，「其」字衍。則亦然也。聖王皆以尚同爲政，故天下治。何以知其然也？於先王之書也大誓之言然，書敍云：「惟十有一年，武王伐殷。一月戊午，師渡孟津，作泰誓。」古書「泰」皆作「大」，僞孔傳云「大會以誓衆」，則作「大」是。曰：「小人見姦巧乃聞，不言也，發罪鈞。」畢云：「孔書無此文。」蘇云：「『發』當作『厥』，今泰誓云：『厥罪惟鈞』。」江聲云：「發，謂發覺也。鈞，同也。言知姦巧之情而匿不以告，比事發覺，則其罪與彼姦巧者同。」此言見淫辟不以告者，其罪亦猶淫辟者也。

故古之聖王治天下也，其所差論以自左右羽翼者皆良，王云：「差、論皆擇也。爾雅〔一〕曰：『既差我馬。』差，擇也。所染篇曰『故善爲君者，勞於論人，而佚於治官』，呂氏春秋當染篇同，高注：『論猶擇也。』非攻篇『差論其爪牙之士，比列其舟車之衆』，義與此同。」外爲之人「外爲」二字疑誤。助之視聽者衆。故與人謀事，先人得之；與人舉事，先人成之；光譽令聞，先人發之。光，舊本作「先之」。畢云：「二字一本作『光』，是，今據改。」俞云：「光、廣古通用，光譽即廣譽。孟子曰『令聞廣譽施於身』。」案：俞校是也。非命下篇作「光譽令問」，問與聞字通。禮記孔子閒居鄭注云：「令，善也，言以名德善聞。」唯信身而從事，故利若此。古者有語焉，曰：「一目之視也，畢云：「舊脱『之』字，一本有。」不若二目之視也。一耳之聽也，不若

〔一〕按：此引爾雅，見釋畜篇。

二耳之聽也。以下二句文例校之，疑「二目之視」，「視」當作「覩」；「二耳之聽」，「聽」當作「聰」，今本皆傳寫捝之。一手之操也，不若二手之彊也。」畢云：「舊脱『之』字，一本有。」夫唯能信身而從事，故利若此。是故古之聖王之治天下也，千里之外有賢人焉，其鄉里之人皆未之均聞見也，說文土部云：「均，平徧也。」此與中篇云「室人未徧知，鄉里未徧聞」義同。聖王得而賞之。千里之内有暴人焉，其鄉里畢云：「據上文，當有『之人』二字。」未之均聞見也，聖王得而罰之。故唯毋以聖王爲聰耳明目與？王云：「唯亦與雖同。」案：毋，語詞，詳尚賢中篇。豈能一視而通見千里之外哉，一聽而通聞千里之外哉。聖王不往而視也，不就而聽也。然而使天下之爲寇亂盜賊者，周流天下無所重足者，詩無將大車鄭箋云：「重猶累也。」何也？其以尚同爲政善也。

是故子墨子曰：凡使民尚同者，愛民不疾，以下文校之，「不疾」疑當作「必疾」，或當云：「不可不疾。」呂氏春秋尊師篇高注云：「疾，力也。」民無可使，曰必疾愛而使之，致信而持之，致，舊本譌「畋」，今據道藏本正。蘇云「『畋』當作『敬』」，非。國語越語韋注云：「持，守也。」富貴以道其前，明罰以率其後。爲政若此，唯欲毋與我同，唯，畢本作「雖」，云：「舊作『唯』，以意改。」王云：「古者雖與唯通，不煩改字。」王引之云：「禮記少儀『雖有君賜』，鄭注曰：『雖，或爲唯。』說文『雖』字以『唯』爲聲，故雖可通作唯，唯亦可通作雖。」將不可得也。是以子墨子曰：今天下王公大人士君子，中情將欲爲仁義，王云：「情即誠字。言誠將欲爲仁義，則尚同之說不可不察也。尚賢篇曰『且今天下之王公大人士君子，中實將欲爲仁義』，實亦誠也。非攻篇曰

『情不知其不義也，故書其言以遺後世。若知其不義也，夫奚説書其不義以遺後世哉』，『情不知』即誠不知。凡墨子書中『誠』、『情』通用者不可枚舉。又齊策『臣知誠不如徐公美』，劉本『誠』作『情』。呂氏春秋具備篇『三月嬰兒，慈母之愛諭焉，誠也』，淮南繆稱篇『誠』作『情』。漢書禮樂志『正人足以副其誠』，漢紀『誠』作『情』。此皆古書誠、情通用之證。」洪云：「『中情欲』三字書中屢見，或作『中請欲』，請即情字；或作『中實欲』，情，實也，其義並同。」求爲上士，「士」上舊本無「上」字，王據各篇補。上欲中聖王之道，下欲中國家百姓之利，故當尚同之説而不可不察。舊本作「而不察」，畢云：「當云『不可不察』。」王亦據補。尚同爲政之本，而治要也。畢云：「當云『治之要也』。」

墨子閒詁卷四

兼愛上第十四

邢昺爾雅疏引尸子廣澤篇云：「墨子貴兼。」畢云：「㤅好之字作㤅。從夊者行皃，經典通用此。」

聖人以治天下爲事者也，必知亂之所自起，句。焉能治之；王引之云：「言知亂之所自起，乃能治之也。」顧云：「三『焉』字皆下屬。」案：王、顧讀是也。焉訓乃，説詳親士篇。不知亂之所自起，則不能治。譬之如醫之攻人之疾者然，小爾雅廣詁云：「攻，治也。」必知疾之所自起，句。焉能攻之；不知疾之所自起，則弗能攻。治亂者何獨不然？必知亂之所自起，句。焉能治之；不知亂之所自起，則弗能治。

聖人以治天下爲事者也，不可不察亂之所自起。當察亂何自起？當讀爲嘗，同聲叚借字。荀子君子篇「先祖當賢」，楊注云：「當，或爲嘗。」孟子萬章篇「是時孔子當阨」，説苑至公篇引「當阨」作「嘗阨」，是其證。嘗，試也。下篇云「姑嘗本原若衆害之所自生」，語意與此同。起不相愛。臣子之不孝君父，所謂亂也。子自愛不愛父，故虧父而自利；故，意林引作「欲」，下同。弟自愛不愛兄，故虧兄而自利；

臣自愛不愛君，「不」下舊衍「自」字，今依道藏本删。上下文凡言「不愛」者，「不」下皆無「自」字。故虧君而自利，此所謂亂也。雖父之不慈子，兄之不慈弟，君之不慈臣，此亦天下之所謂亂也。父自愛也不愛子，故虧子而自利；兄自愛也不愛弟，故虧弟而自利；君自愛也不愛臣，故虧臣而自利。是何也？皆起不相愛。雖至天下之爲盜賊者亦然，盜愛其室，不愛其異室，王云：「下句不當有『其』字，蓋涉上下文而衍。下文『不愛異家』、『不愛異國』，皆無『其』字，是其證。意林引無『其』字。」故竊異室以利其室；賊愛其身，不愛人，故賊人以利其身。俞云：「兩『人』字下並奪『身』字，本作『賊愛其身，不愛人身，故賊人身以利其身』，方與上句一律。下文云『視人身若其身，誰賊』，亦以『人身』、『其身』對言。中篇云『今人獨知愛其身，不愛人之身，是以不憚舉其身以賊人之身』，竝可證『人』下當有『身』字也。」此何也？皆起不相愛。雖至大夫之相亂家、諸侯之相攻國者，亦然。大夫各愛其家，舊本無「其」字。畢云：「一本云『愛其家』。」詒讓案：以下文校之，有者是也，今據增。不愛異家，故亂異家以利其家；舊本無「其」字。畢云：「一本云『利其家』。」詒讓案：以下文校之，亦當有「其」字，今據增。諸侯各愛其國，不愛異國，故攻異國以利其國，天下之亂物具此而已矣。物亦事也，言天下之亂事畢盡於此。察此何自起？皆起不相愛。

若使天下兼相愛，愛人若愛其身，句首「愛」字舊本脱，今依盧校補。猶有不孝者乎？視父兄與君若其身，舊本脱「猶有」以下十四字，王據下文校補「猶有不孝者乎？視父若其身」十一字。今案當於「父」下更補「兄與君」三字，蓋墨子此文以「無不孝」晐「無不忠不弟」，猶下文以「無不慈」晐「無不惠不和」也。上文亦云「臣子之不孝君父，所謂亂也」，可證。王因下云「不孝」，故但補「父」而不及「兄與君」，則與下「無不慈」之兼子弟臣言者，不相對矣。惡施不孝？猶有不慈者乎？視弟子與臣若其身，惡施不慈？故不孝不慈亡有。王云：「舊本脱『故』、『不』、『慈』、『有』四字，畢據下文補『有』字。今以上下文考之，當作『故不孝不慈亾有』。『不孝不慈亾有』，總承上文而言。下文曰『故盜賊亾有』、『故大夫之相亂家、諸侯之相攻國者亡有』，與此文同一例，今補。」猶有盜賊乎？故視人之室若其室，「故」字疑衍。誰竊？視人身若其身，誰賊？故盜賊亾有。畢云：「二字舊倒，非，下同。」猶有大夫之相亂家、諸侯之相攻國者乎？視人家若其家，誰亂？視人國若其國，誰攻？故大夫之相亂家、諸侯之相攻國者亡有。若使天下兼相愛，國與國不相攻，家與家不相亂，盜賊無有，君臣父子皆能孝慈，若此則天下治。故聖人以治天下爲事者，惡得不禁惡而勸愛？故天下兼相愛則治，交相惡則亂。舊本脱「交」字，王據下二篇補。故子墨子曰：不可以不勸愛人者，此也。

兼愛中第十五

子墨子言曰：仁人之所以爲事者，必興天下之利，除去天下之害，以此爲事者也。然則天下之利何也？天下之害何也？子墨子言曰：今若國之與國之相攻，家之與家之相篡，説文厶部云：「屰而奪取曰篡。」人之與人之相賊，君臣不惠忠，父子不慈孝，兄弟不和調，此則天下之害也。然則崇此害亦何用生哉？俞云：「『崇』字無義，乃『察』字之誤。何用生者，何以生也。一切經音義卷七引蒼頡篇曰：『用，以也。』詩桑柔篇『逝不以濯』，尚賢篇引作『鮮不用濯』，即其證也。言國與國相攻，家與家相篡，人與人相賊，以及君臣父子兄弟之不惠忠，不慈孝，不和調，當察其害之何以生，故曰『然則察此害亦何用生哉』。上篇曰『當察亂何自起』，與此同義。」案：俞說是也。蘇云「『用』疑當作『由』」，非。以不相愛生邪？俞云：「『以不相愛生邪』當作『以相愛生邪』，乃反言以問之，起子墨子之正對也。下篇云『姑嘗本原若衆害之所自，此胡自生？此自愛人利人生與？即必曰非然也，必曰從惡人賊人生』，又云『姑嘗本原若衆利之所自生，此胡自生？此自惡人賊人生與？即必曰非然也，必曰從愛人利人生』，皆以反言發問而起正對，正與此同。若如今本，則文義複沓矣。」子墨子言：以不相愛生。今諸侯獨知愛其國，不愛人之國，是以不憚舉其國以攻人之國。今家主獨知愛其家，家主，謂卿大夫也。周禮春官叙官鄭注云：「家，謂大夫所食采地。」又大宰鄭衆注云：「主，謂公卿大夫世世食采不絶者。」而不愛人之家，是以不憚舉其家以篡人之家。今人獨知愛其身，不愛人之身，是以不憚舉其身以賊人之身。是故諸侯不相愛則必野戰，家主不相愛則必相篡，人與人不相愛則必相賊，君臣不相愛則不惠忠，父子不相愛則不慈孝，兄弟不相愛則不和調。天下之人皆不相愛，强必執弱，以下文校之，此下疑脱「衆必劫寡」四字。富必侮貧，貴必敖賤，畢云：「敖，一本作『傲』，此傲字假音。」詐必欺愚。凡天下禍篡怨恨，其所以起者，以不相愛生也，是以仁者非之。

既以非之，何以易之？子墨子言曰：以兼相愛、交相利之法易之。然則兼相愛、交相利之法將柰何哉？子墨子言：視人之國若視其國，視人之家若視其家，視人之身若視其身。是故諸侯相愛則不野戰，家主相愛則不相篡，人與人相愛則不相賊，君臣相愛則惠忠，父子相愛則慈孝，兄弟相愛則和調。天下之人皆相愛，强不執弱，衆不劫寡，富不侮貧，自「君臣相愛」以下至此，凡四十字，舊本誤入下文「今天下之士」之下，王置移於此，是也，今從之。貴不敖賤，詐不欺愚。凡天下禍篡怨恨可使毋起者，以相愛生也，是以仁者譽之。

然而今天下之士自「貴不敖賤」以下至此，凡三十八字，舊本誤入上文「君臣相愛」之上，王移置於此。又「凡天下禍篡怨恨可使毋起者，以相愛生也，是以仁者譽之」，舊本脱去「以相愛生也是」六字，王據上文云「凡天下禍篡怨恨，其所以起者，以不相愛生也，是以仁者非之」補六字，是也，今並從之。君子曰：王云：「『然而今天下之士君子曰』爲一句，舊本『君子曰』作『子墨子曰』，此因與下文『子墨子言曰』相涉而誤。下文云『然而今天下之士君子曰』，今據改。」案：王校是也。畢本作「子墨子言曰」，尤誤。道藏本無「言」字。然，句。乃若兼則善矣。王引之云：「乃若，轉語詞也。」雖然，天下之難物于故也。于，舊本作「於」，今據道藏本正。俞云：「『於故』二字當爲衍文。下文云『然而今天下之士君子曰：然，乃若兼則善矣。雖然，不可行之物也』，正與此文一律。惟其爲難物，故爲不可行之物也，今衍『於故』二字，則無義矣。」案：「于故」雖難通，然非衍文也。竊疑「于」即「迂」之借字，文王世子云「況于其身以善其君乎」，鄭注：「于讀爲迂。」是其證。故者，事也。迂故，言迂遠難行之事。尚同中篇云「故古者聖人之所以濟事成功，垂名於後世者，無他故異物焉」，此云「難物迂故」，與「他故異物」文例正同。子墨子言曰：天下之士君子，特不識其利、辯其故也。俞云：「『辯其』下脱『害』字。下文：『愛人者人必從而愛之，利人者人必從而利之，是其利也；惡人者人必從而惡之，害人者人必從而害之，是其害也。』」案：「害」字似不必增。今若夫攻城野戰，殺身爲名，此天下百姓之所皆難也。苟君説之，則士衆能爲之。況於兼相愛、交相利，則與此異。夫愛人者，人必從而愛之；利人者，人必從而利之；惡人者，人必從而惡之；害人者，人必從而害之。此何難之有？特上弗以爲政，士不以爲行故也。

昔者晉文公好士之惡衣，畢云：「太平御覽引作『服』。」故文公之臣畢云：「太平御覽引作『大夫』二字。」皆牂羊之裘，詩小雅苕之華云「牂羊墳首」，毛傳云：「牂羊，牝羊也。」畢云：「爾雅云：『羊，牝，牂。』」韋以帶劍，畢云：「舊作『錢』，據太平御覽改。」詒讓案：公孟篇正作「劍」。漢書東方朔傳云「孝文皇帝以韋帶劍」，顔注云：「但空用韋，不加飾。」練帛之冠，練帛，詳辭過篇。畢云：「太平御覽引此『練』作『大』。」詒讓案：練帛蓋即大帛，左閔二年傳「衛文公大帛之冠」，杜注云：「大帛，厚繒。」後漢書馬皇后傳李注云：「大練，大帛也。」入以見於君，出以踐於朝。舊本「踐」下脱「於」字，王據上句補。畢云：「淮南子齊俗訓云：『晉文君大布之衣，牂羊之裘，韋以帶劍，威立于海内。』」王云：「『練帛之冠』下當有『大布之衣，且苴之屨』八字，而今本脱之。上文曰『晉文公好士之惡衣』，此但言冠而不言衣，則與上文不合。『入以見於君』是總承上文而言，『出以踐於朝』則專指且苴之屨而言，今本脱『且苴之屨』四字，則『踐』字義不可通。下篇曰『大布之衣，牂羊之裘，練帛之冠，且苴之屨，入見文公，出以踐之朝』，是其證。」是其故何也？君説之，故臣爲之也。王云：「『爲』上脱『能』字。下文『君説之，故臣能之也』，『能』下脱『爲』字。前文曰『苟君説之，則士衆能爲之』，後文曰『若苟君説之，則衆能爲之』，皆其證。」昔者楚靈王好士細要，畢云：「舊作『腰』，俗寫。後漢書注引此云：『楚靈王好細腰，而國多餓人。』」詒讓案：晏子春秋外篇云：「楚靈王好細腰，其朝多餓死人。」韓非子二柄篇云：「楚靈王好細腰，而國中多餓人。」後漢書注疑涉彼二書而誤。故靈王之臣「故」字畢本脱，今據道藏本補。皆以一飯爲節，畢云：「太平御覽引此『一』作『三』。」詒讓案：戰國策楚策「莫敖子華曰：昔者先君靈王好小腰，楚士約食，馮而後能立，式而後能起」，吴師道校注引此云「楚靈王好士細腰，故其臣皆三飯爲節」，與御覽同。脇息然後帶，畢云：「脇，舊作『肱』，據太平御覽改。」案：戰國策校注引亦不誤。扶墻然後起，兩「然」字戰國策校注引並作「而」。比期年，朝有黧黑之色。畢云：「『黧』非古字，當爲『黎』。呂氏春秋行論云『禹官爲司空，以通水潦，顔色黎黑』，只作『黎』。玉篇云：『黧，亦作黎。』」色，舊本作「危」，王引之云：「『危』與『黧黑』二字義不相屬，『危』當爲『色』。人瘦則面色黧黑，義見上文。」案：王校是也，蘇説同，今據正。是其故何也？何，舊本譌「是」，蘇云「當作『何』」，今據正。君説之，故臣能之也。「能」下王校補「爲」字，説詳上。昔越王句踐好士之勇，教馴其臣，馴讀爲訓，詳脩身篇。和合之此三字無義，疑當作「私令人」，屬下讀。焚舟失火，舟非藏寶之所，御覽宮室部引墨子作「自焚其室」。疑「舟」當爲「内」，内謂寢室。呂氏春秋用民篇云「句踐試其民於寢宮，民爭入水火，死者千餘矣，遽擊金而卻之」，劉子新論閲武篇同。韓非子内儲説上篇亦云「焚宮室」，並與此事同。「内」、「舟」形近而譌。非攻中篇「徙大舟」，「舟」譌作「内」，與此可互證。下篇亦同。黄紹箕云：「御覽引作『焚其室』，竊疑本當作『焚舟室』。越絶外傳記越地傳云：『舟室者，句踐船宮也。』蓋即教舟師之地。故下篇云『伏水火而死者，不可勝數也』，言或赴火或蹈水，死者甚衆也。後人不喻舟室之義，則誤删『舟』字，校本書者又删『室』字，遂致歧互矣。」案：黄説亦通。**試其士曰：「越國之寶盡在此！」越王親自鼓其士**畢本「鼓」改「鼓」，云：「鼓擊之字從攴，鐘鼓之字從支。」案：周禮小師鄭注云：「出音曰鼓。」此與六鼓之鼓字同，而義小異，經典凡鍾鼓〔一〕與鼓擊字通如此作。説文攴部雖別有「鼓」字，而音義殊異，畢從宋毛晃説，强爲分別，非也。**而進之。**畢云：「舊此下有『曰』字，衍文。」**士聞鼓音，破碎亂行，**碎，疑「萃」之借字，萃亦行列之謂。穆天子傳「七萃之士」，郭璞注云：「萃，集也，聚也。」蓋凡卒徒聚集部隊，謂之萃。破萃亂行，皆謂凌躐其曹伍，爭先赴火也。**蹈火而死者左右百人有餘。**畢云：「太平御覽引云：『越王好士勇，自焚其室，曰：越國之寶悉在此中，王自鼓，蹈火而死者百餘人。』」**越王擊金而退之。**

是故子墨子言曰：乃若夫少食惡衣，殺身而爲名，王引之云：「乃若，發語詞也。」**此天下百姓之所皆難也。若苟君説之，則衆能爲之。況兼相愛、交相利與此異矣。夫愛人者，人亦從而愛之；利人者，人亦從而利之；惡人者，人亦從而惡之；害人者，人亦從而害之。此何難之有焉？特上〔二〕不以爲政，而士不以爲行故也。**

〔一〕以上二「鼓」字，原均誤「鼓」，據孫注文義改。

〔二〕「上」，原誤「士」，據畢沅刻本改。

然而今天下之士君子曰：然，乃若兼則善矣。雖然，不可行之物也，譬若挈太山越河濟也。淮南子俶真訓高注云：「挈，舉也。」孟子梁惠王篇云「挾泰山以超北海，語人曰我不能，是誠不能也」，與此語意相類。畢云：「此『濟』字當爲『泲』，即出山西垣曲縣王屋山之沇水也。從『齊』者，石濟水，出直隸贊皇縣也。」子墨子言：是非其譬也。夫挈太山而越河濟，可謂畢劫有力矣，淮南子覽冥訓云「體便輕畢」，高注云：「畢，疾也。」「劫」於義無取，疑當爲「劼」之誤。廣韻十八黠云：「劼，用力也。」或當爲「勁」，下篇及非樂上篇並有「股肱畢强」之文，勁與强義亦同。自古及今未有能行之者也。況乎兼相愛、交相利則與此異，古者聖王行之。何以知其然？古者禹治天下，西爲西河、漁竇，書禹貢「黑水、西河惟雍州」，又云「浮于積石，至於龍門西河，會於渭汭」，僞孔傳云：「龍門之河在冀州西。」孔疏云：「在冀州西界，故謂之西河。王制云：『自東河而東，至於西河，千里而近。』是河相對而爲東西也。」畢云：「西河在今山西陝西之界。漁竇，疑即龍門。」詒讓案：「漁」疑即「渭」之譌。以泄渠孫皇之水；畢云：「未詳其水。」詒讓案：此章所舉江、河、淮、漢、嘑池、孟諸、五湖，皆周禮職方氏九州川浸澤藪之名，此渠孫皇亦必雍州大川澤之一。以職方攷之，疑當作蒲弦澤，即雍州澤藪之弦蒲也。鄭注云：「弦蒲在汧。」鄭衆云：「弦或爲汧，蒲或爲浦。」漢書地理志云：「右扶風汧北有蒲谷鄉弦中谷，雍州弦蒲藪。汧水出西北，入渭。」蒲、渠字竝從水旁，因而致誤。「弦」正字作「𢎘」，亦類「孫」字。「澤」作「皇」者，澤從睪聲，古書「睪」或掍作「皋」，史記天官書「澤」字作「滜」，封禪書「澤山」，集解引徐廣云「澤，一作『皋』」，左襄十七年傳「澤門」，釋文云「澤或作皋」，皆其證也。顏元孫干祿字書云「皋俗作睾，通作臯」，漢孔彪碑又作「臯」，與「皇」字竝絶相似，故傳寫譌互矣。據漢志，弦即汧水，入渭，渭復入河，故西河、渭濆可泄此澤之水。而蒲谷鄉與弦中谷合而名澤，故弦蒲亦可倒稱蒲弦。參互審校，似無疑義。弦蒲藪在今陝西隴州西四十里。**北爲防原泒，**説文𠂤部云：「防，隄也。」周禮稻人云：「以防止水。」原，亦水名，無考。畢云：「泒，疑即雁門泒水也。」詒讓案：説文水部云：「泒水，起鴈門葰人戍夫山，東北入海。」即嘑池之原。此擧其原，下又詳其委也。**注后之邸、**畢讀「注」屬上句，非，此與下「注五湖之處」文例正同。后之邸，疑即職方氏并州澤藪之昭余祁也。爾雅釋地十藪，燕有昭餘祁，釋文引孫炎本「祁」作「底」。祁、底、邸並音近相通。「昭」作「后」者，疑省「昭」爲「召」，又誤作「后」。之、余音亦相轉。漢書地理志：「太原郡鄔，九澤在北，是爲昭余祁，并州藪。」在今山西太原府祁縣東七里。**嘑池之竇，**職方氏「并州，其川虖池」，鄭注云：「虖池出鹵城。」案：漢書地理志亦作「虖池」。禮記禮器作「惡池」，注云：「惡當爲呼，聲之誤也。」「嘑」、「呼」字同。戰國策秦、韓、中山策並作「呼池」。畢云：「即虖沱河，出今山西繁畤縣。古無『池』字，即『沱』異文，故此亦以池爲沱也。」顧云：「『竇』即『瀆』字，周禮大宗伯注『四竇』，釋文：『本亦作瀆。』」**洒爲底柱，**「洒」與下文「灑」同，當讀所宜反。「底」當作「厎」，禹貢「東至于厎柱」，僞孔傳云：「厎柱，山名。河水分流，包山而過，山見水中，若柱然，在西虢之界。」洒即謂分流也。畢云：「説文云：『灑，汛也。』灑，假音字。水經云：『砥柱山在河東大陽縣東河中。』括地志云：『底柱山俗名三門山，硤石縣東北五十里黄河之中。』案：在今山西平陸縣東五十里，三門山東。」**鑿爲龍門，**畢云：「水經云：『龍門山在河東皮氏縣西。』括地志云：『龍門山在同州韓城縣北五十里。』山在今河津、韓城二縣界。」**以利燕、代、胡、貉與西河之民；**畢云：「貉，非攻中作『貊』，是。疑左傳云『狄之廣莫，于晉爲都』，廣即少廣，莫即貊也。」案：畢説非也。

貊，貉之俗，説文豸部云：「貉，北方豸種也。」職方氏有九貉〔二〕，漢書高帝紀顏注云：「貉在東北方，三韓之屬皆貉類也。」考工記鄭注云：「胡，今匈奴。」**東方漏之陸**，以上下文例校之，東方，「方」當作「爲」，與「西爲」、「北爲」、「南爲」文正同。「漏之陸」疑當作「漏大陸」。淮南子本經訓説禹治水云「鴻水漏，九州乾」，言大陸之水漏而乾也。畢讀「漏之陸防」句，云「陸防疑即大陸，在今山東鉅鹿縣。」案：畢説不誤，而讀則非。**防孟諸之澤**，禹貢「豫州：導菏澤，被孟豬」，史記夏本紀作「明都」，漢書溝洫志作「盟諸」。職方氏云「青州，其澤藪曰望諸」，爾雅釋地云「宋有孟諸」，此與爾雅字同。漢書地理志云：「孟豬在梁國睢陽縣東北。」畢云：「澤在今山東虞城縣西北十里，有孟諸臺，接商邱縣界。水經云：『明都澤在梁郡睢陽縣東北。』明、孟，諸、都音相近。」**灑爲九澮**，畢云：「此『巜』字之假音。爾雅云：『水注溝曰澮。』説文以澮爲水名。案：九巜即九河也。」詒讓案：灑、釃字通。漢書溝洫志云「禹迺釃二渠，以引其河」，注「孟康云：釃，分也。分其流，泄其怒也。」史記河渠書「釃」作「廝」，索隱云：「廝，漢書作『灑』。史記舊本亦作『灑』，字從水。韋昭云：疏決爲灑。」此與史、漢舊本字正同。漢書司馬相如傳「決江疏河，灑沈澹災」，顏注云：「灑，分也，所宜反。」淮南子要略云：「禹剔河而道九岐。」**以楗東土之水**，畢云：「説文云：『楗，門限。』則此蓋言限也。玉篇：『渠偃切。』」詒讓案：呂氏春秋愛類篇云：「禹於是疏河決江，爲彭蠡之障，乾東土，所活者千八百國。」**以利冀州之民**；爾雅釋地云：「兩河間曰冀州。」説文北部云：「冀，北方州也。」案：古通以中土爲冀州。穀梁桓五年傳云：「鄭，同姓之國也，在乎冀州」，楊士勛疏云：「冀州者，天下之中州，唐、虞、夏、殷皆都焉。」逸周書嘗麥篇云：「在大國有殷，

〔二〕「貉」，原誤「貊」，據周禮夏官職方氏改。

是威厥邑，無類於冀州。」晏子春秋問上篇云：「桓公撫存冀州。」淮南子墬形訓云「正中冀州曰中土」，高注云：「冀，大也。四州之主，故曰中土。」又覽冥訓注云：「冀，九州中，謂今四海之內。」山海經大荒北經郭注云：「冀州，中土也。」

南爲江、漢、淮、汝，東流之，注五湖之處，玉海地理門引作「東流注之五湖」，范成大吳郡志同。淮南子要略云：「禹鑿江而通九路，辟五湖而定東海。」職方氏「揚州，其浸五湖」，鄭注云：「五湖在吳南。」國語越語韋注云：「五湖，今太湖。」此云「注五湖」，蓋專據江漢言之。水經沔水酈注云：「南江東注於具區，謂之五湖口。五湖，謂長蕩湖、太湖、射湖、貴湖、滆湖也。」又引虞翻説太湖云：「是湖有五道，故曰五湖。」案：晉、唐人釋五湖名多差異，要不出太湖之枝別，今不具論。畢云：「文選注云：『張勃吳録曰：五湖者，太湖之別名也，周行五百餘里。』今案：江南吳、吳江、宜興、武進、無錫，浙江烏程、長興七縣，皆瀕此湖也。」**以利荆、楚、干、越**干，畢本作「于」，云：「四字舊作『楚荆越與』，據文選注改。」王云：「畢改非也，文選江賦注本作『荆楚干越之民』。干，古寒反。今本墨子作『楚荆越與南夷之民』，但〔二〕誤倒『荆楚』二字，又脱『干』字耳。若『與南夷』之『與』，則不誤也。上文云『燕代胡貉與西河之民』，此文云『荆楚干越與南夷之民』，『與』非誤字明矣。南夷，謂荆楚干越以南之夷，故曰『荆楚干越與南夷』。文選注無『與南夷』三字，省文耳。畢誤以『楚荆越與』連讀，故删去『與』字耳。干越即吳越，非春秋所謂『於越』也。畢改『干越』爲『于越』，亦非。」又云：「莊子刻意篇曰『夫有干越之劍者』，釋文：『司馬彪云：干，吳也。吳越出善劍也。』案：吳有谿名干谿。荀子勸學篇曰『干越夷貉之子』，楊倞曰：『干越猶言吳越。』淮南原道篇曰『干越生葛絺』，高注曰：『干，吳也。』是干越

〔二〕「但」，原誤「也」，據活字本改。

即吴越也。干越爲二國，若春秋之『於越』即是越而以『於』爲發聲，與干越不同。」劉台拱云：「『干』與哀九年左傳『吴城邗溝通江淮之『邗』同。」案：王、劉説是也。干，邗之借字。説文邑部云：「邗，國也，今屬臨淮，一曰邗本屬吴。」管子内業篇云「昔者吴、干戰」，據管子説，則吴干本二國，後干爲吴所滅，遂通稱吴爲干，故此云干越矣。**與南夷之民。**畢云：「江、淮、汝在荆，五湖在越也。」**此言禹之事，吾今行兼矣。昔者文王之治西土，若日若月，乍光于四方，于西土，**下篇引作泰誓。蘇云：「此與泰誓略同，疑有脱誤。」詒讓案：今僞古文即采此書。僞孔傳云：「言其明德充塞四方，明著岐周。」義互詳下篇。**不爲大國侮小國，不爲衆庶侮鰥寡，不爲暴勢奪穡人黍稷狗彘。**畢云：「説文云：『嗇，悉濇也。從來，從㐭。來者，㐭而藏之，故田夫謂之嗇夫。』穡與嗇通。」**天屑臨文王慈，**以上疑並出古泰誓，今僞古文止采下篇，故無之。後漢書馬廖傳李注云：「屑，顧也。」畢云：「漢書武帝紀云：『屑然如有聞。』」**是以老而無子者，有所得終其壽；連獨無兄弟者，**畢云：「連同鰥，音相近，字之異也。經典或作『煢』，或作『惸』，皆假音。」王引之云：「無兄弟不得謂之鰥。鰥、煢、惸三字聲與連皆不相近，畢説非。連與獨文義不倫，『連』疑當作『逴』，與『連』相似而誤。逴猶獨也，故以『逴獨』連文。莊子大宗師篇『彼特以天爲父，而身猶愛之，而況其卓乎』，郭注曰：『卓者，獨化之謂也。』秋水篇『吾以一足趻卓而行』。玉篇：『逴，敕角切，蹇也。』蹇者，獨任一足，故謂之逴。逴與卓通，漢書河閒獻王傳『卓爾不羣』，説苑君道篇『踔然獨立』。説文『𥡴，特止』，徐鍇曰：『特止，卓立也。』卓、踔、𥡴並與逴同聲，皆獨貌也。」洪云：「爾雅釋畜『未成雞，僆』，郭璞注：『江東呼雞少者曰僆。』連與僆同，連獨猶言幼獨也。」俞云：「連當讀爲離。連與離一聲之轉，淮南子原道篇『終身運枯形于連嶁列埒之門』，高注曰：『連嶁，猶離嶁也。』是其證也。又本經篇：『愚夫惷婦皆有流連之心』，注曰：『流連猶爛漫，失其職業也。』然則流連即流離也，亦其證也。」詒讓案：連疑當讀爲矜，一聲之轉，猶史記龜策傳以芩葉爲蓮葉。爾雅釋言〔二〕云：「矜，苦也。」詩小雅鴻鴈云「爰及矜人」，毛傳云：「矜，憐也。」又何草不黃云：「何人不矜。」連獨，猶言窮苦煢獨耳。矜從令聲，今經典並從今，誤。**有所雜於生人之閒；**雜，讀爲集。廣雅釋詁云：「集，成也，就也。」言連獨之人得以成就其生業。**少失其父母者，有所放依而長。**放、依義同。檀弓：「子貢曰：哲人其萎，則吾將安放？」**此文王之事，**以上下文校之，「此」字下亦當有「言」字。**則吾今行兼矣。昔者武王將事泰山隧，**廣雅釋詁云：「將，行也。」周禮小宗伯云：「將事于四望。」畢云：「『隧』或爲『隊』。穆天子傳云『鈃山之隊』。玉篇云：『隊，以醉切，掘地通路也，或作𨺏。』案：『隊』、『隧』字皆說文『𨺏』字之省。」閻若璩云：「玩其文義，乃是武王既定天下後，望祀山川，或初巡守岱宗禱神之辭，非伐紂時事也。」**傳曰：「泰山！有道曾孫周王有事，**僞古文書武成襲此文云「告于皇天后土、所過名山大川，曰：惟有道曾孫周王發」，孔疏云：「自稱『有道』者，聖人至公，爲民除害，以紂無道，言己有道，所以告神求助，不得飾以謙辭也。稱『曾孫』者，曲禮說諸侯自稱之辭云：『臨祭祀外事，曰曾孫某侯某』。哀二〔三〕年左傳，蒯聵禱祖亦自稱曾孫，皆是己承籍上祖奠享之意。」**大事既獲，**小爾雅廣言云：「獲，得也。」**仁人尚**

〔二〕「言」，原誤「詁」，據爾雅改。

〔三〕「二」，原誤「六」，據武成疏及左傳改。

作，說文人部云：「作，起也。」以祇商夏蠻夷醜貉。僞武成云「予小子既獲仁人，敢祇承上帝，以遏亂略，華夏、蠻貊罔不率俾」，僞孔傳云：「仁人，謂太公、周、召之徒。言誅紂敬承天意，以絶亂路。」案：祇當讀爲振。內則「祇見孺子」，鄭注云：「『祇』或作『振』。」國語周語云「以振救民」，韋注云：「振，拯也。」此謂得仁人，以拯救中國及四夷之民。僞書改爲「祇承上帝」，失其恉矣。醜貉者，九貉類衆多，爾雅釋詁云：「醜，衆也。」雖有周親，不若仁人。萬方有罪，維予一人。」蘇云：「書泰誓篇『若』作『如』，『萬方有罪』作『百姓有過』，『維』作『在』。」詒讓案：僞古文泰誓即誤采此文。僞孔傳云：「周，至也。言紂至親雖多，不如周家之少仁人。民之有過，在我教不至。」又論語堯曰篇云「雖有周親，不如仁人，百姓有過，在予一人」，集解：「孔安國云：親而不賢不忠，則誅之，管、蔡是也。仁人，謂箕子、微子，來則用之。」又說苑貴德篇云：「武王克殷，問周公曰：『將柰其士衆何？』周公曰：『使各宅其宅，田其田，無變舊新，惟仁是親，百姓有過，在予一人。』」尚書大傳、韓詩外傳、淮南子主術訓文並略同。羣書治要引尸子綽子篇云「文王曰：苟有仁人，何必周親」，則以爲文王語，與墨子、韓詩、說苑並異。此言武王之事，吾今行兼矣。

是故子墨子言曰：今天下之君子，忠實欲天下之富畢云：「忠，一本作『中』。舊云『士富』，『士』字衍。」詒讓案：忠、中通。而惡其貧，欲天下之治而惡其亂，當兼相愛，交相利。此聖王之法，天下之治道也，不可不務爲也。

兼愛下第十六

子墨子言曰：仁人之事者，必務求興天下之利，除天下之害。然當今之時，天下之害孰爲大？曰：若大國之攻小國也，大家之亂小家也，强之劫弱，衆之暴寡，詐之謀愚，貴之敖賤，畢云：「敖，一本作『傲』。」此天下之害也。呂氏春秋侈樂篇云「故彊者劫弱，衆者暴寡，勇者淩怯，壯者慠幼，從此生矣」，語意與此同。又與爲人君者之不惠也，又與，舊本作「人與」。王云：「『人與』當依下文作『又與』，廣雅：『與，如也。』上文『若大國之攻小國也』云云，若，如也。此文兩言『又與』，亦謂又如也。畢反欲改下『又與』爲『人與』，傎矣。」案：王校是也，蘇説同。臣者之不忠也，父者之不慈也，子者之不孝也，此又天下之害也。又與今人之賤人，王云：「『今』下衍『人』字。」執其兵刃毒藥水火，以交相虧賊，此又天下之害也。姑嘗本原若衆害之所自生，舊脱此字，今依下文「衆利」章補。此胡自生？此自愛人利人生與？即必曰非然也，必曰從惡人賊人生。分名乎天下惡人而賊人者，兼與？別與？即必曰畢云：「舊脱此字，據上文增。」別也。然即之交別者，即、則同。交別，猶言交相別。果生天下之大害者與？是故別非也。

子墨子曰：俞云：「此本作『是故子墨子曰：別非也』，下文『是故子墨子曰：兼是也』，與〔一〕此爲對文，可證。」非人者，必有以易之。若非人而無以易之，譬之猶以水救火也，畢云：「一本作『火救水』。」顧校季本同。蘇云：「『火救水』是也，當據改。」俞云：「『以水救火』何不可之有？畢校云『一本作火救水』，然墨子此譬，本明無以易之之不可。若水火是相反之物，無論以水救火，以火救水，皆是有以易之，與設喻之旨不合。疑墨子原文本作『猶以水救水，以火救火也』，故曰『其説將必無可』。今本作『水救火』，別本作『火救水』，皆有脱文。」案：俞説近是。其説將必無可焉。是故子墨子曰：兼以易別。然即兼之可以易別之故何也？曰：藉爲人之國若爲其國，夫誰獨舉其國以攻人之國者哉？爲彼者由爲己也。畢云：「由同猶。」爲人之都若爲其都，夫誰獨舉其都以伐人之都者哉？爲彼猶爲己也。爲人之家若爲其家，夫誰獨舉其家以亂人之家者哉？爲彼猶爲己也。然即國都不相攻伐，人家不相亂賊，此天下之害與？天下之利與？即必曰天下之利也。姑嘗本原若衆利之所自生，此胡自生？此自惡人賊人生與？即必曰非然也，必曰從愛人利人生。分名乎天下愛人而利人者，別與？兼與？即必曰兼也。然即之交兼者，果生天下之大利者與？是故子墨子曰兼是也。且鄉吾本言

〔一〕「與」，原誤「爲」，據俞樾諸子平議卷九改。

曰：畢云：「鄉，曏字省文。說文云：『曏，不久也。』鄭君注儀禮云：『曏，曩也。』」仁人之事者，舊本「事」譌「是」，今據道藏本正。必務求興天下之利，除天下之害。今吾本原兼之所生天下之大利者也，舊本脱，今據道藏本補。吾本原別之所生天下之大害者也。是故子墨子曰別非而兼是者，出乎若方也。樂記鄭注云：「方猶道也。」畢云：「乎，舊作『平』，以意改。」

今吾將正求與天下之利而取之，蘇云：「『與』當作『興』。」以兼爲正。是以聰耳明目相爲〔一〕視聽乎，舊本「是」下衍「故」字，今據道藏本刪，與下句文例正同。是以股肱畢強畢，與中篇云「畢劫有力」義同。相爲動宰乎，畢云：「舊『動』下有『爲』字，一本無。」詒讓案：「宰」疑當作「舉」，尚同中篇云「使人之股肱助己動作」，動舉與動作義同。而有道肆相教誨。爾雅釋言云：「肆，力也。」文選東京賦「厥庸孔肆」，薛綜注云：「肆，勤也。」言勤力相教誨。是以老而無妻子者，有所侍養以終其壽；俞云：「『侍』當爲『持』。古書多言持養，淺人不達而改爲『侍』，非是。」案：俞校是也，詳七患及非命下篇，下並同。幼弱孤童之無父母者，有所放依以長其身。今唯毋以兼爲正，舊本「今」譌「令」。蘇云：「『令』當作『今』。」戴云：「毋，語詞。」案：道藏本作「今」，今據正。即若其利也。戴云：「若，此也。」不識天下之士畢云：「舊作『事』，一本如此。」所以皆聞兼而非者，「非」下當有「之」字。其故何也？

〔一〕「爲」，原誤「與」，據畢沅刻本改。

然而天下之士非兼者之言猶未止也，曰：即善矣。雖然，豈可用哉？子墨子曰：用而不可，雖我亦將非之。雖我，舊本作「難哉」。王云：「『難哉』二字與下文義不相屬，『難哉』當爲『雖我』，字之誤也。言兼愛之道，如其用而不可，則雖我亦將非之也。下文曰『我以爲當其於此也，天下無愚夫愚婦，雖非兼者，必從兼君是也』，是其證。」案：王說是也，蘇校同，今據正。且焉有善而不可用者？姑嘗兩而進之。誰以爲二士，王引之云：「『誰』字義不可通，『誰』當爲『設』，言設爲二士於此，而使之各執一說也。隸書『設』字作『詨』，『誰』字作『誰』，二形畧相似，故『設』誤爲『誰』。」使其一士者執別，使其一士者執兼。是故別士之言曰：「吾豈能爲吾友之身若爲吾身，爲吾友之親若爲吾親。」是故退睹其友，飢即不食，寒即不衣，陳澧云：「此謂友飢而不餽以食，友寒而不贈以衣也。」疾病不侍養，死喪不葬埋。畢云：「當爲『薶』。說文云：『薶，瘞也。』玉篇云：『埋與薶同。』本書或作『貍』。」別士之言若此，行若此。兼士之言不然，行亦不然，曰：「吾聞爲高士於天下者，必爲其友之身若爲其身，爲其友之親若爲其親，然後可以爲高士於天下。」舊脫「於」字，畢云：「一本有。」案：有者是也，今據增。是故退睹其友，飢則食之，寒則衣之，疾病侍養之，死喪葬埋之。兼士之言若此，行若此。若之二士者，言相非而行相反與？舊本無「士」字，畢云：「一本有『士』字，是。」今據增。當使若二士者，王引之云：「當與儻同。若，此也。言儻使此二士之言行相合，則無言而不行也。」詒讓案：「當」疑當爲「嘗」之借字，詳上篇。戴云「依下文『當』宜作『常』」，非。言必信，行必果，使言行之合猶合符節也，無言而不行也。然即敢問，今有平原廣野於此，被甲嬰冑，漢書賈誼傳顏注云：「嬰，加也。」畢云：「説文云：『嬰，頸飾也。』」將往戰，死生之權權，疑當作「機」。未可識也；又有君大夫之遠使於巴、越、齊、荆，左傳桓九年杜注云：「巴國在巴郡江州縣。」常璩華陽國志云：「巴，黄帝、高陽之支庶，世爲侯伯。周武王克商，封其宗姬於巴，爵之以子。七國稱王，巴亦稱王。周慎王五年，秦遣張儀、司馬錯伐蜀，滅之。因取巴，執王以歸，置巴郡。」往來及否未可識也，舊本重「及否未」三字，王云：「此當作『往來及否未可識也』。」案：王校是也，今據删。然即敢問不識將惡也？俞云：「『惡』下脱『從』字。將惡從也，猶云將何從也。下文曰『不識將擇之二君者，將何從也』，是其證。」蘇云：「句有脱誤，『也』字疑當作『託』。」戴云：「『也』字乃『宅』之誤，二形相似。宅，居也。或云『侘』字誤，侘即託。」案：俞校近是，據此則下文「家室」上當有脱文。下云「寄託」，則此不當云託。蘇、戴説非。家室，奉承親戚，錢大昕云：「古人稱父母爲親戚，大戴禮記曾子疾病篇：『親戚既没，雖欲孝，誰爲孝？』孟子盡心篇：『人莫大焉亡親戚君臣上下。』」案：錢説是也，亦見節葬下、非命上、中篇。提挈妻子，而寄託之，不識於兼之有是乎？於別之有是乎？戴云：「『有』字皆『友』之聲誤。」我以爲當其於此也，我，舊本譌「哉」。王云：「『哉』亦當爲『我』。」蘇校同，今據正。天下無愚夫愚婦，雖非兼之人，必寄託之於兼之有是也。此言而非兼，擇即取兼，即此言行費也。畢本「費」改「拂」，云：「舊作『兼費』，一本如此。」王云：「古者拂與費通，不煩改字。大雅皇矣篇『四方以無拂』，鄭箋曰：『拂猶佹也。』中庸『君子之道費而隱』，注曰：『費猶佹也。』釋文：『費，本又作拂，同，扶弗反。』是其證。」顧説同。不識天下之士所以皆聞兼而非之者，其故何也？

然而天下之士非兼者之言猶未止也，曰：「意可以擇士，而不可以擇君乎？」舊本作

「子」，王云：「『子』當爲『乎』，字之誤也。『乎』與『意』文義相承。下文曰『意不忠親之利而害爲孝乎』，是其證。」案：王校是也，今據正。姑嘗兩而進之，誰以爲二君，誰，亦當依上文王校作「設」。使其二君者執兼，使其一君者執別。「其」字舊本脱，道藏本有，與上句同，今據補。是故別君之言曰：舊本脱，今據道藏本補。「吾惡能爲吾萬民之身若爲吾身，舊本脱「若」字，今據道藏本補。此泰非天下之情也。畢云：「泰，一本作『大』。」人之生乎地上之無幾何也，譬之猶駟馳而過隙也。」三年問云「若駟之過隙」，鄭注云：「喻疾也。」莊子知北遊篇云「人生天地之間，若白駒之過郤，忽然而已」，釋文云：「郤，本亦作『隙』。隙，孔也。」又盜跖篇云：「天與地無窮，人死者有時，操有時之具，而託於無窮之間，忽然無異騏驥之馳過隙也。」畢本「隙」改「郤」，云：「郤，舊作『隙』。據文選注引作『郄』，云『古隙字』，郄即郤也。說文云：『隙，壁際孔也。』『郤，節郤也。』節郤，言節之會，亦際縫之意，皆通。」詒讓案：隙、郤通，不必改。是故退睹其萬民，飢即不食，寒即不衣，疾病不侍養，死喪不葬埋。別君之言若此，行若此。兼君之言不然，行亦不然，曰：「吾聞爲明君於天下者，必先萬民之身，畢云：「先，舊作『萬』，一本如此。」後爲其身，然後可以爲明君於天下。」是故退睹其萬民，畢云：「舊脱『其』字，以意增。」飢即食之，寒即衣之，疾病侍養之，死喪葬埋之。兼君之言若此，行若此。然即交若之二君者，戴云：「『然即交』三字無義，當是衍文。」案：以上文校之，疑當作「然即交兼交別，若之二君者」，今本交下脱三字耳，戴校未塙。言相非而行相反與？常使若二君者，蘇云：「據上文，『常』宜作『當』。」案：常，王亦讀爲儻，疑當讀爲當，詳前。言必信，行必果，使言行之合猶合符節也，無言而不行也。然即敢問，今歲有癘疫，萬民多有勤苦凍餒，畢云：「當作『餧』。」轉死溝壑中者，孟子公孫丑篇云「凶年饑歲，子之民，老羸轉於溝壑」，趙注云：「轉，轉尸於溝壑也。」國語吴語云「子之父母將轉於溝壑」，韋注云：「轉，入也。」逸周書大聚篇云「死無傳尸」，淮南子主術訓作「轉尸」，高注云：「轉，棄也。」案：高説爲允。既已衆矣。不識將擇之二君者，將何從也？我以爲當其於此也，天下無愚夫愚婦，雖非兼者，「者」，舊本作「君」，王校改「者」，云：「涉上下文兼君而誤。」案：王校是也，今據正。必從兼君是也。言而非兼，擇即取兼，畢云：「二字〔一〕舊脱，據上文增。」案：畢校是也，然以上文校之，下句首仍當有「即」字，因兩「即」相涉而誤脱耳。此言行拂也。不識天下所以皆聞兼而非之者，其故何也？

然而天下之士非兼者之言也，猶未止也，畢云：「猶，舊作『獨』，一本如此。」曰：兼即仁矣，義矣。雖然，豈可爲哉？吾譬兼之不可爲也，猶挈泰山以超江河也。畢云：「泰，一本作『太』。」詒讓案：中篇作「譬若挈太〔二〕山越河濟也」，「泰」亦作「太」。非攻中篇、備梯篇又並作「大山」。故兼者，直願之也，夫豈可爲之物哉？子墨子曰：夫挈泰山以超江河，自古之及今，戴云：「『之』字衍。」生民而來未嘗有也。今若夫兼相愛、交相利，此自先聖六王者親行之。下文止有四王，此「六」疑「四」篆文之

〔一〕「二字」，原誤「舊字」，據畢沅刻本改。按：「二字」指正文「取兼」二字。

〔二〕「太」，原作「泰」，據本書兼愛中篇改。

誤，下同。何知先聖六王之親行之也？畢云：「『何』下太平御覽引有『以』字。」子墨子曰：吾非與之並世同時，親聞其聲，見其色也。以其所書於竹帛，鏤於金石，琢於槃盂，文選廣絶交論李注引云「琢之盤盂，銘於鍾鼎，傳於後世」，疑兼用魯問篇文。呂氏春秋求人篇云「功績銘乎金石，著於盤盂」，高注云：「金，鍾鼎也；石，豐碑也。盤盂之器，皆銘其功。」傳遺後世子孫者知之。畢云：「遺，劉逵注左思賦引作『于』。」詒讓案：天志中、非命下及貴義、魯問四篇皆作「遺」，劉引非。泰誓曰：尚同下篇、天志中篇、非命上中下篇並作「大誓」，此作「泰」，與今僞孔本同，疑後人所改。「文王若日若月乍照，光于四方，于西土。」于，舊本並作「於」，今據道藏本改。畢云：「孔書云：『唯我文考，若日月之照臨，光於四方，顯於西土。』」孫星衍云：「『乍』古與『作』通。」即此言文王之兼愛天下之博大也，譬之日月兼照天下之無有私也，即此文王兼也。雖子墨子之所謂兼者，雖與唯通，下並同。於文王取法焉。

且不唯泰誓爲然，唯，舊本作「惟」，今據道藏本改。雖禹誓畢云：「大禹謨文。云禹誓者，禹之所誓也。」詒讓案：今大禹謨出僞古文，即采此書爲之。惠棟云：「皋陶謨言『苗頑勿即功』，則舜陟後，禹當復有征苗誓師之事。」即亦猶是也。禹曰：「濟濟有衆，孔安國云：「濟濟，衆盛之貌。」咸聽朕言，畢云：「孔書作『命』。」非惟小子敢行稱亂，孔安國云：「稱，舉也。」畢云：「孔書無此八字。」蘇云：「二語今見湯誓，『惟』作『台』。」蠢茲有苗，爾雅釋訓云：「蠢，不遜也。」孔安國云：「蠢，動也。」用天之罰，畢云：「孔書無此四字。」若予既率爾羣對諸羣以征有苗。」畢云：「孔書作『肆予以爾衆士奉辭伐罪』。羣猶衆。」惠棟云：「羣猶君也。周書：『大子晉云：

侯能成羣謂之君。』堯典言『羣后』。」蘇云：「『羣』字疑誤，或爲『辟』。辟，君也。」案：惠說近是。此「羣對諸羣」，當讀爲羣封諸君。封與邦古音近通用，「封」、「對」形近而誤。羣封諸君，言衆邦國諸君也。**禹之征有苗也，非以求以重富貴、**戴云：「下『以』字衍。」**干福禄、**詩小雅假樂篇「干禄百福」，鄭箋云：「干，求也。」**樂耳目也，以求興天下之利，除天下之害，即此禹兼也。雖子墨子之所謂兼者，於禹求焉。**求，以上下文校之，當作「取法」。

且不唯禹誓爲然，唯，舊本亦作「惟」，今據道藏本改。**雖湯說即亦猶是也。**周禮大祝六祈，六曰「說」，鄭注云：「說，以辭責之，用幣而已。」此下文亦云「以祠說於上帝鬼神」。若然，則說禮殷時已有之。論語堯曰篇集解「孔安國云墨子引湯誓」、國語周語内史過引湯誓，與此下文畧同。韋注云：「湯誓，商書伐桀之誓也。今湯誓無此言，則已散亾矣。」案：孔安國引此作湯誓，或兼據國語文。尚賢中篇引湯誓，今書亦無之。**湯曰：**畢云：「今湯誥文。」**「惟予小子履，**論語堯曰篇無「惟」字，孔注云：「履，殷湯名。此伐桀告天之文。」案：孔以此爲伐桀時事，白虎通義三正篇及周語韋注說同。然據此後文，則是湯禱旱之辭，孔說蓋誤。大戴禮記少閒篇云「乃有商履代興」，白虎通義姓名篇云：「湯王後更名，爲子孫法，本名履也。」畢云：「孔書作『肆台小子』。」**敢用玄牡，告於上天后，**論語作「敢昭告于皇皇后帝」，孔注云「殷家尚白，未變夏禮，故用玄牡。皇，大；后，君也。大大君帝，謂天帝也。」白虎通義三正篇云：「論語曰『予小子履』云云，此湯伐桀，告天以夏之牲也。」與論語孔注說同。書湯誥孔疏云：「鄭玄解論語云『用玄牡者，爲舜命禹事，於時總告五方之帝，莫適用，用皇天大帝之牲』，其意與孔異。」國語周語「皇天嘉禹，胙以天下」，韋注亦引論語「帝臣不蔽」二語。又詩閟宮孔疏云：「論語曰：皇皇后帝。論語說帝受終文祖，宜總祭五帝也。」並從鄭以此爲禹事，與墨子、尸子説異。御覽八十三引帝王世紀載此文作「告于上天后土」，疑此「后」下亦脱「土」字。畢云：「孔書作『上天神后』。」**曰：今天大旱，即當朕身履，**帝王世紀云：「湯自伐桀後，大旱七年，禱于桑林之社，其辭如此。」畢云：「詳此文，是湯禱旱文，孔書亦無此十字。」**未知得罪于上下。**畢云：「孔書作『未知獲戾於上下』。」**有善不敢蔽，有罪不敢赦，簡在帝心。**論語集解：「包咸云：『順天奉法，有罪者不敢擅赦。』何晏云：『言桀居帝臣之位，罪過不可隱蔽，以其簡在天心故。』」案：論語作「帝臣不蔽」，何氏以爲指桀，與此義不合，非也。僞湯誥云「爾有善，朕弗敢蔽。罪當朕躬，弗敢自赦。惟簡在上帝之心」，孔傳云：「所以不蔽善人，不赦己罪，以其簡在天心故也。」孔疏云：「鄭玄注論語云：『簡閱在天心，言天簡閱其善惡也。』」畢云：「皆與孔書微異。」**萬方有罪，即當朕身，朕身有罪，無及萬方。**孔安國云：「無以萬方，萬方不與也。萬方有罪，我身之過。」羣書治要引尸子綽子篇云「湯曰：朕身有罪，無及萬方，萬方有罪，朕身受之」，帝王世紀云「萬方有罪，罪在朕躬，朕躬有罪，無及萬方。無以一人之不敏，使上帝鬼神傷民之命」，並與此文小異。畢云：「俱與孔書微異。孔安國注論語『有罪不敢赦，帝臣不蔽，簡在帝心，朕躬有罪，無以萬方，萬方有罪，罪有朕躬』云：『墨子引湯誓，其辭若此。』國語周語内史過引湯誓云：『余一人有辠，無以萬夫，萬夫有辠，在余一人。』」詒讓案：僞湯誥云「其爾萬方有罪，在予一人，予一人有罪，無以爾萬方」，孔傳云：「在予一人，自責化不至；無用爾萬方，言非所及。」**即此言湯貴爲天子，富有天下，然且不憚以身爲犧牲，以祠説于上帝鬼神，**呂氏春秋順民篇云：「昔者湯克夏而正天下，天大旱，五年不收，湯乃以身禱於桑林，曰：『余一人有罪，無及萬夫，萬夫有罪，在余一人。無以一人之不敏，使上帝鬼神傷民之命。』於是翦其髮，鄽其手，以身爲犧牲，用祈福於上帝。」與此文合。則湯説即禱桑林之辭也。御覽八十三引尸子及帝王世紀説，與呂畧同。

即此湯兼也。雖子墨子之所謂兼者，於湯取法焉。

且不惟誓命與湯說爲然，誓命，依上文當作「禹誓」。漢書藝文志「禹」作「𠆣」，顔注云：「古『禹』字。」此書多古字，蓋亦作「𠆣」，與「命」相似而譌，校者不悟，又移著「誓」下，遂與上文不合矣。周詩即亦猶是也。周詩曰：「王道蕩蕩，不偏不黨，王道平平，不黨不偏。蘇云：「見書洪範篇，四『不』字作『無』。茲稱『周詩』，或有據。」詒讓案：洪範云「無偏無黨，王道蕩蕩，無黨無偏，王道平平」，僞孔傳云：「蕩蕩，言開闢；平平，言辯治。」呂氏春秋貴公篇高注云：「蕩蕩，平易也。」史記張釋之馮唐傳、說苑至公篇引書「無」並作「不」，與此同。古詩、書亦多互稱，戰國策秦策引詩云「大武遠宅不涉」，即逸周書大武篇所云「遠宅不薄」，可以互證。其直若矢，其易若厎，君子之所履，小人之所視。」蘇云：「詩大東篇作『周道如砥，其直如矢』，下無兩『之』字。」詒讓案：親士篇云「其直如矢，其平如砥」，「厎」仍作「砥」，與毛詩同。小雅大東毛傳云：「如砥，貢賦平均也。如矢，賞罰不偏也。」鄭箋云：「此言古者天子之恩厚也，君子皆法傚而履行之，其如砥矢之平。小人又皆視之、共之無怨。」孟子萬章篇引詩「砥」亦作「厎」，字通。趙注云：「厎，平。矢，直。視，比也。周道平直，君子履直道，小人比而則之。」案：厎，道藏本作「底」，譌。說文厂部云：「厎，柔石也。」重文作「砥」。又广部云：「底，山居也，下也。」二字迥別，今經典多互譌。若吾言非語道之謂也？古者文武爲正，正與政同。均分賞賢罰暴，勿有親戚弟兄之所阿，呂氏春秋高義篇高注云：「阿，私也。」即此文武兼也。雖子墨子之所謂兼者，於文武取法焉。不識天下之人所以皆聞兼而非之者，其故何也？

然而天下之非兼者之言猶未止，曰：意不忠親之利，而害爲孝乎？蘇云：「『忠』當作『中』」，讀去聲。」戴云：「中當訓爲得。」子墨子曰：姑嘗本原之孝子之爲親度者。吾不識孝子之爲親度者，亦欲人愛利其親與？意欲人之惡賊其親與？蘇云：「意讀如抑，下文亦然。」以説觀之，即欲人之愛利其親也。然即吾惡先從事即得此？若我先從事乎愛利人之親，然後人報我愛利吾親乎？「愛利」上當有「以」字。意我先從事乎惡人之親，俞云：「『惡』下脱『賊』字，當據上文補。」然後人報我以愛利吾親乎？即必吾先從事乎愛利人之親，然後人報我以愛利吾親也。然即之交孝子者，之交孝子，猶上云交兼、交別。果不得已乎毋先從事愛利人之親者與？意以天下之孝子爲遇，「遇」當爲「愚」，同聲叚借字。畢云：「一本作『偶』。」而不足以爲正乎？姑嘗本原之舊本脱此字，今據道藏本補。先王之所書「所」字疑衍，尚同中篇云「是以先王之書周頌之道之曰」，是其證。大雅之所道曰：「無言而不讐，無德而不報。大雅抑毛傳云：「讎，用也。」鄭箋云：「教令之出如賣物，物善則其售賈貴，物惡則其售賈賤。」蘇云：「大雅抑篇無兩『而』字。」投我以桃，報之以李。」鄭箋云：「此言善往則善來，人無行而不得其報也。投猶擲也。」即此言愛人者必見愛也，而惡人者必見惡也。不識天下之士所以皆聞兼而非之者，其故何也？舊本「兼」作「愛」，誤，今據道藏本正。意以爲難而不可爲邪？嘗有難此而可爲者。昔荆靈王好小要，畢云：「舊作『腰』，非。」當靈王之身，荆國之士飯不踰乎一，固據而後興，畢云：「固，一本作『握』。」詒讓案：「固據」屬下讀。説文手部云：「據，杖持也。」別本蓋讀「一握」句，非。扶垣而後行。故約食爲其難爲也，俞云：「『其』當作『甚』，下二句竝同。甚難爲，即至難爲也。下文曰『是故約食、焚舟、苴服，此天下之至難爲也』，是其證。」然後爲而靈王説之，「後」疑當作「衆」。中篇云「若苟君説之，則衆能爲之」，是其證，下並同。未踰於世而民可移也，「踰」當作「渝」，下並同。爾雅釋言云：「渝，變也。」言世未變而民俗已爲之移也。非命上篇云「此世未易，民未渝，在於桀紂則天下亂，在於湯武則天下治」，又中篇云「此世不渝而民不改，上變政而民易教」，又下篇云「此世不渝而民不易，上變政而民改俗」，此云「未渝於世」，猶彼云「世不渝」也。即求以鄉其上也。鄉與向字通。昔者越王句踐好勇，教其士臣三年，以其知爲未足以知之也，蘇云：「上『知』字當讀如智。」焚舟失火，「舟」疑當作「内」，詳上篇。鼓而進之，其士偃前列，廣雅釋詁云：「偃，僵也。」儀禮鄉射禮鄭注云：「偃猶仆也。」伏水火而死有不可勝數也。王云：「『有』字文義不順，『有』當爲『者』，字之誤也。中篇曰『士聞鼓音，破碎亂行，蹈火而死者左右百人有餘』，是其證。」案：王説是也，蘇校同。當此之時，不鼓而退也，「退」上疑脱「不」字。謂士爭進前赴火，雖止不鼓，而仍不肯退也。越國之士可謂顫矣。顫，當讀爲憚。非攻下篇云「以譂其衆」。「顫」、「譂」並與「憚」同。畢云：「玉篇云：『顫，動也。』言其驚畏。」故焚身爲其難爲也，「其」亦當作「甚」。然後爲之越王説之，畢云：「上『之』字據前後文當爲『而』。」未踰於世而民可移也，即求以鄉上也。昔者晉文公好苴服，苴、粗字通，猶中篇云「惡衣」。當文公之時，晉國之士，大布之衣，左閔二年傳「衛文公大布之衣」，杜注云：「大布，麤布。」淮南子齊俗訓許注義同。牂羊之裘，練帛之冠，二句中篇同。且苴之屨，畢云：「『且』，當爲『粗』。」王云：「『且苴』即麤粗。麤，倉胡反。粗，才户反。廣雅釋詁：『粗、麤，大也。』」案：王説是也。春秋繁露俞序篇云「始於麤粗，終於精微」，晏子春秋諫下篇云「縵密不能麤苴」，論衡量知篇云：「夫竹木，麤苴之物也。」説文角部云：「觕，角長貌。讀若麤。」「觕」與「且」、「苴」

並聲近字通。入見文公，出以踐之朝。故苴服爲其難爲也，「其」亦當作「甚」。然後爲而文公說之，未踰於世而民可移也，即求以鄉其上也。是故約食、焚舟、苴服，焚舟，依上文當作「焚身」。此天下之至難爲也，然後爲而上說之，未踰於世而民可移也。何故也？即求以鄉其上也。今若夫兼相愛、交相利，舊本脱「愛交相」三字，今依王校補。此其有利且易爲也，不可勝計也。我以爲則無有上說之者而已矣，苟有上說之者，勸之以賞譽，威之以刑罰，我以爲人之於就兼相愛、交相利也，蘇云：「『於就』當作『就於』。」案：「於就」不誤，蘇校非。譬之猶火之就上、水之就下也，不可防止於天下。

故兼者聖王之道也，王公大人之所以安也，萬民衣食之所以足也。故君子莫若審兼而務行之，爲人君必惠，爲人臣必忠，爲人父必慈，爲人子必孝，爲人兄必友，爲人弟必悌。畢云：「當爲『弟』，此俗寫。」故君子莫若欲爲惠君、忠臣、慈父、孝子、友兄、悌弟，王云：「『若〔一〕欲爲惠君、忠臣』云云，『若』上不當有『莫』字，蓋涉上文『莫若』而衍。」當若兼之不可不行也，當若，猶言當如，詳尚同中篇。戴云「『若』字疑『知』字誤」，非。此聖王之道而萬民之大利也。

〔一〕「若」，原誤「皆」，據活字本改。

墨子閒詁卷五

非攻上第十七

淮南子氾論訓高注云：「非猶譏也。」

今有一人，入人園圃，畢云：「說文云：『園所以樹果。』『種菜曰圃。』」竊其桃李，衆聞則非之，上爲政者得則罰之。此何也？以虧人自利也。至攘人犬豕雞豚者，穀梁成五年范甯注云：「攘，盜也。」其不義又甚入人園圃竊桃李。是何故也？以虧人愈多，依下文當有「苟虧人愈多」五字。其不仁茲甚，茲、滋古今字，詳尚同上篇。罪益厚。至入人欄廄，欄，即闌之借字。說文門部云：「闌，門遮也。」廣雅釋室云：「欄，牢也。」畢云：「說文無『欄』字。玉篇云：『木欄也。』」取人馬牛者，其不仁義又甚攘人犬豕雞豚。依上下文，此句疑不當有「仁」字。此何故也？以其虧人愈多。苟虧人愈多，其不仁茲甚，罪益厚。至殺不辜人也，扡其衣裘，畢云：「『扡』讀如『終朝三拕』之『拕』。陸德明易音義云：『褫，鄭本作「拕」，徒可反。』『扡』即『拕』異文。」王云：「『也』即『扡』字之誤而衍者。」詒讓案：說文手部云：「拕，曳也。」淮南子人閒訓云「秦牛缺徑於山中而遇盜，拖其衣被」，許注云：「拖，奪也。」「拖」即「拕」之俗。取戈劍者，其不義又甚人人欄廄、取人馬牛。此何故也？以其虧人愈多。苟虧人愈多，其不仁茲甚矣，罪益厚。當此，天下之君子畢云：「舊脱此字，據後文增。」皆知而非之，謂之不義。今至大爲攻國，畢云：「據後文云『大爲不義攻國。』」則弗知非，畢云：「知，一本作『之』。舊脱『非』字，據後文增。」案：道藏本、季本並不脱。從而譽之，謂之義。此可謂知義與不義之別乎？可，舊本作「何」。畢云：「一本作『可』，是。」今據正。

殺一人謂之不義，必有一死罪矣。荀子正論篇云：「殺人者死，傷人者刑，是百王之所同也。」若以此說往，殺十人十重不義，必有十死罪矣；殺百人百重不義，必有百死罪矣。當此，天下之君子皆知而非之，謂之不義。今至大爲不義攻國，則弗知非，舊本「知」作「之」，下又衍「而」字。畢云：「一本無『而』字，是。」王云：「『之』當爲『知』，俗音『知』、『之』相亂，故『知』誤爲『之』。上文『皆知而非之』，正與『弗知非』相對。且上下文皆作『弗知非』，則『之』爲『知』之誤明矣。」案：王校是也，今據正。從而譽之，謂之義。情不知其不義也，王云：「情、誠通用。」故書其言以遺後世。若知其不義也，夫奚說書其不義以遺後世哉？奚說，言何辭以解說也。畢云「奚說猶言何樂」，失之。今有人於此，少見黑曰黑，多見黑曰白，則以此人不知白黑之辯矣；依下文「則」下當有「必」字，「人」下當有「爲」字。少嘗苦曰苦，多嘗苦曰甘，則必以此人爲不知甘苦之辯矣。今小爲非，則知而非之。大爲非攻國，則不知非，舊本「不知」下衍「而」字，今據王、蘇校刪。從而譽之，謂之義。畢云：「舊『之謂』二字倒，一本如此。」此可謂知義與不義之辯乎？舊本「可」上脱「此」字，又「謂」誤「爲」。畢云：「一本作『謂』，是。」案：道藏本「可」上有「此」字，

「爲」正作「謂」，今據補正。季本「謂」亦不誤。是以知天下之君子也，「也」字疑衍。辯義與不義之亂也。

非攻中第十八

子墨子言曰：古者王公大人爲政於國家者，情欲譽之審，賞罰之當，刑政之不過失。情亦與誠通，下並同。王云：「『古者』當爲『今者』，說見尚賢篇。『譽』上有『毀』字，而今本脱之，則文義不明。尚同篇『舉天下之人，皆欲得上之賞譽，而畏上之毀罰』，是其證。『過失』下有脱文，下文曰：『今者王公大人情欲得而惡失，欲安而惡危，故當攻戰而不可不非。』」

是故子墨子曰：古者有語：「謀而不得，則以往知來，論語學而篇云：「告諸往而知來者。」以見知隱。」謀若此，可得而知矣。今師徒唯毋興起，徒，舊本誤「徙」，今據道藏本正。唯毋，毋，語詞，詳尚賢中篇。冬行恐寒，夏行恐暑，此不可以冬夏爲者也。春則廢民耕稼樹藝，秋則廢民穫斂。此下依上文，或當有「此不可以春秋爲者也」句。今唯毋廢一時，則百姓飢寒凍餒而死者，不可勝數。今嘗計軍上，嘗猶試也，下同。「上」字誤，疑當作「出」。國策齊策云：「軍之所出，矛戟折，鐶弦絶，傷弩、破車、罷馬，亡矢〔一〕之大半。」竹箭、羽旄、幄幕、畢云：「說文云：『楃，木帳也。』『幄』當從木。」詒讓案：幄，節葬下篇作

〔一〕「矢」，原誤「失」，據戰國策齊策五改。

「屋」，此俗作。周禮幕人鄭注云：「在旁曰帷，在上曰幕，四合象宮室曰幄。」甲盾、撥劫，史記孔子世家索隱云：「撥音伐，謂大盾也。」「劫」未詳，疑當作「釖」，古書從缶、從去之字多互譌。備蛾傳篇「法」譌作「浛」，此「釖」譌作「劫」，可以互證。説文刀部云：「釖，刀把也。」即禮記少儀之拊也。刀把或以木爲之，故有靡敝腐爛之患。往而靡獘腑冷不反者，畢云：「往，舊作『住』，一本如此。『腑』即『腐』字異文。『冷』、『爛』音相近，當爲『爛』。」詒讓案：戰國策秦策高注云：「獘，壞也。」此與少儀「國家靡敝」義微異。不可勝數；又與矛戟戈劍乘車，「與」下當依下文補「其」字。其列住碎折靡獘而不反者，「列住」二字誤。畢以意改「殀往」，蓋以「往」屬下爲句，與上文同。然「其殀」二字仍與上下文並不屬，竊疑當作「往則」，讀「其往則碎折靡獘而不反者」十一字句。今本「往」譌「住」，「則」譌「列」，又倒其文，遂不可通耳。不可勝數；與其牛馬肥而往、瘠而反，往死亡而不反者，王云：「下『往』字涉上『往』字而衍。」詒讓案：「往」字似不必刪。不可勝數；與其涂道之脩遠，糧食輟絶而不繼，畢云：「粮，俗。玉篇云：『粮同糧。』」詒讓案：周禮廩人「凡邦有師役之事，則治其糧，與其食」，鄭注云：「行道曰糧，謂糒也。止居曰食，謂米也。」孟子梁惠王篇云「師行而糧食，飢者弗食，勞者弗息」，趙注云：「行軍皆遠轉糧食而食之。」百姓死者，不可勝數也；與其居處之不安，食飯之不時，王云：「『食飯』當爲『食飲』之誤。食飲不時，見下篇。」飢飽之不節，百姓之道疾病而死者，不可勝數。喪師多不可勝數，喪師盡不可勝計，則是鬼神之喪其主后，后與後字通。王制云「天子諸侯，祭因國之在其地而無主後者」，鄭注云「絶無後爲之祭主者」，即此義。洪云：「『后』當作『石』，即『祏』字省文。左氏昭十八年傳『使祝史徙主祏于周廟』，杜預注：『祏，廟主石函。』説文：『祏，宗廟主也，周禮有郊宗石室。一曰：大夫以石爲主。從示，從石，石亦聲。』」案：洪説未塙。亦不可勝數。

國家發政，奪民之用，廢民之利，若此甚衆，然而何爲爲之？曰：「我貪伐勝之名，及得之利，故爲之。」子墨子言曰：計其所自勝，無所可用也。計其所得，反不如所喪者之多。今攻三里之城，七里之郭，襍守篇云「率萬家而城方三里」，孟子公孫丑篇亦云「三里之城，七里之郭」。戰國策齊策云「即墨，三里之城，七里之郭」，又作「三里之城，五里之郭」。攻此不用鋭，且無殺而徒得，此然也。殺人多必數於萬，寡必數於千，然後三里之城、七里之郭且可得也。今萬乘之國，虚數於千，畢云：「虚，墟字正文，俗從土。」詒讓案：「虚」下疑脱「城」字，下文云「以爭虚城」。不勝而入；畢云：「舊作『人』，以意改。」廣衍數於萬，畢云：「王逸注楚辭曰：『衍，廣大也。』」不勝而辟。畢云：「此闢字之〔二〕假音，『人』、『辟』爲韻。」然則土地者，所有餘也；王民者，所不足也。王云：「『王民』二字義不可通，當是『士民』之誤。『士民』與『土地』對文，下文『王民』同。」今盡王民之死，嚴下上之患，以爭虚城，則是棄所不足，而重所有餘也。爲政若此，非國之務者也。

飾攻戰者言曰：畢云：「舊作『也言』，一本如此。」南則荆吴之王，「吴」當作「越」，墨子時吴已亡，故下文以夫差亡吴事爲戒，不宜此復舍越而舉吴也。下篇云「今天下好戰之國齊、晉、楚、越」，節葬下篇云「諸侯力征，南有楚、越之王，而北有齊、晉之君」，皆其證也。北則齊晉之君，始封於天下之時，其土地之方，舊脱「地」字，

〔二〕「之」下原重「之」字，據畢沅刻本删。

今據道藏本補。未至有數百里也；人徒之衆，未至有數十萬人也。以攻戰之故，土地之博至有數千里也，人徒之衆至有數百萬人。故當攻戰而不可爲也。俞云：「『不可爲也』當作『不可不爲也』，方與上文語意相屬。此是飾攻戰者之言，非子墨子之言也。今脱『不』字，義不可通。」案：下文云「故當攻戰而不可不非」，則此文當作「故當攻戰而不可非也」，俞校未塙。子墨子言曰：雖四五國則得利焉，猶謂之非行道也。譬若醫之藥人之有病者然。句。今有醫於此，和合其祝藥之于天下之有病者而藥之，畢云：「『祝』謂祝由，見素問。或云『祝藥』猶言疰藥，非。一本無『祝』字，非也。」案：畢説非也。周禮瘍醫「掌腫瘍、潰瘍、金瘍、折瘍之祝藥」，鄭注云：「『祝』當爲『注』，讀如注病之注，聲之誤也。注謂附著藥。」彼「祝」藥爲劍瘍附著之藥，此下文云「食」，則與彼義異。畢云「祝由」，又與此書及周禮義並不合，不可信也。惠士奇謂「祝藥」猶行藥，亦未知是否。萬人食此，若醫四五人得利焉，猶謂之非行藥也。蘇云：「食者多而利者少，則非常行之藥。」故孝子不以食其親，忠臣不以食其君。古者封國於天下，尚者以耳之所聞，畢云：「尚同上。」近者以目之所見，以攻戰亡者不可勝數。何以知其然也？東方有莒之國者，畢云：「今山東莒州。」其爲國甚小，閒於大國之閒，不敬事於大，大國亦弗之從而愛利。是以東者越人夾削其壤地，國策齊策云「莒恃越而滅」，與此異。西者齊人兼而有之。計莒之所以亡於齊越之間者，以是攻戰也。杜預春秋釋例云：「莒國嬴姓，少昊之後，周武王封茲輿期於莒。十一世茲平公方見春秋，共公以下微弱，不復見，四世楚滅之。」蘇云：「史記云『楚簡王元年，北伐滅莒』，據此則莒實爲齊滅，故其地在戰國屬齊。」詒讓案：戰國策西周策云「郱莒亡於齊」，亦其證。**雖南者陳蔡，其所以亡於吳越之閒者，**左傳魯哀公十七年楚滅陳，史記管蔡世家「蔡侯齊四年，楚惠王滅蔡」，案在貞定王二十二年。**亦以攻戰。雖北者且不一著何，**道藏本如此，畢本作「中山諸國」，云：「四字舊作『且一不著何』五字，一本如此。史記趙世家云『惠文王三年滅中山，遷其王於膚施』，表作四年。元和郡縣志云：『定州，戰國時爲中山國。中山之地方五百里，城中有山，故曰中山。』今直隸定州是。」蘇云：「中山之亡當魏文侯世，墨子與子夏子門人同時，此事猶當及見之。畢引史記趙惠文王三年滅中山，非是。」詒讓案：中山初滅於魏，後滅於趙，詳所染篇。然此「中山諸國」四字乃後人肊改，實當作「且不著何」四字，舊本作「且一」，道藏本作「且不一」，並衍「一」字。「且」疑「柤」之借字，國語晉語「獻公田，見翟柤之氛」，韋注云：「翟柤，國名。」是也。不著何亦北胡國。周書王會篇云「不屠何青熊」，孔晁注云：「不屠何亦東北夷也。」管子小匡篇「敗胡貉，破屠何」，尹注云：「屠何，東胡之先也。」劉恕通鑑外紀：「周惠王三十三年，齊桓公救燕，破屠何。」「屠」、「著」聲類同，不著何即不屠何也。又王會伊尹獻令，正北有且略、豹胡。且略即此且及左傳〔二〕「翟柤」，豹胡亦即不屠何。「豹」、「不」，「胡」、「何」，並一聲之轉。不屠何，漢爲徒河縣，屬遼西郡，故城在今奉天錦州府錦縣西北。柤，據國語爲晉獻公所滅，所在無考。**其所以亡於燕代胡貊之閒者，**貊，貉之俗，詳兼愛中篇。**亦以攻戰也。是故子墨子言曰：古者王公大人，情欲得而惡失，**古者，亦當從王校作「今者」，說見前。情與誠通，詳非攻下篇。**欲安**

〔二〕按：上文孫引「翟柤」系據國語晉語，此云左傳，偶誤。「翟柤」見晉語一。

而惡危，畢云：「欲，舊作『故』，以意改。」故當攻戰而不可不非。

飾攻戰者之言曰：彼不能收用彼衆，是故亡。我能收用我衆，以此攻戰於天下，誰敢不賓服哉？子墨子言曰：子雖能收用子之衆，子豈若古者吳闔閭哉？閭，左傳昭二十七年作「廬」，字通，詳所染篇。古者吳闔閭教七年，畢云：「案史記『闔閭九年入郢』，吳越春秋云『九年十月，楚二師陳於柏舉』，即此是也。」俞云：「『教』下疑脱『士』字。」奉甲執兵，奔三百里而舍焉，吕氏春秋簡選篇云「吳闔廬選多力者五百人，利趾者三千人，以爲前陳」，此云「奉甲執兵，奔三百里而舍」，即多力利趾者也。俞云：「『奉甲執兵奔三百里而舍』，即教士之法，乃古所謂武卒者。荀子議兵篇：『魏氏之武卒，以度取之，衣三屬之甲，操十二石之弩，負矢五十箇，置戈其上，冠軸帶劍，贏三日之糧，日中而趨百里，中試則復其户，利其田宅。』今據墨子之言，則闔閭先有此法矣。」次注林，出於冥隘之徑，左傳定四年「吳伐楚，舍舟於淮汭，自豫章與楚夾漢。左司馬戌謂子常曰：我悉方城外以毁其舟，還塞大隧、直轅、冥阨」，釋文云：「阨，本或作『隘』。」杜注云：「三者漢東之隘道。」案：此「冥隘」即左傳之「冥阨」。史記蘇秦傳云「塞鄳阨」，亦即此，集解引徐廣云：「鄳，江夏鄳縣。」注林地無考，以左傳校之，疑當作淮汭。「淮」、「注」形近，「汭」篆文作「汭」，與「林」亦相近，因而致誤。畢云：「淮南子地形訓作『澠阸』，高誘曰：『澠阸，今宏農澠池是也。』則在今河南永寧縣。史記魏世家云『秦攻冥阸之塞』，集解云：『徐廣曰：或以爲江夏鄳縣。』又杜預注左傳云：『漢東之隘道。』括地志云：『石城山在申州鍾山縣東南二十一里。魏攻冥阸，即此山。』吕氏春秋、淮南子『九塞』，此其一也。玉海：『在信陽軍東南五十里。』今在河南信陽州東南九十里。」戰於柏舉，事見春秋定四年經。

柏舉，杜注云：「楚地。」呂氏春秋首時篇高注云：「柏舉，楚南鄙邑。」畢云：「在今湖北麻城縣。元和郡縣志云：『麻城縣黽頭山，在縣東南十八里，舉水之折出也。春秋吴、楚戰於柏舉，即此地也。』」中楚國而朝宋與及魯。蘇云：「『及魯』二字誤倒，『魯』字屬上句，『及』字屬下句也。」案：蘇校近是。左傳闔閭時無宋、魯朝吴事，疑因哀七年夫差會魯於鄫、徵宋魯百牢事傅會之。至夫差之身，北而攻齊，舍於汶上，戰於艾陵，見春秋哀十一年經。畢云：「在今山東泰安縣東南。史記吴太伯世家云：『夫差七年，北伐齊，敗齊師於艾陵，至繒。』」大敗齊人而葆之大山；蘇云：「大山即太山，篇中『太』多作『大』。魯問篇『齊太王』作『大王』是也。」東而攻越，濟三江五湖，畢云：「史記索隱云：『韋昭云：三江，謂松江、錢塘江、浦陽江。』史記正義云：『顧夷吴地記云：松江東北行七十里，得三江口。東北入海爲婁江，東南入海爲東江，并松江爲三江。』」詒讓案：漢書地理志云「會稽郡吴：南江在南，東入海。毗陵：北江在北，東入海。丹陽郡蕪湖：中江西南，東至陽羨入海」，此即書禹貢、周禮職方氏揚州之三江也。國語越語云「吴之與越也，三江環之」，韋昭別據松江、浙江、浦陽江爲釋，即張守節〔二〕所引是也。水經沔水酈注云：「松江自太湖東北流逕七十里，江水奇分，謂之三江口。吴越春秋稱范蠡去越乘舟，出三江之口，入五湖之中者也。」此與顧夷説同，要皆非古之「三江」。竊謂禹貢中江、北江並於吴境入海，南江入海又兼涉越境，則三江下流自足環吴越。水經注又引郭璞云「三江者，岷江、松江、浙江也」，此即據禹蹟下流言之。近代胡渭、金榜並援以説越語之三江，最爲塙當。畢攷之未審。五湖，詳前兼愛中篇。而葆之會稽。左傳哀元年「吴王夫差敗越于夫椒，遂入越。越子以甲楯五千保於

〔二〕張守節所引爲顧夷吴地記，韋昭注乃司馬貞索隱所引。此「張守節」當是「司馬貞」之誤。

會稽」，杜注云：「上會稽山也，在會稽山陰縣南。」葆、保字通。會稽山，詳節葬下篇。畢云：「今浙江山陰會稽山。」**九夷之國莫不賓服。**爾雅釋地云：「九夷、八狄、七戎、六蠻，謂之四海。」王制孔疏云：「九夷，依東夷傳九種，曰：畎夷、于夷、方夷、黄夷、白夷、赤夷、玄夷、風夷、陽夷。李巡注爾雅云：一曰玄菟，二曰樂浪，三曰高驪，四曰滿飾，五曰鳧臾，六曰索家，七曰東屠，八曰倭人，九曰天鄙〔一〕。」案：王制疏所云，皆海外遠夷之種別，此「九夷」與吴楚相近，蓋即淮夷，非海外東夷也。書敘云：「成王伐淮夷，遂踐奄。」韓非子説林上篇云：「周公旦攻九夷，而商蓋服。」商蓋即商奄，則九夷亦即淮夷。故吕氏春秋古樂篇云：「成王立，殷民反，王命周公踐伐之。商人服象，爲虐於東夷，周公遂以師逐之，至於江南。」又樂成篇云「猶尚有管叔蔡叔之事，與東夷八國不聽之謀」，高注云：「東夷八國附從二叔，不聽王命。周公居攝，三年伐奄，八國之中最大，著在尚書，餘七國小，又先服，故不載於經也。」案：東夷八國，亦即九夷也。春秋以後蓋臣屬楚、吴、越三國，戰國時又專屬楚。説苑君道篇説越王句踐與吴戰，大敗之，兼有九夷。淮南子齊俗訓云「越王句踐霸天下，泗上十二諸侯皆率九夷以朝」，戰國策秦策云「楚苞九夷，方千里」，魏策云「張儀曰：楚破南陽九夷，内沛，許、鄢陵危〔二〕」，文選李斯上秦始皇書説秦伐楚，包九夷，制鄢、郢」，李注云：「九夷，屬楚夷也。」若然，九夷實在淮泗之閒，北與齊、魯接壤，故論語「子欲居九夷」。參互校覈，其疆域固可攷矣。**於是退不能賞孤，**説文子部云：「孤，無

〔一〕王制孔疏原文與孫氏所引出入甚大，孫氏所引乃爾雅釋地邢昺疏，其中「李巡注爾雅云」六字亦邢疏所無。

〔二〕「危」，原誤「死」，據戰國策魏策一改。

父也。」月令「立冬賞死事，恤孤寡」，鄭注云：「死事，謂以國事死者。孤寡，其妻子也。」**施舍羣萌，**畢云：「此氓字之假音。」詒讓案：尚賢中篇云「四鄙之萌人」。舍、予聲近字通，「施舍」猶賜予也。左昭十三年傳云「施舍寬民」，又云「施舍不倦」，杜注云：「施舍，猶云布恩德。」**自恃其力，伐其功，譽其智，怠於教，遂築姑蘇之臺，七年不成。**國語吴語説吴王夫差云「高高下下，以罷民於姑蘇」，韋注云：「姑蘇，臺名，在吴西，近湖。」案：國語以築姑蘇爲夫差事，與此書正合。畢云：「史記集解云：『越絶書曰：闔閭起姑蘇之臺，三年聚材，五年乃成，高見三百里。』顔師古注漢書伍被傳云：『吴地記云：因山爲名，西南去國三十五里。』今江南蘇州府治。」詒讓案：越絶以姑蘇爲闔閭所築，疑誤。**及若此，則吴有離罷之心。**蘇云：「罷讀如疲。」**越王句踐視吴上下不相得，收其衆以復其讐，入北郭，徙大内，**王云：「『徙大内』三字義不可通，『大内』當爲『大舟』，隸書『舟』字或作『月』，與『内』相似而誤。吴語『越王句踐襲吴，入其郛，焚其姑蘇，徙其大舟』，韋注曰：『大舟，王舟。』吴越春秋夫差内傳亦作『徙其大舟』。」案：王説是也。吴語韋注云：「郛，郭也。徙，取也。」此哀十三年越入吴事，與二十年圍吴事不相涉，此類舉之耳。**圍王宫，**國語吴語云「越師入吴國，圍王宫」，韋注云：「王宫，姑蘇。」**而吴國以亡。**左傳哀二十年十一月，越圍吴，二十二年十一月，越滅吴。**昔者晉有六將軍，**六將軍，即六卿爲軍將者也。春秋時通稱軍將爲將軍，穀梁文六年傳云「晉使狐射姑爲將軍」是也。淮南子道應訓云：「趙文子問於叔向曰：晉六將軍，其孰先亡乎？」又人閒訓云「張武爲智伯謀曰：晉六將軍，中行文子最弱」，許注云：「六將軍：韓、趙、魏、范、中行、智伯也。」**而智伯莫爲强焉。計其土地之博，人徒之衆，欲以抗諸侯，以爲英名。攻戰之速，故差論其爪牙之士，皆列其舟車之衆，**王云：「『皆』當爲『比』。天志篇『比列其舟車之卒』，是其證。下篇『皆列』同。」案：王説是也，又舊本「列」下脱「其」字，王據上句補，今從之。以攻中行氏而有之。以其謀爲既已足矣，又攻茲范氏而大敗之。「茲」字疑衍。中行氏即荀氏，范氏即士氏。左傳定十三年「晉逐荀寅、士吉射」，乃知伯瑶祖文子躒事。此及魯問篇並通舉，不復析別。淮南子人閒訓亦謂張武爲智伯謀伐范、中行，滅之。并三家以爲一家，而不止，又圍趙襄子於晉陽。事在魯悼公十五年。及若此，則韓魏亦相從而謀曰：「古者有語：『脣亡則齒寒。』戰國策趙策、淮南子人閒訓並以此爲張孟談説韓魏之君語。穀梁僖二年傳「虞宫之奇曰：語曰脣亡則齒寒」，左僖五年傳「語」作「諺」。趙氏朝亡，我夕從之；趙氏夕亡，我朝從之。畢云：「我，舊作『吾』，一本如此。」詩曰：『魚水不務，務，疑當讀爲「騖」，東魏嵩陽寺碑「朝野傾務」，「務」、「騖」字通。淮南子主術訓云「魚得水而騖」，高注云：「騖，疾也。」又或當作「斿」，即「游」之省。陸將何及乎！』」王云：「『陸將何及乎』，不類詩詞。『乎』字蓋淺人所加。」蘇云：「此蓋逸詩。」是以三主之君一心戮力，畢云：「戮，勠字假音。」辟門除道，蘇云：「辟同闢。」奉甲興士，韓魏自外，趙氏自内，擊智伯大敗之。畢云：「事俱見韓非子。」

是故子墨子言曰：古者有語曰：「君子不鏡於水，而鏡於人。鏡於水見面之容，鏡於人則知吉與凶。」蘇云：「書酒誥篇云『古人有言曰：人無於水監，當於民監』，太公金匱陰謀有武王鏡銘云『以鏡自照見形容，以人自照見吉凶』，二書所云與此合，蓋古語也。」詒讓案：國語吴語云：「申胥曰：王盍亦鑑於人，無鑑於水。」今以攻戰爲利，則蓋嘗鑒之於智伯之事乎？畢云：「蓋同盍。」此其爲不吉而凶，既可得而知矣。

非攻下第十九

子墨子言曰：今天下之所譽善者，其說將何哉？舊本脱「哉」字。王云：「天志篇曰『天下之所以亂者，其說將何哉』，今據補。」爲其上中天之利，而中中鬼之利，而下中人之利，故譽之與？舊本作「譽」，王引之據下改「與」，是也，今從之。蘇云：「下『譽』當作『與』，讀平聲。」意亡非爲其上中天之利，而中中鬼之利，而下中人之利，故譽之與？王引之云：「意與抑同，亡與無同，皆詞也。非命篇曰：『不識昔也三代之聖善人與，意亡昔三代之暴不肖人與？』」蘇説同。雖使下愚之人，畢云：「舊『愚之』二字倒，以意移。」必曰：「將爲其上中天之利，而中中鬼之利，而下中人之利，故譽之。」今天下之所同義者，畢云：「義，舊作『養』，一本如此。」聖王之法也。今天下之諸侯將猶多皆免攻伐并兼，俞云：「『免』字衍文。天志篇云『今天下之諸侯，將猶皆侵凌攻伐兼并』，無『免』字，可證。」則是有譽義之名，而不察其實也。此譬猶盲者之與人同命白黑之名，而不能分其物也，則豈謂有別哉？是故古之知者之爲天下度也，必順慮其義而後爲之行。是以動則不疑，速通成得其所欲，戴云：「『成』下當脱『則』字。」案：戴説未塙，「速通成得其所欲」，疑當作「遠邇咸得其所欲」。而順天鬼百姓之利，則知者之道也。畢云：「知讀智。」是故古之仁人有天下者，必反大國之說，「反」當作「交」，二字形近，詳七患篇。此謂與大國交相說。下文云「以此效大國，則小國之君說」，交、效字通。一天下之和，總四海之內，句。焉率天下之百姓，戴云：「焉猶乃也。」以農臣事上帝山川鬼神。洪云：「左氏襄十三年傳『小人農力以事其上』，管子大匡篇『耕者用力不農，有罪無赦』。廣雅釋詁：『農，勉也。』」利人多，功故又大，戴云：「『故』即『功』之衍文，蓋『功』一本作『攻』，因誤爲『故』，而寫者合之耳。」是以天賞之，鬼富之，畢云：「鬼，舊作『愚』，以意改。」人譽之，使貴爲天子，富有天下，名參乎天地，至今不廢。此則知者之道也，先王之所以有天下者也。

今王公大人、天下之諸侯則不然，將必皆差論其爪牙之士，皆列其舟車之卒伍，「皆」亦當作「比」，詳上篇。於此爲堅甲利兵，以往攻伐無罪之國。入其國家邊境，芟刈其禾稼，斬其樹木，墮其城郭，說文𨸏部云：「敗城𨸏曰隓。」篆文作「𡐦」。「墮」即「𡐦」之變體。左傳僖三十二年杜注云：「墮，毁也。」畢云：「墮，一本作『墜』。」以湮其溝池，畢云：「『湮塞』之字當爲『垔』。」攘殺其牲牷，周禮牧人「掌牧六牲，而阜蕃其物，以共祭祀之牲牷」，鄭注云：「六牲謂牛、馬、羊、豕、犬、雞。牷，體完具。」鄭衆云：「牷，純色。」燔潰其祖廟，王引之云：「『燔』與『潰』義不相屬，『燔潰』當爲『燔燎』。隸書『尞』字或作『𡗔』，與『貴』字相似，故字之從尞者或誤從貴。史記仲尼弟子傳索隱引家語有『申繚』，今本家語七十二弟子篇作『申續』；趙策『魏殺呂遼』，下文又作『呂遺』，皆其類也。『尞』與『貴』隸相似，故『燎』誤爲『𤏶』，又誤爲『潰』耳。此篇云『攘殺其牲牷，燔燎其祖廟』，天志篇云『焚燒其祖廟，攘殺其犧牷』，文異而義同也。」剄〔一〕殺其萬民，左傳定四年杜注云「剄，取其首。」史記陳涉世家

〔一〕「剄」，原誤「勁」，據畢沅刻本改。

索隱引三蒼郭璞注云：「剄，刺也。」下文云「刺殺天民」，與此義同。畢云：「剄字從刀。」覆其老弱，逸周書周祝篇孔注云：「覆，滅也。」遷其重器。孟子梁惠王篇文同，趙注云：「寶重之器。」卒進而柱乎鬭，戴云：「『柱』乃『極』字誤，草書『極』與『柱』相似。『乎』字衍。極，亟字之借。」曰：「死命爲上，多殺次之，身傷者爲下，又況失列北橈乎哉，罪死無赦！」舊本「失」作「先」，「赦」作「殺」。王云：「『先列』二字義不可通，當是『失列』之誤，謂失其行列也。『罪死無殺』義亦不可通，當作『罪死無赦』，此涉上下文『殺』字而誤。」畢本「橈」作「撓」，云：「『北』謂奔北也，北之言背馳。撓之言曲行，謂逗撓。」案：王校是也，今據正。「撓」俗字，據道藏本正。國語吴語韋注云：「軍敗奔走曰北。」左成二年傳「師徒橈敗」，杜注云：「橈，曲也。」以譂其衆。畢云：「說文、玉篇無譂字。古字言、心相近，即憚字。」案：畢說是也。國語周語韋注云：「憚，懼也。」國策秦策云「王之威亦憚矣」，賈子新書解縣篇云「陛下威憚大信」。夫無兼國覆軍，漢書貨殖傳注：「孟康云：無，發聲助也。」案：無與「唯無」辭意同，蘇云「『無』疑當作『務』」，非。賊虐萬民，以亂聖人之緒。廣雅釋詁云：「緒，業也。」意將以爲利天乎？夫取天之人，以攻天之邑，此刺殺天民，剥振神之位，傾覆社稷，攘殺其犧牲，王云：「『剥』與『振』義不相屬，『振』當爲『振』，字之誤也。說文：『剥，裂也。』廣雅：『振，裂也。』曹憲音『必麥反』。是『剥』、『振』皆裂也，故曰『剥振神位』。自『刺殺天民』以下皆以四字爲句，今本作『剥振神之位』，『之』字涉上文『取天之人，攻天之邑』而衍。『攘殺其犧牲』，『其』字亦涉上文『攘殺其牲牷』而衍。」則此上不中天之利矣。意將以爲利鬼乎？夫殺之人，畢云：「舊作『神』，據後文改。」戴云：「『殺』下脱『天』字。」滅鬼神之主，廢滅先王，賊虐萬民，百姓離散，則此中不中鬼之利矣。意將以爲利人乎？夫殺之人，爲利人也博矣。戴云：「『殺』

下脱『天』字。」俞云：「『博』疑當作『薄』。言殺人以利人，其利亦薄也。若作『博』字，則不可通。」案：俞校是也。此疑當作「夫殺人之爲利人也，薄矣」，與上文不同，戴説非。**又計其費，此爲周生之本，**王云：「『周』字義不可通，『周』當爲『害』。財者生之本也，用兵而費財，故曰害生之本。隸書『害』字或作『害』，與『周』相似而誤。」**竭天下百姓之財用不可勝數也，則此下不中人之利矣。**

今夫師者之相爲不利者也，曰將不勇，士不分，畢云：「同忿。」詒讓案：「分」疑「奮」，聲近叚借字。**兵不利，教不習，師不衆，率不利和，**俞云：「率，讀爲將率之率。『利』即『和』字之誤而衍者。」**威不圉，**圉與疆圉〔二〕義同。逸周書謚法篇云「威德剛武曰圉」，孔注云：「圉，禦也。」**害之不久，**「害」疑當作「圍」，形近而誤。**爭之不疾，孫之不强。**「孫」無義，疑當作「係」。國語吳語韋注云：「係，縛也。」蓋謂係纍民人。**植心不堅，與國諸侯疑。與國諸侯疑，則敵生慮而意羸矣。偏具此物，**畢云：「『偏』當爲『徧』」。王云：「古多以『偏』爲『徧』，不煩改字。非儒篇『遠施周偏』，公孟篇『今子偏從人而説之』，皆是『徧』之借字。益象傳『莫益之偏辭也』，本或作『徧』。檀弓『二名不偏諱』，大戴記勸學篇『偏與之而無私』，魏策『偏事三晉之吏』，漢書禮樂志『海内偏知上德』，皆以『偏』爲『徧』。又漢書郊祀志『其遊以方偏諸侯』，張良傳『天下不足以偏封』，張湯傳『偏見貴人』，史記並作

〔二〕按：「疆圉」，原文如此，義不可通。「疆」當作「彊」，彊與強同。強圉，謂強而多力。楚辭離騷「澆身服而強圉兮」，王逸注云：「強圉，多力也。」疑孫書本作「彊圉」，誤刻成「疆圉」。

『偏』。若諸子書中以『偏』爲『徧』者，則不可枚舉。漢三公山碑『興雲膚寸，偏雨四海』，亦以『偏』爲『徧』。然則『徧』之爲『偏』，非傳寫之譌也。而致從事焉，則是國家失卒，畢云：「一本作『足』。」而百姓易務也。今不嘗觀其說好攻伐之國，若使中興師，君子，此下有脱字，疑當云「君子數百」。庶人也必且數千，徒倍十萬，然後足以師而動矣。久者數歲，速者數月，是上不暇聽治，士不暇治其官府，農夫不暇稼穡，婦人不暇紡績織絍〔二〕，畢云：「説文云：『紡，網絲也。』『績，緝也。』『織，作布帛之總名也。』『紝〔三〕，機縷也。䋻，或字。』」則是國家失卒，而百姓易務也。然而又與其車馬之罷弊也，幔幕帷蓋，説文巾部云：「幔，幕也。」廣雅釋器云：「幔，帳也。」幕帷，詳中篇。三軍之用，甲兵之備，五分而得其一，則猶爲序疏矣。「序疏」二字義不可通，疑當爲「厚餘」，皆形之誤。厚餘，言多餘也。孫子作戰篇：「國之貧於師者，力屈財殫，中原内虛於家。百姓之費，十去其七。公家之費，破車罷馬，甲冑、矢弓、戟楯、矛櫓、丘牛、大車，十去其六。」此説與彼略同。然而又與其散亡道路，道路遼遠，疑衍「道路」二字，説文辵部云「遼，遠也。」糧食不繼傺，食飲之時，畢云：「王逸注楚辭云：『傺，住也。楚人名住曰傺。』」王云：「『傺』字與上下文義不相屬，未詳。『之時』當爲『不時』，『食飲不時』與『糧食不繼』對文。」俞云：「『傺』即『際』字，張遷碑『臈正之傺』是也。昭四年

〔二〕「絍」，原誤「紝」，據畢沅刻本改。按：墨子舊本均作「絍」，「絍」即説文「紝」字之或體「䋻」，見畢注。

〔三〕「紝」，原誤「絍」，據説文改。按説文，「紝」爲正篆，「絍」爲或體。

左傳『爾未際』，孟子萬章篇『敢問交際何心也』，杜預、趙岐注竝曰：『際，接也。』疑墨子原文本作『糧食不儩』，『不儩』即不接也，與中篇所云『糧食輟絶而不繼』文異義同。後人不達『儩』字之義，據中篇改爲『不繼』，而寫者兩存之，遂作『不繼儩』耳。」案：王、俞說近是。**廁役以此飢寒凍餒疾病，而轉死溝壑中者，**王云：「『廁役』二字，義無所取，當爲『廝役』之誤。宣〔二〕十二年公羊傳『廝役扈養死者數百人』，是其證。」**不可勝計也。此其爲不利於人也，天下之害厚矣。而王公大人樂而行之，則此樂賊滅天下之萬民也，豈不悖哉！今天下好戰之國，齊晉楚越，若使此四國者得意於天下，此皆十倍其國之衆，而未能食其地也，**食，謂治田以耕者。周禮遂師云：「經牧其田野，辨其可食者。」言四國荒土多，民不能盡耕之也。**是人不足而地有餘也。今又以爭地之故而反相賊也，然則是虧不足而重有餘也。**重，舊本譌「動」，道藏本作「重」，與中篇合，今據正。

今遝夫好攻伐之君，舊本「遝」作「還」。洪云：「明鬼下篇『逮至昔三代』，文與此同。『還』當是『遝』之譌。遝、逮古字通用。」戴云：「『還』當是『儇』字之誤。王逸注楚詞云：『儇，佞也。』則儇夫猶佞人也。」案：洪說是也，今據正。下文云「則〔三〕夫好攻伐之君」，可證。**又飾其說以非子墨子曰：以攻伐之爲不義，**畢云：「『以攻伐

〔二〕「宣」字，原誤「宜」，據公羊傳改。
〔三〕「則」下原衍「且」字，據本篇下文删。

之』，據後文當云『子以攻伐』。」非利物與？昔者禹征有苗，湯伐桀，武王伐紂，此皆立爲聖王，是何故也？子墨子曰：子未察吾言之類，未明其故者也。大取篇云：「辭以故生，以理長，以類行。」荀子非十二子篇楊注云：「類謂比類。」彼非所謂攻，謂誅也。依下文，「謂」上亦當有「所」字。説文言部云：「誅，討也。」謂討有罪與攻戰無罪之國異。昔者三苗大亂，舊本「者」下有「有」字，王云：「即『者』字之誤而衍者。」今據開元占經、太平御覽引删。」天命殛之，日妖宵出，「日妖」不可通，「日」疑當爲「有」之譌，下云「婦妖宵出，有鬼宵吟」。通鑑外紀引隨巢子、汲冢紀年云「三苗將亡，日夜出，晝日不出」，則疑「妖」是衍文。雨血三朝，開元占經三引太公金匱云：「有苗時，天雨血，沾衣。」龍生於廟，犬哭乎市，舊本脱「於」字，又「犬」作「大」。王云：「『龍生廟』當作『龍生於廟』，方合上下句法。太平御覽禮儀部十引此正作『龍生於廟』。『大哭乎市』文義不明。『大』當爲『犬』，『犬哭乎市』與『龍生於廟』對文。開元占經犬占引墨子曰『三苗大亂，犬哭于市』，太平御覽獸部十七引隨巢子曰『昔三苗大亂，龍生於廟，犬哭于市』，皆其證。」案：王校是也，今據正。通鑑外紀引隨巢子、汲冢紀年云「青龍生於廟」。夏冰，地坼及泉，畢云：「太平御覽引此云『三苗欲滅時，地震坼泉湧』。」五穀變化，民乃大振。畢云：「同『震』。」高陽乃命玄宮，畢云：「舜，高陽第六世孫，故云。」王云：「此當作『高陽乃命禹於玄宮』，下文禹征有苗正承此文而言，又下文『天乃命湯於鑣宮』，與此文同一例。今本脱『禹於』二字，則文義不明。」詒讓案：藝文類聚符命部引隨巢子云「天命夏禹於玄宮，有大神人面鳥身」云云，則非高陽所命也，此文疑有脱誤。今本竹書紀年：「帝舜三十五年，帝命夏后征有苗，有苗氏來朝。」」禹親把天之瑞令，畢云：「把，文選注引作『抱』。説文云：『瑞，以玉爲信也。』」詒讓案：令，文選東京賦李注引作「命」。説文手部云：「把，握也。」以征有苗。四電誘祇，未詳，疑當爲「雷電誖振」。「雷」壞字爲「田」，又誤爲「四」。「誖」、「誘」，「振」、「祇」，形並相近。「誖」、「勃」，「振」、「震」，字通。書無逸云「治民祇懼」，史記魯世家「祇」作「震」，是其證也。有神人面鳥身，若瑾以侍，人面鳥身之神，即明鬼下篇秦穆公所見之句芒也。「若瑾以侍」義不可通，「若瑾」疑「奉珪」之誤。若，鐘鼎古文作「」；奉，篆文作「」，二形相似。「珪」、「瑾」亦形之誤。儀禮覲禮記方明六玉云「東方圭」，周禮大宗伯禮四方玉云「東方以青圭」，白虎通義文質篇云「珪位在東方」，是珪於方位屬東。句芒亦東方之神，故奉珪，猶國語晉語説西方之神蓐收執鉞矣。或云「瑾」當作「璜」，於形亦近，但於四方之玉不合。蓺文類聚符命部引隨巢子云：「有大神人面鳥身，降而福之：司禄益富而國家實，司命益年而民不夭。」疑即指此事。搤矢有苗之祥，疑當作「將」。「將」或通作「𤕦」，與「祥」形近而譌。玉篇手部云：「𤕦，今作『將』，同。」搤矢，未詳。苗師大亂，後乃遂幾。道藏本「後」作「后」。説文𢆶部云：「幾，微也。」言三苗之後世遂衰微也。禹既已克有三苗，句。焉磨爲山川，別物上下，王云：「『焉』字下屬爲句，焉猶於是也，乃也。下文『湯焉敢奉率其衆』，『武王焉襲湯之緒』，義並與此同。」又云：「『磨』字義不可通，『磨』當爲『磿』。『磿』與『歷』通。周官遂師注曰：『磿者，適歷。』中山經『歷石之山』，郭注：『或作磿。』史記高祖功臣侯表『磿簡侯程黑』，漢表作『歷』。春申君傳『濮磿之北』，新序善謀篇作『歷』。樂毅傳『故鼎反乎磿室』，燕策作『歷』。歷之言離也。大戴五帝德篇曰『歷離日月星辰』，是『歷』與『離』同義。淮南精神篇曰：『別爲陰陽，離爲八極。』然則『磿爲山川』，亦謂離爲山川也。『離』與『磿』皆分別之義，故曰『磿爲山川，別物上下』。世人多見『磨』，少見『磿』，故書傳中『磿』字多譌作『磨』。史記及山海經注『磿』字，今本皆譌作『磨』。又逸周書世俘篇『伐磿』，楚策『遠自棄於磿山之中』，今本亦譌作『磨』。顔氏家訓勉學篇曰『太山羊肅讀世本「容成造磿」，以「磿〔一〕」爲碓磨之磨』，則以『磿〔二〕』爲『磨』，自古已然矣。」**卿制大極，**畢云：「說文云：『卿，章也。』」詒讓案：疑當爲「鄉制四極」，「鄉」與「卿」形近。「四」，篆文作「〓」，與「大」篆文亦近，故互譌。鄉即嚮之省。爾雅釋地云：「東至於泰遠，西至於邠國，南至於濮鈆，北至於祝栗，謂之四極。」郭注云：「皆四方極遠之國。」**而神民不違，天下乃静，則此禹之所以征有苗也。遝至乎夏王桀，**畢云：「文選注引作『夏桀時』。」遝，舊本作「還」。王云：「『還』字義不可通，或曰『還』即『旋』字。案：禹、桀相去甚遠，不得言旋至乎桀。『還』當爲『遝』，遝與逮同。逮，及也。『遝〔三〕』與『還』字形相似而誤，下文『還至乎商王紂』同。」又云：「『遝』之誤爲『還』，猶『鰥』之誤爲『鱞』。漢書律麻志『丙午遝師』，今本誤作『還』。中庸『所以逮賤也』，釋文『逮』作『遝』。哀十四年公羊傳『祖之所逮聞也』，漢石經『逮』作『遝』。」案：王說是也，洪說同，今據正。**天有酷命，**畢云：「『酷』當是『誥』字。」詒讓案：酷疑當爲「酷」，謂嚴命也。說文告部云：「嚳，急告之甚也。」白虎通義

〔一〕「磿」，原誤「磨」，據顔氏家訓改。
〔二〕「磿」，原誤「磨」，據顔氏家訓改。
〔三〕「遝」，原誤「還」，據王念孫讀書雜志改。

號篇云：「嚳者，極也。」嚳、酷字亦通。一切經音義云：「酷，古文俈、嚳、焅三形。」日月不時，寒暑雜至，易釋文引孟喜云：「雜，亂也。」謂寒暑錯亂而至，失其恒節。五穀焦死，史記龜策傳説桀紂云：「天數枯旱，國多妖祥，螟蟲歲生，五穀不成。」鬼呼國，王云：「『呼』下當有『於』字，方合上下句法。」詒讓案：御覽八十三引帝王世紀亦云「鬼呼於國」。鸖鳴十夕餘。鸖，舊本作「鸛」。盧云：「『鸛』字未詳，若作『鸖』，與『鶴』同。」案：盧説是也，道藏本、季本並作「鸖」，今據改。「鶴」字，唐姚元景造象記作「鸖」，楚金禪師碑作「鸛」，並俗書譌變。通鑑外紀夏紀云「鶴鳴於國，十日十夕不止」，即本此文。通志夏紀「鶴」作「鸛」，疑誤。天乃命湯於鑣宮，畢云：「舊脱『天』字，據文選注增。鑣，藝文類聚引作『驪』，文選注作『鑣』。」王紹蘭云：「『鑣宮』即孟子『牧宮』。天乃命湯於鑣宮，往而誅之，即『天誅造攻自牧宮』也。」案：孟子萬章篇趙注云：「牧宮，桀宮。」似與此「鑣宮」異，王説未塙。用受夏之大命：「夏德大亂，予既卒其命於天矣，往而誅之，必使汝堪之。」畢云：「文選注、藝文類聚引作『戡』，此『𢦟』字之假音。説文云：『𢦟，殺也。』爾雅云：『堪，勝也。』」案：「夏德大亂」以下四句，文義與下文重複，疑校書者附記異同，遂與正文淆混。文選辯命論、褚淵碑文注兩引亦無此數語。畢所校乃下文之異文也。湯焉敢奉率其衆，是以鄉有夏之境，王引之云：「焉猶乃也。言湯既受天命，乃敢伐夏也。」王紹蘭云：「『焉』之爲言於是也。」帝乃使陰暴毀有夏之城。陰，疑「降」之誤。少少，有神來告曰：「夏德大亂，往攻之，予必使汝大堪之。予既受命於天，天命融隆火畢云：「隆，疑作『降』，言命祝融降火。」王云：「『降』與『隆』通，不煩改字，詳尚賢中篇。」詒讓案：國語周語內史過説夏亡，「回禄信於聆隧」，韋注云：「回禄，火神；聆隧，地名。」左昭十八年傳鄭災，「禳火於玄冥、回禄」，孔疏云：「楚之先吴回爲祝融，或云回禄即吴回也。」是融即回禄，此與周語所云即一事也。**于夏之城閒西北之隅。**」備城門篇云：「城四面四隅，皆爲高磿[illegible]。」考工記匠人「城隅之制九雉」，鄭注云：「城隅，謂角浮思也。」詩邶風静女篇「俟我于城隅」。**湯奉桀衆以克有，**蘇云：「『有』下脱『夏』字。」**屬諸侯於薄，**禮記經解鄭注云：「屬猶合也。」畢云：「此作『薄』，是也。管子地數云『湯有七十里之薄』，周書殷祝解云『湯放桀而復薄』，荀子議兵云『古者湯以薄，武王以滈』，吕氏春秋云『湯嘗約于郼薄』，皆作『薄』。地理志云『河南偃師尸鄉，殷湯所都』，是今河南偃師也。史記集解云：『皇甫謐曰：梁國穀孰爲南亳，即湯都也。』括地志云：『宋州穀孰縣西南三十五里南亳故城，即南亳，湯都也。宋州北五十里大蒙城爲景亳，湯所盟地，因景山爲名。河南偃師爲西亳，帝嚳及湯所都，盤庚亦從都之。』又案：薄，惟孟子作『亳』，非正字也。亳，京兆杜陵亭，見説文。別有亳王號湯，在今陝西三原縣，地名不同。」**薦章天命，**爾雅釋詁云：「薦，進也。」儀禮士冠禮鄭注云：「章，明也。」**通于四方，而天下諸侯莫敢不賓服，則此湯之所以誅桀也。遝至乎商王紂，**遝，舊本亦作「還」，今依王校正，詳上。畢云：「文選注引作『商王紂時』，太平御覽作『紂之時』。」**天不序其德，**王云：「序，順也。言天不順紂之德，非樂篇引湯之官刑曰『上帝不順』是也。爾雅曰：『順，敍也。』敍與序同。法言問神篇曰『事得其序之謂訓』，訓與順同。周語曰『周旋序順』，序亦順也。逸周書序曰『文王告武王以序德之行』。」俞云：「『序』乃『享』字之誤。莊子則陽篇『隨序之相理』，釋文曰：『序，一本作享。』是其例也。『天不享其德』，文義甚明。字誤作『序』，不可通矣。」案：俞説是也。尚賢中篇云「則天鄉其德」，鄉亦與享通。**祀用失時，**史記龜策傳説桀、紂云「逆亂四時，先〔一〕百鬼嘗」，蓋言祭祀不以時舉也。**兼夜中，**有脱誤。**十日雨土于薄，**畢云：「太平御覽引作『亳』，假音字。」詒讓案：李淳風乙巳占亦引墨子曰：「商紂不德，十日雨土於亳。」今本紀年：「帝辛五年，雨土于亳。」**九鼎遷止，婦妖宵出，有鬼宵吟，**文選蘇子卿古詩李注引蒼頡篇云：「吟，歎也。」**有女爲男，天雨肉，**呂氏春秋愼大篇説殷亡之妖，云「天雨血」。**棘生乎國道，**國道，謂國中九經九緯之涂也。**王兄自縱也。**王云：「兄與況同。況，益也。言紂益自放縱也。小雅常棣篇『況也永嘆』，毛傳曰：『況，茲也。』茲與滋同。滋，益也。晉語『衆況厚之』，韋注曰：『況，益也。』無逸『則皇自敬德』，漢石經『皇』作『兄』，王肅本作『況』，云『況滋益用敬德』。大雅桑柔篇『倉兄填兮』，召旻篇『職兄斯引』，傳竝曰：『兄，茲也。』」案：王説是也，顧説同。蘇謂即微子出奔之事，誤。**赤烏銜珪，**畢云：「烏，太平御覽引作『雀』。珪，初學記引作『書』。」詒讓案：太平御覽時序部引尚書中候云：「周文王爲西伯，季秋之月甲子，赤雀銜丹書入豐，止于昌户。王乃拜稽首受取，曰：姬昌蒼帝子，亡殷者紂也。」宋書符瑞志同。史記周本紀正義〔二〕引尚書帝命驗云「季秋之月甲子，赤爵銜丹書入于酆，止于昌户，其書云『敬勝怠者吉』」云云，與大戴禮記武王踐阼篇丹書文同，與此異。以上諸書，並作「銜書」，與初學記同。呂氏春秋應同篇云「文王之時，赤烏銜丹書，集之周社」，亦與此書降岐社事同，疑皆一事，而傳聞緣飾不免詭異

〔一〕「先」，原誤「失」，據史記龜策傳改。

〔二〕「正義」上原衍「集解」二字，據史記周本紀刪。按：引尚書帝命驗者乃張守節史記正義，非裴駰史記集解。

耳。**降周之岐社，**今本紀年：「帝辛三十二年，有赤烏集于周社。」**曰：「天命周文王伐殷有國。」**畢云：「太平御覽云『命曰：周文王伐殷』，事類賦云『命伐殷也』。」**泰顛來賓，**蘇云：「孟子云：『太公避紂，居北海之濱，聞文王作興，曰：盍歸乎來！』即來賓之事也。」案：泰顛與太公非一人，詳尚賢上篇。**河出緑圖，**北堂書鈔地部引隨巢子云「姬氏之興，河出緑圖」，吕氏春秋觀表篇云「緑圖幡薄從此生矣」，淮南子俶真訓云「至德之世，洛出丹書，河出緑圖」，易緯乾鑿度云「昌以西伯受命，改正朔，布王號於天下，受籙應河圖」。緑、籙通。**地出乘黄。**周書王會篇云：「白民乘黄。乘黄者似狐，其背有兩角。」山海經海外西經同。宋書符瑞志云：「帝舜即位，地出乘黄之馬。」劉賡稽瑞引孫氏瑞應圖云：「王者德御四方，輿服有度，秣馬不過所業，則地出乘黄。」淮南子云「黄帝治天下，飛黄服皁」，高注云：「飛黄，乘黄。」**武王踐功，**「踐功」疑「踐阼」之誤。**夢見三神，曰：**畢云：「舊脱此字，據文選注、藝文類聚增。」**「予既沈漬殷紂于酒德矣，**書微子「我用沈酗于酒」，孔疏云：「人以酒亂，若沈於水。故以耽酒爲沈也。」史記宋世家「紂沈湎于酒」。詩小雅釋文云：「漬，淹也。」一切經音義引通俗文云：「水浸曰漬。」畢云：「漬，藝文類聚引作『潰』。」**往攻之，予必使汝大堪之。」**畢云：「堪，藝文類聚、文選注引作『戡』。」**武王乃攻狂夫，反商之周，**「攻狂夫」疑當作「往攻之」，上文屢見。「往」、「狂」，「之」、「夫」，形近而誤，「攻」字又誤移著「乃」下，遂不可通耳。戴云「『狂夫』疑『獨夫』之誤」，非。**天賜武王黄鳥之旗。**畢云：「賜，太平御覽引作『錫』。北堂書鈔引隨巢子云『天賜武王黄鳥之旗』，抱朴子云『武王時興，天給之旗』。」詒讓案：黄鳥之旗，疑即周禮巾車之「大赤」，亦即司常之「鳥隼爲旟」。考工記輈人云「鳥旟七斿，以象鶉火也」，國語吴語謂之「赤旟」。曲禮云「行前朱雀而後玄武」，「朱雀」即指鳥旟言之，黄與朱色近，故赤旟謂之「黄鳥之旗」。大赤爲周正色之旗，流俗緣飾，遂以爲天錫之祥矣。**王既已克**

殷，成帝之來，周書商誓篇云：「武王曰：予惟甲子克致天之大罰，□帝之來，革紂之□□，予亦無敢違大命。」與此文意略同。畢云：「『來』當爲『賚』。」分主諸神，祀紂先王，明鬼下篇云：「昔者武王之攻殷誅紂也，使諸侯分其祭，曰：使親者受内祀，疏者受外祀。」是其事也。通維四夷，「維」當作「于」，上文説湯云「通于四方」。而天下莫不賓，句。焉襲湯之緒，詩魯頌閟宫云「纘禹之緒」，毛傳云：「緒，業也。」王引之云：「言武王乃襲湯之緒也。」此即武王之所以誅紂也。若以此三聖王者觀之，則非所謂攻也，所謂誅也。

則夫好攻伐之君，又飾其説以非子墨子曰：子以攻伐爲不義，非利物與？昔者楚熊麗畢云：「史記楚世家云：『鬻熊子事文王，蚤卒，其子曰熊麗。』」始討此睢〔一〕山之閒，畢云：「『討』字當爲『封』。睢山，即江漢沮漳之沮。」詒讓案：史記楚世家「熊繹當周成王之時，舉文武勤勞之後嗣，而封熊繹於楚蠻」，是始封楚者，爲熊麗之孫繹，與此書不同。梁玉繩云：「麗是繹祖，睢爲楚望，然則繹之前已建國楚地，成王蓋因而封之，非成王封繹始有國耳。」越王繄虧盧云：「即無餘也。繄，舊作『緊』，非，以意改。」案：畢本亦依盧校，今從之。史記周本紀「共王名繄扈」，與此相類。「無餘」見越絶書外傳記地篇，吴越春秋越王無余外傳字作「余」，同。依盧校，繄虧即無餘。疑無餘本名無虧，左傳僖十七年齊有公子無虧，越王名或與彼同。古語「無」，長言之或曰「繄無」。周禮職方氏「幽州山

〔一〕「睢」，原作「雎」，據畢沅注云「即江漢沮漳之沮」，則「雎」本應作「睢」。按：左傳哀公六年「江漢睢漳，楚之望也」，睢、沮字同，此畢注所本。墨子舊本如明嘉靖唐堯臣刻本等亦作「睢」，今據改正。注文内「睢」字並同。「睢」、「雎」形似，古書刻本多混同，實則睢、雎二字音義迥别。今通行墨子各印本或亦沿誤作「雎」。

鎮〔二〕醫無閭」，醫亦與繄音同。續漢書郡國志遼東屬國無慮縣有醫無閭山，是醫無閭短言之曰無慮。則無虧長言之亦可云繄無虧，短言之又可云繄虧。虧、餘亦聲相轉也。但無餘遠在夏世，而史記越世家則謂句踐始爲越王。史記正義引輿地志云：「周敬王時，有越侯夫譚，子曰允常，拓土始大，稱王。」案允常爲句踐父，漢書古今人表亦云「越王允常」，並與史記不同。此越王或當是允常，亦未能決定也。又案國語、世本並以越爲芈姓，則疑繄虧或即執疵，詳後。**出自有遽，**史記越世家云：「其先禹之苗裔，而夏后帝少康之庶子也，封於會稽，以奉守禹之祀。」吳越春秋云：「少康恐禹迹宗廟祭祀之絶，乃封其庶子於越，號曰無餘。」水經漸江水注云「夏后少康封少子杼，以奉禹祠，爲越」，則與帝杼同名，疑誤。水經注又云：「秦望山，南有嶕峴，峴裏有大城，越王無餘之舊都也。故吳越春秋『句踐語范蠡曰：先君無餘，國在南山之陽』。」則酈氏亦兼據趙説矣。但此云「出自有遽」，古籍無徵。國語鄭語云「芈姓夔越」與史記不同。吳語韋注云：「越王句踐，祝融之後，允常之子，芈姓也。」又引世本亦云：「越，芈姓也。」漢書地理志顔注引臣瓚，亦據世本明越非禹後。大戴禮記帝繫篇云：「陸終産六子，其六曰季連，是爲芈姓。季連産付祖氏，付祖氏産穴熊，九世至于渠。婁鯀出自熊渠，有子三人，其孟之名爲無康，爲句亶王；其中之名爲紅，爲鄂王；其季之名爲疵，爲戚章王。」史記楚世家云：「熊渠立其長子康爲句亶王，中子紅爲鄂王，少子執疵爲越章王。」孔廣森云：「婁鯀或當爲夔越，越即越章也。戚章，字形之誤。」詒讓案：以世本、帝繫證之，則國語之説不爲無徵。左僖二十六年傳「夔子曰：我先王〔三〕熊摯」，漢書古今人表及史記正義引宋均樂緯注，並謂熊摯亦熊渠子。竊疑夔越同出，孔説似可通。若然，此「出自有遽」或當云「出自熊

〔二〕「山鎮」，原誤倒爲「鎮山」，據周禮職方氏改。

〔三〕「王」，原誤「生」，據左傳改。

渠」，猶帝繫云「婁鯀出自熊渠」也。渠、遽聲近，古通用。始邦於越，唐叔與吕尚邦齊晉。此皆地方數百里，今以并國之故，四分天下而有之。蘇云：「墨子當春秋後，其時越方强盛，而晉尚未亡，故以荆越齊晉爲四大國。不數秦者，時秦方衰亂故也。此可徵墨子在孔子後而未及戰國也。凡書中涉戰國時事者，皆其徒爲之爾。」是故何也？子墨子曰：子未察吾言之類，未明其故者也。古者天子之始封諸侯也，萬有餘。畢云：「吕氏春秋用民云：『當禹之時，天下萬國，至於湯而三千餘國。』」戴云：「當補『國』字，文義始足。」今以并國之故，萬國有餘皆滅，戴云：「『萬國有餘』當作『萬有餘國』。」而四國獨立。此譬猶醫之藥萬有餘人，而四人愈也，則不可謂良醫矣。

則夫好攻伐之君又飾其説曰：我非以金玉、子女、壤地爲不足也，我欲以義名立於天下，以德求諸侯也。畢云：「求，一本作『來』，下同。」子墨子曰：今若有能以義名立於天下，以德求諸侯者，天下之服可立而待也。夫天下處攻伐久矣，譬若傅子之爲馬然。傅，畢本改「傳」，云：「『傳子，言傳舍之人。」王云：「畢説非也。傳當爲『僮』，字之誤也。僮，今童字也。説文：『僮，未冠也。』魯語曰『使僮子備官』，史記樂書曰『使僮男、僮女七十人俱歌』，宋世家曰『彼狡僮兮』，玉篇曰：『僮，今爲童。』耕柱篇曰：『大國之攻小國，譬猶童子之爲馬也。童子之爲馬，足用而勞。今大國之攻小國也，攻者農夫不得耕，婦人不得織，以守爲事。攻人者亦農夫不得耕，婦人不得織，以攻爲事。故大國之攻小國也，譬猶童子之爲馬也。』是其證。」洪云：「『傅子』當是『倀子』之譌。方言：『燕、齊之閒，養馬者謂之倀。』後漢書杜篤傳李注引方言：『倀，養馬人也。』」案：道藏本、季本作「傅」，王説近是，蘇校同。「傅」或當爲「孺」，「孺」俗作「[illegible]」，與「傅」形近。孺子、僮子義同。今若有能信効先利天下諸侯者，効讀爲交，同聲叚借字。信交，謂相交以信。周禮大行人云：「凡諸侯之邦交，歲相問也，殷相聘也，世相朝也。」大國之不義也，則同憂之；大國之攻小國也，則同救之；小國城郭之不全也，必使修之；布粟之絶，則委之；王云：「『之絶』二字不詞，當是『乏絶』之誤。月令曰『賜貧窮，振乏絶』是也。委讀委輸之委，後漢書千乘貞王伉傳『租委鮮薄』，注：『委，謂委輸也。』」案：王說是也，周禮小行人云：「若國凶荒，則令賙委之。」幣帛不足，則共之。畢云：「共同供。」以此効大國，則小國之君說。効亦讀爲交。此云「交大國」，則不宜云「小國之君說」，疑「小國」亦當爲「大國」。上文云「是故古之仁人有天下者，必交大國之説」，是其證。人勞我逸，則我甲兵强。寛以惠，緩易急，民必移。呂氏春秋義賞篇云「賞重則民移之」，高注云：「移猶歸也。」易攻伐以治我國，攻必倍。「攻」當爲「功」之借字。量我師舉之費，以爭諸侯之斃，爭，舊本作「諍」。王云：「涉下文『諸』字從言而誤，今改。」蘇云：「諍，義與征同。」案：王校是也。說文犬部云：「獘，頓仆也。或作『斃』，從死。」左襄二十七年傳「以誣道蔽諸侯」，釋文引服虔作「斃」，云：「斃，踣也。一曰罷也。」則必可得而序利焉。王引之云：「『序利』當爲『厚利』，隸書『厚』字或作『𢉖』，見漢荊州刺史度尚碑，又作『厚』，見三公山碑，形與『序』相似而誤。詩序『厚人倫』，釋文：『厚，本或作序，非。』荀子王霸篇『桀紂即厚於有天下之埶』，鹽鐵論國病篇『無德厚於民』，今本『厚』字竝譌作『序』。此言量我興師之費，以爭諸侯之斃者，則厚利必可得也。明鬼篇曰『豈非厚利哉』，今本『厚』作『序』，則義不可通。」俞云：「『序』亦『享』字之誤。」案：俞說是也，詳前。督以正，說文目部云：「督，察也。」爾雅釋詁云：「督，正也。」郭注云：「督謂御正。」義其名，即上文云「我以義名立於天下也」。必務寛吾衆，信吾師，以此授諸侯之師，「授」字無義，疑當爲「援」。禮記儒行鄭注云：「援，猶引也，取也。」則天下無敵矣，其爲下不可勝數也。蘇云：「句有脱字，當作『其爲利天下，不可勝數也』。」此天下之利，而王公大人不知而用，則此可謂不知利天下之巨務矣。畢云：「巨，舊作『臣』，以意改。」案：顧校季氏本正作「巨」。

是故子墨子曰：今且天下之王公大人士君子，王引之云：「今且，今夫也。」中情將欲求興天下之利，除天下之害，當若繁爲攻伐，此實天下之巨害也。今欲爲仁義，求爲上士，尚欲中聖王之道，尚、上字通。下欲中國家百姓之利，故當若非攻之爲説，而將不可不察者此也。畢云：「舊脱下『不』字，以意增。」王云：「『不可不察者此也』，本作『不可不察此者也』。『此』字指非攻之説而言，言欲爲仁義，則不可不察此非攻之説也。今本『此者』二字倒轉，則與上文『今欲』二字義不相屬矣。節葬篇『故當若節喪之爲政，而不可不察者此也』，『者此』亦『此者』之誤。尚賢篇『故尚賢之爲説，而不可不察此者也』，明鬼篇『故當鬼神之有與無之別，以爲將不可以不明察此者也』，『此者』二字皆不誤。」

墨子閒詁卷六

節用上第二十

聖人爲政一國，一國可倍也；畢云：「言利可倍。」大之爲政天下，天下可倍也。其倍之，非外取地也，因其國家去其無用之費，舊本脱「用之費」三字，王據下文及中篇補。足以倍之。聖王爲政，其發令興事、使民用財也，使，舊本作「便」。王云：「『便民』二字與下句文意不合，『便民』當爲『使民』，言必有用之事，然後使民爲之也。」案：王校是也，今據正。無不加用而爲者，是故用財不費，民德不勞，德與得通，下同。其興利多矣。

其爲衣裘何？以爲冬以圉寒，夏以圉暑。圉、禦字通，詳辭過篇。凡爲衣裳之道，冬加温、夏加清者，芊䱉不加者去之。畢云：「『芊䱉』二字凡四見，疑一『鮮』字之誤。鮮，少也，言少有不加於温清者去之，即下篇云『諸加費不加于民利者，聖王弗爲』是也。不加，猶云無益。」洪云：「篇中言爲『宫室』、『甲盾』、『五兵』、『舟車』，『芊䱉』字凡四見，其文義皆同。以中篇言『衣服』、『舟楫』、『宫室』句證之，『芊䱉』當是『則止』二字之譌。

『則』譌爲『鮮』，『止』譌爲『且』，傳寫者又割裂，譌爲『芊䱙』。」俞云：「『芊䱙』二字凡四見，疑當作『鮮且』，蓋『鮮』字左旁之『魚』誤移在『且』字左旁耳。且讀爲䵼，鮮且者，鮮䵼也。說文黹部：『䵼，合五采鮮色。從黹，虘聲。詩曰：衣裳䵼䵼。』鮮色謂之䵼，故合而言之曰鮮䵼。今詩作『楚楚』，毛傳曰：『楚楚，鮮明貌。』然則鮮䵼連言，正古義也。鮮且不加，謂徒爲華美而無益於用。畢云『不加』猶言無益，是也。䵼從虘聲，虘從且聲，故䵼得以且爲之。如籀文『𨖍』，小篆作『𨑢』，或作『徂』，而詩溱洧篇『士曰既且』，釋文曰：『且，往也。』則即以且爲之，是其例矣。」案：俞說近是。公孟篇云「楚莊王鮮冠組纓」，「芊䱙」、「鮮組」並「鮮䵼」之異文。又疑當爲「華駔」，晏子春秋諫下篇云「今君之服駔華，不可以導衆」，又云「聖人之服，中侻而不駔」。此「䱙」字從魚，且聲，舊本並同。俞正燮謂「羊〔二〕」乃「善」脫，「䱙」乃「但」誤，則誤仞爲從旦，又讀「羊」屬上爲句，並謬。蘇云「或作『鮮有』二字」，亦非。**其爲宮室何？以爲冬以圉風寒，夏以圉暑雨，有盜賊加固者，芊䱙不加者去之。其爲甲盾五兵何？**周禮司兵云「掌五兵五盾」，又「軍事，建車之五兵」，鄭衆注云：「五兵者，戈、殳、戟、酋矛、夷矛。」鄭康成云：「步卒之五兵，則無夷矛而有弓矢。」司馬法定爵篇云：「弓矢圍，殳矛守，戈戟助。凡五兵，當長以衛短，短以救長。」案：五兵古說多差異，惟鄭君與司馬法合，當爲定論。此甲盾、五兵並舉，而衛宏漢舊儀說五兵有甲鎧，周禮肆師賈疏引五經異義公羊說、穀梁莊二十五年范甯注、曾子問孔疏引禮記隱義、揚雄大玄經玄數說五兵並有盾，皆非也。**以爲以圉寇亂盜賊，若有寇亂盜賊，有**

〔二〕按：俞氏所謂「羊」，指正文「芊」字，非所見本有異文。「羊」字篆作「羊」，隸變作「芊」，今楷作「羊」。

甲盾五兵者勝，無者不勝，畢云：「者，舊作『有』，以意改。」是故聖人作爲甲盾五兵。凡爲甲盾五兵，加輕以利、堅而難折者，芊䱉不加者去之。其爲舟車何？以爲車以行陵陸，舟以行川谷，以通四方之利。凡爲舟車之道，加輕以利者，芊䱉不加者去之。凡其爲此物也，無不加用而爲者，舊無「不」字。俞云：「上文云『無不加用而爲者』，此脱『不』字。」案：俞校是也，今據補。是故用財不費，民德不勞，其興利多矣。有去大人之好聚珠玉鳥獸犬馬，舊本無「矣」字。戴云：「『多』下當依上文補『矣』字。『有』疑『者』字之誤，『者』上脱『今』字。『去』字乃『王公』二字之誤。」案：戴校「多」下補「矣」字，是也，今據增。有當讀爲又。此承上文，言聖人爲衣裳、宮室、甲盾、五兵、舟車，既去其芊䱉不加者而不爲，又去珠玉、鳥獸、犬馬之玩好，以益爲衣裳五者，故其數自倍增也。戴説並非。以益衣裳、宮室、甲盾、五兵、舟車之數，於數倍乎？若則不難。戴云：「若猶此也。『則不難』下有脱文。」案：審校文義，似無脱文。

故孰爲難倍？唯人爲難倍。然人有可倍也。昔者聖王爲法曰：「丈夫年二十，毋敢不處家。明吳寬鈔本作「不敢毋處家」。左文十八年傳云「男有家」，周禮大司徒鄭注云：「有夫有婦，然後爲家。」女子年十五，吳鈔本作「二十」，誤。毋敢不事人。」周禮媒氏「令男三十而娶，女二十而嫁」，賈疏引王肅聖證論云：「前賢有言：丈夫二十不敢不有室，女子十五不敢不有其家。」王肅語本於此。此聖王之法也。韓非子外儲説右篇：「齊桓公下令於民曰：丈夫二十而室，婦人十五而嫁。」亦見説苑貴德篇。墨子此説與彼同。國語越語亦云：「女子十七不嫁，其父母有罪；丈夫二十不娶，其父母有罪。」齊、越之令，或亦本聖王之法與？聖王既没，于民次也。次讀爲恣，言恣民之所欲。其欲蚤處家者，有所二十年處家；其欲晚處家者，有所四十年處家。王云：「所猶時也。言有時二十年，有時四十年也。文十三年公羊傳注曰：『所猶時也。』」以其蚤與其晚相踐，玉藻鄭注云：「『踐』當爲『翦』，聲之誤也。」呂氏春秋制樂篇高注云：「翦，除也。」戴云：「踐讀如『籩豆有踐』之踐，傳曰：『踐，行列皃。』行列有比校之義。」案：戴說未允。後聖王之法十年。若純三年而字，子生可以二三年矣。周禮玉人注云：「純，猶皆也。」說文子部云：「字，乳也。」蘇云：「字猶養也。下『年』字疑當作『人』」。蓋聖王之法，二十而處家，今後十年，彼早處家者當有二三子也。」戴云：「虞氏注易屯卦云：『字，妊娠也。』下『年』字乃『人』字之誤。」此不惟使民蚤處家惟，吴鈔本作「唯」。而可以倍與？且不然已。此文未足，必有脫字。明鬼下篇云「且不惟此爲然」，此「且不」下疑亦脫「惟此爲」三字。

今天下爲政者，其所以寡人之道多。其使民勞，其籍斂厚，王引之云：「籍斂，稅斂也。大雅韓奕篇『實畝實籍』，箋曰：『籍，稅也。』正義引宣十五年公羊傳曰『什一而籍』。」民財不足，凍餓死者不可勝數也。且大人惟毋興師以攻伐鄰國，惟毋，吴鈔本作「唯無」。畢本「毋」改「毌」，云「毌」同「貫」。案：畢校非也。唯毋，毋，語詞，說詳尚賢中篇。久者終年，速者數月，男女久不相見，此所以寡人之道也。與居處不安，飲食不時，作疾病死者，有與侵就僾橐、有讀爲又。「侵就」未詳。橐，以舉火攻城之具，見備穴篇。韓非子八說篇云「干城距衝，不若堙穴伏橐」，疑此「僾」亦當爲「伏」之譌。畢云：「『僾』即『援』字異文。」攻城野戰死者，不可勝數。此不令爲政者所以寡人之道數術而起與？畢云：「『令』當爲『今』。」戴云：「不猶非也。」聖人爲政特無此，「此」

字疑當重，誤脱其一。不聖人爲政，其所以衆人之道亦數術而起與？故子墨子曰：去無用之費，王云：「舊本脱『費』字，中篇曰『諸加費不加于民利者，聖王弗爲』，今據補。」聖王之道，天下之大利也。

節用中第二十一

子墨子言曰：古者明王聖人所以王天下、正諸侯者，彼其愛民謹忠，説文言部云：「謹，慎也。」此蓋與信義近。利民謹厚，忠信相連，又示之以利，是以終身不饜，吴鈔本作「厭」。殁世而不卷。殁，吴鈔本作「没」。世，舊本作「二十」二字，盧云「二字疑當爲『世』」，今據正。蘇云：「『卷』當爲『倦』。」詒讓案：正字當作「券」，説文力部云：「券，勞也。」考工記輈人鄭注云：「券，今倦字也。」卷即券之叚字。古者明王聖人，其所以王天下、正諸侯者，此也。正，長也，詳親士篇。

是故古者聖王制爲節用之法，曰：「凡天下羣百工，輪、車、鞼、匏、畢云：「鞼，説文云：『韋繡也。』『匏』當爲『鞄』，説文云：『柔革工也，讀若朴。』」王云：「『鞼』即攷工記『函鮑韗韋裘』之『韗』，非謂韋繡也。輪、車、梓、匠爲攻木之工，陶爲摶埴之工，冶爲攻金之工，然則『鞼、匏』即韗、鮑，爲攻皮之工也。凡文、吻、問與脂、旨、至，古音多互相轉，故『韗』字或作『鞼』。『鞄』之爲『匏』，亦借字耳，故攷工記又借作『鮑』。」案：王説近是。説文革部云：「韗，攻皮治鼓工也。或從韋，作『韗』。」又云：「鞄，柔革工也。周禮曰：柔皮之工鮑氏。」「鞄」即「鮑」也，此叚「鞼、匏」字爲之。非儒篇有「鮑、函、車、匠」，字亦作「鮑」。或云考工記「設色之工畫繢」，「鞼」即「繢」之借字，亦通。陶、冶、梓、匠，使各從事其所能。」曰：「凡足以奉給民用，則止。」諸加費不加于民利者，聖王弗爲。畢云：「舊『民用』下作『諸加費不加民利則止』，今據後文改。史記李斯列傳『李斯曰：凡古聖王，飲食有節，車器有數，宮室有度，出令造事加費而無益於民利者，禁』，即用此義。」

古者聖王制爲飲食之法，曰：「足以充虛繼氣，強股肱，畢云：「太平御覽引有『使』字。」耳目聰明，則止。」不極五味之調、芬香之和，畢云：「芬字同芬。」不致遠國珍怪異物。怪，舊本作「恠」。畢云：「恠，一本作『怪』，太平御覽引同。說文云：『恠，大也。』亦通。」詒讓案：作「怪」是也，今據正。恠，篆文相近而譌。公羊昭三十一年傳「有珍怪之食」，何注云：「珍怪，猶奇異也。」荀子正論篇云「食飲則重大牢而備珍怪」，淮南子精神訓云「珍怪奇異，人之所美也，而堯糲粢之飯，藜藿之羹」。何以知其然？古者堯治天下，南撫交阯，吳鈔本作「趾」。案：阯，趾之叚字。大戴禮記少閒篇、韓非子十過篇、淮南子脩務訓並作「趾」。高注云：「交趾，南方之國。」荀子楊注引尸子及賈子新書並作「阯」。案：交阯，即今越南國。北降幽都，王云：「『降』字義不可通，『降』當爲『際』。爾雅：『際、接，捷也。』郭注曰：『捷，謂相接續也。』『際』、『降』字形相似，故傳寫易譌。周易集解豐象傳『天降祥也』，王弼本『降祥』作『際翔』。」案：王校是也。淮南子脩務訓高注云：「陰氣所在，故曰幽都，今鴈門以北是。」莊子在宥篇云「堯流共工於幽都」，釋文引李頤云：「即幽州也。尚書作幽州，北裔也。」東西至日所出入，畢云：「謂暘谷、昧谷。」詒讓案：荀子王霸篇楊注引尸子云「堯南撫交阯，北懷幽都，東西至日月之所出入」，韓非子十過篇云「昔者堯有天下，其地南至交阯，北至幽都，東西至日月之所出入者，莫不賓服」，文並略同。又大戴禮記少閒篇云「昔虞舜以天德嗣堯，朔方幽都來服，南撫交趾，出入日月，莫不率俾」，淮南子脩務訓云「堯北撫幽都，南通交趾」，賈誼新書脩政語上云「堯撫交阯，北中幽都」，亦與此文大同小異。**莫不賓服，逮至其厚愛。黍稷不二，羹胾不重，**說文肉部云：「胾，大臠也。」詩魯頌閟宮「毛炰胾羹」，毛傳云：「胾，肉也；羹，大羹，鉶羹也。」管子弟子職「羹胾中別」，尹注云：「胾，謂肉而細切。」案：不重，謂止一品，不多重也。**飯於土塯，**飯，舊本譌「飲」。王云：「土塯乃飯器，非飲器，『飲』乃『飯』字之誤。」案：王校是也，今據正。畢云：「『塯』當爲『溜』，太平御覽引此云『飯土軌』。史記李斯列傳二世責問李斯曰『吾有所聞於韓子也，曰：堯飯土匭，啜土鉶』，徐廣曰：『匭，一作溜。』說文無『塯』字，玉篇云：『力又切，瓦飯器也。』」詒讓案：史記秦始皇本紀云「飯土簋」，索隱本「簋」作「塯」，云：「如字，一音鏤，一作『簋』。」又敘傳云「食土簋」，集解：「徐廣云：一作『塯』。」與此字並同。韓非子十過篇云「堯飯於土簋，飲於土鉶」，即李斯所本。韓詩外傳三又云「舜飯乎土簋，啜乎土型」，文並大同小異。**啜於土形，**畢云：「太平御覽引作『鉶』。鄭君注周禮云：『鉶，羹器也。』後漢書注引此云：『堯舜堂高三尺，土階三等，茅茨不翦，采椽不斲，飯〔一〕土簋，歠土鉶，糲粱之飯，藜藿之羹，夏日葛衣，冬日鹿裘，是約己也。』文選注亦以爲此文。案：出韓非子。」顧云：「秦本紀正作『土形』，太史公自序作『刑』。」詒讓案：說文口部云：「啜，嘗也。」「形」、「刑」並「鉶」之叚字。史記敘傳司馬談論六家要指云：「墨者亦尚堯舜道，言其德行，曰：堂高三尺，土階三等，茅茨不翦，采椽不刮，食土簋，啜土刑，糲粱之食，藜藿之羹，夏日葛衣，冬日鹿裘。」後漢書注所引疑即本史記文。史記正義引顏氏云：「刑，所以盛羹也。土，謂燒土爲之，即瓦器也。」秦始皇本紀作「啜土

〔一〕「飯」，原誤「飲」。按：畢所謂「後漢書注」，見後漢書趙典傳李賢注，今據改正。

形〔一〕」，集解引如淳云：「土形〔二〕，飯器之屬，瓦器也。」李斯傳作「鉶」，韓非子十過篇同，韓詩外傳又作「型」。斗以酌。王云：「『斗』上脱一字，此與下文義不相屬，『酌』下必多脱文，不可考。」詒讓案：詩大雅行葦云「酌以大斗」。説文木部云：「枓，勺也。」勺部云：「勺，挹取也。」此「斗」、「酌」即「枓」、「勺」之叚借字，謂以枓挹酒漿也。俛仰周旋威儀之禮，畢云：「説文云：『頫，低頭也。或從人免。』」聖王弗爲。此句上，以上下文例校之，當亦有「諸加費不加於民利者」九字。

古者聖王制爲衣服之法，曰：「冬服紺緅之衣，輕且暖，畢云：「説文云：『紺，帛深青揚赤色。』玉篇：『紺，古憾切。』案：『緅』非古字，當爲『纔』。考工記云『五入爲緅』，鄭君注云：『今禮俗文作爵，言如爵頭色。』説文『纔』云『帛雀頭色』，與鄭注『緅』義合。説文無『緅』字，是知當爲『纔』。」夏服絺綌之衣，輕且清，則止。」諸加費不加於民利者，聖王弗爲。

古者聖人爲猛禽狡獸暴人害民，廣雅釋詁云：「狡，健也。」吕氏春秋恃君篇「服狡蟲」，高注云：「狡蟲，蟲之狡害者。」此「狡獸」與彼「狡蟲」義同。於是教民以兵行，日帶劒，爲刺則入，「日」疑當爲「曰」。擊則斷，旁擊而不折，此劒之利也。甲爲衣則輕且利，動則兵且從，「兵」字無義，疑當作「弁」，與「兵」形近而誤。弁者，變之叚字。書堯典「於變時雍」，漢孔宙碑作「於亓時廱」，「亓」即「弁」之隸變，是其證也。考工記函人

〔一〕〔二〕「形」，原並誤「刑」，據活字本改，與史記合。

「爲甲，衣之無齘，則變也」，鄭注云：「變，隨人身便利。」此「變且從」之義。**此甲之利也。車爲服重致遠，乘之則安，引之則利，安以不傷人，利以速至，此車之利也。古者聖王爲大川廣谷之不可濟，於是利爲舟楫，**王云：「『利』字義不可通，『利』當爲『制』，隸書『制』字或作『剌』，與『利』相似而誤。」**足以將之則止。**廣雅釋詁云：「將，行也。」止，舊譌「上」，今據道藏本正。**雖上者三公諸侯至，**畢〔一〕云：「上，舊作『止』，以意改。」**舟楫不易，津人不飾，**說文水部云：「津，水渡也。」津人，蓋掌渡之吏士。左傳昭〔二〕二十四年，「王子朝用成周之寶珪于河。甲戌，津人得諸河上」，列子黃帝篇云「津人操舟若神」，劉向列女傳辯通篇「趙津女娟者，趙河津吏之女」。**此舟之利也。**

古者聖王制爲節葬之法，曰：「衣三領，意林作「三領之衣」，荀子正論篇楊注云：「三領，三稱也。」禮記『君陳衣於序東，西領南上』，故以領言。」**足以朽肉，棺三寸，**意林作「三寸之棺」，說詳節葬下篇。**足以朽骸，**荀子正論篇云：「世俗之爲說者曰：太古薄葬，棺厚三寸，衣衾三領，葬田不妨田，故不掘也。」蓋戰國時相傳有是語，不獨墨家言也。**堀穴深不通於泉，**意林「不」作「則」，誤。堀，吳鈔本作「掘」，下同。畢云：「說文云：『堀，兔窟也。』此『竈』字假音。」案：畢說非也。說文土部別有「堀」字，訓「突也」，引詩曰「蜉蝣堀閱」，段玉裁注本校改「堀」篆

〔一〕「畢」，原誤「舊」，今正。按所引爲畢沅注。

〔二〕「昭」，原誤「云」，據活字本改。

作「堀」，而删「堀，兔窟也」一條，最爲精審。此「堀穴」則借爲「窟」字。戰國策楚策云「堀穴窮巷」，漢書鄒陽傳「則士有伏死堀穴巖藪之中耳」，顔注云：「堀與窟同。」流不發洩，則止。畢云：「流，疑當爲『氣』，據下篇有云『氣無發洩於上』。」死者既葬，生者毋久喪用哀。」

古者人之始生未有宫室之時，因陵丘堀穴而處焉。聖王慮之，以爲堀穴，曰：「冬可以辟風寒。」畢云：「辟同避，言堀穴但可以避冬日風寒而已。」逮夏，畢云：「『逮』，舊作『建』，以意改。」下潤溼，上熏烝，「熏」，道藏本、吴鈔本作「重」，誤。恐傷民之氣，于是作爲宫室而利。于，吴鈔本作「於」。戴云：「下有脱文。」然則爲宫室之法將柰何哉？子墨子言曰：其旁可以圉風寒，上可以圉雪霜雨露，其中蠲潔，可以祭祀，蠲潔，詳尚同中篇。宫牆足以爲男女之别，則止。諸加費不加民利者，聖王弗爲。下疑有脱文。

節用下第二十二闕

節葬上第二十三闕

節葬中第二十四闕

節葬下第二十五

畢云：「説文云：『葬，臧也。從死在茻中，一其中，所以薦之。易曰：古之葬者，厚衣之以薪。』又云：『節，竹約也。』經典借爲約之義。」

子墨子言曰：仁者之爲天下度也，辟之無以異乎孝子之爲親度也。畢云：「辟同譬。」今孝子之爲親度也，將奈何哉？曰：「親貧則從事乎富之，人民寡則從事乎衆之，衆亂則從事乎治之。」當其於此也，亦有力不足、財不贍、智不智此字與「知」通，下同。畢云：「一本作『知』。」然後已矣，無敢舍餘力，隱謀遺利，而不爲親爲之者矣。隱謀，謂隱匿其智謀，猶尚同上篇云「隱匿良道，不以相教」也。荀子王制篇云：「無隱謀，無遺善，而百事無過，非君子莫能。」若三務者，畢云：「舊脱此字，據後文增。」孝子之爲親度也，既若此矣。雖仁者之爲天下度，畢云：「舊脱『爲』字，一本有。」亦猶此也，曰：「天下貧則從事乎富之，人民寡則從事乎衆之，衆而亂則從事乎治之。」當其於此，亦有力不足、財不贍、智不智然後已矣，無敢舍餘力，隱謀遺利，而不爲天下爲之者矣。若三務者，此仁者之爲天下度也，句首「此」字，據上文不當有。畢云：「舊脱『也』字，據上文增。」既若此矣。

今逮至昔者三代聖王既没，盧云：「『今逮至昔者』連下爲文，亦見下篇。」天下失義，後世之君子，或以厚葬久喪以爲仁也，義也，孝子之事也；或以厚葬久喪以爲非仁義，非孝子之事也。曰二子者，言則相非，畢云：「『則』字據下當爲『即』。」詒讓案：二字古通。行即相反，即，吴鈔本作「則」。

皆曰：「吾上祖述堯舜禹湯文武之道者也。」而言即相非，行即相反，於此乎後世之君子皆疑惑乎二子者言也。若苟疑惑乎之二子者言，然則姑嘗傳而爲政乎國家萬民而觀之，傳，道藏本、吳鈔本並同。畢本作「傅」。王云：「『傅』字義不可通，當依舊本作『傳』，傳與轉通。呂氏春秋必己篇『若夫萬物之情，人倫之傳』，高注曰：『傳猶轉。』莊子天運篇『無方之傳，應物而不窮』，漢書劉向傳『禹稷與咎繇傳相汲引』，傳竝與轉同。淮南主術篇『生無乏用，死無轉尸』，逸周書大聚篇『轉』作『傳』。襄二十五年左傳注『傳寫失之』，釋文：『傳，一本作轉。』言若疑惑乎二子之言，則試轉而爲政乎國家萬民以觀之也。」計厚葬久喪，奚當此三利者？我意若使法其言，用其謀，厚葬久喪實可以富貧衆寡、定危治亂乎？此仁也，義也，孝子之事也，畢云：「舊脱此字，據前後文增。」爲人謀者不可不勸也。畢云：「此下舊有『仁者將求興天下，誰霸而使民譽之』云云，共六十四字，與下文複出，今刪。」案：吳鈔本亦衍，「霸」作「伯」。仁者將興之天下，「將」下當依俞校補「求」字。誰賈而使民譽之，終勿廢也。「誰賈」義不可通，當爲「設置」之誤。兼愛下篇「設以二士」，設，今本亦譌作「誰」，可證。「置」與「賈」亦形近而譌。畢校一本作「霸」，尤譌謬不可據也。下文云「仁者將求除之天下，相廢而使人非之」，「興」與「除」、「置」與「廢」、「譽」與「非」，文並相對也。俞云：「此上舊有『仁者將求興天下，誰霸而使民譽之』云云，畢氏删之，是也。惟『將』下當有『求』字，下文云『仁者將求除天下之相廢而使人非之，終身勿爲』，與此爲對文，可證也。此當云『仁者將求興天下之利，而使民譽之，終身勿廢也。』」案：「將」下俞校補「求」字，是也，餘並非。意亦使法其言，用其謀，厚葬久喪實不可以富貧衆寡、定危理亂乎？畢云：「理，前作『治』。」詒讓案：唐人避諱改。此非仁非義，非孝子之事也，爲人謀者不可不沮也。仁者將求除之天下，畢本作「除天下之」，今據道藏本、吴鈔本乙正，與上文「仁者將興之天下」句法正同。相廢而使人非之，「相廢」義難通。「相」疑當爲「措」，與「廢」義同。書微子之命叙云「殷既錯天命」，釋文引馬融云：「錯，廢也。」非命上篇云：「今雖毋求執〔二〕有命者之言，不必得，不亦可錯乎？」「措」、「錯」字通，今本作「相」，形近而譌。終身勿爲。俞云：「此當云『仁者將求除天下之害，而使人非之，終身勿爲也。』」案：句末當依俞校補「也」字，餘並非是。

且故興天下之利，王云：「『且故』二字文義不順，當爲『是故』之誤。興利除害，正承上文而言。」案：王說是也，俞謂「終身勿爲」下舊有「也」字，「且」即「也」字之誤，失之。除天下之害，令國家百姓之不治也，自古及今未嘗之有也。當作「未之嘗有也」。何以知其然也？今天下之士君子，將猶多皆疑惑厚葬久喪之爲中是非利害也。穆天子傳郭璞注云：「中猶合也。」故子墨子言曰：然則姑嘗稽之。今雖毋法執厚葬久喪者言，毋，語詞。畢改「毌」，非，詳尚賢中篇。王云：「『雖』與『唯』同。」蘇云：「『雖』字誤，當從下文作『唯』。」案：王說是也。以爲事乎國家。此存乎王公大人有喪者，曰棺椁必重，畢云：「椁，舊作『槨』，以意改。」詒讓案：檀弓云「天子之棺四重，柏槨以端長六尺」，鄭注云：「諸公三重，諸侯再重，大夫一重，士不重。」荀子禮論篇云「天子棺椁十重，諸侯五重，大夫三重，士再重」，楊注云：「禮記云『天子之棺四重』，今云『十重』，蓋

〔二〕「執」字原脱，據本書非命上篇補。

以棺椁與抗木合爲十重也。諸侯以下，與禮記多少不同，未詳也。」案：莊子天下篇述喪禮作「天子棺椁七重」，餘與荀子同。**葬埋必厚，衣衾必多，**喪大記云：「小斂，君錦衾，大夫縞衾，士緇衾，皆一，衣十有九稱。大斂，君陳衣百稱，大夫五十稱，士三十稱。」**文繡必繁，**「文繡」，謂棺飾，若帷荒之屬。周禮縫人鄭注云：「孝子既啓見棺，猶見親之身。既載飾而以行，遂以葬，若存時居於帷幕而加文繡。」是也。**丘隴必巨。**說文土部云：「壠，丘壠也。」禮記曲禮鄭注云：「丘，壟也。壟，冢也。」隴，壟之叚字。淮南子說林訓云：「或謂冢，或謂隴，名異實同也。」呂氏春秋安死篇云：「世俗之爲丘壟也，其大若山，其樹之若林。」**存乎匹夫賤人死者，**匹，舊本譌作「正」。畢云：「正同征。」王云：「畢說非也，『正』當爲『匹』。白虎通義曰『庶人稱匹夫』。上文『王公大人』爲一類，此文『匹夫賤人』爲一類，無取於征夫也。隸書『匹』字或作『疋』，與『正』相似而誤。禮器『匹士大牢而祭謂之攘』，釋文：『匹，本或作正。』緇衣『唯君子能好其正』，注：『正當爲匹。』」案：王說是也，今據正。**殆竭家室。**莊子養生主釋文向秀云：「殆，疲困也。」**乎諸侯死者，**畢云：「乎，當云『存乎』。」**虛車府，然後金玉珠璣比乎身，**比，舊本譌「北」，今依道藏本、吳鈔本正。俞云：「『車』乃『庫』字之誤。漢書王尊傳師古注曰：『比，周也。』比乎身，猶言周乎身。」**綸組節約，車馬藏乎壙，**淮南子齊俗訓云「古者非不能竭國糜民，虛府殫財，含珠鱗施，綸組節束，追送死也」，許注云：「綸，絮也。束，縛也。」案：節約與淮南書「節束」義同。**又必多爲屋幕，**吳鈔本作「幄幙」。案：屋，非攻中篇亦作「幄」，「幄」俗字，古止作「屋」。詩大雅抑「尚不愧于屋漏」，鄭箋云「屋，小帳也」，史記周本紀云「有火自上復於下，至於王屋」，並以「屋」爲「幄」。幙，俗「幕」字。**鼎鼓、几梴、壺濫，**梴，道藏本、吳鈔本並作挺，從手，誤。畢云「梴同筵。呂氏春秋節喪有云『壺濫』，高誘曰：『以冰置水漿於其中爲濫，取其冷也。』」盧文弨云：「『壺濫』，蓋器名，高注似臆說。」呂覽愼勢篇云：『功名著乎盤盂，銘篆著乎壺鑑。』」梁履繩云：「周禮『春始治鑑』，集韻『鑑』或從水。」案：盧、梁説是也。**戈劍、羽旄、齒革，**吕氏春秋節喪篇云：「國彌大，家彌富，葬彌厚。含珠鱗施，夫玩好貨寶，鍾鼎壺鑑，轝馬衣被戈劍，不可勝其數，諸養生之具，無不從者。」**寢而埋之，**後文云「扶而埋之」，扶，王引之校改「挾」，此「寢」字疑亦「挾」字之誤。**滿意。**滿、意義同。説文心部云：「意，滿也。」**若送從，**此當從公孟篇作「送死若徙」，荀子禮論篇云「具生器以適墓，象徙道也。」此脱「死」字，「送」字誤箸「若」字之下，「徙」又誤「從」，遂不可通。**曰：「天子殺殉，**畢云：「古只爲『徇』。」詒讓案：「天子」下疑當有「諸侯」二字。**衆者數百，寡者數十。將軍大夫殺殉，**將軍大夫即卿大夫，詳尚同中篇。**衆者數十，寡者數人。」處喪之法將柰何哉？曰：「哭泣不秩，聲翁，**爾雅釋詁云：「秩，常也。」儀禮士喪記云「哭晝夜無時」，襍記云「中路嬰兒失其母焉，何常聲之有」。畢云：「言聲無次第。『翁』義未詳。」洪云：「畢讀作『翁縗絰』句。案『翁』字屬『聲』爲句，『聲翁』當是『聲嗌』之譌。説文：『嗌，咽也。』籀文作，與『翁』字形相近。」案洪説是也。**縗絰，**畢云：「説文云：『縗服長六寸，博四寸，直心。』鄭君注儀禮云：『麻在首、在要，皆曰經。』説文云：『經，喪首戴也。』」**垂涕，處倚廬，寢苫枕甴。」**禮喪服傳及士喪記云「居倚廬，寢苫枕塊」，鄭注云：「倚木爲廬，在中門外東方北户。苫，編藁。塊，塩也。」釋文：「塊，本又作『甴』。」案：「甴」本字，「塊」或體。**又相率强不食而爲飢，**閒傳云：「斬衰三日不食，齊衰二日不食，大功三不食，小功緦麻再不食。」**薄衣而爲寒，使面目陷𨼔，**畢云：「當爲『陬』。陬之訓阪隅，言面瘦棱棱也。」盧云：「玉篇有『𣩄』字，先外切，云『瘦病也』，則當爲『𣩄』。」詒讓案：莊子天地篇云「卑陬失色」，釋文云：「李云：卑陬，愧懼貌。一云顏色不自得也。」此「𨼔」

疑亦與「踿」同，皆形容阻喪之貌，與瘦異也。顔色黧黑，黧，黎之俗，詳兼愛中篇。耳目不聰明，手足不勁强，不可用也。又曰：「上士之操喪也，必扶而能起，杖而能行，喪服四制云「百官備，百物具，不言而事行者，扶而起，言而后事行者，杖而起」，鄭注云：「扶而起，謂天子、諸侯也；杖而起，謂大夫、士也。」以此共三年。」若法若言，行若道，王引之云：「若猶此也。」使王公大人行此，則必不能蚤朝。俞云：「『蚤朝』下脱『宴退』二字。『蚤朝晏退』與下『蚤出夜入，夙興夜寐』對文。若無『宴退』二字，文義未完。尚賢中篇、非樂上篇、非命下篇並有『蚤朝晏退』之文。尚賢篇與『夜寢夙興，蚤出莫入』相對，非樂篇、非命篇與『蚤出暮入，夙興夜寐』相對，是其證也。」案：俞説是也，但此處脱文尚不止此二字，今未敢肊補。五官六府，此當作「使士大夫行此，則必不能治五官六府」。蓋上「王公大人」指天子、諸侯言，此「治五官六府，辟草木，實倉廩」，指卿大夫言也。非樂上篇云：「王公大人，蚤朝晏退，聽獄治政，此其分事也。士君子内治官府，外收斂關市、山林、澤梁之利，以實倉廩府庫，此其分事也。」此與彼正同。今本「五官」上有脱文，遂以「五官六府」以下並爲王公大人之事，非也。又案：五官者，殷周侯國之制也。史記周本紀云「古公作五官有司」，大戴禮記千乘篇云「千乘之國列其五官」，曾子問「諸侯適天子，乃命國家五官而後行」，鄭注云：「五官，五大夫典事者。」管子大匡篇云「乃令五官行事」，商子君臣篇云「地廣民衆，故分五官而守之」，戰國策齊策云「五官之計，不可不日聽也」。曲禮：「天子之五官，曰司徒、司馬、司空、司士、司寇，典司五衆。天子之六府，曰司土、司水、司木、司草、司器、司貨，典司六職。」鄭注云：「此亦殷時制也。府，主藏六物之税者。」周禮大宰説邦國官制云「設其參，傅其伍」，鄭注云：「伍，謂大夫五人。」檀弓孔疏引崔靈恩説，謂小宰、小司徒、小司馬、小司寇、小司空是也。蓋諸侯雖止三卿，然亦備五官，但其二官無卿耳。戰國時，諸侯蓋猶沿其制。至淮南子天文訓云「何謂五官？東方爲田，南方爲司馬，西方爲理，北方爲司空，中央爲都」，春秋繁露五行相生篇云「司馬者，火也；司營者，土也；司徒者，金也；司寇者，水也；司農者，木也」，左昭二十九年傳云「五行之官是謂五官。木正曰句芒，火正曰祝融，金正曰蓐收，水正曰玄冥，土正曰后土」，此並古五官之別制，與周侯國五官之名不甚合也。六府，古籍無明文。曲禮六府，鄭君以爲殷制，則非周法。左傳文七年、大戴禮記四代篇並以水、火、金、木、土、穀爲六府，亦非官府。漢書食貨志說太公爲周立九府圜法，顔注謂即周官大府、玉府、内府、外府、泉府、天府、職内、職金、職幣等官。若然，天子有九府，六府或亦諸侯制與？**辟草木，**畢云：「辟同闢。草即艸字假音。」**實倉廩。使農夫行此，則必不能蚤出夜入，**畢云：「夜，一本作『晚』。」**耕稼樹藝。**說文丮部云：「埶，穜也。」「藝」即「埶」之俗。**使百工行此，則必不能修舟車爲器皿矣。使婦人行此，**婦，吴鈔本作「媍」。**則必不能夙興夜寐，紡績織紝。**畢云：「紝、絍二字皆通。」**細計厚葬爲多埋賦之財者也，**蘇云：「『之』字衍。」俞云：「『細』字無義，蓋即上句『絍』字之誤而衍者。『絍』本作『紝』，因誤爲『細』矣。『埋賦』二字亦不可通，『賦』當作『贓』。玉篇貝部：『贓，作郎切，藏也。』是『埋贓』即埋藏也。『贓』、『賦』相似，因而致誤耳。」案：俞以「細」爲衍文，是也。而破「賦」爲「贓」，則非。此當云「計厚葬爲多埋賦財者也」，與下文云「計久喪爲久禁從事者也」，文例同。**計久喪爲久禁從事者也。財以成者，**畢云：「以同已。」**扶而埋之，**王引之云：「『扶』字義不可通，『扶』當爲『挾』，謂挾已成之財而埋之也。隸書『挾』字或作『挾』，與『扶』相似而誤。」俞云：「『扶』乃『抉』字之誤。廣雅釋詁：『抉，穿也。』抉而埋之，謂穿地而埋之也。說文穴部『𥥍，穿也』，又曰『窔，深抉也』，義並與『抉』相近。」案：王說近是。**後得生者而久禁之，**畢云：「言厚葬則埋已成之財，久喪則禁後生之財。」案：此謂死者之親屬得生而禁其從事耳，非謂財也，畢失其義。**以此求富，此譬猶禁耕而求穫也，富之說無可得焉。是故求以富家**畢云：「舊『求以』二字倒，據後文改。」**而既已不可矣。**

欲以衆人民，意者可邪？其說又不可矣。今唯無以厚葬久喪者爲政，唯，舊本作「惟」，今據吳鈔本改，下文亦作「唯」。「唯無」、「唯毋」義同。畢本並改「無」爲「毋」，非，詳前。吳鈔本「喪」下無「者」字。**君死，喪之三年；父母死，喪之三年；**喪服經：「爲父斬衰三年，父卒，爲母齊衰三年。」說苑修文篇「齊宣王謂田過曰：吾聞儒者喪親三年，喪君三年」，則戰國時非儒者蓋不盡持三年服也。**妻與後子死者，**孔廣森云：「後子者，爲父後之子，即長子也。戰國策謂齊〔二〕太子申爲後子，荀子謂丹朱爲堯後子，其義並同。」畢云：「後子，嗣子適也。」**五皆喪之三年；**畢云：「左傳曰『王一歲有三年之喪二』，周禮如此。」案：喪服經：「父爲長子斬衰三年，夫爲妻齊衰期。」畢據左昭十五年傳證此文，是也。彼叔向語，指景王有穆后、太子壽之喪，而云「有三年之喪二」，是妻亦有三年之義。杜注云：「天子絕期，唯服三年。故后雖期，通謂之三年喪。」孔疏云：「喪服傳曰：父必三年然後娶，達子之志也。父以其子有三年之戚，爲之三年不娶，則夫之於妻，有三年之義，故可通謂之三年之喪。」孔廣森云：「襍記云：期之喪，十一月而練，十三月而祥，十五月而禫。有練有祥有禫，故妻喪禫期，兼得三年之稱也。假令遭喪於甲年之末，除

〔二〕按：「齊」字疑誤，據齊策，有梁太子申。

禫於丙年之首，前後已涉三年。」王云：「『者五』當爲『五者』，謂君、父、母、妻與後子也。非儒篇曰『妻、後子三年』。今本『五者』二字倒轉，則義不可通。」俞云：「上文君死、父母死，既已別而言之，此不當總數爲五。『五』疑『二』字之誤。」案：王、俞二說不同，未知孰是。然後伯父叔父兄弟孽子其；畢云：「其同期。」詒讓案：公孟篇正作「期」。非儒篇作「其」，與此同。喪服經：「爲世父母、叔父母、昆弟衆子，並齊衰期。」說文子部云：「孽，庶子也。」「孽子」即衆子，對前「後子」爲冢嫡也。族人五月；喪服經：「爲從祖祖父母、從祖父母報、從祖昆弟，並小功五月。」王云：「『族人』當爲『戚族人』，謂族人之近者也，非儒篇正作『戚族人五月』。見儀禮喪服。今本脫『戚』字，則義不可通。公孟篇『戚族人五月』，今本亦脫『戚』字。」姑姊甥舅皆有月數；喪服：「爲姑姊妹，在室，期；適人，大功九月；甥舅相爲緦麻三月。」王云：「『月數』當爲『數月』，公孟篇正作『姑姊舅甥皆有數月之喪』。亦見喪服。今本『數月』二字倒轉，則文義不明。」則毀瘠必有制矣。使面目陷陬，顏色黧黑，耳目不聰明，手足不勁强，不可用也。又曰：「上士操喪也，必扶而能起，杖而能行，以此共三年。」若法若言，行若道，苟其飢約又若此矣。是故百姓冬不仞寒，畢云：「仞，忍字假音。」夏不仞暑，作疾病死者不可勝計也。此其爲敗男女之交多矣。以此求衆，譬猶使人負劒而求其壽也，負、伏通。左傳襄三年「魏絳將伏劒」，孔疏云：「謂仰劒刃，身伏其上而取死也。」衆之說無可得焉。是故求以衆人民，而既以不可矣。畢云：「以同已。」

欲以治刑政，意者可乎？其說又不可矣。今唯無以厚葬久喪者爲政，唯，舊本作「惟」，今從吴鈔本改。國家必貧，人民必寡，刑政必亂。若法若言，行若道，使爲上者行此，則不能聽治；使爲下者行此，則不能從事。上不聽治，刑政必亂；下不從事，畢云：「『不』下舊有『行』字，衍文。」衣食之財必不足。若苟不足，爲人弟者求其兄而不得，不弟弟必將怨其兄矣；爲人子者求其親而不得，不孝子必是怨其親矣；是，據下文疑當作「且」。爲人臣者求之君而不得，不忠臣必且亂其上矣。是以僻淫邪行之民，僻淫，吴鈔本作「淫辟」。出則無衣也，入則無食也，内續奚吾，俞云：「四字不可解，疑當爲『内積奚后』，皆字之誤也。『奚后』即『謑詬』之叚音。説文言部：『謑，恥也。』重文䚳，曰：『謑或從奊。』又曰：『詬，謑詬，恥也。』重文訽，曰：『詬或從句。』荀子非十二子篇作『謑訽』，是其本字。漢書賈誼傳作『奊詬』，『奊』即『䚳』之省。墨子作『奚后』，『奚』即『謑』之省，『后』即『詬』之省。古文以聲爲主，故省不從『言』耳。内積謑詬者，内積恥辱也。蓋出則無衣，入則無食，不勝其恥辱，故並爲淫暴而不可勝禁也。」並爲淫暴而不可勝禁也。是故盜賊衆而治者寡。夫衆盜賊而寡治者，王云：「『夫』字承上文而言，舊本『夫』譌作『先』，今改正。」以此求治，譬猶使人三睘而毋負己也，王引之云：「睘與還同，還讀周還、折還之還，謂轉折也。使人三轉其身於己前，則或轉而向己，或轉而背己，皆勢所必然。如此，而欲使其毋背己，不可得也。故曰『以此求治，譬猶使人三睘而毋負己也』，亦言求治之必不可得也。負亦背也。明堂位『天子負斧依』，注：『負之言背也。』秦策『齊東負海，北倚河』，高注：『負，背也。』負與背古同聲，而字亦相通。史記主父偃傳『南面負扆』，漢書『負』作『背』。漢書高紀『項羽背約』，史記『背』作『負』。」案：王説是也。莊子説劍篇説趙文王宰人上食，王三環之，釋文云：「環，繞也。」睘、環義同。治之説無可得焉。是故求以治刑政，而既已不可矣。

欲以禁止大國之攻小國也，意者可邪？其説又不可矣。是故昔者聖王既没，天下失義，諸侯力征。國語吳語云「以力征一二兄弟之國」，大戴禮記用兵篇云「諸侯力政，不朝於天子」，盧注云：「言以威力侵爭。」案：征、正、政通。天志上篇作「力政」，下篇及明鬼下篇並作「力正」。南有楚越之王，而北有齊晉之君，此皆砥礪其卒伍，畢云：「『礪』當爲『厲』。」以攻伐并兼爲政於天下。是故凡大國之所以不攻小國者，積委多，説文禾部云：「積，聚也。」周禮大司徒鄭注云：「少曰委，多曰積。」左傳僖三十三年杜注云：「積，芻米禾薪。」城郭修，吳鈔本作「脩」。上下調和，是故大國不耆攻之。漢書景帝紀顏注云：「耆，讀曰嗜。」畢云：「『之』舊作『者』，據後文改。」無積委，城郭不修，上下不調和，是故大國耆攻之。畢云：「『耆』舊作『者』，據上文改。」今唯無以厚葬久喪者爲政，唯無，舊本作「惟毋」，今據吳鈔本改。國家必貧，人民必寡，刑政必亂。若苟貧，是無以爲積委也；若苟寡，是城郭溝渠者寡也；王云：「『城郭溝渠』上當有『脩』字，而今本脱之，則義不可通。此『脩』字正承上文『城郭脩』、『城郭不脩』而言。」蘇校同。若苟亂，是出戰不克，入守不固。此求禁止大國之攻小國也，而既已不可矣。

欲以干上帝鬼神之福，意者可邪？其説又不可矣。今唯無以厚葬久喪者爲政，「唯」，舊本作「惟」，今據吳鈔本改。國家必貧，人民必寡，刑政必亂。若苟貧，是粢盛酒醴不浄潔也；若苟寡，是事上帝鬼神者寡也；若苟亂，是祭祀不時度也。今又禁止事上帝鬼神，爲政若此，上帝鬼神始得從上撫之曰：「我有是人也，與無是人也，孰愈？」曰：「我有是人也，與無是人也，無擇也。」則惟上帝鬼神惟，吴鈔本作「唯」。王云：「惟與雖同。」降之罪厲之禍罰而棄之，王云：「之禍罰，之猶與也，謂罪厲與禍罰也。之字古或訓爲與。」則豈不亦乃其所哉！乃，畢本作「反」，云：「舊作『乃』，以意改。」王云：「畢改非也。乃其所，猶言固其宜。言以不事上帝鬼神而獲禍，固其宜也。襄二十一年左傳曰『若上之所爲，而民亦爲之，乃其所也』，是其證。文二年傳『吾以勇求右，無勇而黜，亦其所也』，哀十六年傳『克則爲卿，不克則烹〔一〕，固其所也』，若改爲『反其所』，則義不可通。」

故古聖王畢云：「後漢書趙咨傳注引作『古者聖人』。」詒讓案：北堂書鈔禮儀部十三引亦同。制爲葬埋之法，宋書禮志引尸子「禹治水，爲喪法」，墨子所述或即夏法與？曰：畢云：「初學記引作『桐』，餘書亦多作『曰』。」「棺三寸，「棺」上當有「桐」字。左傳哀二年云「桐棺三寸，不設屬辟，下卿之罰也」，釋文云：「棺用難朽之木，桐木易壞，不堪爲棺，故以爲罰。墨子尚儉，有桐棺三寸。」荀子禮論篇説刑餘罪人之喪，棺厚三寸，衣衾三領，呂氏春秋高義篇云楚子囊死，爲之桐棺三寸，是皆示罰之法。墨子制爲恒典，則太儉矣。檀弓云「夫子制於中都四寸之棺，五寸之椁」，鄭注云：「爲民作制。」荀子楊注引墨子曰「桐棺三寸，葛以爲緘」，蓋兼用下文。孟子公孫丑篇云：「古者棺椁無度，中

〔一〕「烹」，原誤「亨」，據左傳改。

古棺七寸，椁稱之，自天子達於庶人。」並與此異。**足以朽體；衣衾三領，足以覆惡。**畢云：「死者爲人惡之，故云覆惡。」**以及其葬也，下毋及泉，上毋通臭，壟若參耕之畝，**參耕之畝，謂三耦耕之畝也。考工記匠人「爲溝洫，耜廣五寸，二耜爲耦，一耦之伐，廣尺深尺，謂之甽」，鄭注云：「古者耜一金，兩人併發之，其壟中曰甽，甽上〔二〕曰伐。今之耜歧頭兩金，象古之耦也。」説文耒部云：「耕廣五寸爲伐，二伐爲耦。」與考工説同。若然，一耦之甽，其廣一尺，則三耦之甽，其廣三尺也。**則止矣。」死則既以葬矣，生者必無久哭，**王云：「『久哭』當爲『久䘮』。䘮字從哭，亾聲。墨子原文蓋本作『䘮』，見玉篇、廣韻，而傳寫脱去『亾』字耳。節用篇曰『死者既葬，生者毋久䘮用哀』，是其證。『久喪』二字見於本篇及它篇者多矣，若作『久哭』，則語不該備。」**而疾而從事，人爲其所能，以交相利也。此聖王之法也。**

今執厚葬久喪者之言曰：厚葬久喪雖使不可以富貧衆寡、定危治亂，然此聖王之道也。畢云：「之，舊作『也以』二字，據後文改。」**子墨子曰：不然。昔者堯北教乎八狄，**藝文類聚十一引帝王世紀：「舜攝政二十八年，堯與方回遊陽城而崩。」畢云：「北堂書鈔引作『北狄』。」案：畢據書鈔九十二引校，然書鈔二十五又引仍作「八狄」。爾雅釋地有八狄。詩小雅蓼蕭孔疏引李巡本爾雅云「五狄在北方」，周禮職方氏又云「六狄」。禮記王制孔疏引李巡云：「五狄：一曰月支，二曰穢貊，三曰匈奴，四曰單于，五曰白屋。」**道死，葬蛩山之**

〔二〕「上」，原誤「土」，據活字本改，與考工記鄭注合。

陰。畢云：「蛩，初學記引作『蛩』，一本亦作『蛩』。北堂書鈔、後漢書注、太平御覽俱引作『卭』。呂氏春秋安死云『堯葬於穀林』，高誘曰：『堯葬成陽，此云穀林，成陽山下有穀〔一〕林。』」詒讓案：後漢書趙咨傳注作「堯葬卭之山」。水經瓠子河注引帝王世紀云「墨子：堯北教八狄，道死，葬蛩山之陰」，山海經曰「堯葬狄山之陽，一名崇山」，二說各殊，以爲成陽近是堯冢也。史記五帝本紀集解云：「皇覽曰堯冢在濟陰城陽。劉向曰堯葬濟陰，丘壠皆小。呂氏春秋曰堯葬穀林。皇甫謐曰穀林即城陽。」正義云「括地志云：堯陵在濮州雷澤縣西三里，郭緣生述征記云『城陽東有堯冢，亦曰堯陵，有碑』是也。」**衣衾三領，榖木之棺，**說文木部云：「榖，楮也。」毛詩小雅鶴鳴傳云：「榖，惡木也。」禮，天子棺用梓杝，此用榖，尚儉。畢云：「『榖』字從木。」**葛以緘之，**釋名釋喪制云：「棺束曰緘。緘，函也。古者棺不釘也。」喪大記云「凡封，用綍去碑負引，君封以衡，大夫士以咸」，鄭注云：「咸讀爲緘。凡柩車及壙說載除飾而屬紼於柩之緘。今齊人謂棺束爲緘繩。」又檀弓云：「棺束縮二衡三。」案：禮，棺束用皮，此用葛，亦尚儉也。漢書楊王孫傳云：「昔帝堯之葬也，窾木爲匵，葛藟爲緘，其穿下不亂泉，上不泄殠。」**既泌而後哭，**畢云：「『泌』當爲『犯』，『窆』字之假音也。」**滿埳無封。**畢云：「古無『埳』字，當爲『坎』。北堂書鈔、後漢書注、太平御覽俱引作『坎』。玉篇云：『埳，苦感切，亦與坎同。』封，後漢書注引作『窆』，『封』、『窆』聲相近。」俞云：「上云『既泌』，畢云『泌當爲犯，窆字之假音也』，則此不當云『無窆』矣。且窆者，葬下棺也，葬雖至薄，亦必下棺，而云『無窆』，理不可通。『封』仍當讀如本字。禮記王制

〔一〕按：以上三「穀」字，畢沅刻本均誤作「榖」，本書沿誤。今據呂氏春秋安死篇改正。

篇『不封不樹』，鄭注曰：『封，謂聚上爲墳。』無封，言不爲墳也。檀弓曰『古也墓而不墳』。」**已葬，而牛馬乘之。舜西教乎七戎，**畢云：「北堂書鈔、太平御覽引俱作『犬戎』。」詒讓案：爾雅釋地有七戎。詩蓼蕭孔疏引李本爾雅云「六戎在西方」。周禮職方氏又云「五戎」。王制孔疏引李注云：「六戎：一曰僥夷，二曰戎夷，三曰老白，四曰耆羌，五曰鼻息，六曰天剛。」**道死，葬南己之市。**書鈔九十二、御覽八十一引帝王世紀云：「舜南征，崩於鳴條，年百歲，殯以瓦棺，葬於蒼梧九疑山之陽，是爲零陵，謂之紀市，在今營道縣。」孟子離婁篇云「舜卒於鳴條」。史記五帝本紀：「舜踐帝位三十九年，南巡狩，崩於蒼梧之野，葬於江南九疑，是爲零陵。」集解：「皇覽曰：舜冢在零陵營浦縣。」畢云：「後漢書注引作『舜葬紀市』，又一引作『葬南巴之中』，太平御覽亦作『紀』。呂氏春秋安死云『舜葬于紀市，不變其肆』，高誘曰：『傳曰舜葬蒼梧九疑之山，此云于紀市，九疑山下亦有紀邑。』按：『南己』實當作『南巴』，形相近，字之譌也。高誘以爲『紀邑』，非。九疑，古巴地。史記正義云：『周地志云：南渡老子水，登巴領山，南回記〔二〕大江。此南是古巴國，因以名山。』是已。」王云：「南己，後漢書王符傳注引作南巴，『巴』即『己』之誤。畢以作『巴』者爲是，且云『九疑，古巴地』。案：北堂書鈔及初學記禮部下引墨子並作『南己』，後漢書趙咨傳注及太平御覽並引作『南紀』，呂氏春秋安死篇『舜葬於紀市』，即所謂南紀之市，則『己』非誤字也。若是『巴』字，則不得與『紀』通矣。墨子稱舜所葬地，本不與諸書同，不必牽合舜葬九疑之文也。至謂九疑爲古巴地，以牽合南巴，則顯與上文『西教乎七戎』不合，此無庸辯也。」案：王

〔二〕按：畢引史記正義，見史記蘇秦列傳張守節正義。「南回記大江」，「記」字義不可通，但原文如此。疑「記」爲「訖」之誤（「訖」同「迄」），或爲衍文。

說是也。舜葬，古書多云在蒼梧，孟子又云卒鳴條，與此云「葬南己」並不相涉。困學紀聞引薛季宣謂蒼梧山在海州界，近莒之紀城。羅泌路史注又謂紀即冀，河東皮氏東北有冀亭，鳴條在安邑西北，其地相近。斯並欲傅合諸說爲一，實不可通。近何秋濤又謂周書王會篇「正西枳己」，即此南己，云「紀市」與「枳己」聲近，蓋即一地，尤肊說不足據。劉賡稽瑞引墨子曰「舜葬於蒼梧之野，象爲之耕」，與此不同，疑誤以他書之文改此書。**衣衾三領，穀木之棺，**畢云：「後漢書注引『穀』作『款』，非。」**葛以緘之。已葬，而市人乘之。**淮南子齊俗訓云：「昔舜葬蒼梧，市不變其肆。」**禹東教乎九夷，**九夷，詳非攻中篇。畢云：「太平御覽引作『教于越』者，以意改之。」王云：「鈔本北堂書鈔及初學記引此並作『於越』，非作御覽者以意改也。今本作『九夷』者，後人因上文『七戎』、『八狄』而改之，不知此說堯舜禹所至之地，初非以七戎、八狄、九夷爲次序也。據下文云『葬會稽之山』，會稽正在越地，則當以作『於越』者爲是。」**道死，葬會稽之山。**稽瑞引墨子云「禹葬會稽，鳥爲之耘」，疑此佚文。史記夏本紀云：「或云禹會諸侯計功而崩，因葬焉，命曰會稽。會稽者，會計也。」集解云：「皇覽曰：禹冢在山陰縣會稽山上。會稽山本名苗山，在縣南，去縣七里。越傳云：禹到大越，上苗山，大會計，爵有德，封有功，因而更名苗山曰會稽。因病死，葬，葦棺，穿壙深七尺，上無瀉泄，下無邸水，壇高三尺，土階三等，周方一畝。」正義：「括地志云：禹陵在越州會稽縣南十三里。」案：越傳即越絕書，今本越絕記地傳文與裴駰所引略同。**衣衾三領，**畢云：「史記集解引『衾』作『裘』，非。」詒讓案：周禮職方氏賈疏引亦作「裘」，與夏本紀集解同。七患篇云「死又厚爲棺槨，多爲衣裘」，則葬有用裘者。**桐棺三寸，**畢云：「後漢書注引尸子云：『禹之葬法，死於陵者葬於陵，死於澤者葬於澤，桐棺三寸，制喪三日。』」詒讓案：宋書禮志引尸子云：「禹治水，爲喪法，曰：使死於陵者葬於陵，死於澤者葬於澤，桐棺三寸，制喪三月。」越絶書記地外傳、吴越春秋越王無余外傳並云「禹葬會稽，葦椁桐棺」。**葛以緘之，**「緘」當作「繃」。説文糸部云「繃，束也」，引墨子曰「禹葬會稽，桐棺三寸，葛以繃之」，即此文。藝文類聚十一、御覽三十七引帝王世紀亦云「禹葬會稽，葛以繃之」。段玉裁云：「繃，今墨子此句三見，皆作『緘』。古蒸、侵二部音轉最近也。」畢云：「太平御覽引『緘』作『繃』，注云『補庚切』，則此『緘』字俗改。」**絞之不合，通之不埳，**道藏本、吴鈔本「通」並作「道」。**土地之深，**王云：「『土地』二字文義不明。『土地』當爲『堀地』，寫者脱其右半耳。下文曰『掘地之深，下無菹漏，氣無發泄於上』，節用篇曰『堀穴深不通於泉』，皆其證。」**下毋及泉，**毋，吴鈔本作「無」，下同。**上毋通臭。**後漢書趙咨傳注引作「皆下不及泉，上無遺臭」。書鈔「無」作「不」，餘並與李引同。**既葬，收餘壤其上，**説文土部云：「壤，柔土也。」九章算術商功篇「穿地四，爲壤五，爲堅三」，劉徽注云：「壤謂息土，堅謂築土。」畢云：「太平御覽引作『收餘壤爲壟』，則當云『爲其上壟』。」詒讓案：以上文校之，「壟」不得屬上爲句，畢説非。**壟若參耕之畝，**藝文類聚十一、御覽三十七引帝王世紀文略同，蓋即本此書。吴越春秋越王無余外傳：「禹命羣臣曰：吾百世之後，葬我會稽之山，葦椁桐棺，穿壙七尺，下無及泉，墳高三尺，土階三等。葬之後，田無改畝。」即其事也。畢云：「『壟，前漢書注作『隴』。」**則止矣。**畢云：「『則』舊作『取』，據前漢書注改。」**若以此若三聖王者觀之，**此若，若亦即此也，詳尚賢上篇，後同。**則厚葬久喪果非聖王之道。故三王者，皆貴爲天子，富有天下，豈憂財用之不足哉？以爲如此葬埋之法。**畢云：「太平御覽引作『以爲葬埋之法也』。」王云：「北堂書鈔、初學記亦如是，於義爲長。」

今王公大人之爲葬埋，則異於此。必大棺中棺，禮記喪大記云：「君大棺八寸，屬六寸，椑四寸；上大夫大棺八寸，屬六寸；下大夫大棺六寸，屬四寸；士棺六寸。」鄭注云：「大棺，檀之在表者也。檀弓曰：『天子之棺四重，水兕革棺被之，其厚三寸。杝棺一，梓棺二，四者皆周。』此以内説而出也。然則大棺及屬用梓，椑用杝，以是差之。上公革棺不被，三重也。諸侯無革棺，再重也。大夫無椑，一重也。士無屬，不重也。庶人之棺四寸。」案：此云「大棺中棺」，即大棺與屬。下云「革闠三操」，疑即所謂「水兕革棺被之」也。**革闠三操，**畢云：「闠同韇，操同縿，假音字。」案：説文革部云：「韇，革繡也。」國語齊語「韇盾」，韋注云：「綴革有文如繢也。」若然，革棺或亦有文飾與？操，畢讀爲縿，義亦難通，疑當爲「襍」。淮南子詮言訓高注云：「襍，帀也。」「襍」、「操」形近而誤。**璧玉即具，**王云：「『即』字文義不順，『即』當爲『既』，言璧玉既具，而戈劍等物又皆具也。」**戈劍鼎鼓壺濫、**並詳前。**文繡素練、大鞅萬領、**説文革部云：「鞅，頸靼也。」釋名釋車云：「鞅，嬰也。喉下稱嬰，言纓絡之也。」案：鞅爲馬鞁具之一，無大小之分，此「大」字疑誤。又不當云「萬領」，所未詳也。**輿馬女樂皆具，曰必捶垛**吴鈔本無「必」字。畢云：「『捶』當爲『埵』，説文云：『堅土也。』『垛』當爲『涂』，説文、玉篇無垛字。言築涂使堅。」詒讓案：疑當讀爲「捶除」。内則鄭注云：「捶，擣之也。」説文手部云：「擣，一曰築也。」則「捶」亦有堅築之義。垛、除聲義亦通，謂除道也。**差通，壟雖凡山陵。**差通，疑當作「羨道」。周禮冢人鄭注云：「隧，羨道也。」九章算術商功篇云「今有羨除」，劉注云：「羨除，隧道也。其所穿地，上平下邪。」史記衛世家「共伯入釐侯羨自殺」，索隱云：「羨，墓道也。」竊疑此當讀「必捶垛羨道」爲句，即九章所謂「羨除」也。「壟雖凡山陵」爲句，大意蓋謂丘壟之高如山陵耳。然「雖凡」二字必誤，無以正之，今姑從舊讀。戴云：「疑當作『雖凡山陵差通爲壟』，脱『爲』字，又倒其文耳。」案：戴校義仍不可通，今不據改。此爲輟民之事，靡民之財，不可勝計也，其爲毋用若此矣。是故子墨子曰：鄉者，畢云：「鄉，曏省文。」吾本言曰，意亦使法其言，畢云：「舊脱『法』字，一本有。」用其謀，句。計厚葬久喪，請可以富貧衆寡、定危治亂乎？畢本「請」改作「誠」，云：「舊作『請』，一本如此。」王云：「古者誠與請通，不煩改字。」尚同篇『今天下之王公大人士君子，請將欲富其國家，衆其人民，治其刑政，定其社稷』，請即誠字也。墨子書情、請二字竝與誠通，説見尚同篇。則仁也，義也，孝子之事也，爲人謀者不可不勸也；意亦使法其言，用其謀，若人厚葬久喪，實不可以富貧衆寡、定危治亂乎？則非仁也，非義也，非孝子之事也，爲人謀者不可不沮也。是故求以富國家，甚得貧焉；欲以衆人民，甚得寡焉；欲以治刑政，甚得亂焉。求以禁止大國之攻小國也，而既已不可矣；欲以干上帝鬼神之福，又得禍焉。上稽之堯舜禹湯文武之道而政逆之，政、正通。下稽之桀紂幽厲之事，猶合節也。若以此觀，則厚葬久喪其非聖王之道也。

今執厚葬久喪者言曰：厚葬久喪果非聖王之道，夫胡説中國之君子爲而不已、畢云猶言何説。操而不擇哉？畢云：「擇同釋。」詒讓案：淮南子説山訓高注云：「釋，舍也。」子墨子曰：此所謂便其習而義其俗者也。習，吴鈔本作「事」，下同。俞云：「義猶善也，謂善其俗也。禮記緇衣篇『章義癉惡』，釋文曰：『尚書作善，皇云：義，善也。』是義與善同意。」案：義當讀爲宜，俞說未塙。**昔者越之東有輆沐之國者，**畢云：「輆，舊作『⿰車必』，不成字，據太平廣記引作『輆』，音善愛反，今改。」盧云：「列子湯問篇作『輒才』，新論作『軫沐』。」顧云：「世德堂列子作『木』，影宋本作『沐』。」詒讓案：意林引列子及道藏本劉子風俗篇並作「輒沐」。博物志五引作「駭沐」。宋本列子作「輒沐」，注云：「又『休』。」道藏本殷敬順釋文及盧重元注本並作「輒休」。殷云：「輒，說文作『耴』，諸涉切，耳垂也。休，美也。蓋儋耳之類是也。諸家本作『輒沐』者，誤耳。」案：諸文舛互，此無文義可校。集韻十九代云：「輆沐，國名，在越東。」是北宋本實作「輆沐」，依殷說則「輆」當作「輒」。後魯問篇以食子爲啖人國俗，與此復不同。後漢書南蠻傳說噉人國在交阯西。交阯即南越，而國名及方域並異，未知孰是。**其長子生，則解而食之。**盧云：「解，魯問作『鮮』，與列子同。杜預注左傳云：『人不以壽死曰鮮。』」顧云：「此列子釋文之謬說。」詒讓案：殷敬順列子釋文引杜說而釋之云「謂少也」，即盧說所本。盧校列子則謂「鮮」、「析」一聲之轉，引「析支」亦作「鮮支」爲證，說較此爲長，蓋「解」、「鮮」、「析」義並同。新論作「其長子生，則解肉而食其母」。**謂之「宜弟」；其大父死，負其大母而棄之，**博物志引作「父死則負其母而棄之」，新論作「其人父死，即負其母而棄之」。案：此不必定爲大父母，疑張、劉所引近是。**曰「鬼妻不可與居處」。此上以爲政，下以爲俗，爲而不已，操而不擇。則此豈實仁義之道哉？此所謂便其習而義其俗者也。楚之南有炎人國者，**顧云：「季本『炎』作『啖』。」盧云：「列子作『炎』。殷敬順釋文讀去聲。」詒讓案：魯問篇亦作「啖人」，新論同，博物志引作「炎」。道藏本列子釋文作「啖人」，云：「談去聲，本作『炎』。」後漢書亦作「噉人國」，疑當從「啖」爲是，詳魯問篇。**其親戚**

死，親戚，謂父母也，詳兼愛下篇。朽其肉而棄之，畢云：「列子『朽』作『歾』，同。太平廣記引作『剮』。」詒讓案：御覽七百九十引博物志亦作「剮」。列子釋文云：「歾，本作『咼』，音寡，剮肉也。又音朽。」殷作「咼」，蓋「冎」之譌。說文冎部云：「冎，剔人肉，置其骨也。」新論作「圻」，尤誤。然後埋其骨，乃成爲孝子。秦之西有儀渠之國者，畢云：「渠，舊作『秉』，據列子及太平廣記改。史記正義：『括地志云：寧、原、慶三州，秦北地郡，戰國及春秋時爲義渠戎國之地。』今甘肅慶陽府也，在陝西之西。」詒讓案：渠，吴鈔本作「秉」，不成字。博物志引作「義渠」，新論同。宋本列子「渠」下注云「又『康』」，「康」與「秉」並「渠」之形誤。周書王會篇云「義渠以茲白」，孔晁注云：「義渠，西戎國。」後漢書西羌傳云：「涇北有義渠之戎。」俞云：「史記秦本紀『厲共公三十三年，伐義渠，虜其王』，即此國也。」其親戚死，聚柴薪而焚之，燻上，謂之登遐，畢云：「燻即熏字俗寫。太平廣記引作『熏其煙上，謂之登煙霞』。」詒讓案：列子亦作「燻則煙上，謂之登遐」，新論作「煙上燻天，謂之昇霞」，博物志作「動之即煙上，謂之登遐」。呂氏春秋義賞篇云：「氐羌之民，其虜也，不憂其係累，而憂其死不焚也。」荀子大略篇說同。義渠在秦西，亦氐羌之屬。登遐者，禮記曲禮云「天子崩，告喪曰：天王登假」，鄭注云：「登，上也。假，已也。上已者，若僊去云耳。」釋文云：「假音遐。」漢書郊祀志云「世有僊人，登遐倒景」，顏注云：「遐亦遠也。」案：依廣記所引及新論，似皆以「遐」爲「霞」之叚字，非古義也。然後成爲孝子。成爲，吴鈔本作「謂之」。此上以爲政，下以爲俗，畢云：「太平廣記引有云『而未足爲非也』。」詒讓案：博物志引有「中國未足爲非也」七字，列子作「而未足爲異也」。爲而不已，操而不擇。則此豈實仁義之道哉？此所謂便其習而義其俗者也。若以此若三國者觀之，則亦猶薄矣。

若以中國之君子觀之，舊本脱「以」字，王據上文補。則亦猶厚矣。王云：「爾雅：『猶，已也。』言亦已薄，亦已厚也。」如彼則大厚，如此則大薄，然則葬埋之有節矣。故衣食者，人之生利也，然且猶尚有節；葬埋者，人之死利也，吳鈔本無「者」字。夫何獨無節於此乎。子墨子制爲葬埋之法曰：棺三寸，足以朽骨；衣三領，足以朽肉；韓非子顯學篇云：「墨者之葬也，冬日冬服，夏日夏服，桐棺三寸，服喪三月。」掘地之深，下無菹漏，菹與沮通，廣雅釋詁云：「沮，溼也。」氣無發洩於上，壟足以期其所，畢云：「言期會。」則止矣。哭往哭來，反從事乎衣食之財，佴乎祭祀，畢云：「説文：『佴，佽也。』佽訓便利。」案：佴者，次比之義。言不疏曠也，畢説非。以致孝於親。於，吳鈔本作「乎」。故曰子墨子之法不失死生之利者，此也。

故子墨子言曰：今天下之士君子，中請將欲爲仁義，「請」，舊本作「謂」，畢本改「誠」，云：「舊作『謂』，以意改。」王云：「『謂』即『請』之譌，請與誠通，畢徑改爲誠，未達假借之旨。」案：王校是也，顧説同，今據正。求爲上士，上欲中聖王之道，下欲中國家百姓之利，故當若節喪之爲政，而不可不察此者也。「此者」二字舊本倒，今依王校乙，詳非攻下篇。

墨子閒詁卷七

天志上第二十六

春秋緐露楚莊王篇云「事君者儀志，事父者承意，事天亦然」，此天志之義也。畢云：「玉篇云：『志，意也。』説文無志字。鄭君注周禮云：『志，古文識。』則識與志同。又篇中多或作『之』，疑古文『志』亦只作『之』也。」

子墨子言曰：今天下之士君子，知小而不知大。何以知之？以其處家者知之。若處家得罪於家長，猶有鄰家所避逃之。畢云：「廣雅云：『所，尻也。』玉篇云：『處所。』」王云：「所猶可也，言有鄰家可避逃也，下文同。畢引廣雅『所，尻也』，失之。」案：此當從畢説，下文云：「此有所避逃之者也」，又云「無所避逃之」，即承此文。然且親戚、兄弟、所知識親戚，即父母也。下篇云「父以戒子，兄以戒弟。」共相儆戒，畢云：「共，舊作『其』，一本如此，下同。」皆曰：「不可不戒矣，不可不慎矣，惡有處家而得罪於家長而可爲也！」非獨處家者爲然，雖處國亦然。處國得罪於國君，猶有鄰國所避逃之。然且親戚、兄弟、所知識共相儆戒，皆曰：「不可不戒矣，不可不慎矣，誰亦有處國得罪於國君而

可爲也！」此有所避逃之者也，相儆戒猶若此其厚。況無所避逃之者，相儆戒豈不愈厚然後可哉。且語言有之曰：「焉而晏日，焉而得罪，將惡避逃之？」日，舊本作「曰」，畢校并上「曰」字皆改爲「日」，云：「猶云日暮途遠。兩『日』字舊作『曰』，以意改。」俞云：「畢改兩『曰』字皆作『日』，然上『曰』字實不誤。『且語有之曰』，蓋述古語也，『言』字即『語』字之誤而衍者。下『曰』字當從畢改作『日』。『焉而』字疊出，文義難通，疑上『焉而』字亦爲衍文。墨子本作『且語有之曰：晏日焉而得罪，將惡避逃之』。晏者，清也，明也。説文日部：『晏，天清也。』小爾雅廣言：『晏，明也。』文選羽獵賦『于是天清日晏』，淮南子繆稱篇『暉日知晏，陰蜡知雨』，竝其證也。此謂人苟於昏暮得罪，猶有可以避逃之處。若晏日，則人所共覩，無所逃避矣。下文曰『夫天不可爲林谷幽門無人，明必見之』。然則墨子正以晏日之不可避逃，起下文『明必見之』之意，晏之當訓明無疑矣。畢注謂『猶云日暮途遠』，是但知晏晚之義，而忘天清之本訓，宜於墨子之意不得矣。」案：俞説「晏日」之義是也。此當以「焉而晏日，焉而得罪」八字爲句，上焉與於同義，「焉而」猶言於而，言於此晴晏之日，焉而得罪也。俞以上「焉而」二字爲衍文，則尚未得其義。**曰：無所避逃之。夫天不可爲林谷幽門無人，**畢云：「『門』當爲『澗』。」王云：「畢據明鬼篇文也。余謂『門』當爲『閒』，閒讀若閑。言天監甚明，雖林谷幽閒無人之處，天必見之也。賈子耳痺篇曰：『故天之誅伐，不可爲廣虛幽閒，攸遠無人，雖重襲石中而居，其必知之乎！』淮南覽冥篇曰：『上天之誅也，雖在壙虛幽閒，遼遠隱匿，重襲石室，界障險阻，其無所逃之，亦明矣。』義皆本於墨子。則『幽門』爲『幽閒』之誤明矣。明鬼篇『雖有深谿博林、幽澗毋人之所』，『幽澗』亦『幽閒』之誤。」案：王校是也，但讀閒爲閑，尚未得其義。「閒」當讀爲閒隙之「閒」。荀子王制篇云「無幽閒隱僻之國，莫不趨使而安樂之」，楊注云：「幽，深也。閒，隔也。」明必見之。然而天下之士君子之於天也，舊本脱「士」字及「之於」二字，王據上下文補「士」字，又以意補「之於」二字，今從之。忽然不知以相儆戒，此我所以知天下士君子知小而不知大也。

然則天亦何欲何惡？天欲義而惡不義。然則率天下之百姓以從事於義，則我乃爲天之所欲也。我爲天之所欲，天亦爲我所欲。然則我何欲何惡？舊本無「我」字，畢云：「一本『則』下有我字。」案：有者是也，王亦據增。我欲福禄而惡禍祟。若我不爲天之所欲，而爲天之所不欲，舊本脱此十五字，王據中篇補。然則我率天下之百姓以從事於禍祟中也。然則何以知天之欲義而惡不義？吴鈔本無「以」字。曰：天下有義則生，無義則死；有義則富，無義則貧；有義則治，無義則亂。然則天欲其生而惡其死，欲其富而惡其貧，欲其治而惡其亂，此我所以知天欲義而惡不義也。畢云：「我，舊作『義』，以意改。」顧云：「季本『我』。」

曰：且夫義者，政也。王云：「『政』與『正』同，下篇皆作『正』。」詒讓案：意林引下篇「正」皆作「政」，二字互通。「義者，正也」，言義者所以正治人也。無從下之政上，必從上之政下。是故庶人竭力從事，未得次己而爲政，畢云：「次，『恣』字省文，下同。一本作『恣』，俗改。」王引之云：「畢説非也。次猶即也，下文諸『次』字竝同。此言士在庶人之上，故庶人未得即己而爲正，有士正之也。次、即聲相近，而字亦相通。康誥『勿庸以次女封』，荀子致士、宥坐二篇竝作『勿庸以即女』，家語始誅篇作『勿庸以即女心』，皆其證。説文『垐，古文作堲』，亦其例也。」案：意林引下篇「次」並作「恣」，則畢説亦通。節用上篇云「聖王既没，于民次也」，「恣」亦作「次」，可證。有士政之；士竭力從事，未得次己而爲政，有將軍大夫政之；將軍大夫，即卿大夫也，詳尚同中篇。將軍大夫竭力從事，未得次己而爲政，有三公諸侯政之；三公諸侯竭力聽治，未得次己而爲政，有天子政之；天子未得次己而爲政，有天政之。天子爲政於三公、諸侯、士、庶人，天下之士君子固明知；天之爲政於天子，天下百姓未得之明知也。畢云：「當云『明知之也』。」俞云：「上『之』字當在『天』字上，屬上爲句。本云『天子爲政於三公、諸侯、士、庶人，天下之士君子固明知之』，今『之』字誤在『天』字下，則『固明知』句文氣未足。且『天爲政』與『天子爲政』相對，不當作『天之爲政』也。」案：「固明知」下當有「之」字，至「天之爲政於天子」，下文屢見，「之」字似不當删。故昔三代聖王禹湯文武，欲以天之爲政於天子明説天下之百姓，故莫不犓牛羊，豢犬彘，潔爲粢盛酒醴，畢云：「『爲粢』二字舊脱，據後文增。」以祭祀上帝鬼神，而求祈福於天。我未嘗聞天下之所求祈福於天子者也，顧云：「據中下二篇，『下』字衍。」蘇校同。戴云：「案中篇云『吾未知天之祈福於天子也』，則此文衍『下』字，及『所求』二字，及『者』字。」我所以知天之爲政於天子者也。

故天子者，天下之窮貴也，天下之窮富也。戴云：「窮，極也，此二字轉相訓。」故於富且貴者，

「於」，吳鈔本作「欲」。當天意而不可不順。順天意者，兼相愛，交相利，必得賞。反天意者，別相惡，交相賊，必得罰。然則是誰順天意而得賞者？誰反天意而得罰者？子墨子言曰：昔三代聖王禹湯文武，此順天意而得賞也。畢云：「『賞』下當有『者』字。」昔三代之暴王桀紂幽厲，此反天意而得罰者也。然則禹湯文武其得賞何以也？子墨子言曰：其事上尊天，中事鬼神，下愛人。故天意曰：「此之我所愛，兼而愛之；我所利，兼而利之。愛人者此爲博焉，利人者此爲厚焉。」故使貴爲天子，富有天下，業萬世子孫，傳稱其善，業，謂子孫纂業也。左昭元年傳「臺駘能業其官」，杜注釋爲「纂業」。又疑當爲「葉萬子孫」，葉與世同。公孫龍子云：「孔穿，孔子之葉也。」「萬」下「世」字衍。古文苑秦詛楚文云「葉萬子孫，毋相爲不利」，檀弓云「世世萬子孫毋變也」。毛詩長發傳云：「葉，世也。」方施天下，畢云：「方猶旁，或當爲旉字之壞。」詒讓案：方、旁古通。皋陶謨「方施象刑，惟明」，新序節士篇「方」作「旁」。說文丄部云：「旁，溥也。」方施，言施溥徧於天下也。至今稱之，謂之聖王。然則桀紂幽厲得其罰何以也？依上文，當作「其得罰何以也」，此誤倒。子墨子言曰：其事上詬天，中詬鬼，道藏本、吳鈔本竝作「中誣鬼」。大戴禮記本命篇云「誣鬼神者，罪及二世」，則作「誣」義亦通。畢云：「據上，當有『神』字。」下賊人。賊，舊本譌「賤」，今依王校正，說詳尚賢中篇。故天意曰：「此之我所愛，別而惡之；我所利，交而賊之。惡人者此爲之博也，賤人者此爲之厚也。」「賤」亦「賊」之誤。此並冢上文別相惡、交相賊而言。故使不得終其壽，不殁其世，殁，吴鈔本作「没」。至今毁之，謂之暴王。

然則何以知天之愛天下之百姓？以其兼而明之。何以知其兼而明之？以其兼而有之。何以知其兼而有之？以其兼而食焉。何以知其兼而食焉？曰〔一〕：四海之内，粒食之民，大戴禮記少閒篇云「粒食之民，昭然明視」。莫不犓牛羊，豢犬彘，潔爲粢盛酒醴，以祭祀於上帝鬼神。天有邑人，畢云：「邑，舊作『色』，非，以意改。」何用弗愛也？且吾言殺一不辜者，必有一不祥。殺不辜者誰也？則人也。予之不祥者誰也？則天也。若以天爲不愛天下之百姓，則何故以人與人相殺，而天予之不祥？此我所以知天之愛天下之百姓也。「此我」下吴鈔本有「之」字。

順天意者，義政也。反天意者，力政也。力政，下篇作「力正」，謂以力相制，義詳節葬下篇。然義政將柰何哉？畢云：「舊脱『政』字，一本有。」子墨子言曰：處大國不攻小國，處大家不篡小家，强者不劫弱，貴者不傲賤，多詐者不欺愚。中篇及兼愛中篇、下篇文並略同，皆無「多」字，此疑衍。此必上利於天，中利於鬼，下利於人。三利無所不利，故舉天下美名加之，謂之聖王。力政者則與此異，言非此，畢云：「非猶背。」行反此，猶倖馳也。畢云：「倖，一本作『偝』。」詒讓案：「倖」疑「偝」之誤。

〔一〕「曰」字原脱，據畢沅刻本補。

玉篇人部云：「淮南子『分流僢馳』。僢，相背也，與舛同。」今淮南子説山訓作「舛」。又氾論訓高注云：「舛，乖也。」偕與背同，見坊記、投壺及荀子，與僢義亦同。處大國攻小國，處大家篡小家，强者劫弱，貴者傲賤，多詐欺愚。此上不利於天，中不利於鬼，下不利於人。三不利無所利，故舉天下惡名加之，謂之暴王。

子墨子言曰：我有天志，譬若輪人之有規，匠人之有矩。輪匠執其規矩，以度天下之方圜，曰：「中者是也，不中者非也。」今天下之士君子之書不可勝載，言語不可盡計，上説諸侯，下説列士，其於仁義則大相遠也。畢云：「相，舊作『其』，一本如此。」何以知之？曰：我得天下之明法以度之。

天志中第二十七

子墨子言曰：今天下之君子之欲爲仁義者，吴鈔本「君子」下無「之」字。則不可不察義之所從出。既曰不可以不察義之所從出，然則義何從出？子墨子曰：義不從愚且賤者出，必自貴且知者出。何以知義之不從愚且賤者出，而必自貴且知者出也？曰：義者，善政也。何以知義之爲善政也？曰：天下有義則治，無義則亂，是以知義之爲善政也。王云：「舊本脱兩

『爲』字，下篇曰：『何以知義之爲正〔一〕也？天下有義則治，無義則亂，我以此知義之爲正也。』今據補。」俞云：「三『善』字皆『言』字之誤。隸書『善』字或作『善』，見張遷碑、靈臺碑、孫叔敖碑，與『言』字相似，故『言』誤爲『善』。『義者言政也，何以知義之言政也？曰：天下有義則治，無義則亂，是以知義之言政也』，語意甚明。若作『善政』，則『義之善政』不可通矣。下篇曰『義者正也，何以知義之爲正也？天下有義則治，無義則亂，我以此知義之爲正也』，竝無『善』字，可知此文『善』字之誤，義之言政，猶義之爲正也。」夫愚且賤者，不得爲政乎貴且知者，畢云：「當脱『貴且知者』四字。」然後得爲政乎愚且賤者，此吾所以知義之不從愚且賤者出，而必自貴且知者出也。然則孰爲貴？孰爲知？曰：天爲貴、天爲知而已矣。然則義果自天出矣。

今天下之人曰：當若天子之貴諸侯，諸侯之貴大夫，傐明知之。畢云：「『傐』當爲『碻』」，言確然可知。」鈕樹玉云：「『傐明』當作『高明』。」案：畢説是也，兩「貴」字下疑皆當有「於」字。然吾未知天之貴且知於天子也。子墨子曰：吾所以知天之貴且知於天子者，有矣。曰：天子爲善，天能賞之；天子爲暴，天能罰之；天子有疾病禍祟，必齋戒沐浴，潔爲酒醴粢盛，以祭祀天鬼，則天能除去之。然吾未知天之祈福於天子也，此吾所以知天之貴且知於天子者。不止此而已矣，又以先王之書馴天明不解之道也知之。畢云：「馴與訓同，言訓釋天之明道。」曰：「明哲維

〔一〕「正」，原作「政」，據天志下篇改。

天，畢云：「舊作『大』，以意改。」臨君下土。」土，舊本作「出」，王引之云：「『下出』二字義不可通，『出』當爲『土』。『明哲維天，臨君下土』，猶詩言『明明上天，照臨下土』耳。隸書『出』字或作『土』，若『敫』省作『敖』，『貴』省作『賣』，『敫』省作『款』之類，形與『土』相似，故『土』譌爲『出』。」案：王説是也，今據正。則此語天之貴且知於天子。不知亦有貴知夫天者乎？「夫」，吳鈔本作「于」。曰：天爲貴、天爲知而已矣。然則義果自天出矣。是故子墨子曰：今天下之君子，中實將欲遵道利民，本察仁義之本，天之意不可不慎也。慎與順同，上下文屢云「順天意」，下同。

既以天之意以爲不可不慎已，然則天之將何欲何憎？畢云：「『之』下當有『意』字。」子墨子曰：天之意不欲大國之攻小國也，大家之亂小家也，强之暴寡，詐之謀愚，貴之傲賤，此天之所不欲也。不止此而已，舊本脱「不」字，又「止」作「上」，王校補「不」字，畢校改「上」爲「止」，今並據正。欲人之有力相營，文選陸士衡贈從兄車騎詩李注引鍾會老子注云：「經護爲營。」有道相教，有財相分也。又欲上之强聽治也，下之强從事也。上强聽治，則國家治矣；下强從事，則財用足矣。若國家治、財用足，則内有以潔爲酒醴粢盛，潔，吳鈔本作「絜」。以祭祀天鬼；外有以爲環璧珠玉，以聘撓四鄰，畢云：「撓與交同音。」諸侯之冤不興矣，一切經音義云：「古文『冤』、『惌』二形，今作『怨』，同。」蘇云：「冤當讀如怨。」邊境兵甲不作矣。内有以食飢息勞，持養其萬民，荀子榮辱篇楊注云：「持養，保養也。」義詳非命下篇。則君臣上下惠忠，父子弟兄慈孝。故唯毋明乎順天之意，唯，舊本作「惟」，今據吴鈔本改。毋，語詞，詳尚賢中篇。奉而光施之天下，光與廣通。則刑政治，萬民和，國家富，財用足，百姓皆得煖衣飽食，便寧無憂。廣雅釋詁云：「便，安也。」寍，舊本作「寧〔一〕」，今據吴鈔本改。是故子墨子曰：今天下之君子，中實將欲遵道利民，本察仁義之本，天之意不可不慎也。慎亦讀爲順。

且夫天子之有天下也，戴云：「『子』字衍。」辟之無以異乎國君諸侯之有四境之内也。吴鈔本「辟」作「譬」。畢云：「辟同譬。」今國君諸侯之有四境之内也，夫豈欲其臣國萬民之相爲不利哉？俞云：「『臣國』當爲『國臣』，正對國君而言。君曰國君，故臣曰國臣也，今倒作『臣國』，義不可通。」今若處大國則攻小國，處大家則亂小家，欲以此求賞譽，終不可得，誅罰必至矣。夫天之有天下也，將無已異此。畢云：「已同以。」今若處大國則攻小國，畢云：「舊脱『則』字，據下句增。」處大都則伐小都，吴鈔本二句竝無「則」字。欲以此求福禄於天，福禄終不得，而禍祟必至矣。然有所不爲天之

〔一〕「寧」，原避諱缺末筆作「寍」。按：孫所謂「舊本」，即指其底本畢沅刻本。畢刻字原作「寧」（畢刻成書於乾隆時，無由避「寧」字諱），孫刻自避諱缺末筆，今回改原字。又按：吴鈔本作「寍」，係「寧」之本字（見説文），非避諱字。

所欲，而爲天之所不欲，則夫天亦且不爲人之所欲，而爲人之所不欲矣。人之所不欲者何也？曰：病疾禍祟也。畢云：「舊脱『禍』字，據下文增。」若己〔一〕不爲天之所欲，而爲天之所不欲，是率天下之萬民以從事乎禍祟之中也。故古者聖王明知天鬼之所福，而辟天鬼之所憎，以求興天下之利，而除天下之害。是以天之爲寒熱也節，四時調，陰陽雨露也時，五穀孰，道藏本、吳鈔本作「熟」，俗字。六畜遂，疾菑戾疫凶饑則不至。戾、厲字通，詳尚同中篇。是故子墨子曰：今天下之君子，中實將欲遵道利民，畢云：「舊脱『道』字，一本有。」本察仁義之本，天意不可不慎也。

且夫天下蓋有不仁不祥者，曰：「當若子之不事父，弟之不事兄，臣之不事君也。」故天下之君子與謂之不祥者。王云：「故猶則也。」畢云：「與同舉。」今夫天兼天下而愛之，撽遂萬物以利之，物，吳鈔本作「民」，下同。畢云：「説文云：『撆，旁擊也。』但未詳『撆遂』之義。」俞云：「『撽遂』二字義不可通。『撽』當爲『邀』。疑本作『邀』，或作『撽』，傳寫誤合之爲『撽邀』，而『邀』又誤爲『遂』耳。邀與交通，莊子庚桑楚篇『夫至人者，相與交食乎地而交樂乎天』，徐無鬼篇作『吾與之邀樂於天，吾與之邀食於地』，是交、邀古通用也。『邀萬物以利之』，即交萬物以利之，與『兼天下而愛之』同義。交猶兼也。」案：俞説迂曲不足據。韓非子説林下篇〔二〕云：「有欲以御見荆王

〔一〕「己」，原誤「已」，據畢沅刻本改。

〔二〕「下篇」，原誤「上篇」，據韓非子改。

者，曰：臣能撽鹿。」莊子至樂篇云「莊子至楚，見空髑髏，撽以馬箠」，成玄英疏云：「撽，打擊也。」依韓子「撽鹿」義推之，疑當爲敺御之義。「遂」或當爲「逐」之譌，然下文云「以長遂五穀麻絲，使民得而財利之」，則「遂」字又似非誤，未能質定也。若豪之末，豪，吳鈔本作「毫」，下同。畢云：「『豪』本作『豪』，『毫』字正文。經典或從毛，非。」非天之所爲也，爲，舊本作「謂」，今據吳鈔本正。蘇云：「『非』上當有『莫』字，下同。謂，當從下文作『爲』。」俞云：「『非』上脫『無』字，下文同。言雖至秋豪之末，無非天之所爲也。」而民得而利之，則可謂否矣。蘇云：「『否』義未詳，疑當作『厚』。」俞云：「『否』字義不可通，乃『后』字之誤。后讀爲厚。禮記檀弓篇『后木』，正義曰：『世本云厚，此云后，其字異耳。』是『后』、『厚』古通用。説文『厚』古文作『垕』，本從后聲，故聲近而義通也。此云『若豪之末，無非天之所爲也，而民得而利之，則可謂厚矣』，言天愛民之厚也。下文『且吾所以知天之愛民之厚者有矣』，又曰『此吾以知天之愛民之厚也』，竝可爲證。」案：俞説是也。然獨無報夫天，而不知其爲不仁不祥也。此吾所謂君子明細而不明大也。

且吾所以知天之愛民之厚者有矣，曰：以磨爲日月星辰，「以」字舊脱，今據道藏本、吳鈔本補。顧云：「顏氏家訓：世本『容成造曆』，以『曆』爲碓磨之『磨』。」王云：「『磨』亦當爲『曆』，『曆爲日月星辰』，猶大戴記五帝德篇言『歷離日月星辰』也。」案：王校是也，詳非攻下篇。以昭道之；説文日部云：「昭，明也。」制爲四時春秋冬夏，以紀綱之；雷降雪霜雨露，王云：「『雷降雪霜雨露』義不可通，雷蓋賈字之誤〔一〕，賈與隕同。

〔一〕「誤」，原誤「義」，據活字本改。

左氏春秋經『莊七年，星隕如雨』，公羊『隕』作『霣』。爾雅：『隕、降，落也。』故曰『霣降雪霜雨露』。」以長遂五穀麻絲，使民得而財利之；列爲山川谿谷，播賦百事，畢云：「播，布。」以臨司民之善否；畢云：「司讀如伺，俗從人。」爲王公侯伯，侯伯，舊本作「諸伯」，吳鈔本作「侯伯」，道藏本作「諸侯」。審校文義，吳本較長，今據正。使之賞賢而罰暴；畢云〔一〕：「賢，舊作『焉』，一本如此。」顧云：「藏本『賢』，季本同。」案：吳鈔本亦作「賢」。賊金木鳥獸，「賊」當爲「賦」，形近而誤，言賦斂金木鳥獸而用之也。從事乎五穀麻絲，吳鈔本作「絲麻」。以爲民衣食之財。自古及今，未嘗不有此也。今有人於此，驩若愛其子，一切經音義引三蒼云：「驩，古歡字。」竭力單務以利之。蘇云：「單，同殫。」案：見七患篇。其子長，而無報子求父，蘇云「當云『其子長而無報乎父』。」故天下之君子與謂之不仁不祥。畢云：「與同舉。」今夫天兼天下而愛之，撽遂萬物以利之，以，吳鈔本作「而」。若豪之末，非天之所爲，「非」上亦當有「無」字。畢云：「據上文，當有『也』字。」而民得而利之，則可謂否矣。「否」亦當作「后」，讀爲厚，詳前。然獨無報夫天，而不知其爲不仁不祥也。此吾所謂君子明細而不明大也。吳鈔本無「君子」二字。

且吾所以知天愛民之厚者，不止此而足矣。曰：殺不辜者，天予不祥。不辜者誰也？

〔一〕「云」，原誤「本」，徑改。按下文所引乃畢注原文。

「不」上亦當有「殺」字。曰：人也。予之不祥者誰也？曰：天也。若天不愛民之厚，夫胡説人殺不辜而天予之不祥哉？夫，舊本亦作「天」。王云：「『天胡説』之『天』當爲『夫』，此涉上下文『天』字而誤。夫，發聲也。言若天非受民之厚，則人殺不辜而天予之不祥者，果何説哉？節葬篇曰：『厚葬久喪果非聖王之道，夫胡説中國之君子爲而不已、操而不擇哉？』是其證。」此吾之所以知天之愛民之厚也。舊本脱「之所」二字，今據吴鈔本增。

且吾所以知天之愛民之厚者，吴鈔本「吾」下有「之」字，「天」下無「之」字。不止此而已矣。曰：愛人利人，順天之意，得天之賞者有矣〔一〕；憎人賊人，畢云：「二字舊脱，據下文增。」反天之意，得天之罰者亦有矣。夫愛人利人，順天之意，得天之賞者，誰也？曰：若昔三代聖王，堯舜禹湯文武者是也。堯舜禹湯文武焉所從事？曰：從事兼，不從事别。兼者，處大國不攻小國，處大家不亂小家，强不劫弱，衆不暴寡，詐不謀愚，貴不傲賤。觀其事，上利乎天，中利乎鬼，下利乎人。三利無所不利，是謂天德。聚斂天下之美名而加之焉，曰：此仁也，義也，愛人利人，順天之意，得天之賞者也。不止此而已，書於竹帛，畢云：「後漢書注引『書

〔一〕「矣」，原誤「之」，據畢沅刻本改。按墨子各本均作「矣」，作「之」乃本書梓誤。

於』作『書其事』，據下文亦然。」戴云：「當依下文補脱文三字，今作『書於竹帛』者，後人據兼愛下篇删之。」鏤之金石，琢之槃盂，吴鈔本「槃」作「盤」，下同。畢云：「後漢書注引『槃』作『盤』。」傳遺後世子孫。曰：將何以爲？將以識夫愛人利人，順天之意，得天之賞者也。皇矣道之曰：「帝謂文王，予懷明德，不大聲以色，不長夏以革，不識不知，順帝之則。」詩大雅毛傳云：「懷，歸也。不大聲見於色。革，更也，不以長大有所更。」鄭箋云：「夏，諸夏也。天之言云，我歸人君有光明之德，而不虚廣言語以外作容貌，不長諸夏以變更王法者，其爲人不識古，不知今，順天之法而行之者。此言天之道尚誠實，貴性自然。」案：墨子説詩，與鄭義同。帝善其順法則也，故舉殷以賞之，使貴爲天子，富有天下，名譽至今不息。故夫愛人利人，順天之意，得天之賞者，既可得留而已。畢云：「據下云『既可謂而知也』，此句未詳。」王云：「『既可得留而已』當作『既可得而智已』，智即知也。墨子書『知』字多作『智』，見於經説，耕柱二篇者不可枚舉。言順天之意，得天之賞者，既可得而知已。尚賢篇曰『既可得而知已』。舊本作『既可得留而已』者，『智』誤爲『留』，又誤在『而』字上耳。下文云『故夫憎人賊人，反天之意，得天之罰者。既可謂而知也』，亦當作『既可得而知也』，前後相證，則兩處之誤字不辯而自明。下篇亦云『既可得而知也』。」夫憎人賊人，賊，吴鈔本作「疾」。反天之意，得天之罰者，誰也？曰：若昔者三代暴王桀紂幽厲者是也。桀紂幽厲焉所從事？曰：從事别，不從事兼。别者，處大國則攻小國，處大家則亂小家，强劫弱，衆暴寡，詐謀愚，貴傲賤。觀其事，上不利乎天，中不利乎鬼，下不利乎人。三不利無所利，是謂天賊。聚斂天下之醜名而加之焉，曰：此非仁也，非義也，憎人賊人，反天之意，得天之罰者也。不止此而已，又書其事於竹帛，鏤之金石，琢之槃盂，傳遺後世子孫。曰：將何以爲？將以識夫憎人賊人，反天之意，得天之罰者也。大誓之道之，「誓」道藏本、吴鈔本竝作「明」。莊述祖云：「墨書引大誓，有去發，有大明。『去發』當爲『太子發』，爲大誓上篇。『大明』即詩所謂『會朝清明』也。詩書皆曰大明。明武王之再受命，爲中篇。」案：此文非命上中二篇並作大誓，「明」塙爲譌字。蓋「誓」省爲「折」，「明」即隸古「折」字之譌。顏師古匡謬正俗引書湯誓「誓」字作「斵」，山井鼎七經孟子考文載古文甘誓「誓」字作「斲」。蓋皆「𣂚」「扸」二字傳寫譌舛，與「明」形略相類。莊說不足據。曰：「紂越厥夷居，江聲云：「夷居，倨嫚也。」說文尸部云：「居，蹲也。」不肎事上帝，棄厥先神祇不祀，祇，舊本譌「祗」，今據道藏本正。乃曰吾有命，無廖俾務。畢云：「此句非命上作『無廖排漏〔一〕』，非命中作『毋僇其務』。據孔書泰誓云『罔懲其侮』，則知無、罔音義同，『廖』、『僇』皆『懲』字之譌，『俾』則『其』字之譌，務音同侮。雖孔書僞作，作者取墨書時猶見善本，故足據也。」孫星衍云：「當作『無僇其務』，言不勠力其事。或孔書『侮』字反是『務』假音，未可知也。」江聲從「毋僇其務」，云「僇讀爲戮力之勠，言己有命，不畏鬼神，毋爲勠力於鬼神之務。明鬼篇云『古者聖王必以〔二〕鬼神爲其務』，又云『今執無鬼者曰：鬼神者固無有。則此反聖王之務』。此非

〔一〕「無廖排漏」，原誤「無僇匪扇」，據畢沅刻本及本書非命上篇改。
〔二〕「以」，原誤「與」，據本書明鬼下篇改。

命、天志引書之意，與明鬼篇大指略同。」詒讓案：「無」當讀爲「侮」，詳非命中篇。書太誓僞孔傳云：「平居無故，廢天地百神宗廟之祀，紂言吾所以有兆民，有天命故，羣臣畏罪不爭，無能止其慢心。」孔説非墨子義。天下畢云：「二字疑衍，即下『天亦』二字重文。」莊讀「無僇鼻務天下」爲句，云：「僇，且也。『鼻』當爲『眉』。」案：莊説難通，不足據。天亦縱棄紂而不葆。」畢云：「孔書泰誓云：『紂乃夷居，弗事上帝神祇，遺厥先宗廟弗祀，乃曰吾有民有命，罔懲其侮。』」察天以縱棄紂而不葆者，反天之意也。故夫憎人賊人，賊，吳鈔本作「疾」。反天之意，得天之罰者，既可得而知也。得，舊本誤「謂」，今據吳鈔本正，王校亦改「得」。

是故子墨子之有天之，畢云：「一本作『志』，疑俗改。」辟人無以異乎輪人之有規，辟人，「人」當作「之」，上文云「辟之無以異乎國君諸侯之有四境之内也」，是其證。匠人之有矩也。今夫輪人操其規，將以量度天下之圜與不圜也，量度，吳鈔本倒，下同。曰：「中吾規者謂之圜，不中吾規者謂之不圜。」是以圜與不圜皆可得而知也。此其故何？則圜法明也。匠人亦操其矩，將以量度天下之方與不方也，曰：「中吾矩者謂之方，不中吾矩者謂之不方。」是以方與不方皆可得而知之。此其故何？則方法明也。故子墨子之有天之意也，王云：「『天之意』本作『天之』，『天之』即『天志』，本篇之名也。『子墨子之有天之』已見上文。古『志』字通作『之』，説見號令篇。後人不達，又見上下文皆云『順天之意』、『反天之意』，故於『天之』下加『意』字耳。」上將以度天下之王公大人爲刑政也，「爲」上吳鈔本有「之」字。下將以量天下之萬民爲文學、出言談也。觀其行，順天之意謂之善意行，反天之意謂之不善意行；王校删二「意」字，云：「舊本『謂之善』下衍『意』字，『謂之不善』下脱『行』字，又衍『意非』二字，今據下文改正。」案：「意」疑當作「悳」，與「德」通。「善德行」、「不善德行」，猶下云「善言談」、「不善言談」，「善刑政」、「不善刑政」也。王謂衍文，未塙。下「行」字，舊本譌「非」，今從王校正。觀其言談，順天之意謂之善言談，反天之意謂之不善言談；觀其刑政，順天之意謂之善刑政，反天之意謂之不善刑政。故置此以爲法，立此以爲儀，將以量度天下之王公大人卿大夫之仁與不仁，譬之猶分黑白也。是故子墨子曰：今天下之王公大人士君子，中實將欲遵道利民，本察仁義之本，天之意不可不順也。順天之意者，義之法也。

天志下第二十八

子墨子言曰：天下之所以亂者，其説將何哉？則是天下士君子皆明於小而不明於大。何以知其明於小不明於大也？以其不明於天之意也。何以知其不明於天之意也？以處人之家者知之。今人處若家得罪，將猶有異家所以避逃之者。畢云：「據下文當有『矣』字。」王引之云：「所以，可以也。」案：此「所」當從畢訓爲處所，王説非，詳上篇。然且父以戒子，兄以戒弟，曰：「戒之慎之，處人之家不戒不慎之，而有處人之國者乎？」有，疑當爲「可」。今人處若國得罪，將猶有異國所以避逃之者矣。然且父以戒子，兄以戒弟，曰：「戒之慎之，處人之國者不可不戒慎也！」今人皆處天下而事天，得罪於天，將無所以避逃之者矣。然而莫知以相極戒也，王引之云：「『極』字義不可通，『極戒』當爲『儆戒』，字之誤也。上篇『相儆戒』三字凡五見。」俞云：「『極戒』即儆戒也。『極』通作『亟』，荀子賦篇『出入甚極』，又曰『反覆甚極』，楊倞注竝曰：『極讀爲亟。』是也。廣雅釋詁：『亟，敬也。』亟爲敬，故亦爲儆矣。亟又與苟通，見爾雅釋詁篇釋文。而敬字即從苟，是可知其義之通。說文心部：『㥛，疾也。從心，亟聲。一曰謹重貌。』謹重之義，亦與儆相近。」吾以此知大物則不知者也。

是故子墨子言曰：戒之慎之，必爲天之所欲，而去天之所惡。曰：天之所欲者何也？所惡者何也？天欲義而惡其不義者也。何以知其然也？曰：義者，正也。正，猶言正人，詳上篇。何以知義之爲正也？天下有義則治，無義則亂，我以此知義之爲正也。然而正者，無自下正上者，必自上正下。是故庶人不得次己而爲正，意林引「次」並作「恣」，「正」並作「政」。案：次，當依馬讀爲「恣」，王訓爲「即」，似未塙，詳上篇。有士正之；士不得次己而爲正，有大夫正之；大夫不得次己而爲正，有諸侯正之；諸侯不得次己而爲正，有三公正之；三公不得次己而爲正，有天子正之；天子不得次己而爲政，依上下文亦當作「正」。有天正之。今天下之士君子，皆明於天子之正天下也，而不明於天之正天子也。王云：「舊本『不明於天』下脱『之』字，『正』下又脱『天子』二字，今補。」是故古者聖人明以此説人曰：「天子有善，天能賞之；天子有過，天能罰之。」天子賞罰不當，聽獄不中，天下疾病禍福，王云：「『福』字義不可通，『禍福』當爲『禍祟』。下者，降也，言降之以疾病禍祟也。『疾病禍祟』見中篇。」霜露不時。天子必且犓豢其牛羊犬彘，絜爲粢盛酒醴，絜，舊本作「潔」，今據吴鈔本改，下同。以禱祠祈福於天。我未嘗聞天之禱祈福於天子也，畢云：「『禱』下當有『祠』字。」吾以此知天之重且貴於天子也。吴鈔本「此」作「是」，「重且貴」作「貴且重」，以此下文及中篇校之，「重且貴」當作「貴且知」。是故義者不自愚且賤者出，必自貴且知者出。曰：誰爲知？天爲知。俞云：「此上脱『誰爲貴？天爲貴』六字。中篇曰『然則孰爲貴？孰爲知？曰：天爲貴、天爲知而已矣』，是其證。」然則義果自天出也。

今天下之士君子之欲爲義者，則不可不順天之意矣。曰：順天之意何若？曰：兼愛天下之人。何以知兼愛天下之人也？以兼而食之也。食，謂享食其賦税物産。何以知其兼而食之也？自古及今，無有遠靈孤夷之國，戴云：「『遠靈』二字義不可通，『靈』疑當作『雱』。雱，説文以爲籀文『㝑』字。㝑與方通，今文尚書多借『㝑』爲『方』。遠雱，言遠方也。」詒讓案：「靈」疑「虚」之誤，北魏孝文帝祭比干文「虚」作「虛」，南唐本業寺記作「霊」，東魏武定二年邑主造象頌「靈」作「霊」，二形並相似。耕柱篇「訏靈」亦「墟虚」之誤，與此正同。皆犓豢其牛羊犬彘，絜爲粢盛酒醴，以敬祭祀上帝山川鬼神，以此知兼而食之也。苟兼而食焉，必兼而愛之。譬之若楚越之君，譬，吳鈔本作「辟」。今是楚王食於楚之四境之內，王引之云：「今是，與今夫義同。」故愛楚之人；越王食於越，戴云：「當據上文補『之四境之內』五字，墨子文不避重複，不得於此文獨省也。」故愛越之人。道藏本、季本、吳鈔本並脫「楚之人」以下十字。今天兼天下而食焉，我以此知其兼愛天下之人也。

且天之愛百姓也，不盡物而止矣。王云：「『物』字義不可通，『物』當爲『此』。『此』字指上文而言。中篇曰『不止此而已矣』，又曰『不止此而已』，皆其證。」今天下之國，粒食之民，殺一不辜者，必有一不祥。王云：「舊本『民』下衍『國』字，今刪。『殺一』下脱『不辜者必有一』六字，今據上中二篇補。」曰：誰殺不辜？曰：人也。孰予之不辜？依上文當作「不祥」。曰：天也。若天之中實不愛此民也，何故而人有殺不辜而天予之不祥哉？且天之愛百姓厚矣，天之愛百姓別矣，王引之云：「別讀爲偏，言天偏愛百姓也。古或以『別』爲『偏』，樂記『其治辯者其禮具』，鄭注：『辯，偏也。』史記樂書『辯』作『辨』，集解『一作別』，其證也。」既可得而知也。何以知天之愛百姓也？吾以賢者之必賞善罰暴也。何以知賢者之必賞善罰暴也？吾以昔者三代之聖王知之。吳本「三代之聖王」作「之三代聖王」。故昔也三代之聖王堯舜禹湯文武之兼愛之天下也，下「之」字吳鈔本無，疑衍。從而利之，移其百姓之意，焉率以敬上帝山川鬼神。天以爲從其所愛而愛之，從其所利而利之，於是加其賞焉，使之處上位，立爲天子以法也，戴云：「以法，疑當作『以爲儀法』，脱二字耳。『以爲儀法』，見下文。『也』當爲『世』之誤，『世名之曰聖人』句。」案：以下文校之，此處脱文甚多，「以法也」三字，乃其殘字之僅存者，戴説未塙。今以此下文及尚賢中篇補之，疑當作「以爲民父母，是以天下之庶民屬而譽之，業萬世子孫繼嗣，譽之者不之廢也」。此「法也」即「廢也」之誤。鐘鼎款識皆以「灋」爲「廢」。名之曰「聖人」。以此知其賞善之證。畢云：「舊脱『知』字，據下文增。」是故昔也三代之暴王桀紂幽厲之兼惡天下也，從而賊之，移其百姓之意，焉率以詬侮上帝山川鬼神。天畢云：「一本有『鬼神天』三字。」案：道藏本、季本、吴鈔本並有。以爲不從其所愛而惡之，不從其所利而賊之，於是加其罰焉，使之父子離散，國家滅亡，抎失社稷，畢云：「説文云：『抎，有所失也。春秋傳曰：抎子辱矣。』玉篇云：『抎，于粉切。』」憂以及其身。是以天下之庶民屬而毁之，業萬世子孫繼嗣，毁之賁不之廢也，「業萬世」，詳上篇。王云：「『賁』當爲『者』。隸書『者』字或作『耆』，見漢衛尉卿衡方郃陽令曹全碑，與『賁』相似而誤。『不之廢』，衍『之』字。廢者，止也，見中庸、表記注。言業萬世子孫繼嗣，而毁之者猶不止也。尚賢篇云『萬民從而非之，曰暴王，至今不已』，是也。今本『者』譌作『賁』，下文又衍『之』字，則文不成義。」名之曰「失王」，蘇云：「『失』字誤，上篇皆『暴王』。」以此知其罰暴之證。今天下之士君子欲爲義者，則不可不順天之意矣。

曰：順天之意者，兼也；反天之意者，别也。兼之爲道也，義正；别之爲道也，力正。正，上篇並作「政」，字通。力正，義詳明鬼下篇。曰：義正者何若？曰：大不攻小也，强不侮弱也，衆不賊寡也，詐不欺愚也，貴不傲賤也，富不驕貧也，壯不奪老也。是以天下之庶國，莫以水火毒藥兵刃以相害也。若事上利天，中利鬼，下利人，三利而無所不利，是謂天德。故凡從事此者，聖知也，仁義也，忠惠也，慈孝也，是故聚斂天下之善名而加之。是其故何也？則順天之意也。曰：力正者何若？曰：大則攻小也，强則侮弱也，衆則賊寡也，詐則欺愚也，貴則傲賤也，富則驕貧也，壯則奪老也。是以天下之庶國，方以水火毒藥兵刃以相賊害也。若事上不利天，中不利鬼，下不利人，三不利而無所利，是謂之賊。俞云：「『之』當作『天』。『是謂天賊』與『是謂天德』對文，中篇正作『天賊』。」故凡從事此者，寇亂也，盜賊也，不仁不義，不忠不惠，不慈不孝，是故聚斂天下之惡名而加之。是其故何也？則反天之意也。

故子墨子置立天之，以爲儀法，畢云：「之，一本作『志』，疑俗改。考古『志』字只作『之』，説文無『志』字。」若輪人之有規，匠人之有矩也。今輪人以規，匠人以矩，以此知方圜之别矣。王云：「舊本脱『知』字，中篇曰『圜與不圜，方與不方，皆可得而知』。今據補。」是故子墨子置立天之，以爲儀法。畢云：「『之』讀爲『志』。」吾以此知天下之士君子之去義遠也。道藏本、吴鈔本「義」下有「之」字。何以知天下之士君子之去義遠也？吴鈔本「義」下有「之」字。今知氏大國之君俞云：「『知』字衍文，蓋涉上句『吾以知天下之士君子』、『何以知天下之士君子』兩句竝有『知』字而衍。氏，當讀爲是。禮記曲禮篇『是職方』，鄭注曰：『是或爲氏。』儀禮覲禮篇『大史是右』，注曰：『古文是爲氏也。』周官射人注引作『大史氏右』。然則是、氏古通用，今氏即今是也，今是即今夫也。禮記三年問篇『今是大鳥獸』，荀子禮論篇『今是』作『今夫』，荀子宥坐篇『今夫世之陵遲亦久矣』，韓詩外傳『今夫』作『今是』，竝其證也。上文曰『今是楚王食於楚之四境之内』，此云『今氏大國之君』，文法正同。上文作『是』，此文作『氏』，則字之異耳。」寬者然曰：俞云：「『寬者』下當有闕文，蓋言其土地之廣大也，故下文以『然』字作轉語。」案：疑當作「寬然曰」，「者」乃衍文。寬當爲囂之借字，聲義並與讙同。說文㗊部云：「囂，呼也。讀若讙。」寬、囂同從莧聲，古通用。言今大國之君，皆囂然争持攻國之論也。俞說非。「吾處大國而不攻小國，吾何以爲大哉！」是以差論蚤牙之士，蚤，吴鈔本作「爪」，非攻中、下二篇並作「爪」。比列其舟車之卒，俞云：「『卒』下脱『伍』字，非攻下篇作『皆列其舟車之卒伍』，是其證也。皆列即比列。」以攻罰無罪之國，罰，當從非攻下篇作「伐」。入其溝境，王云：「『溝境』二字不詞，當依非攻篇作『邊境』。此涉下文『溝池』而誤也。」刈其禾稼，斬其樹木，殘其城郭史記樊酈滕灌傳集解引張晏云：「殘，有所毁也。」以御其溝池，王引之云：「『御』字義不可通，『御』當爲『抑』，抑之言堙也。謂壞其城郭以塞其溝池，若周語所云『隳高堙庳』也。史記河渠書『禹抑鴻水』，索隱曰：『抑，漢書溝洫志作「堙」』，堙、抑皆塞之也。」是抑與堙同義。非攻篇作『湮其溝池』。湮亦堙也。隸書『抑』字或作『抑』，見漢校官碑，『御』字或作『御』，見帝堯碑，二形相似而誤。」焚燒其祖廟，攘殺其犧牲。吴鈔本作「牲」。**民之格者，則剄拔之，**畢云：「剄，舊作『勁』，從力，非。剄拔，即到刜，拔音同刜。」詒讓案：「剄拔」疑「剄殺」之誤。非攻下篇云「剄殺其萬民」，「殺」與「拔」篆文相近而誤。**不格者則係操而歸。**畢云：「係，一本作『繫』。」王引之云：「民可係而歸，不可操而歸。古亦無以『係操』二字連文者。『操』當爲『纍』，即孟子所謂『係累其子弟』也。『纍』誤爲『喿』，後人因改爲『操』耳。」案：王校是也。孟子梁惠王篇趙注云：「係累，猶縛結也。」**丈夫以爲僕圉、**丈，舊譌「大」，顧云：「當爲『丈』。」王引之、宋翔鳳校並同，今據正。左傳文十八年杜注云：「僕，御也。」周禮夏官鄭注云：「養馬曰圉。」畢云：「圉，舊作『園』，以意改。」**胥靡，**史記賈誼傳云「傅説胥靡」，索隱引徐廣云：「胥靡，腐刑也。」晉灼云：「胥，相也；靡，隨也。古者相隨坐，輕刑之名。」莊子庚桑楚篇釋文引司馬彪云：「胥靡，刑徒人也。」崔譔云：「腐刑也。」荀子儒效篇楊注云：「胥靡，刑徒人也。胥，相；靡，繫也。謂鏁相聯相繫，漢書所謂鋃鐺者也。顔師古曰：聯繫使相隨而服役之，猶今囚徒以鏁連枷也。」案：尚賢中篇説「傅説被褐帶索，庸築乎傅巖」，即史記所謂「胥靡」，則當爲刑徒役作之名。徐、崔説誤。**婦人以爲舂酋。**吴鈔本「婦」作「媍」。「酋」作「囚」，誤。畢云：「周禮云：『其男子入于辠隸，女子入于舂〔一〕稾。』又説文云：『酋，繹酒也。』禮有大酋，掌酒官也。」未詳婦人爲酋之義。『酋』與『舀』聲形相近，説文云『抒臼也』，亦『舂〔二〕稾』義與?」王云：「畢以『酋』爲『或舂或舀』之『舀』，非也。説文：『酋，繹酒也。從酉，水半見於上。禮有大酋，掌酒官也。』月令注：『酒孰曰酋。』據此，則酒官謂之酋者，以其掌

〔一〕〔二〕「舂」，原均誤作「春」。據畢沅刻本及正文改。

酒也。然則女奴之掌酒者，亦得謂之酋矣。周官酒人『女酒三十人，奚三百人』，鄭注曰：『女酒，女奴曉酒者。古者從坐男女没入縣官爲奴，其少才知以爲奚。』是其證。惠士奇禮説曰：『酒人之奚多至三百，則古之酒皆女子爲之，即墨子所謂「婦人以爲舂酋」也。』」宋翔鳳云：「呂氏春秋精通篇云：『臣之父不幸而殺人，不得生，臣之母得生，而爲公家爲酒。』則此言『舂酋』者，或爲舂，或爲酒也。」案：畢説是也。周官舂人有女舂抌二人，鄭注云：「女舂抌，女奴能舂與抌者。抌，抒臼也。」説文「舀」或作「抌」，此以「舂酋」連文，則「酋」即「抌」之叚字可知。墨、呂二書義本不同，王宋説非。

則夫好攻伐之君不知此爲不仁義，以告四鄰諸侯曰：「吾攻國覆軍，殺將若干人矣。」其鄰國之君亦不知此爲不仁義也，有具其皮幣，有與又通，下同。**發其綛處，**畢云：「未詳。説文、玉篇無『綛』字。」詒讓案：綛，吴鈔本作「総」，即「總」之俗，於義亦無取。疑「綛處」當作「徒遽」。「徒」正字作「𧻓」，隸變或作「徒」，彳與糸相似，止與心相似，遂譌作「綛」耳。「遽」、「處」亦形近而誤。國語吴語云「徒遽來告」，韋注云：「徒，步也；遽，傳車也。」周禮行夫注云：「遽，若今時乘傳騎驛而使者也。」發其徒遽，謂使人致賀於攻伐之國，必起發卒徒車馬以從行也。或云「綛」當爲「縱」之譌，「縱」隸古或作「緃」，右半形與忍相類，縱又從之借字，「縱處」即「從遽」，亦通。**使人饗賀焉。**饗，當讀爲聘享之享。周禮玉人鄭注云：「享，獻也。」**則夫好攻伐之君有重不知此爲不仁不義也，有書之竹帛，藏之府庫。爲人後子者，**後子即嗣子，詳節葬下篇。**必且欲順其先君之行，曰：「何不當發吾府庫，**舊本脱「府」字，王據上文補。**視吾先君之法美。」**王云：「『法美』二字，義不相屬。『美』當爲『義』，字之誤也。少儀『言語之美』，鄭注：『「美」當爲「儀」。』」案：『美』乃『義』字之誤。義即古儀字，法義即法儀也。前有法儀篇，云『天下從事者，不可以無法儀』。非命篇曰『先立義法』，即儀法。當讀爲嘗。荀子性惡篇『今當試去君上之埶，無禮義之化，去法正之治，無刑罰之禁，則天下之悖亂而相亾不待頃矣』，吕氏春秋疑似篇『戎寇當至』，當竝與嘗同。史記西南夷傳『嘗擊南越者八校尉』，漢書『嘗』作『當』。嘗，試也。言試發吾府庫，視吾先君之法儀也。」必不曰文武之爲正者若此矣，曰：「吾攻國覆軍，殺將若干人矣。」則夫好攻伐之君不知此爲不仁不義也，其鄰國之君不知此爲不仁不義也，是以攻伐世世而不已者。此吾所謂大物則不知也。

所謂小物則知之者，何若？今有人於此，入人之場園，取人之桃李瓜薑者，上得且罰之，衆聞則非之。是何也？曰：不與其勞，獲其實，言不與種植之勞，而取其實也。已非其有所取之故。此有誤，疑當云「以非其所有取之故」。已、以同，「所有」二字誤倒，遂不可通。而況有踰於人之牆垣，以下文校之，「於」字疑衍。抯格人之子女者乎？蘇云：「抯，說文云：『挹也。從手，且聲，讀若摣。』格，擧持也。爾雅釋訓云：『格格，擧也。』」俞云：「『抯』字無義，當爲衍文，蓋即『垣』字之誤而複者。『格人之子女』，與下『竊人之金玉蚤絫』、『竊人之牛馬』一律，曰格曰竊，皆以一字爲文也。下文『踰人之墻垣，抯格人之子女者』，亦衍『抯』字。又下文『此爲踰人之墻垣，格人之子女者』，正無『抯』字，可證上兩處之衍矣。畢反謂其脱『抯』字，非也。『格人之子女』，謂拘執人之子女。後漢書鍾離意傳注曰：『格，拘執也。』是其義。」案：抯、摣字通。方言云：「抯、摣，取也。南楚之閒，凡取物溝泥中，謂之担，或謂之攎。」釋名釋姿容云：「攎，叉也，五指俱往叉取也。」俞説非。**與角人之府庫，**俞云：「『角』字無義，乃『穴』字之誤。『穴』隸書作『内』，『角』隸書作『⿱⺈内』，兩形相似而誤。」**竊人之金玉蚤絫者乎？**王引之云：「『蚤絫』二字義不可通，『蚤絫』當爲『布喿』。隸書『布』字作『布』，『蚤』字作『蚤』，二形相似，故『布』譌爲『蚤』。荀子儒效篇『必蚤正以待之也』，新序雜事篇『蚤』作『布』。喿，蓋繰之借字。布繰即布帛。説文：『繰，帛如紺色，或曰深繒，讀若喿。』繰、喿同音，故字亦相通。凡書傳中從喿、從參之字多相亂，故非樂篇『多治麻絲葛緒綑布繰』，今本作『布縿』。而檀弓之『布幕衛也，繰幕魯也』，今本亦作『縿幕』。其它從喿之字，亦多變而從參。隸書『參』字作『叅』，與『絫』相似，因譌爲『絫』矣。西伯勘黎『乃罪多參在上』，馬融讀『參』爲『絫』，亦以其字形之相似。金玉布繰皆府庫所藏，故曰『角人之府庫，竊人之金玉布喿』。」**與踰人之欄牢，**欄，吴鈔本作「闌」，下同，義詳非攻上篇。周禮充人鄭注云：「牢，閑也。」説文牛部云：「牢，閑養牛馬圈也。」**竊人之牛馬者乎？而況有殺一不辜人乎？今王公大人之爲政也，**畢云：「人，舊作『天』，以意改。」案：道藏本、吴鈔本作「夫」，季本作「人」，與畢校合。**自殺一不辜人者，踰人之墻垣，担格人之子女者，與角人之府庫，竊人之金玉蚤絫者，**道藏本、吴鈔本下並有「乎」字。**與踰人之欄牢，竊人之牛馬者，**畢云：「舊脱『之』字，據上文增。」**與入人之場園，**毛詩豳風七月傳云：「春夏爲圃，秋冬爲場。」鄭箋云：「場、圃同地，自物生之時耕治之以種菜茹，至物盡成熟築堅以爲場。」**竊人之桃李瓜薑者，**王引之云：「舊脱『者與入人之場園竊人之』十字，當據上下文補。」**今王公大人之加罰此也，雖古之堯舜禹湯文武之爲政，亦無以異此矣。今天下之諸侯，將猶皆侵凌攻伐**

兼并，此爲殺一不辜人者數千萬矣；此爲踰人之墻垣、格人之子女者，畢云：「據上，『格』上當脱『抯』字。」與角人府庫、竊人金玉蚤絫者，數千萬矣；踰人之欄牢、竊人之牛馬者，與入人之場園、竊人之桃李瓜薑者，數千萬矣，而自曰義也。故子墨子言曰：是蕡我者，蕡，畢本並改「責」，云：「舊作『蕡』，下同，以意改。」顧云：「蕡，讀若治絲而棼之棼。『我』當爲『義』。」案：顧説是也，棼亦與紛同。尚同中篇云「本無有敢紛天子之教者」，與此文例略同。急就篇云「芬薰脂粉膏澤筩」，芬，皇象本作「蕡」。此以「蕡」爲「棼」，與彼相類。則豈有以異是蕡黑白甘苦之辯者哉？今有人於此，少而示之黑謂之黑，王引之經傳釋詞「謂」下删「之」字。多示之黑謂白，必曰：「吾目亂，不知黑白之別。」今有人於此，能少嘗之甘畢云：「『能少』當爲『少而』，據上文如此。能、而音同故也。」王引之云：「能猶而也，能與而古聲相近，故義亦相通。」戴説同。謂甘，多嘗謂苦，王氏釋詞「多嘗」下增「之甘」二字。必曰：「吾口亂，不知其甘苦之味。」今王公大人之政也，戴云：「『政』上當有『爲』字。」或殺人，其國家禁之，此蚤越戴云：「三字有脱誤。」有能多殺其鄰國之人，因以爲文義，王云：「『文義』二字，義不可通，『文』當爲『大』，字之誤也。謂多殺鄰國之人，聞之者不以爲不義，反以爲大義也。非攻篇曰『小爲非，則知而非之，大爲非攻國，則不知非，從而譽之，謂之義』，此之謂也。」案：王據非攻篇證此，是也。而改「文」爲「大」，則非是。此當作「因以爲之義」，爲與謂通，「文」即「之」之譌，言因以稱之曰義也。此豈有異蕡白黑甘苦之別者哉？別、辯聲近字通。

故子墨子置天之，以爲儀法。畢云：「『之』當爲『志』。」非獨子墨子以天之志爲法也，王云：「『志』字亦後人所加，『之』即『志』字也。」案：說詳中篇。於先王之書大夏之道之然：俞云：「大夏，即大雅也。雅、夏古字通。荀子榮辱篇曰『越人安越，楚人安楚，君子安雅』，儒效篇曰『居楚而楚，居越而越，居夏而夏』，是夏與雅通也。下文所引『帝謂文王』六句，正大雅皇矣篇文。」「帝謂文王，予懷明德，吳鈔本「懷」下有「而」字。毋大聲以色，毋長夏以革，蘇云：「詩大雅文王篇二『毋』字作『不』。」詒讓案：中篇引「毋」並作「不」，與詩同。不識不知，順帝之則。」義並詳中篇。此誥文王之以天志爲法也，吳鈔本「誥」作「告」。畢云：「『誥』字據上文當爲『語』。」詒讓案：「也」字疑衍。而順帝之則也。且今天下之士君子，中實將欲爲仁義，求爲上士，上欲中聖王之道，下欲中國家百姓之利者，當天之志而不可不察也。天之志者，義之經也。兩「志」字王校亦删，詳前。

墨子閒詁卷八

明鬼上第二十九闕

明鬼中第三十闕

明鬼下第三十一

淮南子氾論訓作「右鬼」，高注云：「右猶尊也。」漢書藝文志亦同，顏注引此作「明鬼神」，疑衍「神」字。明，謂明鬼神之實有也。

子墨子言曰：逮至昔三代聖王既没，天下失義，諸侯力正，畢云：「正同征。」詒讓案：節葬下篇作「征」，字通。天志下篇云：「兼之爲道也，義正；別之爲道也，力正。」周禮禁暴氏「禁庶民之亂暴力正者」，鄭注云：「力正，以力强得正也。」是以存夫爲人君臣上下者之不惠忠也，父子弟兄之不慈孝弟長貞良也，正長之不强於聽治，賤人之不强於從事也。民之爲淫暴寇亂盜賊，畢云：「舊脱『亂』字，據下文增。」以兵刃毒藥水火退無罪人乎道路率徑，蘇云：「『退』疑當作『遇』，下文同。」俞云：「『退』字無義，疑『迫』字之誤。謂迫而奪其車馬衣裘也。『率徑』二字亦無義，據下文，此語兩見而皆無『率徑』二字，疑爲衍文。」案：二説皆非也。「退」當爲「迓」字之誤。迓與禦通，書牧誓「弗迓克奔」，釋文引馬融本「迓」作「禦」，云：「禁也。」史記周本紀「弗迓」作「不禦」，集解引鄭注云：「禦，彊禦，謂彊暴也。」孟子萬章篇云「今有禦人於國門之外者」，趙注云：「禦人，以兵禦人而奪之貨。」即其義也。「率徑」當讀爲術徑，屬上「道路」爲句。率聲與术聲古音相近。廣雅釋詁云：「率，述也。」白虎通義五行篇云：「律之言率，所以率氣令生也。」周禮典同鄭注云：「律，述氣者也。」述氣即率氣，是其證。説文行部云：「術，邑中道也。」月令「審端徑術」，鄭注云：「術，周禮作『遂』。」夫閒有遂，遂上有徑。遂，小溝也，步道曰徑。」杜臺卿玉燭寶典引蔡邕月令章句云：「術，車道也；徑，步道也。」鄭、蔡説並通。漢書刑法志亦云「術路」，如淳注云：「術，大道也。」俞以「率徑」爲衍文，亦誤。奪人車馬衣裘以自利者，並作由此始，是以天下亂。此其故何以然也？則皆以疑惑鬼神之有與無之別，不明乎鬼神之能賞賢而罰暴也。今若使天下之人偕若信鬼神之能賞賢而罰暴也，舊本「偕」作「借」。畢云：「借，本書尚賢中作『藉』，此俗改。」王云：「上言『若使』，則下不得又言『借若』，余謂『若』字涉上文而衍，『借』乃『偕』字之誤。偕與皆通。湯誓『予及女皆亾』，孟子梁惠王篇『皆』作『偕』。周頌豐年篇『降福孔皆』，晉書樂志『皆』作『偕』。言使天下之人皆信鬼神之能賞賢而罰暴，則天下必不亂也。舊本『罰暴』二字倒轉，據上文改。」則夫天下豈亂哉！

今執無鬼者曰：「鬼神者，固無有。」旦暮以爲教誨乎天下，舊本下有「之」字，畢又以意增「人」字。王云：「畢補非也。此文本作『旦暮以爲教誨乎天下』，今本『天下』下有『之』字者，涉下句『天下之衆』而衍。畢不解其故，而於『之』下補『人』字，誤矣。下文『天下之衆』，即天下之人也。」案：王說是也，今據刪。疑天下之衆，使天下之衆皆疑惑乎鬼神有無之別，吴鈔本無「惑」字。是以天下亂。是故子墨子曰：今天下之王公大人士君子，實將欲求興天下之利，除天下之害，故當鬼神之有與無之別，以爲將不可以不明察此者也。舊本「明」上脱「不」字，今從王校補。俞云：「此本作『故當鬼神之有與無之別，不可以不察者也』。下文曰『既以鬼神有無之別，以爲不可不察已，然則吾爲明察此』。此文『以爲』字即涉下文而衍，『明察此』字即涉下文而誤。下云『不可不察』，正承此而言，故知此文無『明』字也。」蘇云：「下『以』字當作『不』。」案：俞說是也，今從之。「此」字不當删，詳非攻下篇〔二〕。既以鬼神有無之別，以爲不可不察已，然則吾爲明察此，其說將奈何而可？子墨子曰：是與天下之所以察知有與無之道者，必以衆之耳目之實知有與亡爲儀者也。亾，吴鈔本作「無」。亾，古「無」字。篇中諸「有無」字，疑古本並作「亾」。請惑聞之見之，請當讀爲誠。墨子書多以「請」爲「情」，又以「情」爲「誠」，故此亦以「請」爲「誠」，詳尚同中、下二篇。惑與或通。戴云「請，

〔二〕按：孫於正文「明」上增「不」字，注云：「從王（念孫）校補。」注中別引俞樾說，而又云：「俞說是也，今從之。」然正文實未從俞說校改。王、俞二說不能兼從，疑注中從俞說之語有誤。

『諸』字之誤」，失之。則必以爲有；莫聞莫見，則必以爲無。舊脱「則必以爲有」以下九字，王據下文及非命篇補，今從之。若是，何不嘗入一鄉一里而問之，自古以及今，生民以來者，亦有嘗見鬼神之物，聞鬼神之聲，則鬼神何謂無乎？若莫聞莫見，則鬼神可謂有乎？「何」、「可」錯出，義兩通，不知孰爲正字。

今執無鬼者言曰：夫天下之爲聞見鬼神之物者，不可勝計也，亦孰爲聞見鬼神有無之物哉？子墨子言曰：若以衆之所同見，與衆之所同聞，則若昔者杜伯是也。周宣王殺其臣杜伯而不辜，畢云：「史記索隱引作『不以罪』。」杜伯曰：「吾君殺我而不辜，若以死者爲無知，則止矣；若死而有知，不出三年，必使吾君知之。」其三年，畢云：「文選注引作『必死吾君之期』。韋昭注國語引『三』作『二』。太平御覽引作『後三年』。」俞云：「『必使吾君知之』絶句。『其』下脱『後』字，本作『其後三年』。太平御覽引此文正作『後三年』，但删『其』字耳。韋昭注周語引作『後二年』，雖誤『三』爲『二』，而『後』字固在，皆可爲證。文選劉孝標重答劉秣陵書注引作『必死吾君之期』，則誤『其』爲『期』，而屬上讀，且誤『使』爲『死』，又脱『知』字，文不成義，不足據也。」案：宋尤袤本文選注惟「其」作「期」，餘並與今本同。國語韋注，宋明道本亦正作「三年」。畢、俞並誤據俗本，疏矣。史記周本紀正義引周春秋亦作「後三年」。據史記，宣王四十六年崩，則殺杜伯當在四十四年。通鑑外紀載殺杜伯於四十六年，非也。今本竹書紀年云：「宣王四十三年，王殺大夫杜伯，其子隰叔出奔晉。」則不數所殺年，亦通。周宣王合諸侯而田於圃，田車數百乘，田於圃，吳鈔本作「舍於圃」。畢云：「田與佃通。說文云：『佃，中也。春秋傳曰：乘中佃一轅車。』案：今左氏作『衷佃』，同。又案：韋昭注國語、文選注、史記索隱引俱無此字。顔師古注漢書有。」俞云：「『田於圃田』者，圃田，地名。詩車攻篇『東有甫草，駕言行狩』，鄭箋以鄭有甫田説之。爾雅釋地作『鄭有圃田』，即其地也。畢讀『圃』字絶句，非是。」詒讓案：周語云「杜伯射王於鄗」，韋注云：「鄗，鄗京也。」史記周本紀集解引徐廣云：「豐在京兆鄠縣東，鎬在上林昆明北，有鎬池，去豐二十五里，皆在長安南數十里。」周禮職方氏鄭注云：「圃田在中牟。」以周地理言之，鄗在西都，圃田在東都，相去殊遠。又韋引周春秋「宣王會諸侯田於圃」，明道本「圃」作「囿」。史記封禪書索隱、周本紀正義所引並與韋同。論衡死僞篇云「宣王將田于圃」，則漢、唐舊讀並於「圃」字斷句，皆不以「圃」爲圃田。荀子王霸篇楊注引隨巢子云「杜伯射宣王於畝田」，畝與牧聲轉字通，疑即鄗京遠郊之牧田，亦與圃田異。但隨巢子以「圃田」爲「畝田」，似可爲俞讀左證。近胡承珙亦謂此即圃田，而謂國語鄗即敖鄗，庌韋以爲鄗京之誤，其説亦可通。姑兩存之，竢通學詳定焉。田車者，考工記云「田車之輪，六尺有六寸」，鄭注云：「田車，木路也，駕田馬。」畢引左傳「中佃」，非此義。**從數千，人滿野。**畢云：「太平御覽引作『車徒滿野』，節文。」俞云：「『從』乃『徒』字之誤。車數百乘，徒數千人，徒與車爲對文。御覽引作『車徒滿野』，是其證。」案：俞校近是，但此當以「徒數千」爲句，「人」屬下「滿野」爲句，非以徒與車爲對文也。**日中，杜伯乘白馬素車，朱衣冠，執**朱衣冠，蓋韋弁服也。周禮司服「凡兵事，韋弁服」，鄭注云：「韋弁，以韎韋爲弁，又以爲衣裳也。」韎、朱色近通稱。**朱弓，挾朱矢，追周宣王，射之車上，**舊本「射之」作「射入」。畢云：「文選注引作『射之』。」詒讓案：「之」字是也，今據改。**中心折脊，殪車中，**後漢書光武紀李注云：「殪，僕也。」**伏弢而死。**畢云：「弢，太平御覽引作

『韔』，一引作『伏弓衣』，義同。」詒讓案：史記索隱、文選注引並作「弢」，與今本同。論衡死僞篇亦作「韔」。說文弓部云：「弢，弓衣也。」左成十六年傳：「楚共王使養由基射吕錡，中項伏弢。」畢又云：「國語云『内史過曰：杜伯射王于鄗』，韋昭注曰『杜，國；伯，爵，陶唐氏之後。周春秋曰』云云，與此略同。地理志：『杜陵，故杜伯國。有周右將軍杜主祠四所。』又國語『范宣子曰：昔匄之祖，在周爲唐杜氏』，韋昭曰：『周成王滅唐，而封弟唐叔虞，遷唐于杜，謂之杜伯。』封禪書曰：『杜主，故周之右將軍。』今陝西長安縣南杜豐。」**當是之時，周人從者莫不見，遠者莫不聞，著在周之春秋。**國語晉語「司馬侯謂悼公曰：羊舌肸習於春秋」，韋注云：「春秋，紀人事之善惡，而目以天時，謂之春秋，周史之法也。時孔子未作春秋。」又楚語：「莊王使士亹傅太子，申叔時告之曰：教之春秋，以感勸其心。」公羊莊七年傳云「不脩春秋曰：雨星不及地尺而復」，何注云「謂史記也。古者謂史記爲春秋」。管子法法篇云「故春秋之記，臣有弑其君，子有殺其父者矣」，尹注云：「春秋，即周公之凡例，而諸侯之國史也。」史通六家篇、隋書李德林傳並引墨子云「吾見百國春秋」，蓋即此。史通又云：「汲璅冢語記太丁時事，目爲夏殷春秋，又有晉春秋，記獻公十七年事。」**爲君者以教其臣，爲父者以譤其子，**畢云：「說文云：『警，戒也。』此異文。」**曰：「戒之慎之，凡殺不辜者，其得不祥，鬼神之誅**畢云：「舊作『謀』，據後文改。」**若此之憯遬也！」**憯、速義同。玉篇手部云：「『撍』，側林切，急疾也。」憯與『撍』通。易豫「朋盍簪」，釋文云：「簪，鄭云速也，京〔一〕作『撍』。」淮南子本經訓云「兵

〔一〕「京」，原誤「李」，據易豫釋文改。按「京」指京房本。

莫憯於志，而莫邪爲下」，高注云：「憯猶利也。」並與此義相近。道藏本、吴鈔本竝無「也」字。畢云：「説文云：『遬，籒文。』」蘇云：「遬與戚義同。」**以若書之説觀之，則鬼神之有豈可疑哉？非惟若書之説爲然也，**道藏本、吴鈔本並無「也」字。**昔者鄭穆公**史記鄭世家「穆公蘭，文公子」，然此實當爲「秦穆公」之譌。畢云：「郭璞注山海經引此作『秦穆公』，又太平御覽、太平廣記引『穆』作『繆』。」詒讓案：郭引作『秦』，是也。玉燭寶典引墨子曰「昔秦穆公有明德，上帝使句芒賜之壽十九年也」，即約此文。論衡福虚篇云：「儒家之徒董無心，墨家之役纏子，相見講道。纏子稱墨家佑鬼神，是引『秦穆公有明德，上帝賜之十九年』。纏子難以堯舜不賜年，桀紂不夭死。堯舜桀紂猶爲尚遠，且近難以秦穆公、晉文公。夫謚者行之迹也，迹生時行，以爲死謚。穆者誤亂之名，文者德惠之表。有誤亂之行，天賜之年；有德惠之操，天奪其命乎？案穆公之霸不過晉文，晉文之謚美於穆公，天不加晉文以命，獨賜穆公以年，是天報誤亂，與穆公同也。」又無形篇云：「傳言秦穆公有明德，上帝賜之十九年。」北齊書樊遜傳遜對問禍福報應，亦云：「秦穆有道，句芒錫祥。」以諸書證之，則不當作「鄭」明矣。下文凡「鄭」字並當作「秦」。**當晝日中處乎廟，**當，吴鈔本作「嘗」，古字通用。**有神入門而左，鳥身，**畢云：「海外東經云：『東方句芒，鳥身人面。』太平廣記引作『人面鳥身』。」戴云：「脱『人面』二字。」**素服三絶，**「三絶」無義，疑當作「玄純」。「玄」與「三」，「純」與「絶」，艸書並相近，因而致誤。素衣玄純，蓋即深衣采純，明與凶服異也。畢引説文云「絶，刀斷絲也」，非此義。**面狀正方。**畢云：「太平廣記引作『而狀方正』。」戴云：「『面』乃『而』字之誤。」案：山海經郭注引作「方面」，則「面」字非誤。**鄭穆公見之，乃恐懼，犇，神曰：「無懼！**畢云：「舊脱此四字，據太平廣記增。太平御覽引作一『曰』字，一本作『神曰』二字。」帝享女明德，女，吳鈔本作「汝」。使予錫女壽十年有九，錫，吳鈔本作「享」。使若國家蕃昌，子孫茂，毋失。」鄭亦當作「秦」。穆公再拜稽首曰：「敢問神名？」畢本「名」作「明」，云：「舊脱此字。」太平御覽引云『敢問神明爲何』，太平廣記引云『公問神明』」。案：明同名也。」王云：「鈔本御覽神鬼部二正作『敢問神名』，刻本『名』作『明』，誤也。明古讀若芒，不得與名通。」案：王校是也，楚辭遠遊洪興祖補注引亦作「名」，今據補正。曰：「予爲句芒。」句芒，地示，五祀之木神，月令「春，其神句芒」是也。左傳昭二十九年，蔡墨説少昊氏之子重爲句芒。此人鬼爲木官，配食句芒者，非地示也。若以鄭穆公之所身見爲儀，則鬼神之有豈可疑哉？

非惟若書之説爲然也，昔者，燕簡公畢云：「案史記，簡公平公子。周敬王十六年，公元年也。」詒讓案：論衡書虛篇説此事作「趙簡子」，死僞篇作「趙簡公」，並誤。惟訂鬼篇作「燕簡公」，與此同。殺其臣莊子儀而不辜，顧云：「論衡訂鬼、書虛、死僞作『莊子義』。」莊子儀曰：「吾君王殺我而不辜，簡公時，燕尚未偁王，此「王」字疑後人所加。死人毋知亦已，毋，吳鈔本作「無」。死人有知，不出三年，必使吾君知之。」期年，燕將馳祖，畢云：「祖道。」王云：「畢説非也。法苑珠林君臣篇作『燕之有祖澤，猶宋之有桑林，國之大祀也』，據此則『祖』是澤名，故又以雲夢比之。下文『燕簡公方將馳於祖塗』，亦謂祖澤之塗也。然則此『祖』非『祖道』之謂。」案：王説近是。顏之推還冤記又作「燕之沮澤，當國之大祀」。祖與沮、菹字通。王制云「山川沮澤」，孔疏引何胤隱義云：「沮澤，下溼地也。」孟子滕文公篇趙注云：「菹，澤生草者也。今青州謂澤有草者爲菹也。」俞正燮據説苑臣術云

「魏翟璜〔一〕乘軒車、載華蓋，時以閒暇祖之於野」，蓋所謂「馳祖」者也。未知是否。燕之有祖，當齊之社稷，王引之云：「當猶如也。」又「齊之」下校增「有」字。詒讓案：國語魯語云「莊公如齊觀社，曹劌諫曰：齊棄太公之法，而觀民於社」，又曰「今齊社而往觀旅，非先王之訓也」，韋注云：「旅，衆也。」襄二十四年左傳云：「楚子使薳啓彊如齊聘，齊社，蒐軍實，使客觀之。」宋之有桑林，左襄十年傳云「宋公享晉侯於楚丘，請以桑林」，杜注云：「桑林，殷天子之樂名。」淮南子脩務訓云「湯旱，以身禱於桑山之林」，高注云：「桑山之林能爲雲雨，故禱之。」吕氏春秋慎大篇云「武王勝殷，立成湯之後於宋，以奉桑林」，高注云：「桑山之林，湯所禱也，故使奉之〔二〕。」莊子養生主篇云「合於桑林之舞」，釋文引司馬彪云：「桑林，湯樂名。」案：杜預、司馬彪並以桑林爲湯樂。左傳孔疏引皇甫謐説，又以桑林爲大濩別名。以此書及淮南書證之，桑林蓋大林之名，湯禱旱於彼，故宋亦立其祀。左昭二十一年傳云「宋城舊鄘及桑林之門」，當即望祀桑林之處。因湯以盛樂禱旱於桑林，後世沿襲，遂有桑林之樂矣。楚之有雲夢也，爾雅釋地云「楚有雲夢」，郭注云：「今南郡華容縣東南巴丘湖是也。」周禮職方氏：「荆州，其澤藪曰雲瞢。」此男女之所屬而觀也。周禮州長鄭注云：「屬猶合也，聚也。」日中，燕簡公方將馳於祖塗，莊子儀荷朱杖而擊之，殪之車上。史記十二諸侯年表，燕簡公在位十二年卒，當敬王二十七年，魯哀公二年。則殺莊子儀事，當在簡公十一年也。但依左傳昭

〔一〕「翟璜」，説苑卷二臣術實作「翟黃」。史記魏世家、吕氏春秋舉難則作「翟璜」。

〔二〕「故使奉之」，原誤「故所奉也」，據吕氏春秋慎大改。

三年，北燕伯款即簡公。史表則以爲惠公，其元年當周景王元年，在位九年卒，歷悼、共、平三世而後至簡公，與左傳殊不合，未知孰是。論衡死僞篇云：「簡公將入於桓門，莊子義起於道左，執彤杖而捶之，斃於車下。」與此小異，疑兼采它書。桓，古與和通。桓門，當即周禮大司馬中冬狩田之和門，與此云「馳於祖塗」不同也。當是時，燕人從者莫不見，遠者莫不聞，著在燕之春秋。諸侯傳而語之曰：語，吳鈔本作「言」。「凡殺不辜者，其得不祥，鬼神之誅若此其憯遬也！」以若書之説觀之，則鬼神之有豈可疑哉？

非惟若書之説爲然也，惟，吳鈔本作「唯」。昔者宋文君鮑之時，君，吳鈔本作「公」。論衡祀義篇云「宋公鮑之身有疾」。有臣曰祏觀辜，顧云：「論衡訂鬼作『宋夜姑』。」詒讓案：字書無「祏」字，論衡祀義篇云「祝曰夜姑」，則「祏〔一〕」當即「祝」之譌。祝，即周禮大、小祝也。「觀辜」疑亦「夜姑」之譌。左傳昭二十五年魯有「申夜姑」，釋文：「『夜』本或作『射』。」又文六年晉狐射姑，穀梁作「狐夜姑」。春秋桓九年經有曹世子射姑，左傳定二年又有邾大夫夷射姑。是古人多以「射姑」爲名之證。固嘗從事於厲，論衡祀義篇云「掌將事於厲者」，盧云：「厲，公厲、泰厲之屬也。宋歐陽士秀以厲爲神祠，以管子請桓公立五厲祀堯之五吏爲證。後世統謂之廟。」袾子杖揖出，與言曰：類篇示部引廣雅云：「袾，詛也。」畢云：「『袾』，『祝』字異文。『袾子』即祝史也。玉篇云：『袾，之俞切，呪詛也。又音注。』言神馮於祝子而言也。」蘇云：「下言『舉揖而槀之』，則『揖』宜從木爲『楫』。」俞云：「下文『袾子舉揖而槀

〔一〕「祏」，原誤「詬」，據正文改。

之』，『揖』，未知何物，疑此文本作『袾子揖杖出』，下文本作『袾子舉杖而槀之』。尚書大傳『八十者杖於朝，見君揖杖』，鄭注曰：『揖，挾也。』此『揖杖』之義也。因『揖杖』誤倒爲『杖揖』，後人遂改下文之『舉杖』爲『舉揖』以合之耳。舉杖而槀之，猶定二年左傳云『奪之杖以敲之』。槀即敲之叚音。」案：「袾」疑「禂」之異文。説文示部云：「禂，禱牲馬祭也。」周禮甸祝「禂牲禂馬」，鄭注云：「禂讀如伏誅之誅，今『侏大』字也。」畢以「袾」爲「祝」異文，説無所據。上觀辜已是祝，則袾子不當復爲祝。竊疑當是巫，巫能接神，故厲神降於其身。謂之「袾子」，猶楚辭謂巫爲靈子也。蘇校謂「揖」當作「楫」，近是。論衡祀義篇作「厲鬼杖檝而與之言」，又云「舉檝而掊之」，「檝」即「楫」之俗。然説文木部云「楫，舟櫂也」，於義無取。竊疑「楫」實當作「杸」，篆文形近而誤。説文殳部云「杸，軍中士所持殳也」，與殳音義同。淮南子齊俗訓云「搢笏杖殳」，許慎注云：「殳，木杖也。」但漢人引已作「楫」，未敢輒改。**「觀辜，是何珪璧之不滿度量？酒醴粢盛之不淨潔也？犧牲之不全肥？**淮南子時則訓高注云：「全，無虧缺也。」畢云：「全，謂純色，與牷同。」**春秋冬夏選失時？**蓋言祭厲失其常時。畢云：「選同算。」詒讓案：「選」下有脱字，後文云「官府選効必先祭器」，則「選」下疑脱「効」字。選當讀爲饌具之饌，畢説非，詳後。**豈女爲之與？意鮑爲之與？」**王引之云：「意與抑同。論語學而篇『求之與，抑與之與』，漢石經『抑』作『意』。」**觀辜曰：「鮑幼弱，在荷繦之中，**畢云：「荷與何同。漢書注：『李奇云：繦，絡也，以繒布爲之，絡負小兒。師古曰：即今之小兒繃也，居丈反。』」詒讓案：繦，吴鈔本作「襁」。「繦」正字，「襁」借字。説文衣部云：「襁，負兒衣也。」論語子路篇「襁負其子而至矣」，集解：「包咸云：負者以器曰襁。」吕氏春秋明理篇云「道多褓襁」，高注云：「緥，小兒被也。襁，褸格上繩也。」孫奭孟子音義引博物志云：「襁褓，織縷爲之，廣八寸，長一尺二寸，以負小兒於背上。」史記魯世家云：「成王少，在强葆之中。」鮑何與識焉？盧云：「此云『在荷繈之中』，則非春秋時宋文公也。」案：宋世家無兩文公，且不當名謚并同。此蓋墨子傳聞之誤，不得謂宋別有文公鮑也，盧説非。官臣觀辜特爲之。」左襄十八年傳，中行獻子禱于河，偁官臣偃，杜注云：「守官之臣。」袾子舉揖而槀之，揖，疑亦當爲「杸」。蘇校改「楫」，亦通。俞校改「杖」，未塙。論衡祀義篇云：「厲鬼舉樴而掊之，斃於壇下。」此「槀」疑當讀爲「毃」，同聲叚借字。左定二年傳云「奪之杖以敲之」，釋文云：「敲，苦孝反，又苦學反。説文作『毃』，云『擊頭也』。字林同。又一曰『擊聲也』，口交反。又口卓反，訓從敲，云『横擿也』。」案：今本説文攴部「擿」作「撾」。畢云：「槀同敲。」殪之壇上。當是時，畢云：「舊脱此字，一本有。」宋人從者莫不見，遠者莫不聞，畢云：「舊脱『者』字，一本有。」詒讓案：道藏本、吴鈔本並有。著在宋之春秋。諸侯傳而語之曰：「諸不敬慎祭祀者，鬼神之誅至若此其憯遬也！」道藏本、吴鈔本無「也」字。以若書之説觀之，鬼神之有豈可疑哉？

非惟若書之説爲然也，惟，吴鈔本作「唯」。昔者，齊莊君之臣畢云：「君，事類賦引作『公』。舊脱『臣』字，據太平御覽、事類賦增。」有所謂王里國、畢云：「太平御覽、事類賦引作『王國卑』，下同，疑此非。」中里徼者。畢云：「太平御覽、事類賦引作『檄』，下同。」此二子者，訟三年而獄不斷。公羊宣元年何注云：「古者疑獄，三年而後斷。」齊君由謙殺之，恐不幸，猶謙釋之，畢云：「由與猶同，故兩作。」王云：「由、猶，皆欲也。謙與兼同。言欲兼殺之、兼釋之也。大雅文王有聲篇『匪棘其欲』，禮器作『匪革其猶』。周官小行人『其悖逆暴亂作懸猶犯令者」，大戴記朝事篇『猶』作『欲』。是『猶』即『欲』也。猶、由古字亦通。」蘇説同。**恐失有罪。乃使之人共一羊，**畢云：「太平御覽、事類賦引『之』作『二』。」**盟齊之神社，**畢云：「事類賦無『神』字。」詒讓案：周禮司盟云「有獄訟者則使之盟詛，凡盟詛各以其地域之衆庶共其牲而致焉」，鄭注云：「使其邑閭出牲而來盟。」此所云與禮合。**二子許諾。**畢云：「太平御覽、事類賦引作『二子相從』。」**於是泏洫，**畢云：「説文云：『泏，水皃，讀若窟。』洫，未詳，疑皿字，言以水渫皿。」洪云：「『泏洫』當是『涖盟』之譌。」案：「泏皿」殊不辭，洪謂「涖盟」之譌，於字形亦遠。竊謂此當作「涵血」。「涵」、「歃」聲同，唐人書「臿」字或作「函」，與「出」形近，故譌。「血」又涉「泏」字而誤加水也。**搋羊而漉其血，**畢云：「太平御覽、事類賦引已上八字作『以羊血灑社』，則『漉』當爲『灑』字之誤。搋，字書無此字。」盧云：「玉篇有『搋』字，云磊搖也，烏可、烏寡、力可三切。」王引之云：「『搋』即『剄』字也。廣雅曰：『剄、刑、刻，剄也。』吴語『自剄於客前』，賈逵曰：『剄，剄也。』作『搋』者，或字耳。此文本作『搋羊出血而灑其血』，謂剄羊出血而灑其血於社也。太平御覽獸部十三引作『以羊血灑社』者，省文耳。今本『出血』作『泏血』，涉下文『灑』字而誤加氵，又誤在『搋羊』之上，則義不可通。」案：王以「泏洫」爲「出血」，未塙。而讀「搋」爲「剄」，則是也。洪説同。**讀王里國之辭既已終矣，**畢云：「四字事類賦作『已盡』二字。」**讀中里徼之辭未半也，**畢云：「太平御覽、事類賦引『也』作『祭』。」**羊起而觸之，**畢云：「事類賦引作『觸中里徼』。」**折其脚，祧神之**此有脱誤。畢云：「疑當云『跳神之社』。」案：羊跳安能敲人使殪？畢説不合事情。**而槀之，殪之盟所。當是時，齊人從者莫不見，遠者莫不聞，**畢云：「太平御覽引云『齊人以爲有神驗』，事類賦引云『齊人以爲有神』，疑以意改。」**著在齊之春秋。**

諸侯傳而語之曰：「請品先不以其請者，畢云：「『品』當爲『盟』。下『請』當爲『情』。」王引之云：「畢謂『品』當作『盟』，是也。上『請』字當爲『諸』。『先』當爲『共』，隸書『先』字或作『失』，與『共』相似而誤。『共』字當在『盟』字上。共盟，見上文。諸，猶今人言諸凡也。言凡共盟而不以其情者，必受鬼神之誅也。上文曰『諸不敬慎祭祀者，鬼神之誅至若此其憯遬也』，是其證。今本『諸』譌作『請』，『共』譌作『先』，『盟』譌作『品』，又升『品』字於『先』字上，則義不可通。下『請』字即『情』字也，墨子書通以『請』爲『情』，不煩改字。」俞云：「『先』字之義尚不可曉。王氏改爲『共』字，而移在『盟』字之上，似亦未安。『先』疑『矢』字之誤。矢、誓古通用。盟矢，即盟誓也。『矢』字隸書或作『夫』，見孔宙碑，『先』字隸書或作『失』，見北海相景君碑，兩形相似而誤。」案：俞說是也。鬼神之誅至若此其憯遬也！」以若書之說觀之，鬼神之有豈可疑哉？是故子墨子言曰：雖有深谿博林、幽澗毋人之所，王云：「『深谿博林、幽澗毋人』，即天志上篇所謂『林谷幽門無人』也。『幽澗』亦『幽門』之誤。『幽門毋人』正指『深谿博林』言之，若作『幽澗』，則與『深谿』相複。」施行不可以不董，顧云：「爾雅：『董，正也。』」蘇云：「『董』疑『謹』字之訛。」俞云：「『董』字無義，疑『堇』字之誤。『堇』借爲『謹』，言不可以不謹也。管子五行篇『修暨水土，以待乎天堇』，尹知章注曰：『堇，誠也。』訓堇爲誠，即讀堇爲謹也。說文『堇，古文作『𦰩』，形與『董』相似，故誤。」案：俞說是也。禮記內則「塗之以謹塗」，玉篇引作「堇涂」，亦「謹」、「堇」通用之證。見有鬼神視之。

今執無鬼者曰：夫衆人耳目之請，畢云：「當爲『情』，下同。」案：「請」即「情」之叚借，不必改字。非命中篇作「情」。豈足以斷疑哉？柰何其欲爲高君子於天下，「高君子」無義。「高」疑當作「尚」，下又脱「士」字。尚士即上士也。下文云「則非所以爲君子之道也」，又云「此非所以爲上士之道也」，即遥冢此文。而有復信衆之耳目之請哉？有讀爲又。「衆之」，疑當同上文作「衆人」，下同。子墨子曰：畢云：「舊脱『墨子』二字，以意增。」若以衆之耳目之請，以爲不足信也，不以斷疑。不識若昔者三代聖王堯舜禹湯文武者，足以爲法乎？故於此乎自中人以上皆曰：「若昔者三代聖王，足以爲法矣。」若苟昔者三代聖王足以爲法，然則姑嘗上觀聖王之事。昔者，武王之攻殷誅紂也，使諸侯分其祭，曰：「使親者受内祀，謂武王克殷，分命諸侯，使主殷祀也。非攻下篇云「王既已克殷，成帝之來，分主諸神，祀紂先王」是也。受内祀，謂同姓之國得立祖王廟也。郊特牲孔疏引五經異義云：「古春秋左氏説，天子之子以上德爲諸侯者，得祖所自出。魯以周公之故，立文王廟。左傳：宋祖帝乙，鄭祖厲王，猶上祖也。」疏者受外祀。」此謂異姓之國祭山川四望之屬。祭統説周錫魯重祭，云：「外祭則郊社是也，内祭則大嘗禘是也。」彼大祀非凡諸侯所得祀，蓋不在所受之列。故武王必以鬼神爲有，是故攻殷伐紂，使諸侯分其祭。若鬼神無有，則武王何祭分哉？祭，吴鈔本作「祀」。

非惟武王之事爲然也，故聖王「故」當爲「古」，下文「古聖王」、「古者聖王」文屢見，可證。其賞也必於祖，其僇也必於社。詳後。賞於祖者何也？告分之均也；僇於社者何也？告聽之中也。江聲云：「分之均，謂頒賞平均；聽之中，謂斷辠允當也。」非惟若書之説爲然也，且惟昔者虞夏商周三代

之聖王，其始建國營都日，必擇國之正壇，置以爲宗廟；考工記匠人「營國方九里，左祖右社，面〔一〕朝後市」，呂氏春秋慎勢篇云：「古之王者，擇天下之中而立國，擇國之中而立宮，擇宮之中而立廟。」劉逢禄云：「壇，場。祭壇場也。置，措也。」**必擇木之脩茂者，**脩，吴鈔本作「修」。**立以爲菆位；**畢云：「菆，蕝字假音。說文云：『蕝，朝會，束茅表位曰蕝。春秋國語曰：茅蕝表坐。』韋昭曰：『蕝，謂束茅而立之，所以縮酒。』」劉云：「菆位，社也。」王云：「畢說非也。菆與叢同。『位』當爲『社』，字之誤也。隸書『社』字，漢魯相韓勑造孔廟禮器碑作『𥘵』，史晨祠孔廟奏銘作『𥘵』，因譌而爲『位』。急就篇『祠祀社稷叢臘奉』，『叢』一本作『菆』。顏師古曰：『叢謂草本岑蔚之所，因立神祠。』即此所謂『擇木之脩茂者，立以爲菆社』也。秦策『恒思有神叢』，高注曰：『神祠，叢樹也。』莊子人閒世篇曰『見櫟社樹，其大蔽牛』，呂氏春秋懷寵篇曰『問其叢社大祠，民之所不欲廢者，而復興之』，太玄聚次四曰『牽羊示于叢社』，皆其證也。『置以爲宗廟』，承上『賞於祖』而言；『立以爲菆社』，承上『僇於社』而言。則『位』爲『社』字之誤明矣。史記陳涉世家『又閒令吴廣之次近所旁叢祠中』，索隱引墨子云『建國必擇木之脩茂者以爲叢位』，則所見本『社』字已誤作『位』，而『菆』字作『叢』則不誤也。又耕柱篇曰『季孫紹、孟伯常治魯國之政，不能相信，而祝於禁社』，『禁社』乃『菆社』之誤。菆亦與叢同。」洪云：「史記陳涉世家索隱引墨子作『叢位』，『菆』即『叢』字。『叢位』謂叢社之位。」案：王說是也。六韜略地篇云「冢樹社叢勿伐」，「社叢」即「叢社」也。**必擇國之父兄慈孝貞良者，以爲祝宗；**劉云：

〔一〕「面」，原誤「前」，據周禮攷工記匠人改。

「祝，太祝；宗，宗伯也。」**必擇六畜之勝腯肥倅**，畢讀「倅毛」爲句，云：「『粹』字假音作『倅』，異文也。」劉刪「勝」字，讀與畢同。顧云：「『倅』字句。」案：素問王冰注云：「勝者，盛也。」淮南子時則訓云「視肥臞全粹」，高注云：「粹，毛色之純也。」又齊俗訓云「犧牛粹毛，宜於廟牲」，此畢所本。依其讀，則「勝」當爲衍文。但以文例校之，似顧讀爲長。**毛以爲犧牲**；周禮小宗伯「毛六牲」，鄭注云：「毛，擇毛也。」牧人「凡陽祀，用騂牲毛之；陰祀，用黝牲毛之」，注云：「毛之，取純毛也。」山海經南山經郭注云：「毛，言擇牲取其毛色也。」**珪璧琮璜**，畢云：「琮，舊作『璜』，本如此〔二〕。」案：吳鈔本不誤。**稱財爲度；必擇五穀之芳黃，以爲酒醴粢盛，故酒醴粢盛與歲上下也。**逸周書糴匡篇云「成年穀足，賓祭以盛，年饑舉祭以薄，大荒有禱無祭，祭以薄資」，即「與歲上下」之法。**故古聖王治天下也，故必先鬼神而後人者，此也。**故讀爲固。**故曰：官府選効**，選讀爲僎。說文人部云：「僎，具也。」廣雅釋詁云：「効，具也。」効，俗「效」字。**必先祭器祭服畢藏於府，祝宗有司畢立於朝，犧牲不與昔聚羣。**畢云：「『昔』之言夕，王逸注楚詞曰：『昔，夜也。』詩曰『樂酒今昔』。不聚羣，言別羣也。」案：此言祭牲當特繫，不與常時所畜羣聚耳。周禮充人云：「掌繫祭祀之牲牷，祀五帝，則繫于牢，芻之三月。享先王，亦如之。凡散祭祀之牲，繫于國門，使養之。」是也。畢說非。**故古者聖王之爲政若此。**

〔二〕按：「本如此」，當作「一本如此」。「本」上當脫「一」字。

古者聖王必以鬼神爲，王云：「『爲』下當有『有』字，而今本脱之。『必以鬼神爲有』見上文。其下仍有脱文，不可考。」其務鬼神厚矣。又恐後世子孫不能知也，故書之竹帛，傳遺後世子孫。畢云：「文選注引作『以其所獲，書於竹帛，傳遺後世子孫』，又一引作『以其所行』，此無四字。」咸恐其腐蠹絶滅，王引之云：「『咸』字文義不順，當是『或』字之誤。言或恐竹帛之腐蠹絶滅，故又琢之盤盂，鏤之金石也。」後世子孫不得而記，故琢之盤盂，鏤之金石，以重之。有恐後世子孫有，吴鈔本作「又」，字通。畢云「當爲『猶』」，非。不能敬莙以取羊，畢云：「言敬威以取祥也。」孫云：「説文云『莙，讀若威』，又云『羊，祥也』。秦漢金石，多以『羊』爲『祥』。」故先王之書，聖人王云：「此下脱二字，或當云『聖人之言』。」一尺之帛，一篇之書，語數鬼神之有也，重有重之。吴鈔本「有」作「又」。王云：「『有』與『又』同。」此其故何？則聖王務之。今執無鬼者曰：「鬼神者，固無有。」則此反聖王之務。反聖王之務，則非所以爲君子之道也。

今執無鬼者之言曰：先王之書，慎無一尺之帛，一篇之書，王云：「『慎無』二字義不可通，『慎無』當爲『聖人』。上文曰『故先王之書，聖人一尺之帛，一篇之書』，是其證。」語數鬼神之有，重有重之，「重」下「有」字亦讀爲又。畢云：「『重有重』下，舊有『亦何書』三字，衍文。」亦何書之有哉？吴鈔本「之有」二字倒。子墨子曰：周書大雅有之。古者詩、書多互偁。吴鈔本無「大雅」二字。大雅曰：「文王在上，於昭于天。大雅文王篇文，毛傳云：「在上，在民上也。於，歎辭。昭，見也。」鄭箋云：「文王初爲西伯，有功於民，其德著見於天，故天命之以爲王，使君天下也。崩，謚曰文。」周雖舊邦，其命維新。毛傳云：「乃新在文王也。」鄭箋云：

「大王聿來，胥宇而國於周，王迹起矣，而未有天命，至文王而受命。言新者，美之也。」**有周不顯，帝命不時。**毛傳云：「有周，周也。不顯，顯也。顯，光也。不時，時也。時，是也。」鄭箋云：「周之德不光明乎？光明矣。天命之不是乎？又是矣。」**文王陟降，在帝左右。**毛傳云：「言文王升接天，下接人也。」鄭箋云：「在，察也。文王能觀知天意，順其所爲，從而行之。」案依墨子説，謂文王既死，神在帝之左右，則與毛、鄭義異。**穆穆文王，令問不已。」**問，吴鈔本作「聞」。穆穆，毛詩作「亹亹」，「問」作「聞」。毛傳云：「亹亹，勉也。」鄭箋云：「勉勉乎不倦，文王之勤用明德也。其善聲聞日見，稱歌無止時也。」**若鬼神無有，則文王既死，彼豈能在帝之左右哉？此吾所以知周書之鬼也。**

且周書獨鬼，而商書不鬼，則未足以爲法也。然則姑嘗上觀乎商書，曰：「嗚呼！古者有夏，方未有禍之時，百獸貞蟲，淮南子墬形訓云「萬物貞蟲，各有以生」，原道訓云「蚑蹺貞蟲」，高注：「貞蟲，細腰之屬也。」又説山訓云「貞蟲之動以毒螫」，注云：「貞蟲，細腰蜂，蜾蠃之屬，無牝牡之合曰貞。」案：「貞」當爲「征」之叚字，乃動物之通稱，高説未晐，説詳非樂上篇。**允及飛鳥，**王引之云：「允猶以也。言百獸貞蟲以及飛鳥也。以與用同義，故允可訓爲用，亦可訓爲以。説文曰：『允，從儿，㠯聲。』㠯、用、允一聲之轉耳。」**莫不比方。**莊子田子方篇云：「日出東方而入於西極，萬物莫不比方。」案：「比方」猶言順道也。易比象傳云：「比，下順從也。」樂記「樂行而民鄉方」，鄭注云：「方猶道也。」**矧隹人面，**畢云：「隹，古惟字，舊誤作『住』。」江聲説同。王引之云：「古『惟』字但作『隹』，古鍾鼎文『惟』字作『隹』，石鼓文亦然。又夏竦古文四聲韻載道德經『惟』字作『隹』。墨子多古字，後人不識，故傳寫多誤。矧惟者，語詞。康誥曰『矧惟不孝不友』，又曰『矧惟外庶子訓人』，酒誥曰『矧惟爾事，服休服采。矧惟若疇圻父，薄違農父，若保宏父』，皆其證也。鹽鐵論未通篇曰『周公抱成王聽天下，恩塞海內，澤被四表，矧惟人面，含仁保德，靡不得其所』，繇役篇曰『普天之下，惟人面之倫，莫不引領而歸其義』，後漢書章帝紀曰『訖惟人面，靡不率俾』，和帝紀曰『戒惟人面，無思不服』，並與墨子同意。」案：王說是也，顧說同。人面，言有面目而爲人，非百獸貞蟲飛鳥之比也。國語越語：「范蠡曰：余雖靦然而人面哉，余猶禽獸也。」胡敢異心？山川鬼神，亦莫敢不寧。書僞孔傳云：「莫，無也。」言皆安之。蘇云：「二語見商書伊訓，餘略同。」若能共允，江聲云：「共讀爲恭。恭，恪也；允，誠也。」隹天下之合，畢云：「隹，舊作『住』，亦誤。」江、王說同。下土之葆。」葆、保字通。詩大雅崧高「南土是保」，鄭箋云：「保，守也，安也。」漢書天文志顏注引宋均云：「葆，守也。」察山川鬼神之所以莫敢不寧者，以佐謀禹也。此吾所以知商書之鬼也。商書，舊本作「商周」，王、蘇據上文改，是也，今從之。

且商書獨鬼，而夏書不鬼，商書，舊本作「禹書」，王、蘇據上文改，今從之。則未足以爲法也。然則姑嘗上觀乎夏書。禹誓曰：畢云：「此孔書甘誓文，文微有不同。書序云：『啟與有扈戰于甘之野，作甘誓。』與此不同。而莊子人間世云『禹攻有扈』，呂氏春秋召類云『禹攻曹魏、屈驁、有扈，以行其教』，皆與此合。」詒讓案：呂氏春秋先己篇云「夏后柏啟與有扈戰於甘澤而不勝」，是呂覽有兩說。或禹、啟皆有伐扈之事，故古書或以甘誓爲禹誓與？說苑政理篇云：「昔禹與有扈氏戰，三陳而不服。禹於是修教三年，而有扈氏請服。」說亦與此合。「大戰于甘，尚書釋文引馬融云：「甘，有扈南郊地也。甘，水名，今在鄠縣西。」畢云：「其地在今陝西鄠縣。」王乃命左右六人，下聽誓于中軍，孔書云「乃召六卿」，詩棫樸正義引鄭康成云：「六卿者，六軍之將。」僞孔傳云：「天子六軍，其將皆命卿。」孫星衍云：「鄭注周禮大司馬云『天子六軍，三三而居一偏』，賈誼新書云『紂將與武王戰，紂陳其卒，左臆右臆』，是天子親征，王爲中軍，六卿左右之也。」曰：有扈氏史記正義云：「地理志：鄠縣，古扈國，有户亭。」訓纂云：『户』、『扈』、『鄠』三字，一也，古今字不同耳。」尚書釋文云：「有扈，國名，與夏同姓。」馬云：「姒姓之國，爲無道者。」漢書地理志云：「右扶風鄠縣，古扈國，夏啟所伐者也。」案：即今陝西鄠縣。威侮五行，怠棄三正，尚書釋文引馬融云：「建子、建丑、建寅，三正也。」史記夏本紀集解引鄭康成云：「五行，四時盛德所行之政也。威侮，暴逆之。三正，天地人之正道。」僞孔傳云：「五行之德，王者相承所取法，有扈與夏同姓，恃親而不恭，是則威虐侮慢五行，怠惰棄廢天地人之正道，言亂常。」王引之謂書及此「威」字，並當爲「烕」之誤。烕者，蔑之叚借字。亦通。天用勦絶其命。僞孔傳云：「勦，截也。截絶，謂滅之。」畢云：「勦〔一〕字同剿。」詒讓案：「勦」當從刀，舊本從力，誤。唐石經尚書亦譌「勦」。説文刀部云「剿，絶也」，引書作「剿」。水部「漅」字注引作「勦」。有曰：有讀亦爲又。日中，今予與有扈氏爭一日之命，且爾卿大夫庶人，予非爾田野葆士之欲也，孔書無此三十二字。孫云：「墨子所見古文書與今本異，或脱簡，或孔子所刪也。葆同保。鄭注月令云：『小城曰保。』俗作堡。言不貪其土地人民。」

〔一〕「勦」，原作「勦」，據畢沅刻本改。按畢本字實從力，故孫謂「舊本從力誤」。

俞云：「『葆士』無義，『士』疑『玉』字之誤，『葆玉〔一〕』即『寶玉』也。史記周本紀『展九鼎葆玉』，徐廣曰『葆，一作寶』，即其例也。」案：俞說近是。**予共行天之罰也。**共，吳鈔本作「恭」。孔書云「今予惟恭行天之罰」，僞孔傳云：「恭，奉也。」史記夏本紀「恭」亦作「共」，與此同。呂氏春秋先己篇高注引書作「龔」。孫云：「『恭』當作『龏〔二〕』。說文『龏，愨也。』言謹行天罰。」**左不共于左，右不共于右，**史記集解引鄭康成云：「左，車左；右，車右。」共，孔書並作「攻」。又首句下多「汝不恭命」四字，史記夏本紀亦無。孔傳云：「左，車左，左方主射。攻，治也，治其職。右，車右，勇力之士執戈矛以退敵。」**若不共命；**孔書亦作「汝不恭命」。考工記鄭注云：「若猶女也。」段玉裁云：「墨子作『共』，其義蓋亦訓供奉，如粊誓『無敢不共』也。」**御非爾馬之政，若不共命。**孔書作「御非其馬之正，汝不恭命」，傳云：「御以正馬爲政，三者有失，皆不奉我命。」史記夏本紀「正」亦作「政」。**是以賞于祖而僇于社。」**于，舊本並作「於」，今據吳鈔本改，下二句同。**賞于祖者何也？言分命之均也。僇于社者何也？**孔書作「用命賞于祖，弗用命戮于社」。「僇」、「戮」字通。史記夏本紀亦作「僇」。孔傳云：「天子親征，必載遷廟之祖主行。有功則賞祖主前，示不專。又載社主，謂之社。事不用命、奔北者，則戮之於社主前。社主陰，陰主殺。親祖嚴社之義。」**言聽獄之事也。**王云：「事者，『中』之壞字也。中者，平也，與『均』字對文。上文曰『僇於社者何也？言聽之中

〔一〕「玉」，原誤「士」，據活字本改。
〔二〕「龏」，原誤「龔」，據孫星衍尚書今古文注疏改。

也』，是其證。」詒讓案：「事」疑當爲「衷」，篆文二字形近。中、衷通。故古聖王必以鬼神爲賞賢而罰暴，是故賞必於祖而僇必於社。此吾所以知夏書之鬼也。故尚者夏書，尚者，舊本作「尚書」。王云：「『尚書夏書』文不成義。尚與上同，『書』當爲『者』。言上者則夏書，其次則商周之書也。此涉上下文『書』字而誤。」案：王說是也，今據正。其次商周之書，語數鬼神之有也，重有重之。有亦讀爲又。此其故何也？則聖王務之。以若書之說觀之，則鬼神之有豈可疑哉？於古曰：疑有脱字。「吉日丁卯，周以子卯爲忌日，疑此「卯」當爲「丣」，二字形近而誤。漢書翼奉傳云：「東方之情，怒也。怒行陰賊，亥卯主之，是以王者惡子卯也。西方之情，喜也。喜行寬大，巳酉主之，是以王者吉午酉也。」是吉丣之義。周代祝社方，方，謂秋祭四方地示后土、句芒等也。詩小雅甫田云「以社以方」，毛傳云：「方，迎四方氣於郊也。」鄭箋云：「秋祭社與四方，爲五穀成熟報其功也。」此「周代祝社方」，疑當爲「用代祀社方」。「周」、「用」，「祀」、「祝」，並形近而誤。歲於社者考，「歲」上疑有脱文。於，吴鈔本作「于」，又無「者」字。案：「社者」當爲「祖若」。「歲於祖若考」，言薦歲事於祖及考也。少牢饋食禮云「用薦歲事于皇祖伯某」。以延年壽。」若無鬼神，彼豈有所延年壽哉。

是故子墨子曰：嘗若鬼神之能賞賢如罰暴也，「嘗若」當作「當若」，此書文例多如是，詳尚同中篇。如，吴鈔本作「而」。畢云：「如與而音義同，故字書『而』即『須』也，需亦從而聲。」蓋本施之國家，施之萬民，實所以治國家、利萬民之道也。吴鈔本「治」、「利」二字互易。若以爲不然，王云：「此五字隔斷上下文義，蓋涉下文『若以爲不然』而衍。」是以吏治官府之不絜廉，絜，舊本作「潔」，今據吴鈔本改，下並同。男女之爲無别者，鬼神見之；民之爲淫暴寇亂盜賊，以兵刃毒藥水火退無罪人乎道路，「退」亦當爲「迓」，下同，説詳前。奪人車馬衣裘以自利者，有鬼神見之。畢云：「『見』舊作『現』，非。」詒讓案：吴鈔本作「見」，不誤。是以吏治官府不敢不絜廉，見善不敢不賞，見暴不敢不罪。民之爲淫暴寇亂盜賊，以兵刃毒藥水火退無罪人乎道路，奪車馬衣裘以自利者，由此止，是以莫放幽閒擬乎鬼神之明顯明有一人畏上誅罰，戴云：「『是以莫放幽閒』至『畏上誅罰』二十一字，疑即上下文之誤而衍者，當删去。」案：戴説是也。上文云「民之爲淫暴寇亂盜賊，以兵刃毒藥水火退無罪人乎道路率徑，奪人車馬衣裘以自利者，並作由此始，是以天下亂」，與此文略同。「由此止」與「由此始」，「天下治」與「天下亂」，文正相對，中不當間以此二十一字明矣。是以天下治。

故鬼神之明，不可爲幽閒廣澤、畢云：「『閒』當爲『澗』。」案：「閒」字不誤，詳上文及天志上篇。山林深谷，鬼神之明必知之。鬼神之罰，不可爲富貴衆强、爲，畢本作「恃」，云：「舊脱此字，一本有。」王云：「『不可』下一字乃『爲』字，非『恃』字也。下文曰『此吾所謂鬼神之罰，不可爲富貴衆强、勇力强武、堅甲利兵者，此也』，文凡兩見，是其明證矣。上文曰『鬼神之明，不可爲幽閒廣澤、山林深谷，鬼神之明必知〔一〕之』，與此文同一例。『不可爲富貴衆强』云云，猶孔子言仁不可爲衆也。其一本作『不可恃』，『恃』字乃後人以意補之，與上下文不合。」案：

〔一〕「知」，原誤「見」，據正文改。

王説是也，今據補。**勇力强武、堅甲利兵，鬼神之罰必勝之。若以爲不然，昔者夏王桀貴爲天子，富有天下，上詬天侮鬼，下殃傲天下之萬民，**王云：「『殃傲』二字義不相屬，是『殃殺』之誤。下文『殷王紂殃傲天下之萬民』，同。」案：王説是也，此書「殺」字多譌爲「傲」，詳尚賢中篇。**祥上帝伐元山帝行，**伐，吴鈔本作「代」。「山帝」疑亦當爲「上帝」。畢云：「此句未詳。」**故於此乎天乃使湯至明罰焉。**畢云：「『至』同『致』。」**湯以車九兩，**周禮夏官敍官云「二十五人爲兩」。古者兵車一兩，卒二十五人，九兩止二百二十五人，於數太少，殆非也。此「九兩」疑當作「九十兩」。呂氏春秋云「良車七十乘」，數略相近。**鳥陳鴈行，**六韜鳥雲澤兵篇有鳥雲之陳，云：「所謂鳥雲者，鳥散而雲合，變化無窮者也。」**湯乘大贊，**畢云：「疑『輦』字。」俞云：「畢非也。湯乘大贊，即書序所謂『升自陑』者，枚傳云『湯升道從陑，出其不意』，是也。呂氏春秋簡選篇亦云『登自鳴條』。蓋湯之伐桀，必由間道從高而下，故書序言『升』，呂覽言『登』，墨子言『乘』，乘即升也、登也。詩七月篇毛傳曰：『乘，升也。』襄二十三年左傳杜注曰：『乘，登也。』升陑、登鳴條皆以地言，則『乘大贊』亦必以地言，但不能知其所在耳。」**犯遂下衆，人之螭遂，**畢云：「疑有誤字。」詒讓案：疑當作「犯逐夏衆，入之郊遂」。「逐」、「遂」形誤。「夏」、「下」，「郊」、「螭」，聲誤。**王乎禽推哆、大戲。**畢云：「『乎禽』當爲『手禽』。」或云乎同呼。呂氏春秋簡選云：「殷湯以良車七十乘，必死六千人，以戊子戰於郕，遂禽移、大犧。」高誘云：「『桀多力，能推大犧，因以爲號，而禽克之。』案『移』，即推移，此書所染云『夏桀染于干辛、推哆』，古今人表作『雅侈』。此下又云『推哆、大戲，生列兕虎，指畫殺人』，則推哆、大戲是人名無疑。『哆』、『移』、『侈』，『戲』、『犧』，皆音相近也。高誘注呂氏春秋誤。」詒讓案：淮南子主術訓云「桀之力能推移大犧」，高蓋本彼而誤。故昔夏王桀「昔」下當有「者」字。貴爲天子，富有天下，有勇力之人畢云：「舊脱『力』字、『人』字，據太平御覽增。」推哆、大戲，晏子春秋内篇諫上云「推侈、大戲足走千里，手裂兕虎」。生列兕虎，生列，舊本作「主別」。畢云：「主別，太平御覽引作『生捕』。」王云：「『主別兕虎』本作『生列兕虎』，『列』即今『裂』字也。説文『列，分解也』，『裂，繒餘也』，義各不同。艮九三『列其夤』，大戴記曾子天圓篇『割列禳瘞』，管子五輔篇『博帶梨〔二〕，大袂列』，皆是古分列字。今分列字皆作『裂』，而『列』但爲行列字矣。鈔本太平御覽皇王部七引墨子作『生裂兕虎』，故知今本『主別』爲『生列』之譌。刻本作『生捕』者，淺人以意改之耳。」案：王説是也，今據正。指畫殺人，人民之衆兆億，侯盈厥澤陵，詩周頌下武毛傳云：「侯，維也。」然不能以此圉鬼神之誅。圉、禦字通。詩大雅桑柔篇「孔棘我圉」，鄭箋云：「『圉』當作『禦』。」此吾所謂鬼神之罰，不可爲富貴衆强、勇力强武、堅甲利兵者，此也。

且不惟此爲然。昔者殷王紂貴爲天子，富有天下，上詬天侮鬼，畢云：「詬，太平御覽引作『訽』。『鬼』下御覽引有『神』字。」下殃傲天下之萬民，傲，亦當依王校作「殺」。播棄黎老，僞古文書泰誓云「播棄犂老」，孔傳云：「鮐背之耇稱犂老〔三〕。布棄不禮敬。」山井鼎七經孟子考文引古本書「犂」作「黎」，與此同。孔

〔二〕「梨」，原作「棃」（即「黎」之俗體），據管子五輔篇原文實作「梨」，今依原文改正。按：梨通剺，與下句「列」字均爲割裂之意。

〔三〕「老」字原脱，據尚書泰誓中孔傳補。

疏云：「孫炎曰：『耇面凍梨色，似浮垢也。』然則老人面色似梨，故稱梨老。傳以『播』爲『布』，布者，徧也。言徧棄之不禮敬也。」方言云：「梨，老也，燕代之北鄙曰梨。」國語吴語云「今王播棄黎老」，韋注云：「鮐背之耇稱黎老。」王引之云：「黎老者，耆老也。古字『黎』與『耆』通〔一〕，尚書『西伯勘黎』，釋文：『大傳黎作耆。』是其例也。」**賊誅孩子**，誅，吴鈔本作「殺」。說文口部云：「咳，小兒笑也。」古文作「孩」。書微子云「我舊云刻子」，論衡本性篇引「刻子」亦作「孩子」。此謂紂誅殺小兒也。**楚毒無罪**，王云：「『楚毒』本作『焚炙』。此因『焚』誤爲『楚』，則『楚炙』二字義不可通，後人不得其解，遂以意改爲『楚毒』耳。『焚炙』即所謂炮烙之刑也。『焚炙』、『刳剔』皆實有其可指之刑，若改作『楚毒』，則不知爲何刑矣。北堂書鈔政術部十五出『焚炙無罪』四字，注曰『墨子云殷紂』，則墨子之本作『焚炙無罪』甚明。僞古文泰誓『焚炙忠良，刳剔孕婦』，即用墨子而小變其文。」案：王說是也。泰誓僞孔傳云：「忠良無罪焚炙之。」孔疏云：「焚、炙，俱燒也，殷本紀炮格之刑是紂焚炙之事也。」**刳剔孕婦**。僞古文書泰誓同，孔傳云：「懷子之婦，刳剔視之。」孔疏云：「刳剔，謂割剥也。說文云：『刳，刲也。』今人去肉至骨，謂之剔去，是則亦刲之義也。」皇甫謐帝王世紀云『紂剖比干妻，以視其胎』，即引此爲刳剔孕婦也。」**庶舊鰥寡，號咷無告也**。楚辭怨思〔二〕王注云：「號咷，讙呼也。」太玄經范注云：「號咷，憂聲也。」**故於此乎天乃使武王至明罰焉。武王以擇車百兩**，擇車，猶吕氏

〔一〕「通」，原誤「近」，據經義述聞改。按：黎、耆古音相通。

〔二〕「怨思」，原誤「離世」，據楚辭改。

春秋云「簡車」、「選車」。説文手部云：「擇，柬選也。」**虎賁之卒四百人，**逸周書克殷篇云「周車三百五十乘，陳於牧野。王既誓，以虎賁戎車馳商師」，孔注云：「戎車三百五十乘，則士卒三萬一千五百人〔一〕，有虎賁三千五百人也。」書敍云「武王戎車三百兩，虎賁三百人，與受戰于牧野」，孟子盡心篇云「武王之伐殷也，革車三百兩，虎賁三千人」，史記周本紀云「遂率戎車三百乘，虎賁三千人，甲士四萬五千人」，風俗通義三王篇引尚書「武王戎車三百兩，虎賁八百人，禽紂于牧之野」，呂氏春秋簡選篇云「武王虎賁三千人，簡車三百乘，以要甲子之事於牧野，而紂爲禽」，貴因篇作「選車三百，虎賁三千」。案：諸書所言，數並差異，未知孰是。**先庶國節窺戎，**畢云：「未詳。」洪云：「史記周本紀『乃告司馬司徒司空諸節』，集解：『馬融曰：諸受符節有司也。』庶節即諸節，窺戎即觀兵，此當本於尚書泰誓篇。」**與殷人戰乎牧之野。王乎禽費中、**「乎」亦當爲「手」。史記殷本紀「紂用費中爲政」，正義云：「費〔二〕，姓。仲，名也。」畢云：「中讀如仲。」**惡來，**見所染篇。**衆畔百走。**畔，吳鈔本作「叛」。王引之云：「『百』字義不可通，『百走』蓋『皆走』之誤。」蘇云：「『百』字誤，當作『而』。」案：王説近是。**武王逐奔入宮，**畢云：「逐，太平御覽引作『遂』。」**萬年**

〔一〕「三萬一千五百人」，逸周書克殷解孔晁注實作「三萬六千三百五十人」，此引文已由孫自行校改而未説明，參孫氏周書斠補卷二。

〔二〕按正義「費」上原有「中音仲」三字，故下文直接説「仲，名也」。孫引略去「中音仲」句，則似正義所見史記正文作「仲」，不作「中」。

梓株，未詳。折紂而繫之赤環，畢云：「太平御覽引作『折紂而出』。『環』作『轘』，是，言繫之朱輪。」案：此無攷。荀子解蔽篇云「紂縣於赤旆」，正論篇云「縣之赤旂」，並與此異，畢説未塙。載之白旗，逸周書克殷篇云：「商辛奔内，登于鹿臺之上，屏遮而自燔于火。武王入適王所，擊之以輕呂，斬之以黄鉞，折縣諸太白。」孔注云：「折絶其首。」以爲天下諸侯僇。故昔者殷王紂貴爲天子，富有天下，有勇力之人費中、畢云：「太平御覽引作『仲』。」惡來、崇侯虎，見所染篇。指寡殺人，上説推哆、大戲作「指畫」。畢云：「寡，畫字假音。太平御覽引作『畫』。」人民之衆兆億，侯盈厥澤陵，然不能以此圉鬼神之誅。此吾所謂鬼神之罰，不可爲富貴衆强、勇力强武、堅甲利兵者，此也。且禽艾之道之曰：翟灝云：「逸周書世俘解有禽艾侯之語，當即此『禽艾』。」「得璣無小，畢云：「此即禨祥字。」蘇云：「禽艾蓋逸書篇名。吕覽報更篇云『此書之所謂德幾無小者也』，『得〔二〕璣』與『德幾』古字通用。」案：蘇説是也。説苑復恩篇云「此書之所謂德無小者也」，疑即本此。今書僞古文尹訓亦云「惟德罔小」。畢説非是。滅宗無大。」則此言鬼神之所賞，無小必賞之；鬼神之所罰，無大必罰之。

今執無鬼者曰：意不忠親之利，而害爲孝子乎？蘇云：「『忠』當作『中』，非攻篇言『上中天之利，中中鬼之利，下中人之利』，意與此同。」子墨子曰：古之今之爲鬼，疑當作「古今之爲鬼」，此衍一「之」字。非他也，有天鬼，疑當有「神」字。周禮大宗伯「天神、地示、人鬼」，此則天神地示總曰鬼神，散文得通也。亦有山

〔二〕「得」，原誤「德」，據蘇時學墨子刊誤卷一改。

水鬼神者，亦有人死而爲鬼者。今有子先其父死，弟先其兄死者矣，意雖使然，畢本「使」作「死」，云：「一本作『使』。」案：道藏本、吳鈔本並作「使」，今從之。然而天下之陳物謂陳說事故。文選古詩李注云：「陳猶說也。」曰先生者先死。若是，則先死者非父則母，非兄而姒也。爾雅釋親云：「女子同出，謂先生爲姒，後生爲娣。長婦謂稚婦爲娣婦，娣婦謂長婦爲姒婦。」王引之云：「而猶則也。」今絜爲酒醴粢盛，絜，道藏本作「潔」，即「絜」之俗。以敬慎祭祀。若使鬼神請有，請，畢本改「誠」，云：「舊作『請』，一本如此，下依改。」案：道藏本、吳鈔本並作「請」，此篇多以「請」爲「誠」，詳前。是得其父母姒兄而飲食之也，豈非厚利哉？若使鬼神請亡，請，畢本作「誠」，道藏本、吳鈔本作「請」，今據改。亡、無通。是乃費其所爲酒醴粢盛之財耳。自夫費之，非特注之汙壑而棄之也，「自」當爲「且」。舊本無「非」字。畢云：「一本作『非直注之』。特與直音近，故『特』亦作『犆』。」蘇云：「『特』字上當有『非』字。」俞云：「一本作『非直注之』，是也。直、特固得通用，而『非』字則必當有。墨子蓋謂非空棄之而已，且可以合驩聚衆也。今脫『非』字，則義不可通。下文正作『非直注之汙壑而棄之也』，當據補。」案：蘇、俞校是也，今據補。內者宗族，外者鄉里，皆得如具飲食之。此謂祭祀與兄弟賓客爲獻酬。又詩小雅湛露孔疏引尚書大傳云「燕私者，祭已，而與族人飲」，亦是也。國語楚語云：「日月會于龍豵，家于是乎嘗祀，百姓夫婦擇其令辰，以昭祀其先祖。於是乎合〔二〕其州鄉朋友婚姻，比爾兄弟親

〔二〕「合」，原作「令」，據國語楚語改。

戚。」是祭祀并燕州鄉朋友等，即所云宗族、鄉里也。雖使鬼神請亡，請，畢本作「誠」，今依道藏本、吴鈔本改。此猶可以合驩聚衆，驩，吴鈔本作「歡」，下同。取親於鄉里。今執無鬼者言曰：「鬼神者固請無有，請，畢本作「誠」，今依道藏本、吴鈔本改。是以不共其酒醴粢盛犧牲之財。吾非乃今愛其酒醴粢盛犧牲之財乎，吴鈔本脱「非」字，又「今」在「乃」上。以文義校之，疑當在「吾」上，「今吾」語前後屢見。其所得者臣將何哉？」「臣」字誤。畢云：「一本無此字。」此上逆聖王之書，内逆民人孝子之行，而爲上士於天下，此非所以爲上士之道也。舊本脱「之」字、「也」字。王云：「上文曰『則非所以爲君子之道也』，與此文同一例，今據補。」是故子墨子曰：今吾爲祭祀也，非直注之汙壑而棄之也，上以交鬼之福，蘇云：「『鬼』下當有『神』字。」下以合驩聚衆，取親乎鄉里。若神有，畢云：「『若神』當云『若鬼神』。」詒讓案：以上文校之，疑當云「若鬼神誠有」。則是得吾父母弟兄而食之也，俞云：「『弟兄』當作『兄姒』，義見上文。」則此豈非天下利事也哉。

是故子墨子曰：今天下之王公大人士君子，中實將欲求興天下之利，除天下之害，當若鬼神之有也，將不可不尊明也，尊明，謂尊事而明著之以示人也，即明鬼之義。聖王之道也。

非樂上第三十二

荀子富國篇楊注云：「墨子言樂無益於人，故作非樂篇。」

子墨子言曰：仁之事者，俞云：「『仁之事者』當作『仁人之所以爲事者』，見兼愛中篇。」詒讓案：疑當云

「仁者之事」，下文云「仁者之爲天下度也」，可證。必務求興天下之利，除天下之害，將以爲法乎天下。利人乎，即爲；不利人乎，即止。且夫仁者之爲天下度也，非爲其目之所美，耳之所樂，口之所甘，身體之所安，以此虧奪民衣食之財，仁者弗爲也。

是故子墨子之所以非樂者，非以大鍾鳴鼓、琴瑟竽笙之聲爾雅釋樂云：「大鍾謂之鏞。」說文金部云：「鏞，大鍾，淳于之屬。」以爲不樂也，非以刻鏤華文章之色畢云：「一本無『華』字。」以爲不美也，非以犓豢煎炙之味以爲不甘也，犓，吴鈔本作「芻」。說文火部云：「煎，熬也。」方言云：「煎，火乾也。凡有汁而乾，謂之煎。」非以高臺厚榭邃野之居以爲不安也。王引之云：「『野』即宇字也，古讀野如宇，故與宇通。周禮職方氏『其澤藪曰大野』，釋文：『野，劉音與。』與、宇古同音。楚辭招魂『高堂邃宇』，王注曰：『邃，深也；宇，屋也。』鹽鐵論取下篇曰『高堂邃宇，廣厦洞房』，易林恒之剥曰『深堂邃宇，君安其所』，皆其證。若郊野之野，則不得言『邃』，且上與『高臺厚榭』不倫，下與『之居』二字義不相屬矣。」雖身知其安也，口知其甘也，目知其美也，耳知其樂也，然上考之不中聖王之事，下度之不中萬民之利，是故子墨子曰：爲樂非也。

今王公大人雖無造爲樂器，王云：「雖與唯同。無，語詞也。說見尚賢中篇。」以爲事乎國家，非直掊潦水、折壤坦而爲之也，折，舊本譌「拆」，今據道藏本、吴鈔本及王校正。坦，畢本改作「垣」，云：「舊作『坦』，以意改。」俞云：「畢改『坦』爲『垣』，是也。『壤』疑『壞』字之誤。掊者，說文手部云：『杷也。』今鹽官入水取鹽爲掊。』拆者，說文广部云：『庍，卻屋也。』一切經音義引說文作『卸屋也』。隸變作『斥』，俗又加『手』耳。行潦之水而掊取之，毀壞之垣而拆卸之，不足爲損益。若王公大人造爲樂器，豈直如此哉？故曰『非直掊潦水、拆壞垣而爲之也』。」案：畢、俞説並非也。此「折」當讀爲「擿」，耕柱篇云「夏后開使飛廉折金於山川」，此義與彼正同，説詳彼注。「壞」謂土壤，「坦」讀爲壇，聲近叚借字。韓詩外傳「閔子曰：出見羽蓋龍旂旃裘相隨，視之如壇土矣」，莊子則陽篇「觀乎大山，木石同壇」，與此書義並同。壤坦，猶言壇土也。墨子意謂王公大人作樂器，非掊取之於水，擿取之於地所能得，故下文即言「將必厚措斂乎萬民」以爲鍾鼓等也。諸説並未得其指。

將必厚措斂乎萬民，王云：「『措』字以昔爲聲，『措斂』與『籍斂』同。」案：王説是也。「籍斂」，見節用上篇。以爲大鍾鳴鼓、琴瑟竽笙之聲。古者聖王亦嘗厚措斂乎萬民，以爲舟車，既以成矣，以，王校作「已」。曰：「吾將惡許用之？」畢云：「惡許，猶言何許。」王引之云：「言吾將何所用之也。」文選謝朓在郡卧病詩李注曰：「『許猶所也。』許、所聲近而義同。説文：『所，伐木聲也。詩曰：伐木所所。』今詩作『許許』。」洪説同。曰：「舟用之水，車用之陸，君子息其足焉，小人休其肩背焉。」休，吴鈔本作「息」。言小人休息其負荷之勞也。故萬民出財齎而予之，予，吴鈔本作「與」。周禮掌皮云「歲終，則會其財齎」，鄭注云：「財，斂財本數及餘見者。齎，所給予人以物曰齎。鄭司農云：『齎或爲『資』。』」又稾人云「掌受財于職金以齎其工」，注云：「齎，給市財用之直。」此謂萬民出財齎，以給爲舟車之費也。不敢以爲慼恨者，何也？以其反中民之利也。然則樂器反中民之利亦若此，即我弗敢非也。然則當用樂器譬之若聖王之爲舟車也，即我弗敢非也。譬，吴鈔本作「辟」。王云：「此文兩言『然則』，兩言『即我弗敢非也』，皆上下相應。舊本『譬之』以下十六字誤入上文『竽笙之聲』之下，今移置於此。」

民有三患：飢者不得食，寒者不得衣，勞者不得息，三者民之巨患也。然即當爲之撞巨鍾，王引之云：「即與則同，當與儻同。」詒讓案：當、嘗字通。嘗，試也。詳天志下篇，下同。文選東京賦李注云：「撞，擊也。」巨、大義同。擊鳴鼓、彈琴瑟、吹竽笙畢云：「文選注引作『吹笙竽』。」而揚干戚，小爾雅廣言云：「揚，舉也。」民衣食之財將安可得乎？荀子勸學篇楊注云：「安，語助。」王引之經傳釋詞「得」下補「而具〔一〕」二字，云：「安猶於是也，言衣食之財，將於是可得而具也。」即我以爲未必然也。意舍此，王云：「此下有脱文，不可考。」俞云：「此三字乃承上文而作轉語也。『意』通作『抑』，論語學而篇『抑與之與』，漢石經『抑』作『意』，是其證也。抑舍此者，言姑舍此弗論，而更論它事也。上文言樂之無益於飢者、寒者、勞者，下文言樂之無益於大國攻小國、大家伐小家，而以此三字作轉語。王謂『此下有脱文』，非也。」今有大國即攻小國，有大家即伐小家，强劫弱，衆暴寡，詐欺愚，貴傲賤，寇亂盜賊並興，不可禁止也。然即當爲之撞巨鍾、擊鳴鼓、彈琴瑟、吹竽笙而揚干戚，天下之亂也，將安可得而治與？即我未必然也。俞云：「『我』下脱『以爲』二字，當據上文補。」是故子墨子曰：姑嘗厚措斂乎萬民，以爲大鍾鳴鼓、琴瑟竽笙之聲，以求興天下之利，除天下之害，而無補也。是故子墨子曰：爲樂非也。

今王公大人唯毋處高臺厚榭之上而視之，唯，舊本作「惟」，今據吴鈔本改。鍾猶是延鼎也，延鼎，蓋謂偃覆之鼎。玉藻鄭注云：「延，冕上覆也。」是延有覆義。鍾上弇下侈，與鼎相反，虚縣弗擊，則與鼎偃覆相類。

〔一〕「具」，原誤「其」，據王引之經傳釋詞卷二改。

又疑「延」當讀爲璧羨之羨。周禮玉人鄭注云：「羨猶延也。」典瑞注云：「羨，不圜之貌。」延鼎，謂如鼎而橢不正圜。皇氏賈疏云：「古鍾如今之鈴，不圜。」**弗撞擊將何樂得焉哉？其説將必撞擊之。惟勿撞擊，**勿，語詞。惟勿，猶云唯毋、唯無。蘇云：「『勿』當作『毋』，書中多用毋字，蓋與『務』通。」非是。**將必不使老與遲者，**王云：「遲，讀爲稺，遲字本有稺音，遲、稺又同訓爲晚。廣雅：『遲、稺，晚也。』故稺通作遲。」**老與遲者耳目不聰明，股肱不畢强，**畢，疾也，義詳兼愛中、下兩篇。**聲不和調，明不轉朴。**畢云：「朴，疑卧正字。玉篇云：『卧，補目切，目骨。』」俞云：「明，下文作『眉』，疑『音』字之誤。此句作『明』，則涉上文『耳目不聽明』而誤也。『朴』當作『抃』，亦以形似故誤。抃者，變之叚字。尚書堯典篇『於變時雍』，孔宙碑作『於卞時雍』，即其例也。上句云『聲不和調』，此云『音不轉變』，正以類相從矣。」案：俞以「朴」爲「抃」，近是。「明」即謂目也，似不誤。**將必使當年，**王云：「當年，壯年也。當有盛壯之義。晏子外篇曰『兼壽不能殫其教，當年不能究其禮』，吕氏春秋愛類篇曰『士有當年而不耕者，女有當年而不績者』，淮南子齊俗篇曰『丈夫丁壯而不耕，婦人當年而不織』，管子揆度篇曰『老者譙之，當壯者遣之邊戍』，當壯即丁壯也。丁、當一聲之轉。」**因其耳目之聰明，股肱之畢强，聲之和調，眉之轉朴。**畢云：「眉，一本作『明』。」案：明、眉字通。穆天子傳云『眉曰西王母之山』，即名也。詩『猗嗟名兮』，爾雅云『目上爲名』，亦即眉也。」**使丈夫爲之，廢丈夫耕稼樹藝之時；使婦人爲之，廢婦人紡績織絍之事。今王公大人唯毋爲樂，**唯，舊本作「惟」，今據吴鈔本改。**虧奪民衣食之財**舊本譌「時」，今從王校正。**以拊樂如此多也。**廣雅釋詁云：「拊，擊也。」書舜典「予擊石拊石」，僞孔傳云：「拊亦擊也。」**是故子墨子曰：爲樂非也。**

今大鍾鳴鼓、琴瑟竽笙之聲既已具矣，畢云：「據上文，當有『王公』二字。」大人鏽然奏而獨聽之，畢云：「『鏽』字說文、玉篇俱無。」將何樂得焉哉？其說將必與賤人不與君子。王云：「此本作『必將與賤人與君子』，下文『與君子聽之』、『與賤人聽之』，即承此文而言。今本作『不與君子』，『不』字乃後人不曉文義而妄加之。」案：此疑當作「不與賤人必與君子」，謂所與共聽者，非賤人則君子也。王校未塙。與君子聽之，畢云：「舊脫首三字，一本有。」廢君子聽治；與賤人聽之，廢賤人之從事。今王公大人惟毋爲樂，虧奪民之衣食之財以拊樂如此多也。是故子墨子曰：爲樂非也。

昔者齊康公畢云：「案史記康公名貸，宣公子，當周安王時。」詒讓案：齊康公與田和同時，墨子容及見其事。但康公衰弱，屬於田氏，卒爲所遷廢，恐未必能興樂如此之盛。竊疑其爲景公之誤，惜無可校論也。興樂萬，俞云：「興猶喜也。禮記學記篇『不興其藝』，鄭注曰：『興之言喜也，歆也。』尚書堯典『庶績咸熙』，史記五帝紀作『衆功皆興』，揚雄勮秦美新引作『庶續咸喜』。是興與喜一聲之轉，其義得通。『興樂萬』者，喜樂萬也。『樂』即本篇『非樂』之樂，『萬』謂萬舞也。」蘇云：「此亦見太平御覽，『興樂萬萬人』作『有樂工萬人』。愚謂正文當以『興樂萬』爲句，而『萬人』當屬下爲句。蓋『萬』不可以數言，當爲萬舞之萬。萬人猶舞人也，『興樂萬』猶興樂舞也。斯於事義爲協。若以數言，則樂至萬萬人，雖傾國之力不足以供之，雖至無道之君，不聞有此。審爾，則墨子當先以爲譏，而篇中尚無此意，則『萬』非人數曉然矣。」案：蘇說是也。周禮鄉大夫、舞師並云「興舞」，鄭注云「興猶作也」，即此「興樂萬」之義。萬人不可衣短褐，短褐即裋褐之借字。說文衣部云：「裋，豎使布長襦。」「褐，粗衣。」方言云：「襜褕，其短者謂之裋褕。」又云：「複襦，江、湘之閒謂之襢。」襢即裋之俗，墨子書此及魯問，公輸三篇字並作「短」。韓非子說林上篇、賈子新書過秦下篇、戰國策宋策、史記孟嘗君傳、文選班彪王命論並同。史記秦始皇〔二〕本紀「夫寒者利裋褐」，徐廣云：「一作『短』，小襦也。」索隱云：「蓋謂褐布豎裁，爲勞役之衣，短而且狹，故謂之短褐，亦曰豎褐。」列子力命篇云「衣則裋褐」，殷敬順釋文云：「裋音豎。許慎注淮南子云：『楚人謂袍爲裋。』又有作『短褐』者，誤。」荀子大略篇云「衣則豎褐不完」，楊注云：「豎褐，僮豎之褐，亦短褐也。」案：短、豎並裋之同聲叚借字。唐人說或讀短如字，或以短爲字誤，或釋豎爲僮豎，皆非也。不可食穅糟，畢云「穅字從禾，俗寫誤從米。」蘇云：「御覽作『糟穅』。」曰：「食飲不美，蘇云：「御覽『食飲』作『飲酒』。」面目顏色不足視也；衣服不美，身體從容醜羸，不足觀也。」畢云：「一本作『身體容貌不足觀也』，太平御覽引作『身體從容不足觀也』。」王云：「『醜羸』二字後人所加也。楚辭九章注、廣雅釋訓曰：『從容，舉動也。』古謂舉動爲從容。『身體從容不足觀』，謂衣服不美，則身體之一舉一動皆無足觀也。後人乃加入『醜羸』二字。夫衣服不美，何致羸其身體？且『身體從容不足觀』，與『面目顏色不足視』對文，加『醜羸』二字，則與上文不對矣。鈔本北堂書鈔衣冠部三引此作『身體從容不足觀』，無『醜羸』二字。太平御覽服章部十、飲食部七所引並同。」是以食必粱肉，衣必文繡。此掌不從事乎衣食之財，畢云：「『掌』，一本作『常』。」詒讓案：掌、常字通，下同。而掌食乎人者也。是故子墨子曰：今王公大人惟毋爲樂，虧奪民衣食之財以拊樂如此多也。毋，道藏本、吴鈔本並作「無」，字通。舊本「爲」下脱「樂」字，今據王校補。是故子墨子曰：爲樂非也。

〔二〕「始皇」二字原脱，據史記補。引文見秦始皇本紀論引賈誼語。

今人固與禽獸麋鹿、蜚鳥、貞蟲異者也。蜚與飛通。「貞蟲」詳明鬼下篇。宋翔鳳云：「貞通征，此言蜚鳥征蟲，即三朝記所謂蜚征也。」案：宋説是也。莊子在宥篇云「災及草木，禍及止蟲」，釋文引崔譔本作「正蟲」，亦即「貞蟲」也。「征」正字，「貞」、「正」並聲近叚借字。今之禽獸麋鹿、蜚鳥、貞蟲因其羽毛以爲衣裘，因其蹄蚤畢云：「蹄即蹢省文，蚤即爪假音。」以爲絝屨，吴鈔本「絝」作「袴」。畢云：「絝即䩨正文。説文云：『絝，脛衣也。』」因其水草以爲飲食。故唯使雄不耕稼樹藝，「唯」，舊本作「惟」，今從吴鈔本改。唯、雖字通。蘇云：「『惟』當作『雖』。」雌亦不紡績織絍，衣食之財固已具矣。今人與此異者也，賴其力者生，史記高帝紀「以臣無賴」，集解：「晉灼云：賴，利也。」畢云：「生，舊作『主』，下同，以意改。」不賴其力者不生。君子不强聽治，即刑政亂；賤人不强從事，即財用不足。今天下之士君子以吾言不然，然即姑嘗數天下分事，而觀樂之害。蘇云：「即與則通用。」王公大人蚤朝晏退，聽獄治政，文選任彦昇天監三年策秀才文李注引「退」作「罷」，「聽」作「斷」。此其分事也；士君子竭股肱之力，亶其思慮之智，蘇云：「非命篇『亶』作『殫』。」詒讓案：亶、殫聲近字通。太玄經范望注云：「亶，盡也。」内治官府，外收斂關市、山林、澤梁之利，以實倉廩府庫，此其分事也；農夫蚤出暮入〔二〕，耕稼樹藝，多聚叔粟，叔，舊本作「升」。王云：「『升』當爲『叔』，叔與菽同。大雅生民篇『蓺之荏菽』，檀弓『啜菽飲水』，左氏春秋定元年

〔二〕「入」，原誤「人」，據畢沅刻本改。

「隕霜殺菽」，釋文並作「叔」。管子戒篇「出冬蔥與戎叔」，莊子列御寇篇「食以芻叔」，漢書昭帝紀「以叔粟當賦」，並與「菽」同。尚賢篇云「蚤出莫入，耕稼樹藝，聚菽粟」，是其證也。草書「叔」、「升」二形相似。晏子諫篇「合升斗之微以滿倉廩」，説苑正諫篇「升斗」作「菽粟」。齊策「先生王斗」，文選任昉齊竟陵文宣王行狀注引作「王叔」，漢書古今人表作「王升」。後漢書周章字次叔，「叔」或作「升」。文選左思魏都賦注引「張升反論〔一〕」，陳琳答東阿王牋注作「張叔及論」，昭七年左傳正義作「張叔皮論」，皆以字形相似而誤。非命篇「多聚升粟」，誤與此同。」**此其分事也；婦人夙興夜寐，紡績織紝，多治麻絲葛緒，綑布縿，**畢云：「綑，舊作『細』。盧云：『當爲綑，與捆同。』」非命下正作「捆」。縿，鄭君注禮記云：『縑也，縿讀如綃。』」王云：「『縿』當爲『繰』。凡書傳中從喿之字，多變而從參，故『繰』誤爲『縿』。集韻：『綑，織也。』綑布繰，猶言綑布帛。説文：『繰，帛如紺色，或曰深繒。從糸，喿聲，讀若喿。』玉篇：『子老切。』廣雅曰：『繰謂之縑。』檀弓『布幕衛也，繰幕魯也』，鄭注曰：『繰，縑也。繰讀如綃。』今本檀弓亦譌作『縿』。又説文：『縿，旌旗之游也。從糸，參〔二〕聲。』玉篇：『所銜切。』兩字判然不同。」案：王説是也。前辭過篇作「梱布絹」，「絹」即「綃」之誤。梱、梱、捆並稇之俗，詳非命下篇。**此其分事也。今惟毋在乎王公大人説樂而聽之，即必不能蚤朝晏退，聽獄治政，是故國家亂而社稷危矣。今惟毋在乎士君子説樂而聽之，**吴鈔本「惟毋」作「唯無」。**即必不能竭股肱之力，亶其思慮之智，内治官府，外收斂關市、山林、**

〔一〕按：文選與山巨源絶交書注引作「張升反論」，魏都賦注引作「張升及論」。胡克家考異謂作「反」是。

〔二〕「參」，原誤「縿」，據活字本改，與説文合。

澤梁之利，以實倉廩府庫，是故倉廩府庫不實。今惟毋在乎農夫説樂而聽之，惟，吴鈔本作「唯」，下同。即必不能蚤出暮入，耕稼樹藝，多聚叔粟，是故叔粟不足。「多聚叔粟」，「叔」舊本作「升」，今據王校正。又舊本脱「是故叔粟」四字，王據上下文補。今惟毋在乎婦人説樂而聽之，即不必能夙興夜寐，畢云：「舊脱『能』字，以意增。」詒讓案：依上文當作「必不能」。紡績織絍，吴鈔本作「織絍紡績」。多治麻絲葛緒，綑布縿，綑，舊本亦誤「細」，今依盧校正。是故布縿不興。曰：孰爲大人之聽治而廢國家之從事？曰：樂也。俞云：「『而廢』二字當在『大人』之上。『國家』二字當作『賤人』，後人不達文義而誤改也。此本云『孰爲而廢大人之聽治、賤人之從事？曰樂也』。言大人聽樂則廢聽治，賤人聽樂則廢從事也。上文曰『與君子聽之，廢君子聽治；與賤人聽之，廢賤人之從事』，是其證也。」是故子墨子曰：爲樂非也。

何以知其然也？曰先王之書湯之官刑有之，左傳昭六年「叔向曰：商有亂政，而作湯刑」，竹書紀年「祖甲二十四年，重作湯刑」，呂氏春秋孝行覽云「商書曰：刑三百，罪莫重於不孝」，高注云：「商湯所制法也。」曰：「其恒舞于宫，畢云：「其，孔書云『敢有』。」詒讓案：舞，吴鈔本作「武」，字通。伊訓僞孔傳云：「常舞則荒淫。」是謂巫風。僞孔傳云：「事鬼神曰巫。」畢云：「是，孔書作『時』。文見伊訓。」其刑，君子出絲二衛，畢云：「此緯字假音。説文云：『緯，織横絲也。』」案：緯非絲數量之名，畢説未允。「衛」疑當爲「術」，術與遂古通。月令「徑術」，鄭注讀爲「遂」，是其例。西京雜記鄒長倩遺公孫弘書云「五絲爲䌰，倍䌰爲升，倍升爲緎，倍緎爲紀，倍紀爲緵，倍緵爲襚」，「遂」即「襚」也。此叚借作「術」，又譌作「衛」，遂不可通耳。小人否，似言小人則無刑。此官刑，故嚴於君子而寬於小人。又疑「否」當爲「吝」，即「倍」之省，猶書吕刑云「其罰惟倍」，言小人之罰倍於君子也。**似二伯黄徑。**」此文有脱誤，僞古文伊訓采此，而獨遺「其刑」以下數句，蓋魏晉時傳本已不可讀，故置不取。非命下篇節引下文作「大誓」，疑此下文自是周書，與湯刑本不相冢，因有脱誤，遂淆掍莫辨也。蘇云「『伯黄』二字或『伊尹』之訛」，亦非。**乃言曰：**後數句非命下篇别爲大誓文，疑當作「大誓曰」。**「嗚乎！**道藏本、吴鈔本並作「呼」。**舞佯佯，**吴鈔本作「洋洋」。畢云：「『舞』當爲『橆』，橆與謨音同。孔書作『聖謨洋洋』，元遺山續古今考亦引作『洋洋』。」顧云：「此正是『舞』字，故用之以非樂。二十五篇書何足據耶？」案：顧説是也。此猶詩魯頌閟宫云「萬舞洋洋」，毛傳云：「洋洋，衆多也。」**黄言孔章，**畢云：「黄，孔書作『嘉』，是。」王引之云：「畢説非也。『舞佯佯，黄言孔章，上帝弗常，九有以亡』，即下文之『萬舞翼翼，章聞于天，天用弗式』也。此承上文，言耽於樂者必亡其國，故下文云『察九有之所以亡者，徒從飾樂也』。東晉人改其文曰『聖謨洋洋，嘉言孔彰，惟上帝不常』，則與墨子非樂之意了不相涉，而畢反據之以改原文，傎矣。」案：王説是也。「黄」疑當作「其」。「其」篆文作「[illegible]」，「黄」古文作「炗」，二字形近。非命下篇引大誓云「其行甚章」，與此語意略同。下文「上帝弗常」四句，彼引大誓亦有之。**上帝弗常，**王引之云：「常，讀大雅抑篇曰『肆皇天弗尚』之尚，謂天弗右也。爾雅釋詁：『尚，右也。』尚古通作常，晚出古文尚書咸有一德篇襲墨子而改之，曰『厥德非常，九有以亡』，蓋未知『尚』爲『常』〔一〕之借字也。」**九有以亡，**毛詩商頌玄鳥「奄有九有」，傳云：「九有，九州也。」文選册魏公九錫文李注引韓詩作「九域」，有、域一聲之轉。**上帝不順，**畢云：「孔書無此八字。」**降之百殃，**畢云：

〔一〕按「『尚』爲『常』」當作「『常』爲『尚』」，此處誤倒。

「百，舊作『日』，非。𣦸，『祥』字異文。郭璞注山海經音祥。玉篇云：『𣦸，徐羊切，女鬼也。』」詒讓案：吴鈔本作「日殃」。孔書作「惟上帝不常，作善降之百祥，作不善降之百殃」，孔傳云：「祥，善也。天之禍福，惟善惡所在，不常在一家。」**其家必壞喪。**」壞，道藏本、吴鈔本並作「懷」，字亦通。畢云：「孔書云『墜厥宗』。已上文亦見伊訓。」**察九有之所以亡者，徒從飾樂也。於武觀曰：**國語楚語云「啟有五觀」，韋注云：「觀，洛汭之地。」水經巨洋水酈注云：「國語曰：啟有五觀，謂之姦子，五觀蓋其名也，所處之邑，其名爲觀。」左傳昭元年杜注云：「觀國，今頓丘衛縣。」畢云：「汲郡古文云：『帝啟十一〔一〕年，放王季子武觀于西河。十五年，武觀以西河叛，彭伯壽帥師征西河，武觀來歸。』注：『武觀，五觀也。』楚語『士娓曰：啟〔二〕有五觀』，韋昭云：『五觀，啟子，太康昆弟也。』春秋傳曰：夏有觀、扈。』」惠棟云：「此逸書，敍武觀之事，即書敍之五子也。周書嘗麥曰：『其在夏之五子，忘伯禹之命，假國無正，用胥興作亂，遂凶厥國，皇天哀禹，賜以彭壽，思正夏略。』五子者，武觀也。彭壽者，彭伯也。五子之歌，墨子述其遺文，周書載其逸事，與內、外傳所稱無殊。且孔氏逸書本有是篇，漢儒習聞其事，故韋昭注國語，王符撰潛夫論，皆依以爲説。」**「啟乃淫溢康樂，**惠云：「『啟乃』當作『啟子』，溢與泆同。」江聲説同。江又云：「啟子，五觀也。啟是賢王，何至淫溢？據楚語士亹比五觀于朱、均、管、蔡，則五觀是淫亂之人，故知此文當爲『啟子』，『乃』字誤也。」案：此即指啟晚年失德之

〔一〕「一」字原脱，據今本竹書紀年（即畢所稱汲郡古文）補。

〔二〕「啟」，原誤「夏」，據楚語改。按孫引楚語乃節引，士娓，楚語「娓」本作「亹」。

事，「乃」非「子」之誤也。竹書紀年及山海經皆盛言啟作樂，楚辭離騷亦云「啟九辯與九歌兮〔二〕，夏康娛以自縱，不顧難以圖後兮，五子用失乎家巷」，並古書言啟淫溢康樂之事。「淫溢康樂」，即離騷所謂「康娛自縱」也。王逸楚辭注云「夏康，啟子太康也」，亦失之。**野于飲食**，畢云：「『野于』疑作『于野』。」孫星衍說同。孫又云：「于，往也。」俞云：「畢說非。此本以『啟乃淫溢康樂』爲句，『野于飲食』爲句。『野于飲食』即下文所謂『渝食于野』也，與左傳『室於怒，市於色』文法正同。」**將將銘，莧磬以力**，畢云：「句未詳。『莧』疑『筦』字之誤，形聲相近。」孫說同。孫又云：「『將將』上疑有脫文，作樂聲也。樂聲鎗鎗，銘力於磬管。」江云：「『莧』當爲『莧』。莧，喜說也，胡官反。」俞云：「『將將銘莧磬以力』，疑有脫文，蓋亦八字作二句也。『力』字與『食』字爲韻，畢失其讀，故但知下文『翼』、『式』是韻也。」王紹蘭云：「莧、筦音近通用，非誤也。『力』即勒字，『銘莧磬以力』，謂作筦磬之銘而勒之。」案：「將將銘」疑當作「將將鍠鍠」。詩周頌執競云「鍾鼓喤喤，磬筦將將」，說文金部引詩「喤喤」作「鍠鍠」。毛傳云：「喤喤，和也；將將，集也。」說文足部云「蹡，行皃」，引詩曰「管磬蹡蹡」，則「將」亦「蹡」之借字。此「力」雖與上「食」、下「翼」、「式」韻協，然義不可通，且下文「酒」、「野」亦與「力」韻不合。竊疑此當作「將將鍠鍠，筦磬以方」，方與鍠自爲韻，力、方形亦相近。儀禮鄉射禮鄭注云：「方猶併也。」「管磬以方」謂管磬併作，猶詩言笙磬同音矣。諸說並非。**湛濁于酒，渝食于野**，惠云：「湛與耽同。耽，淫。濁，亂也。」江云：「湛濁，沈湎也，言飲酒無度。渝讀當爲輸，轉輸饋食于野，言游田無度也。」孫云：「湛與媅通，渝與輸通。」案：湛、沈通，江說得之。渝當讀爲偷，同聲叚借字。表記鄭注云：「偷，苟且也。」謂苟且飲食於野

〔二〕「兮」字原脫，據離騷補。

外燕游之所。惠、孫説並未允。萬舞翼翼，詩商頌那云「萬舞有奕」，毛傳云：「奕奕然閑也。」奕、翼字通。小雅采薇傳亦云：「翼翼，閑也。」章聞于大，惠云：「當作『天』。」畢及江説同。天用弗式。」孫云：「萬舞之盛，顯聞於天，天弗用之。」畢云：「『翼』、『式』爲韻。」海外西經云『大樂之野，夏后啟于此儛九代』，大荒西經云『夏后開上三嬪于天，得九辨與九歌以下』，據此，則指啟盤于游田。書序『大〔一〕康尸位』及楚詞『夏康娱』云云，疑『大康』、『夏康』即此云『淫溢康樂』，淫之訓大，然則太康疑非人名，而孔傳以爲啟子不可奪也。」案：楚辭「夏康娱」，「夏」當從王引之讀爲下。戴震謂康娱即康樂，非太康，説亦致塙。畢謂書序太康亦非夏帝，則謬説不足據也。故上者天鬼弗戒，「戒」當爲「式」，此即冢上引書「天用弗式」之文。下者萬民弗利。

是故子墨子曰：今天下士君子，請將欲求興天下之利，請，畢本改「誠」，云：「舊作『請』」，一本如此。」案：請、誠字通，詳前。除天下之害，當在樂之爲物，將不可不禁而止也。

〔一〕「大」，尚書書序原作「太」。按古「大」、「太」通作。畢似改作「大」，以成其下文之説。

墨子閒詁卷九

非樂中第三十三闕

非樂下第三十四闕

非命上第三十五

漢書藝文志注：「蘇林云：非有命者言儒者執有命而反勸人修德積善，政教與行相反，故譏之也。如淳云：言無吉凶之命，但有賢不肖善惡。」祭法孔疏引孝經援神契云：「命有三科：有受命以任慶，有遭命以謫暴，有隨命以督行。受命謂年壽也，遭命謂行善而遇凶也，隨命謂隨其善惡報之。」白虎通義壽命篇及王充論衡命義篇說三命略同。墨子所非者，即三命之說也。

子墨子言曰：古者王公大人爲政國家者，皆欲國家之富，人民之衆，刑政之治。然而不得富而得貧，不得衆而得寡，不得治而得亂，則是本失其所欲，得其所惡，是故何也？子墨子言曰：執有命者以襍於民閒者衆。執有命者之言曰：「命富則富，命貧則貧，命衆則衆，命寡則寡，命治則治，命亂則亂，命壽則壽，命夭則夭，命，王云：「此下有脱文，不可考。」雖強勁，何益哉？」上以〔一〕説王公大人，下以駔百姓之從事，畢云：「駔，阻字假音。説文云：『駔，從馬，且聲。』劉逵注左思賦引説文『于〔二〕助反』。」故執有命者不仁。故當執有命者之言，不可不明辨。

然則明辨此之説將柰何哉？子墨子言曰：必立儀，吴鈔本無「曰」字，案疑當作「言必立儀」，今本「曰言」二字涉上誤倒。管子禁藏篇云「法者，天下之儀也」，尹注云：「儀，謂表也。」言而毋儀，譬猶運鈞之上而立朝夕者也，畢云：「運，中篇作『員』，音相近。廣雅云：『運，轉也。』高誘注淮南子云：『鈞，陶人作瓦器法，下轉旋〔三〕者。』史記集解云：『駰案漢書音義曰：陶家名模下圓轉者爲鈞。』索隱云：『韋昭曰：鈞木長七尺，有絃，所以調爲器具也。』言運鈞轉動無定，必不可立表以測景。」詒讓案：管子七法篇云「不明於則，而欲出號令，猶立朝夕於運均

〔一〕「上以」二字原誤倒，據畢沅刻本乙正。

〔二〕按：畢所謂「左思賦」，指文選左思魏都賦。今本文選左思魏都賦劉逵注引説文「駔」字音「子朗反」（見魏都賦「異馬填廄而駔駿」句注），不作「于助反」。今按段玉裁説文解字注「駔」字下引文選此注作「千助反」（所據文選版本不詳），則畢引作「于助反」者，「于」必是「千」之誤。「駔」爲齒音字，非牙音字，不得反切「于」字。

〔三〕「旋」，原誤「鈞」，據淮南子原道訓改。

之上」，尹注云：「均，陶者之輪也。立朝夕，所以正東西也。今均既運，則東西不可準也。」案：運、員音近古通。國語越語「廣運百里」，山海經西山經作「廣員百里」，莊子天運篇釋文引司馬彪本作「天員」。立朝夕，謂度東西也。周禮大司徒云「日東則景夕，日西則景朝」，司儀云「凡行人之儀，不朝不夕」，考工記匠人云「晝參諸日中之景，夜考之極星，以正朝夕」，晏子春秋雜篇云「古之立國者，南望南斗，北戴樞星，彼安有朝夕哉」，春秋緐露深察名號篇云「正朝夕者視北辰」。**是非利害之辨，不可得而明知也。故言必有三表。**表、儀義同，左文六年傳云「引之表儀」。洪云：「非命中篇、非命下篇此段文義大略相同，皆作『言有三法』。法，說文作『灋』；表，古文作『䙈』，字形相近。」**何謂三表？子墨子言曰：有本之者，**本，謂考其本始，下篇作「有考之者」。**有原之者，**廣雅釋詁云：「源，度也。」原、源字通。劉歆列女傳頌小序云「原度天道」，此「原之」亦謂察度其事故也。**有用之者。於何本之？上本之於古者聖王之事。於何原之？下原察百姓耳目之實。於何用之？廢以爲刑政，**盧云：「廢，置也。中篇作『發』。」王云：「盧說非也，廢讀爲發，故中篇作『發而爲刑政』，下篇作『發而爲政乎國』。發、廢古字通。」**觀其中國家百姓人民之利。此所謂言有三表也。**

然而今天下之士君子或以命爲有，句。**蓋嘗尚觀於聖王之事？**「蓋」上舊本有「益」字。王云：「『或以命爲有』絶句，下文云『豈可謂有命哉』。『益』即『蓋』字之譌，『蓋』字俗書作『盖』，形與『益』相近，故『蓋』譌作『益』。史記楚世家『還蓋長城以爲防』，徐廣曰：『蓋，一作益。』今云『益蓋』者，一本作『益』，一本作『蓋』，而後人誤合之耳。蓋與盍同。盍，何不也。檀弓曰『子蓋言子之志於公乎』，孟子梁惠王篇『蓋亦反其本矣』。嘗，試也。尚與上同。言今天下之士君子或以命爲有，則何不試上觀於聖王之事乎？下文曰『今天下之士君子或以命爲有，益嘗尚觀於先王之書』，『益』亦『蓋』字之譌。」案：王校是也，今據刪。古者桀之所亂，湯受而治之；紂之所亂，武王受而治之。此世未易，民未渝，爾雅釋言云：「渝，變也。」在於桀紂則天下亂，畢云：「舊脱『在』字，據下文增。」在於湯武則天下治，豈可謂有命哉。

然而今天下之士君子或以命爲有，蓋嘗尚觀於先王之書？「蓋」，舊本亦譌「益」，王據上文改。先王之書，所以出國家、畢云：「舊脱『以』字，據下文增。」布施百姓者，畢云：「舊脱此字，據下文增。」憲也。爾雅釋詁云：「憲，法也。」周禮秋官有「布憲」，管子立政篇云「布憲於國」。國語周語云「布憲施舍于百姓」，韋注同爾雅。先王之憲亦嘗有曰「福不可請，而禍不可諱，諱當讀爲違，同聲叚借字。禮記緇衣「太甲曰：天作孼，猶可違也」，鄭注云：「違猶辟也。」下同。敬無益，暴無傷」者乎？所以聽獄制罪者，刑也。先王之刑亦嘗有曰「福不可請，禍不可諱，敬無益，暴無傷」者乎？所以整設師旅、進退師徒者，誓也。先王之誓亦嘗有曰「福不可請，禍不可諱，敬無益，暴無傷」者乎？是故子墨子言曰：吾當未盬數，當，疑「尚」之譌。畢云：「盬，『盡』字之譌。」天下之良書不可盡計數，大方論數，大方即大較也。後漢書郎顗傳李注云：「方，法也。」史記律書索隱云：「大較，大法也。」而五者是也。畢云：「『五』當爲『三』，即上先王之憲、之刑、之誓是。」今雖毋求執有命者之言，不必得，雖、唯通。毋，語詞，詳尚賢中篇。

不亦可錯乎？錯與廢義同，詳節葬下篇。**今用執有命者之言，是覆天下之義，覆天下之義者，是立命者也，百姓之誶也。說百姓之誶者，**畢云：「爾雅云：『誶，告也。』陸德明音義云：『沈音粹，郭音碎。』言以此告百姓。」蘇云：「誶，猶詬誶，謂不道之言也。」俞云：「誶讀爲悴。說文心部：『悴，憂也。』猶曰百姓之憂也。故曰說百姓之誶者，是滅天下之人也。畢釋非是。」案：俞說是也。**是滅天下之人也。然則所爲欲義在上者，**「義在上」文未備，據下文當作「義人在上」，今本脫「人」字。**何也？曰：義人在上，天下必治，上帝山川鬼神必有幹主，**畢云：「『幹』當爲『斡』，此管字假音。」詒讓案：後漢書竇憲傳李注云：「斡，主也。或曰古管字。」漢書食貨志顏注云：「斡，讀爲管同，謂主領也。」漢隸「榦」、「斡」皆作「幹」。經典多通用。但此「幹」字似當讀如字。說文木部云：「榦〔二〕，本也。」榦者，本榦，對枝言之也。荀子儒效篇云「以枝代主而非越也」，楊注云：「枝，枝子。」若然，冢適謂之榦，支子謂之枝。榦主者，猶言宗主耳。**萬民被其大利。何以知之？子墨子曰：古者湯封於亳，**畢云：「當爲『薄』。說文云：『亳，京兆杜陵亭也。從高省，乇聲。』史記集解云：『徐廣曰：京兆杜縣有亳亭。』索隱云：『秦寧公與亳王戰，亳王奔戎〔三〕，遂滅湯社。皇甫謐云：周桓王時自有亳王號湯，非殷也。』此亳在陝西長安縣南。若殷湯所封，是河南偃師之薄。書傳及本書亦多作『薄』，惟孟子作『亳』，蓋借音字，後人依改亂之。」顧炎武

〔二〕「榦」，原作「幹」。按說文「幹」字作本「榦」，「幹」爲隸變之體。今據說文改，正文孫亦均寫作「榦」。

〔三〕「戎」字原脫，按畢引索隱見史記封禪書索隱，今據補「戎」字。

不考史記，反以此譏許君地里之謬，是以不狂爲狂也。」**絶長繼短，**禮記王制云「凡四海之内，絶長補短，方三千里」，孟子滕文公篇云「今滕絶長補短，將五十里也」，戰國策秦策「韓非説秦王曰：今秦地形斷長續短，方數千里」，又楚策「莊辛對楚王曰：今楚雖小，絶長續短，猶以數千里」。此云「絶長繼短」，猶國策云「斷長續短」也。**方地百里，與其百姓兼相愛、交相利，移則分，**畢云：「言財多則分也。移，或『多』字。」洪云：「禮記郊特牲『順成之方，其蠟乃通，以移民也』，鄭注：『移之言羡也。』『移』古通作『侈』字，『侈』亦是有餘之義。」**率其百姓以上尊天事鬼，是以天鬼富之，諸侯與之，百姓親之，賢士歸之，未殁其世，**殁，吴鈔本作「没」，下同。**而王天下，政諸侯。**「政」、「正」通，正猶長也，詳親士篇。**昔者文王封於岐周，**孟子離婁篇云「文王生於岐周」，趙注云：「岐山下周之舊邑。」漢書地理志云「右扶風美陽：禹貢岐山在西北。中水鄉，周大王所邑。」又云：「大王徙郊，文王作酆。」畢云：「岐，岐山；周，周原。」**絶長繼短，方地百里，**舊本作「地方」，今從道藏本乙，與上文合。**與其百姓兼相愛、交相利，則，**王云：「『是以』上不當有『則』字，蓋即『利』字之誤而衍者。上下文『是以天鬼富之，諸侯與之，百姓親之，賢士歸之』，『是以』上皆無『則』字。」俞云：「『則』上脱『移』字，下脱『分』字。上文曰『與其百姓兼相愛、交相利，移則分』，是其證也。王氏謂『則』即『利』字之誤而衍者，非。」案：俞説近是。**是以近者安其政，遠者歸其德。聞文王者，皆起而趨之。罷不肖、股肱不利者，**荀子成相篇云「君子賢而能容罷」，楊注云：「罷，弱不任事者。」國語齊語云「罷士無伍」，韋注云：「無行曰罷。」管子小匡篇尹注云：「罷，謂乏于德義者。」**處而願**

之，曰：「柰何乎使文王之地及我吾，則吾利蘇云：「『我』字衍文，或去上『吾』字亦可。」俞云：「『則』上『吾』字，『豈』上『利』字，並衍文。」豈不亦猶文王之民也哉。」是以天鬼富之，諸侯與之，百姓親之，賢士歸之，未殁其世，而王天下，政諸侯。政，舊本作「征」。蘇云：「征，當從上文作『政』」。蓋政者，正也。『征』、『政』古通用。」案：吴鈔本作「政」，今據正。政諸侯，謂長諸侯也，詳親士篇。鄉者言曰：畢云：「鄉同曏。」義人在上，天下必治，上帝山川鬼神必有幹主，萬民被其大利。吾用此知之。

是故古之聖王發憲出令，設以爲賞罰以勸賢。畢云：「中篇作『勸沮』，是。」王云：「原文是『勸賢』，不得徑改爲『勸沮』。余謂『勸賢』下當有『沮暴』二字。『勸賢』承賞而言，『沮暴』承罰而言。尚賢篇曰『賞不當賢而罰不當暴，則是爲賢者不勸，而爲暴者不沮矣』，尚同篇曰『賞譽不足以勸善，而刑罰不可以沮暴』，皆其證。」是以入則孝慈於親戚，「親戚」即父母也，詳兼愛下篇。尚賢中篇云「入則不慈孝父母」。出則弟長於鄉里，坐處有度，出入有節，男女有辨。辨、别同。尚賢中篇云「男女無别」。是故使治官府則不盜竊，守城則不崩叛，「崩」當爲「倍」之叚字。尚賢中篇云「守城則倍畔」，猶此下文云「守城則崩叛」也。倍與背同，逸周書時訓篇云「遠人背叛」。倍與崩一聲之轉，古字通用。説文人部「倗，讀若陪位」、邑部「䣙，讀若陪」，即〔一〕崩、倍相通之例。君

〔一〕「即」，原誤作「郎」。

有難則死，出亡則送。此上之所賞，而百姓之所譽也。執有命者之言曰：「上之所賞，命固且賞，非賢故賞也。上之所罰，命固且罰，不暴故罰也。」王引之云：「不與非同義，故互用。」俞云：「『上之所罰，命固且罰，不暴故罰也』十三字，當爲衍文，説詳下。」是故入則不慈孝於親戚，出則不弟長於鄉里，坐處不度，出入無節，男女無辨。是故治官府則盜竊，守城則崩叛，君有難則不死，出亡則不送。此上之所罰，百姓之所非毁也。執有命者言曰：「上之所罰，命固且罰，不暴故罰也。上之所賞，命固且賞，非賢故賞也。」俞云：「『上之所賞，命固且賞，非賢故賞也』十三字，當爲衍文。蓋上文説賞事，故述執有命者之言曰『上之所賞，命固且賞，非賢故賞也』。此文是説罰事，故述執有命者之言曰『上之所罰，命固且罰，不暴故罰也』。今上文衍『上之所罰』云云，此文衍『上之所賞』云云，皆於文義未合。即此文之罰、賞倒置，而其傳寫誤衍之跡居然可見矣。」以此爲君則不義，爲臣則不忠，爲父則不慈，爲子則不孝，爲兄則不良，爲弟則不弟。良爲兄，義不甚切。疑「良」當爲「長」。逸周書謚法篇云「教誨不倦曰長」，即其義也。此以兄長對弟弟，亦即冢上云「出則弟長於鄉里」爲文。尚賢中篇云「出則不長弟鄉里」，國語齊語亦云「不長弟於鄉里」，謚法云「愛民長弟曰恭」，此並以長教幼爲長，幼事長爲弟。淺人不解「長」字之義，而改爲「良」，遂與上「弟長」之文不相應矣。而强執此者，此特凶言之所自生，而暴人之道也。舊本作「者」，道藏本作「昔」，畢據下文改。特，舊本譌「持」。王云：「『持』字義不可通，『持』當爲『特』。呂氏春秋忠廉篇注曰：『特猶直也。』言此直是凶人之言，暴人之道也。下文同。」案：王校是也，今據正。

然則何以知命之爲暴人之道？昔上世之窮民，貪於飲食，惰於從事，是以衣食之財不足，畢云：「舊脱『食』字，據上文增。」而飢寒凍餒之憂至，不知曰「我罷不肖，從事不疾」，必曰「我命固且貧」。昔上世暴王昔，舊本譌作「若」，王據上文改「昔」，今從之。道藏本、吴鈔本並作「苦」，則當屬上讀。不忍其耳目之淫，心涂之辟，畢云：「涂猶術。」王引之云：「畢説非也。『心涂』本作『心志』，『耳目之淫，心志之辟』，並見中篇。下篇作『心意』，亦『心志』之譌。」不順其親戚，遂以亡失國家，傾覆社稷，不知曰「我罷不肖，爲政不善」，必曰「吾命固失之」。於仲虺之告書敍云：「湯歸自夏，至于大坰，仲虺作誥。」禮記緇衣「尹吉曰」，鄭注云：「『吉』當爲『告』。告，古文『誥』。字之誤也。」曰：「我聞于夏人，矯天命，布命于下，僞孔傳云：「言託天以行虐於天下，乃桀之大罪。」畢云：「孔書作『夏王有罪，矯誣上天以布命于下』。」帝伐之惡，畢云：「非命中作『式是惡』。『式』、『伐』形相近，『之』、『是』音相近也。」龔喪厥師。」僞孔傳云：「天用桀無道，故不善之。式，用；爽，明也。用商受王命，用明其衆，言爲主也。」畢云：「孔書作『帝用不臧，式商受命，用爽厥師』。『龔』『用』、『喪』『爽』音同。」江聲云：「師，衆也。言桀執有命，天用是憎惡之，用喪其衆。」孫星衍云：「『用』爲『龔』，聲相近。」此言湯之所以非桀之執有命也。於太誓曰：「紂夷處，天志中篇作「紂越厥夷居」。不肎事上帝鬼神，天志中篇無「鬼神」二字。畢云：「孔書作『乃夷居，弗事上帝神祇』。」禍厥先神禔不祀，天志中篇「禍」作「棄」，「禔」作「祇」。畢云：「孔書作『遺厥先宗廟弗祀』。禔同示。」詒讓案：説文示部云：「禔，安也。易曰『禔既平』。」今易坎九五作「祇既平」，釋文云：「祇，京作『禔』。」是祇、禔聲近古通用之證。乃曰『吾民有命，天志中篇無「民」字，孔書

「民」上有「有」字。無廖排漏』，道藏本作「扇」。案：此當從中篇作「毋僇其務」，義詳彼注。天志中篇作「無廖僡務」，亦誤。畢云：「孔書作『乃曰吾有民有命，罔懲其侮』。」天亦縱棄之而弗葆。」畢云：「孔書無此文。」案：舊本「棄」在「之」下。王云：「『縱之棄』當作『縱棄之』，縱棄猶放棄也。中篇作『天不亦棄縱而不葆』，天志篇作『天亦縱棄紂而不葆』，皆其證。」案：王説是也，今據乙。葆，吳鈔本作「保」。此言武王所以非紂執有命也。畢云：「『紂』下據上文當有『之』字。」今用執有命者之言，則上不聽治，下不從事。上不聽治，則刑政亂；下不從事，則財用不足。上無以供粢盛酒醴，供，吳鈔本作「共」。祭祀上帝鬼神；下無以降綏天下賢可之士，舊本脱「下無以」三字，王據上下文補。爾雅釋詁云：「綏，安也。」外無以應待諸侯之賓客，内無以食飢衣寒，將養老弱。俞謂「將養」爲「持養」之誤，詳尚賢中篇。故命上不利於天，中不利於鬼，下不利於人。而强執此者，此特凶言之所自生，特，舊本亦譌「持」，依王校改。而暴人之道也。

是故子墨子言曰：今天下之士君子，忠實欲天下之富而惡其貧，畢云：「忠，下篇作『中』。」欲天下之治而惡其亂，執有命者之言不可不非，此天下之大害也。

非命中第三十六

子墨子言曰：凡出言談、由文學之爲道也，由、爲義相近，下篇云「今天下之君子之爲文學出言談也」。則不可而不先立義法。畢云：「義，上篇作『儀』。義、儀同。」若言而無義，譬猶立朝夕於員鈞之上也，譬，吴鈔本作「辟」。員，上篇作「運」，聲義相近。則雖有巧工，必不能得正焉。然今天下之情僞未可得而識也，故使言有三法。三法者何也？有本之者，有原之者，有用之者。於其本之也，考之天鬼之志、聖王之事；於其原之也，徵以先王之書；用之柰何？發而爲刑。畢云：「據上篇有『政』字。」此言之三法也。

今天下之士君子，盧云：「此下當有『或以命爲有』五字。」或以命爲亡。我所以知命之有與亡者，以衆人耳目之情知有與亡。有聞之，有見之，謂之有；莫之聞，莫之見，謂之亡。然胡不嘗考之百姓之情？畢云：「舊脱『不』字，據下文增。」詒讓案：然與則義同，「然胡不」亦見尚同下篇。此下文繁言之則云「然則胡不」。自古以及今，生民以來者，亦嘗見命之物，以下文校之，「亦嘗」下當有「有」字。聞命之聲者乎？則未嘗有也。若以百姓爲愚不肖，耳目之情不足因而爲法，然則胡不嘗考之諸侯之傳言流語乎？自古以及今，生民以來者，亦嘗有聞命之聲，見命之體者乎？則未嘗有也。然胡不嘗考之聖王之事？古之聖王，舉孝子而勸之事親，尊賢良而勸之爲善，發憲布令以教誨，長短經運命篇引無「布」字。明賞罰以勸沮。舊本脱「明」字，今據長短經引補。又「勸沮」，長短經作「沮勸」。勸，吴鈔本作「賞」，非。若此，則亂者可使治，而危者可使安矣。若以爲不然，昔者桀之所亂，湯治之；紂之所亂，武王治之。此世不渝而民不改，上變政而民易教，政，治要、長短經並作「正」。其在湯武則治，其在桀紂則亂。安危治亂，「安危」上長短經有「則」字。在上之發政也，則豈可謂有命哉。長短經無「則」字。夫曰有命云者，亦不然矣。

今夫有命者言曰：「有命」上疑脱「執」字。我非作之後世也，自昔三代有若言以傳流矣。今故先生對之？畢云：「未詳。『生』當爲『王』。」案：顧校季本、吴鈔本並作「王」。俞云：「此子墨子託爲先生之言，以折執有命者之説。畢謂『生』當爲『王』，非是。」案：疑當作「今胡先生非之」，諸校並未得其義。曰：夫有命者，不志昔也三代之聖善人與？畢云：「下篇作『不識昔也』，志即識字。與讀如歟。」詒讓案：「不志」、「不識」，並猶云不知。禮記哀公問鄭注云：「志讀爲識，識，知也。」意亡昔三代之暴不肖人也？意與抑同。「意亡」，語詞，詳非攻下篇。畢云：「亡同無。也，下篇作『與』，同。」何以知之？畢云：「言有命之説，不識出之昔者聖善人乎，意亡此言出之暴不肖人乎？彼固亡知之妄言。」初之列士桀大夫，説苑臣術篇云：「列士者，所以參大夫也。」桀與傑字通。白虎通義聖人篇引禮别名記云：「萬人曰傑。」説文人部云：「傑，執也，材過萬人也。」吕氏春秋孟秋紀高注云：「才過萬人曰桀。」毛詩衛風「邦之桀兮」，傳云：「桀，特立也。」慎言知行，此上有以規諫其君長，下有以教順其百姓，畢云：「順同訓。」詒讓案：舊本此下有「故上有以規諫其君長，下有以教順其百姓」二句。盧云：「此已上十七字衍文。」案：盧校是也，吴鈔本亦無，今據删。故上得其君長之賞，下得其百姓之譽。列士桀大夫聲聞不廢，流傳至今，而天下皆曰其力也，必不能曰我見命焉。「見」字吴鈔本脱。俞云：「『必不能曰』下有闕文，下文『必不能曰我罷不肖，我從事不疾，必曰我命固且窮』，是其證也。」

是故昔者三代之暴王，不繆其耳目之淫，畢云：「言不糾其繆。」詒讓案：「繆」即「糾」之叚字。不慎其心志之辟，治要作「僻」，畢云：「僻同。」外之敺騁田獵畢弋，畢云：「說文云：『古文驅從攴。』」案：騁，畢本作「聘」，譌，孟子盡心篇云「驅騁田獵」。國語齊語云「田狩畢弋」，韋注云：「畢，掩雉兔之網也。」弋，𨾏之借字，詳備高臨篇。內沈於酒樂，而自「必不能曰」以下至此，凡四十五字，舊本誤入下文「身在刑僇之中」之下，王移置於此。不顧其國家百姓之政。繁爲無用，暴逆百姓，使下不親其上，是故國爲虛厲，厲，公孟、魯問二篇並作「戾」，字通。畢云：「陸德明莊子音義云：『李云：居宅無人曰虛，死而無後曰厲。』」身在刑僇之中，自「不顧其國家」以下至此，凡三十五字，舊本誤入上文「必不能曰」之上，王移置於此。舊本「不顧」上又衍「一」字，王據下篇刪。不肎曰：三字舊脱，畢據下文增「不曰」二字，治要引有此三字，今據補。「我罷不肖，舊本無「我」字，畢據一本增，顧校季本有。我爲刑政不善。」必曰：「我命故且亡。」故，下文作「固」，同。雖昔也三代之窮民，治要「窮」作「僞」，與下同。亦由此也。蘇云：「由與猶同。」內之不能善事其親戚，畢云：「事，一本作『視』。」詒讓案：「親戚」謂父母，詳兼愛下篇。外不能善事其君長，「外」下疑脱「之」字。惡恭儉而好簡易，貪飲食而惰從事，衣食之財不足，使身至有饑寒凍餒之憂，饑，上、下篇並作「飢」，吳鈔本同。必不能曰：畢云：「必，舊作『心』，以意改。」案：顧校季本正作「必」。「我罷不肖，我從事不疾。」必曰：「我命固且窮。」雖昔也三代之僞民，亦猶此也。繁飾有命，以教衆愚樸人久矣。治要無「樸人」二字。王云：「『愚樸』下衍『人』字。」戴云：「不當刪。」案：王校近是。家語王言篇「民敦而俗樸」，王肅注云：「樸，愨願貌。」聖王之患此也，故書之竹帛，琢之金石。於先王之書仲虺之告曰：「我聞有夏人矯天命，布命于下，帝式是惡，用闕師。」畢云：「『闕』當是『喪厥』二字，下篇作『用爽厥師』。」孫星衍云：「『厥』爲『闕』，形相近。」此語夏王桀之執有命也，湯與仲虺共非之。先王之書太誓之言然，曰：「紂夷之居，而不肎事上帝，棄闕其先神而不祀也，以天志中篇及上篇校之，「闕」亦當讀爲厥，與上「闕師」同。此當云「棄闕先神示而不祀也」。示、祇同，傳寫誤作「亓」，校者不憭，因此書「其」字多作「亓」，遂又改爲「其」，復誤移箸「先神」上，不知闕即厥字，不當更云「其」也。天志篇正作「棄厥先神祇不祀」，可證。非儒下篇「其道不可以期世」，期，晏子春秋作「示」，亦「示」、「亓」、「其」三字展轉譌變之比例也。曰：『我民有命，毋僇其務。』畢云：「言毋勠力其事也，上二篇俱當從此。孔書作『罔懲其侮』，義異。或云僞泰誓不足據，不如此文。」詒讓案：「毋僇」當爲「侮僇」，二字平列，言紂惟陵侮僇辱民是務也。荀子彊國篇云「無僇乎族黨，而抑卑其後世」，無、毋、侮古通。「無僇」與「抑卑」文相儷，與此「毋僇」義亦正同。楊注釋爲「無刑戮之恥」，失之。天不亦棄縱而不葆。」吴鈔本作「保」。畢云：「文與上篇小異。」王云：「孟子滕文公篇注曰：『不亦者，亦也』。畢本『不亦』作『亦不』，非。」此言紂之執有命也，武王以太誓非之。有於三代、不國有之，曰：上有字當讀爲又。蘇云：「所引蓋古逸書，『不』字疑誤。」詒讓案：「不」疑當作「百」，三代、百國，或皆古史記之名。隋書李德林傳引墨子云「吾見百國春秋」。「女毋崇天之有命也。」命三、不國亦言命之無也。「命三」疑當爲「今三」，下當脱「代」字。於召公之執令於然，此有脱誤，疑當作「於召公之非執命亦然」。召公蓋即召公奭，亦周書佚篇之文。令與命字通。「於」，「亦」字誤。上篇云「此言湯之所以非桀之執有命也」，又云「此言武王所以非紂執有命也」，是其證。且：畢云：「當爲『曰』。」「敬哉！無天命，惟予二人，而無造言，周禮大司徒有造言之刑，鄭注云：「造言，訛言惑衆。」不自降天之哉得之。」疑當作「不自天降，自我得之」。在於商夏之詩書曰：「命者，暴王作之。」且今天下之士君子，將欲辯是非利害之故，吳鈔本「辯」作「辨」。當天有命者，畢云：「『天』當爲『夫』。」不可不疾非也。王云：「呂氏春秋尊師篇注云：『疾，力也。』」執有命者，此天下之厚害也，是故子墨子非也。「非」下當有「之」字。

非命下第三十七

子墨子言曰：凡出言談，則必可而不先立儀而言。畢云：「一本作『則必先立義而言』。」蘇云：「當作『不可不先立儀而言』。『必』字誤，上『而』字衍。」俞云：「『則必可』當作『則不可』。中篇曰『則不可而不先立義法』，是其證也。不可而者，不可以也。王氏念孫説。」若不先立儀而言，譬之猶運鈞之上而立朝夕焉也。我以爲雖有朝夕之辯，吳鈔本作「辨」。必將終未可得而從定也。是故言有三法。何謂三法？曰：有考之者，有原之者，畢云：「舊脱『有』字，一本如此。」有用之者。惡乎考之？考先聖大王之事。惡乎原之？察衆之耳目之請。畢云：「據前篇，當爲『情』。」詒讓案：請、情古通，不必改字。惡乎用之？發而爲政乎國，察萬民而觀之。此謂三法也。

故昔者三代聖王禹湯文武方爲政乎天下之時，曰：「必務舉孝子而勸之事親，尊賢良之人而教之爲善。」是故出政施教，賞善罰暴。且以爲若此，則天下之亂也，將屬可得而治也；國語魯語韋注云：「屬，適也。」社稷之危也，將屬可得而定也。若以爲不然，昔桀之所亂，湯治之；紂之所亂，武王治之。當此之時，世不渝而民不易，畢云：「文選注引此『治』作『理』，『世』作『時』，『民』作『人』，皆唐人避諱改。」上變政而民改俗。存乎桀紂而天下亂，存乎湯武而天下治。天下之治也，湯武之力也；天下之亂也，桀紂之罪也。若以此觀之，夫安危治亂存乎上之爲政也，則夫豈可謂有命哉！故昔者禹湯文武方爲政乎天下之時，曰：「必使飢者得食，寒者得衣，勞者得息，亂者得治。」遂得光譽令問於天下。羣書治要「問」作「聞」，尚同下篇亦云「光譽令聞」。問、聞通。夫豈可以爲命哉？據下文「命」上當有「其」字。故以爲其力也。故、固通。今賢良之人，尊賢而好功道術，治要「功」作「蓄」。畢云：「一本無『功』字。」故上得其王公大人之賞，下得其萬民之譽，遂得光譽令問於天下。亦豈以爲其命哉？又以爲力也。「力」上亦當有「其」字。然今夫有命者，不識昔也三代之聖善人與？意亡昔三代之暴不肖人與？意亡，詳非攻下篇。蘇云：「『也』字衍。意讀如抑，『亡』當作『亦』。」案：蘇說非。若以說觀之，則必非昔三代聖善人也，「若以說」疑當作「以若說」。必暴不肖人也。

然今以命爲有者，昔三代暴王桀紂幽厲，貴爲天子，富有天下，於此乎不而矯其耳目之欲，畢云：「而讀如能，一本無此字，非。」案：畢讀是也。陳壽祺說同。而從其心意之辟。王據中篇，以「心意」

爲「心志」之譌。今案志、意義同，似非譌字。外之敺騁田獵畢弋，內湛於酒樂，畢云：「中篇『湛』作『沈』。」而不顧其國家百姓之政。繁爲無用，暴逆百姓，遂失其宗廟。遂與隊通。法儀篇云「遂失其國家」。其言不曰：「吾罷不肖，吾聽治不强。」必曰：「吾命固將失之。」雖昔也三代罷不肖之民，亦猶此也。不能善事親戚君長，甚惡恭儉而好簡易，貪飲食而惰從事，衣食之財不足，是以身有陷乎飢寒凍餒之憂。其言不曰：「吾罷不肖，吾從事不强。」又曰：「吾命固將窮。」戴云：「又，當依上文改作『必』。」昔三代僞民亦猶此也。

昔者暴王作之，窮人術之，畢云：「舊脱『人』字，一本有。術同述。」詒讓案：樂記「知禮樂之情者能作，識禮樂之文者能述」，述，史記樂書作「術」。此皆疑衆遲樸，畢云：「言沮樸實之人。」王引之云：「『遲』字義不可通，『遲』當爲『遇』，字之誤也。遇與愚同。晏子春秋外篇『盛爲聲樂，以淫愚民』，墨子非儒篇『愚』作『遇』。莊子則陽篇『匿爲物而愚不識』，釋文：『愚，一本作遇。』韓子南面篇『愚贛窳惰之民』，宋乾道本『愚』作『遇』。秦策『今愚惑與罪人同心』，姚本『愚』作『遇』。言此有命之説，或作之，或述之，皆足以疑衆愚樸。『樸』謂質樸之人也。中篇作『教衆愚樸』，是其證。畢説非。」案：「遲」疑當爲「稺」。管子重令篇云「菽粟不足，末生不禁，民必有飢餓之色，而工以彫文刻鏤相稺也，謂之逆」，尹注云：「稺，驕也。」莊子列御寇篇云「人有見宋王者，錫車十乘，以其十乘驕稺莊子」，釋文引李頤云：「自驕而稺莊子也。」案：莊子「稺」與管子同，李説未塙。此「遲樸」似亦即驕稺願樸之意，與中篇文自不同，不必改爲「愚」也。先聖王之患之也，固在前矣。是以書之竹帛，鏤之金石，琢之盤盂，傳遺後世子孫。遺，吴鈔本作「示」。案：此文亦見兼愛下、天志中、貴義、魯問諸篇，並作「遺」，則吴本非是。曰：何書焉存？王云：「焉猶於也。」案：王説是也。此倒句，猶云存於何書。禹之總德有之，曰：蘇云：「總德，蓋逸書篇名。」「允不著，「著」疑當爲「若」。允不若，信不順也。惟天民不而葆。吴鈔本「惟」作「唯」。畢云：「而同能，葆同保。」既防凶心，天加之咎，不慎厥德，天命焉葆？」仲虺之告曰：「我聞有夏人矯天命當依上、中二篇補「布命」二字。于下，帝式是增，畢云：「當作『惡』或『憎』字。」江聲云：「式，用也。『增』讀當爲憎。説文：『憎，惡也。』或作『帝式是惡』，或作『帝伐之惡』，『伐之』字誤，當從『式是』。孟子盡心下篇云『士憎茲多口』，趙岐注解『憎』爲增多之增，則增、憎字通。」顧云：「增即憎字。明道本晉語『懼子之應且增也』，今本作『憎』。易林渙之蠱『獨宿增夜』，道藏本韓非子『論其所增』。」用爽厥師。」爽，上篇作「喪」。惠棟云：「周語『單襄公曰：晉侯爽二』，韋昭曰：『「爽」，當爲「喪」，字之誤也。』」彼用無爲有，故謂矯，公羊僖三十三年，何注云：「詐稱曰矯。」若有而謂有，夫豈爲矯哉。爲，吴鈔本作「謂」。昔者，桀執有命而行，湯爲仲虺之告以非之。太誓之言也，於去發孫星衍云：「或『太子發』三字之誤。」莊述祖云：「『去發』當爲『太子發』。武王受文王之事，故自稱太子，述文王伐功，告諸侯，且言紂未可伐，爲太誓上篇。」俞云：「古人作書，或合二字爲一，如石鼓文『小魚』作『⿱小魚』、散氏銅盤銘『小子』作『⿱小子』是也。此文『大子』字或合書作『⿱大子』，其下闕壞，則似『厺』字，因誤爲『去』耳。詩思文篇正義引大誓曰『惟四月，太子發上祭於畢，下至於孟津之上』，又云『太子發升舟，中流白魚入於王舟，王跪取，出涘以燎之』，注曰：『得白魚之瑞，即變稱王，應天命定號也。』疑古大誓三篇，其上篇以太子發上祭於畢發端，至中、下兩篇，則作於得魚瑞之後，無不稱王矣。故學者相承稱大誓上篇爲太子發，以別於中、下兩篇，亦猶古詩以篇首字命名之例也。」案孫、莊、俞說近是。陳喬樅云「『去』字疑是『告』之譌」，非。**曰：「惡乎君子！**惡，莊校改「於」。**天有顯德，其行甚章，**莊云：「『有』當爲『右』，助也。言天之助明德，其行事甚章著。」蘇云：「書泰誓曰：『嗚呼！我西土君子，天有顯道，厥類惟彰。』」**爲鑑不遠，**鑑，吴鈔本作「監」。莊云：「『鑑』當爲『監』。」**在彼殷王。**蘇云：「『殷』宜作『夏』。泰誓曰『厥鑑惟不遠，在彼夏王』。」案：僞古文不足據，蘇說非也。詩大雅蕩云「殷鑒不遠，在夏后之世」，鄭箋云：「此言殷之明鏡不遠也。近在夏后之世，謂湯誅桀也。後武王誅紂，今之王者何以不用爲戒？」此詩與彼詩文異而意則同。**謂人有命，謂敬不可行，謂祭無益，謂暴無傷。**蘇云：「此四句今書泰誓在『厥鑑惟不遠』之上，上二句作『謂己有天命，謂敬不足行』，下同。」**上帝不常，九有以亡，**蘇云：「二語今泰誓無之。上句見尹訓，下句見咸有一德。」詒讓案：「常」當讀爲尚，尚，右也。詳非樂上篇。僞古文書咸有一德云「厥德匪常，九有以亾」，僞孔傳云「人能常其德，則安其位，九有諸侯。桀不能常其德，湯伐而兼之」，並襲此文，而失其恉。**上帝不順，祝降其喪。**蘇云：「今泰誓『不〔二〕』作『弗〔三〕』，『其』作『時』。」莊云：「祝，斷也。言天將斷棄其身。」詒讓案：泰誓僞孔傳云：「祝，斷也。天惡紂逆道，斷絶其命，故下是喪亡之誅。」非樂上篇引湯官刑亦有此四語，末句作「降之百殃」。

〔二〕「不」，原誤「弗」，據書泰誓下改。

〔三〕「弗」，原誤「不」，據書泰誓下改。

惟我有周，受之大帝。」畢云：「文略見孔書泰誓。」蘇云：「今泰誓下句作『誕受多方』。」莊校改「帝」爲「商」，云：「言天改殷之命而周受之。」陳喬樅校同，云：「『商』字作『帝』，非是。此節皆有韻之文，作『商』則與上文葉，今訂正之。」案：莊、陳校是也。昔紂執有命而行，「昔」下吳鈔本有「者」字。武王爲太誓去發以非之。「去發」亦當爲「太子發」。陳喬樅謂當云「周公旦告發以非之」，肊說不足據。曰：子胡不尚考之乎商周虞夏之記，從十簡之篇以尚皆無之，蘇云：「『尚』當作『上』，古字通用也。」俞說同。詒讓案：皆無之，謂皆以命爲無也。將何若者也？

是故子墨子曰：今天下之君子之爲文學、出言談也，吳鈔本「天下」下無「之」字。非將勤勞其惟舌，畢云：「惟，一本作『頰』。」王云：「『惟』與『頰』形聲俱不相近，若本是『頰』字，無緣誤而爲『惟』。一本作『頰』者，後人以意改之耳。『惟舌』當爲『喉舌』，『喉』誤爲『唯』，因誤爲『惟』耳。潛夫論斷訟篇『慎己喉舌，以示下民』，今本『喉』作『唯』，其誤正與此同。凡從侯、從隹之字，隸書往往譌溷。隸書『侯』字作『矦』，『隹』字作『佳』，二形相似。海內東經『少室在雍氏南，一曰緱氏』，『緱』與『雍』形相近。晏子諫篇『昔夏之衰也，有推侈、大戲』，韓子說疑篇『推侈』作『侯侈』。淮南兵略篇『疾如鍭矢』，高注曰『鍭，金鏃翦羽之矢也』，今本『鍭』作『錐』。後漢書臧宮傳『妖巫維汜』，『維』或作『緱』。方言『雞雛，徐魯之閒謂之𥢶子』，今本作『秋侯子』。皆以字形相似而誤。」而利其脣呡也，畢云：「呡，『脗』字省文。說文云：『吻，口邊也。』又有『脗』字，云：『或從月、從昏。』此省『日』耳。」中實將欲其國家邑里萬民刑政者也。此句有脱字，吳鈔本「欲」下有「爲」字。今也王公大人之所以蚤朝晏退，蚤，舊本作「早」，今據吳鈔本改。聽獄治政，終朝均分而不敢怠倦者，何也？舊本「敢」下有「息」字，即「怠」之衍文。畢云：「一本無此字，是。」今據刪。曰：彼以爲强必治，不强必亂；强必寧，不强必危，故不敢怠倦。今也卿大夫之所以竭股肱之力，殫其思慮之知，吳鈔本作「智」。内治官府，外斂關市、山林、澤梁之利，以實官府，而不敢怠倦者，何也？曰：彼以爲强必貴，不强必賤；强必榮，不强必辱，故不敢怠倦。今也農夫之所以蚤出暮入，强乎耕稼樹藝，多聚叔粟，叔，舊本誤「升」，今據王校正。而不敢怠倦者，何也？曰：彼以爲强必富，不强必貧；强必飽，不强必飢，故不敢怠倦。今也婦人之所以夙興夜寐，畢云：「舊脱『以』字，據上文增。」案：吳鈔本不脱。强乎紡績織紝，多治麻統葛緒，畢校「統」作「絖」，云：「説文云：『絖，絲曼延也。』緒，『紵』字假音。」王云：「畢説非也。『統』當爲『絲』，非樂篇作『多治麻絲葛緒』，是其證。墨子書言『麻絲』者多矣，未有作『麻統』者。且麻絲爲古今之通稱，若統爲絲曼延，則不得與麻並舉矣。蓋俗書『絖〔二〕』字作『綵』，與『絲』相似，故『絲』譌爲『統』，非説文之『絖』字也。」蘇云：「『統』、『絲』蓋形近而誤，『緒』蓋與『絮』通。」案：王説是也。緒，當依畢讀作「紵」。説文糸部云：「緒，絲耑也。」「紵，檾屬。細者爲絟，布白而細曰紵。」重文絝，云：「紵或從緒省。」此與説文或體聲同。蘇謂「絮通」，非是。

〔二〕按：依上下文意，「絖」當作「統」。王注謂「統」字俗寫作「綵」，其形與「絲」相近，故本篇正文「麻絲」誤作「麻統」。

捆布縿，畢云：「說文云：『稛，絭束也。』此俗寫。」案：孟子滕文公篇云「捆屨織席」，趙注云：「捆猶叩椓也。織屨欲使堅，故叩之也。」孫氏音義云：「案許叔重云：捆，織也。從木者，誤也。」淮南子脩務訓云「捆纂組」，高注云：「捆，叩椓。」此文本書凡三見，辭過篇作「梱」，非樂上篇作「綑」，惟此作「捆」，與孟子、淮南書字同。然「梱」、「綑」、「捆」三字說文並無之，惟禾部有「稛」字，故畢以爲即「稛」之俗。蓋從禾、從困，聲形並相近，故展轉譌變，錯異如是，要皆「稛」之俗别矣。縿，當依王校作「繰」，詳非樂上篇。而不敢怠倦者，何也？曰：彼以爲强必富，不强必貧；强必煖，不强必寒，故不敢怠倦。今雖毋在乎王公大人，蕢若信有命而致行之，畢讀「蕢」字句斷，云：「此『貴』字假音。」俞云：「『蕢』字乃『藉』字之誤。藉若，猶言假如也，本書屢見。」案：俞說近是，畢讀非。則必怠乎聽獄治政矣，卿大夫必怠乎治官府矣，農夫必怠乎耕稼樹藝矣，婦人必怠乎紡績織紝矣。王公大人怠乎聽獄治政，卿大夫怠乎治官府，則我以爲天下必亂矣。農夫怠乎耕稼樹藝，婦人怠乎紡績織〔一〕紝，則我以爲天下衣食之財將必不足矣。若以爲政乎天下，上以事天鬼，天鬼不使；畢云：「當爲『便』字。」王云：「爾雅：『使，從也。』天鬼不從，猶上文言上帝不順耳。小雅雨無正篇云『不可使得罪于天子』，鄭箋訓使爲從。管子小匡篇『魯請爲關内之侯，而桓公不使』、『邢請爲關内之侯，而桓公不使』，不使謂不從也。『使』非『便』字之誤。」案：王說是也。下以持養百姓，持，舊本作「待」。王云：「『待』

〔一〕「績織」二字原誤倒，據畢沅刻本乙。

字義不可通。『待養』當爲『持養』，字之誤也。周官服不氏『以旌居乏而待獲』，注：『待當爲持。』天志篇曰『食飢息勞，持養其萬民』，荀子勸學篇曰『除其害者以持養之』，榮辱篇曰『以相羣居，以相持養』，楊倞注：『持養，保養也。』分言之，則曰持、曰養。管子明法篇曰『小臣持祿養交』、晏子春秋問篇曰『士者持祿，游者養交』是也。」案：王説是也，蘇校同，今據正。**百姓不利，必離散不可得用也。是以入守則不固，出誅則不勝。故雖昔者三代暴王桀紂幽厲之所以共抎其國家，**畢云：「抎，失。」王云：「『共』字義不可通，當是『失』字之誤。隸書『失』字或作『失』，與『共』相似。説文：『抎，有所失也。』尚賢篇云『失損其國家，傾覆其社稷』，抎、損古字通。天志篇云『國家滅亡，抎失社稷』，齊策云『守齊國，唯恐失抎之』，皆其證。」**傾覆其社稷者，此也。**

是故子墨子言曰：今天下之士君子，中實將欲求興天下之利，除天下之害，當若有命者之言，不可不强非也。舊本此十三字脱落不完，作「當若有命者言也」七字。王云：「此本作『當若有命者之言，不可不强非也』。淮南脩務篇注曰：『强，力也。』言有命之言，士君子不可不力非之也。中篇作『不可不疾非』，疾亦力也。下文曰『將不可不察而强非者此也』，是其證。今本『言』上脱『之』字，『也』上脱『不可不强非』五字，則義不可通。」案：王校是也，今據補。**曰：命者，暴王所作，窮人所術，**術與述通，見上。**非仁者之言也。**舊本「仁」作「人」，誤，今據道藏本、吴鈔本正。**今之爲仁義者，將不可不察而强非者此也。**

非儒上第三十八闕

非儒下第三十九

畢云：「孔叢詰墨篇多引此詞。此述墨氏之學者設師言以折儒也。故親士諸篇無『子墨子言曰』者，翟自著也，此無『子墨子言曰』者，門人小子臆説之詞，并不敢以誣翟也，例雖同而異事。後人以此病翟，非也。説文云：『儒，柔也，術士之稱。』」案：荀子儒效篇云：「逢衣淺帶，解果其冠，略法先王而足亂世；術繆學雜，舉不知法後王而一制度，不知隆禮義而殺詩書；其衣冠行僞已同於世俗矣，然而不知惡者；其言議談説已無以異於墨子矣，然而明不能分別；呼先王以欺愚者而求衣食焉，得委積足以揜其口，則揚揚如也；隨其長子，事其便辟，舉其上客，億然若終身之虜而不敢有他志，是俗儒者也。」是周季俗儒信有如此所非者，但并以此非孔子，則大氐誣詆增加之辭。儒墨不同術，亦不足異也。畢氏强爲之辯，理不可通。

儒者曰：「親親有術，尊賢有等。」王引之云：「此即中庸所謂『親親之殺，尊賢之等』。今云『親親有術』者，殺與術聲近而字通也。説文『殺』字從殳，杀聲，而無杀字。五經文字曰：『杀，古殺字。』今案杀字蓋從乂，朮聲。説文：『乂，芟艸也。從丿乀相交。』或從刀作『刈』。廣雅：『刈，殺也。』哀元年左傳『艾殺其民』，艾與乂、刈同，是乂即殺也。故杀字從乂，而以朮爲聲。『乂』字篆文作『乂』，今在朮字之上，故變曲爲直而作『乂』，其實一字也。説文無乂部，故杀字無所附而不收。『杀』與『術』並從朮聲，故聲相近。轉去聲，則『殺』音色介反，『術』音遂，聲亦相近。故墨子書以『術』爲『殺』。」**言親疏尊卑之異也。**孔穎達禮記正義云：「五服之節，降殺不同，是親親之衰殺。公卿大夫其爵各異，是尊賢之等。」案：墨子下文亦專舉喪服言，蓋欲破親親有殺，以佐其兼愛、節葬之説也。**其禮曰：「喪父母三年，**舊本下有「其」字，畢云：「其與期同，言父在爲母期也。」王云：「『其』字涉下文『伯父叔父弟兄庶子其』而衍。節葬篇『父母死喪之三年』下無『其』字，是其證。畢讀其爲朞，而以『喪父母三年其』爲句，大誤。」案：王説是也，今據刪。禮，蓋即指喪服經。**妻、**畢云：「舊脱此字，據下文增。」**後子三年，**後子，詳節葬篇。**伯父叔父弟兄庶子其，**畢云：「『與』『期』同。」詒讓案：公孟篇正作「期」。**戚族人五月。」**以上述喪服，並詳節葬篇。**若以親疏爲歲月之數，則親者多而疏者少矣，是妻、後子與父同也。若以尊卑爲歲月數，則是尊其妻子與父母同，而親伯父宗兄而卑子也。**「宗兄」，見曾子問，言適長爲宗子者，故下文云「其宗兄守其先宗廟數十年」。盧云：「似當云『而卑與子同也』。」王引之云：「『而卑子也』當作『卑而庶子也』，而讀爲如，言卑其伯父宗兄如庶子也。上文云『伯父叔父弟兄庶子其』。今本『卑而』二字倒轉，又脱『庶』字。」王念孫云：「『親伯父宗兄』，『親』當爲『視』，言視伯父宗兄如庶子之卑也。『視』、『親』字相似，又涉上下文『親』字而誤。淮南兵略篇『上視下如弟』，今本『視』譌作『親』。」俞云：「王氏引之謂『而讀爲如』，當從之。惟謂當作『卑如庶子』，則以意增益，未爲可據。今按『視伯父宗兄如卑子』者，『卑子』即庶子，乃取卑小之義。僖二十二年左傳『公卑邾』，杜注曰：『卑，小也。』故凡從卑得聲者，並有小義。漢書衛青傳『得右賢裨王十餘人』，師古曰：『裨王，小王也，若言裨將也。』然則『卑子』之稱，正與『裨王』、『裨將』一律矣。」案：俞說近是。「卑子」疑當爲「婢子」，見左文元年傳。「卑」即「婢」之省。**逆孰大焉？**吴鈔本「逆孰」到。**其親死，列尸弗斂，**小爾雅廣言云：「列，陳也。」舊本脱「斂」字。畢云：「弗與祓同。」王云：「喪禮無祓尸之事，畢説非也。此本作『列尸弗斂』，今本脱『斂』字耳。死三日而後斂，則前二日猶未斂也，故曰『列尸弗斂』。列者，陳也。鈔本北堂書鈔地部二引此正作『列尸弗斂』。」案：王校是也，今據補。**登屋窺井，挑鼠穴，探滌器，而求其人焉**〔一〕。此非喪禮之復也。士喪經云「復者，升自前東榮中屋，北面招以衣，曰：皋某復」，是登屋也。説文水部云：「滌，灑也。」滌器，灑濯之器，若槃匜之屬。「窺井」以下，並喪禮所無，蓋謾語也。**以爲實在，則贛愚甚矣；**書鈔地部引「實」作「誠」。畢云：「説文云『贛，愚也』，『愚，贛也』，玉篇『贛，陟絳切』，顔師古注漢書『古音下紺反，今則竹巷反』。」**如其亡也，必求焉，僞亦大矣。**王引之云：「『如其亡也』二句，與『僞』字義不相屬。『如』當爲『知』，言既知其亡，而必求之，則僞而已矣。」蘇説同。**取妻，身迎，祇褍爲僕，**畢云：「説文云：『祇，敬也。』『褍，衣正幅。』則『褍』亦正意，與端同。」王校作「袛〔二〕」，云：「畢説非也。『袛』當爲『袨』，隸書『袛』字作『袥』，與『袨』相似，故『袨』誤爲『袛』。袨端即玄端也。周官司服『其齊服有玄端素端』，鄭注曰：『端者，取其正也。』服虔注昭

〔一〕「焉」，原作「矣」，據畢沅刻本改。按墨子各本均作「焉」，本書作「矣」係誤字。

〔二〕按：正文作「祇」，從示。王念孫讀書雜志意改「祇」爲「袛」，而校「袛」爲「袨」之誤。孫云「王校作『袛』」，未確。

元年左傳曰：『禮，衣端正無殺，故曰端。』端與褍同，故説文以『褍』爲『衣正幅』也。玉篇：『袨，黑衣也。』淮南齊俗篇『尸祝袀袨，大夫端冕』，高注曰：『袀，純服。袨，黑齋衣也。』即周官所云『齊服玄端』也。莊子達生篇『祝宗人玄端』，即淮南所云『尸祝袀袨』也。」詒讓案：士昏禮『親迎，主人爵弁纁裳緇袘』，郊特牲説諸侯則玄冕，此云玄端者，蓋據庶人攝盛之服言之。**秉轡授綏，**士昏禮云「壻御婦車，授綏」，鄭注云：「壻御者，親而下之。綏，所以引升車者。僕人必授人綏。」此上云「爲僕」，即指親御之事。**如仰嚴親，**俞云：「『仰』當作『御』，字之誤也。天志下篇『以御其溝池』，王氏引之謂『御』當爲『抑』。隸書『抑』、『御』兩形相似而誤，正可與此互證。」詒讓案：此非昏禮之親迎也，若然，墨氏之昏禮無親迎。**昏禮威儀，如承祭祀。顛覆上下，悖逆父母，下則妻子，**畢云：「言爲妻子法則。」案：此疑當重「父母」二字。「父母下則妻子」，言喪父母下同妻子也。今本涉上文脱「父母」二字，遂與下句文例不合，畢説失之。**妻子上侵。事親若此，可謂孝乎？儒者：**畢云：「『儒』，舊作『傳』，據下文改。當云『儒者曰』。」王云：「晏子春秋外篇『行之難者在内，而儒者無其外』，『儒』亦誤作『傳』。」**迎妻，妻之奉祭祀，**吴鈔本「妻」不重，疑當作「迎妻與之奉祭祀」。説文舁部「與，古文作『𠬪』」，與「妻」篆文形近，又涉上而誤。禮記哀公問：「公曰：冕而親迎，不已重乎？孔子對曰：合二姓之好，以繼先聖之後，以爲天地宗廟社稷之主，君何謂已重乎？」墨子所非，與哀公言相類。**子將守宗廟，故重之。**哀公問：「孔子曰：妻也者，親之主也，敢不敬與？子也者，親之後也，敢不敬與？」**應之曰：此誣言也。其宗兄守其先宗廟數十年，死，喪之其；**畢云：「同『期』。」**兄弟之妻奉其先之祭祀，弗散。**盧云：「當爲『服』。」**則喪妻、子三年，必非以守奉祭祀也。**「守」下據上文當有「宗廟」二字。**夫憂妻、子以大負絫，**「憂妻子」謂憂厚於妻子，猶下文云「厚所至私」也。國策趙策云「夫人優愛孺子」。說文夊部云：「憂，和之行也」，引詩曰「布政憂憂」，今詩商頌長發作「優」。案：古無「優」字，優厚字止作「憂」，今別作「優」，而以「憂」爲「㥑愁」字。墨子書多古字，此亦其一也。以與已同，言偏厚妻子已爲大負衍絫，乃又飾辭文過，託之奉祭祀、守宗廟，故下云「又曰所以重親也」。**有曰**有當讀爲又。**「所以重親也」。爲欲厚所至私，**畢云：「舊作『和』，以意改。」**輕所至重，豈非大姦也哉！**

有强執有命以說議曰：上有字亦讀爲又。**「壽夭貧富，安危治亂，固有天命，不可損益。**莊子至樂篇：「孔子曰：命有所成而形有所適也，夫不可損益。」**窮達賞罰，幸否**畢云：「說文云：『幸，吉而免凶也。從屰，從夭。夭死之事，故死謂之不幸。』」**有極，**廣雅釋詁云：「極，中也。」逸周書命訓篇云：「天生民而成大命，命司德正之以〔一〕禍福，立明王以順之。曰：大命有常，小命日成，成則敬，有常則廣，廣以敬命，則度至于極。」此古說有命之遺言也。**人之知力，**吴鈔本「知」作「智」。**不能爲焉。」羣吏信之，則怠於分職；庶人信之，則怠於從事。吏不治則亂，**舊本脱「吏」字，王據上文補。**農事緩則貧，貧且亂政之本，**王云：「此句有脱文。」詒讓案：疑當作「倍政之本」，下文云「倍本棄事而安怠傲」。**而儒者以爲道教，是賊天下之人者也。**賊，舊本譌作「賤」，今依王、蘇校正，詳尚賢中篇。

〔一〕「以」字原脱，據逸周書命訓篇補。

且夫繁飾禮樂以淫人，舊本無「樂」字，吴鈔本有，以下句文例校之，有者是也。下文「晏子曰：好樂而淫人」，可證，今據補。久喪僞哀以謾親，畢云：「説文云：『謾，欺也。』玉篇云『莫般、馬諫二反』，陸德明周禮音義云『徐望仙反』。」立命緩貧而高浩居，畢云：「同『傲倨』，説文云：『居，蹲也。』」案：畢據史記孔子世家，義亦見後。倍本棄事而安怠傲。畢云：「舊作『徹』，以意改。」貪於飲食，舊本作「酒」，今據吴鈔本校改，下亦云「得饜飲食」。惰於作務，荀子非十二子篇云：「偷儒憚事，無廉恥而耆飲食，必曰君子固不用力，是子游氏之賤儒也。」此所非與彼相類。陷於飢寒，危於凍餒，無以違之。禮記緇衣鄭注云：「違猶辟也。」是若人氣，若，道藏本作「苦」，吴鈔本同。案：「人氣」疑當作「乞人」，此冡上飢寒凍餒而言。氣與乞通，古「乞」作「气」，即雲气字。下文云「夏乞麥禾」，是其證。鼸鼠藏，畢云：「爾雅有鼸鼠，陸德明音義云：『孫炎云：鼸者，頰裏也。郭云：以頰内藏食也。字林云：即鼢鼠也。』説文云：『鼸，䶃也。』玉篇云：『鼸，胡簟切，田鼠也。』『鼸』舊作『鼰』，誤。」詒讓案：夏小正云：「正月，田鼠出。田鼠者，嗛鼠也。」嗛、鼸字通。謂儒者得食則藏之，若鼸鼠裹藏食物矣。而羝羊視，畢云：「爾雅云：『羊：牡，羒。』注：『羝。』廣雅云：『三歲〔一〕曰羝。』説文云：『羝，牡羊也。』陸德明音義云：『字林云：牂羊也。』然則羝、羒、牂皆牡羊。」賁彘起。畢云：「易大畜云『豶豕之牙』，崔憬曰：『説文：豶，劇豕。今俗猶呼劇豬是也。』案：説文作『羠豕』，崔以意改之。羠與犗義同。劇者，犗假音。玉篇云：『豶，扶云切，犗也。』」君子笑之，怒曰：

〔一〕「三歲」，原誤「二歲」，據廣雅釋嘼改。

「散人，焉知良儒！」畢云：「漢書云『宂食』，注曰：『文穎曰：宂，散也。』說文云：『宂，㪙也。從宀〔二〕，儿在屋下，無田事。』玉篇云：『如勇切。』則此云『散人』，猶宂人。」案：莊子人閒世篇「匠石夢櫟社，曰：而幾死之散人」。此述儒者詬君子之語，畢氏讀「散人」句斷，誤。夫夏乞麥禾，疑脱「春乞」云云。「夫」似即「春」字上半缺剥僅存者。五穀既收，大喪是隨，言秋冬無可乞，則爲人治喪以得食也。子姓皆從，特牲饋食禮云「子姓兄弟，如主人之服」，鄭注云：「所祭者之子孫，言『子姓』者，子之所生。」喪大記云「卿大夫父兄子姓立于東方」，注云：「子姓，謂衆子孫也。『姓』之言生也。」國語楚語「帥其子姓」，韋注云：「衆子姓，同姓也。」列子說符篇張注云：「種姓也。」得厭飲食，畢治數喪，足以至矣。「至」下疑有脱文。因人之家翠，畢云：「廣雅：『臎，肥也。』此古字。」王引之云：「『因人之家肥』，文不成義。『翠』當讀爲『賥』，玉篇『賥，思醉切』，廣韻云：『貨也。』謂因人之家財也。韓子說疑篇『破家殘賥』是也。古無『賥』字，故借『翠』爲之。」以爲，畢云：「疑有脱字。」案：以文例校之，「因人之家」與下「恃人之野」文正相對，疑當作「因人之家以爲翠」。「翠」當依畢訓爲「肥」。此特文誤倒耳，無脱字也。恃人之野以爲尊，畢云：「言禾麥在野。」富人有喪，乃大說喜，曰：「此衣食之端也。」此與荀子所謂「得委積足以揜其口，則揚揚如也」者相類。

儒者曰：君子必服古言然後仁。王云：「『服古言』三字文義不順，當依公孟篇作『必古言服然後仁』。」俞云：「此本作『君子必古服古言然後仁』，脱上『古』字。公孟篇作『必古言服然後仁』，亦當作『必古言古服』，脱

〔二〕「宀」，原誤「冖」，據畢沅刻本改。

下『古』字。」案：王説是也。應之曰：所謂古之言服者，皆嘗新矣，舊本脱「言服」二字，今依王引之校增。謂古言服其始制之時，皆爲新，積久乃成古也。而古人言之、服之，則非君子也。然則必服非君子之服，言非君子之言，而後仁乎？舊本「古人言之服之」，脱「言之」二字；「則非君子也」，脱「非」字；「服非君子之服」，上「服」字譌作「法」，並依王引之校增。

又曰：君子循而不作。顧云：「廣雅釋言：『循，述也。』論語曰：『君子述而不作。』」應之曰：古者羿作弓，呂氏春秋勿躬篇云「夷羿作弓」。畢云：「羿，羿省文。説文云：『羿，古諸侯也，一曰射師。』」詒讓案：説文弓部云：「𢏚，帝嚳射官，夏少康滅之。」羿、𢏚音義同。作弓者自是古射官，非夏少康所滅者。仔作甲，史記夏本紀「帝少康崩，子帝予立」，索隱云：「予，音寧。系本云『季杼作甲』者也。」國語魯語云「杼能帥禹者也，夏后氏報焉」，韋注云：「杼，禹後七世少康之子季杼也。」畢云：「仔即杼，少康子。」盧云：「世本作『輿』。」詒讓案：史記索隱及費誓正義引世本並作「杼」，盧據玉海所引，未塙。奚仲作車，呂氏春秋君守篇同，高注云：「奚仲，黄帝之後，任姓也。傳曰：爲夏車正，封于薛。」説文車部云：「車，夏后時奚仲所造。」山海經海内經云「奚仲生吉光，吉光是始以木爲車」，郭注云：「世本云奚仲作車。此言吉光，明其父子共創作意，是以〔二〕互稱之。」續漢書輿服志劉注引古史考云：「黄帝作車，引重致遠，其後少昊時駕牛，禹時奚仲駕馬。」依譙周説，奚仲駕馬，車非其所作，司馬彪、劉昭並從之，於義爲長。巧垂作舟。畢云：「北堂書

〔二〕「是以」二字原誤倒，據山海經海内經郭璞注乙正。

鈔引作『倕』，太平御覽作『錘』，事類賦引作『工倕』。太平御覽引有云『禹造粉』，疑在此。」俞云：「『巧垂』當作『功垂』，字之誤也。周官肆師職注曰：『古者工與功同字。』然則『功垂』即『工垂』也。莊子胠篋篇『攦工倕之指』，釋文曰：『倕音垂，堯時巧者也。』堯典『咨！垂，女共工』，是稱工垂者，工其官，垂其名。」案：山海經海内經云「義均是始爲巧倕，是始作下民百巧」，楚辭九章亦云「巧倕」，又見七諫。俞說未塙。**然則今之鮑、函、車、匠**畢云：「考工記有『函、鮑』，鄭君注云：『鮑讀爲鮑魚之鮑，書或爲鞄。蒼頡篇有鞄甍。』陸德明音義云：『劉音僕。』說文云：『鞄，柔革工也。從革，包聲，讀若朴。周禮曰：柔皮之工鮑氏。鞄即鮑也。』」**皆君子也，而羿、伃、奚仲、巧垂皆小人邪？且其所循，人必或作之，**言所述之事，其始必有作之之人也。**然則其所循皆小人道也？**也、邪古通，吴鈔本作「耶」。

又曰：畢云：「『又』舊作『人』，以意改。」**君子勝不逐奔，**穀梁隱五年傳云「伐不踰時，戰不逐奔」，司馬法仁本篇云「古者逐奔不過百步[一]」，又天子之義篇云「古者逐奔不遠」，墨子所述儒者之言與穀梁同。荀子議兵篇亦云「服者不禽，犇命者不獲」。**揜函弗射，**揜，吴鈔本作「掩」。禮記表記鄭注云：「揜，猶困迫也。」案：「函」疑「亟」之形誤，下同，詳魯問篇。儀禮聘禮鄭注云「賓之意不欲奄卒主人也」，此「揜亟」亦「奄卒」之意，謂敵困急則不忍射之也。韓非子外儲説左上云「宋襄公曰：寡人聞君子曰：不推人於險，不迫人於阨」，即此義。又疑「函」當爲「臽」之誤，説文臼部云：「臽，小阱也。」今經典通作「陷」，漢書司馬遷傳「函糞土之中而不辭」，漢紀「函」作「陷」。於義亦通。**施則助之胥車。**畢云：「『施』舊作『强』，據下文改。」案：畢因下文「施」字兩見，故據改，然「施」、「强」義並未詳。似言

[一]「步」，原誤「里」，據活字本改，與司馬法仁本合。

軍敗而走，則助之挽重車，而文有脱誤。**應之曰：若皆仁人也，則無説而相與。**句。**仁人以其取舍是非之理相告，無故從有故也，弗知從有知也，無辭必服，見善必遷，何故相？**王云：「『何故相』下當有『與』字，而今本脱之，則義不可通。相與謂相敵也，古謂相敵爲相與。襄二十五年左傳『一與一，誰能懼我』，哀九年傳『宋方吉，不可與也』，越語『彼來從我，固守勿與』，與字並與敵同義。言既爲仁人，則無辭必服，見善必遷，何故兩相敵也。上文曰『若皆仁人也，則無説而相與』，是其明證矣。」**若兩暴交爭，其勝者欲不逐奔，揜函弗射，施則助之胥車，雖盡能猶且不得爲君子也。意暴殘之國也，聖將爲世除害，**「聖」下疑脱「人」字。**興師誅罰，勝將因用儒術令士卒曰：**舊本「儒」作「傳」，王云：「『傳術』二字義不可通，『傳術』當爲『儒術』。『毋逐奔』云云，皆儒者之言也，故曰『用儒術令士卒』。隸書『儒』或作『偊』，『傳』或作『傅』，二形相似而誤。上文『儒者迎妻』，『儒』誤作『傳』。」案：王説是也，今據正。**「毋逐奔，揜函勿射，施則助之胥車。」暴亂之人也得活，天下害不除，**王云：「『也』字涉上下文而衍。此言暴亂之人爲天下害，聖人興師誅罰，將以除害也。若用儒術令士卒曰『毋逐奔』云云，則暴亂之人得活，而天下之害不除矣。是『暴亂之人』下本無『也』字。」**是爲羣殘父母而深賤世也，**戴云：「『賤』乃『賊』字之誤。」**不義莫大焉！**

又曰：君子若鍾，畢云：「『君』舊作『吾』，據上文改。」**擊之則鳴，弗擊不鳴。**此亦見公孟篇公孟子告墨子語。學記云：「善待問者如撞鍾，叩之以小者則小鳴，叩之以大者則大鳴。」畢云：「此出説苑，云『趙襄子謂子路曰：吾嘗問孔子曰先生事七十君，無明君乎？孔子不對，何謂賢邪？子路曰：建天下之鳴鍾，撞之以筳，豈能發其音聲哉』。」案：説苑所云與此文義絶不相應，畢援證未當。**應之曰：夫仁人事上竭忠，事親得孝，務善則美，**

有過則諫，俞云：「『得』字、『務』字傳寫互易。『事親務孝』，言事親者務爲孝也，與『事上竭忠』相對。得善則美，言有善則美之也，與有過則諫相對。」**此爲人臣之道也。今擊之則鳴，弗擊不鳴，隱知豫力，**畢云：「言隱其先知豫事之識。」俞云：「豫猶儲也。荀子儒效篇『仲尼將爲司寇，魯之鬻牛馬者不豫賈』，家語相魯篇『孔子爲政三月，則鬻牛馬者不儲賈』，是豫與儲義通。『隱知』、『豫力』，兩文相對，言隱藏其知，儲蓄其力也。畢失其義，并失其讀。」案：畢讀固誤，俞釋豫爲儲亦非。「豫」當爲「舍」之叚字，豫從予聲，古音與「舍」同部。節葬下篇云「無敢舍餘力，隱謀遺利，而不爲親爲之者矣」，「隱知」猶彼云「隱謀」，「豫力」即彼云「舍餘力」也。號令篇云「舍事後就」，亦與此義同。豫古無儲訓，荀子「不豫賈」，「豫」當如周禮司市注「誑豫」之義。家語改「豫」作「儲」，乃王肅私定，非古訓也。**恬漠待問而後對，**爾雅釋言云：「漠，清也。」漢書賈誼傳顏注云：「漠，靜也。」淮南子詮言訓云「故中心常恬慔」，泰族訓云「靜莫恬淡」，宋本「莫」作「漠」。「漠」、「慔」、「莫」並通。**雖有君親之大利，弗問不言。若將有大寇亂，盜賊將作，若機辟將發也，**畢云：「辟同闢。」案：畢說非也。莊子逍遥遊篇云「中於機辟，死於罔罟」，釋文引司馬彪云：「辟，罔也。」又山木篇云「然且不免於罔羅機辟之患」，鹽鐵論刑德篇云「罻羅張而縣其谷，辟陷設而當其蹊」，則「機辟」蓋掩取鳥獸之物。「辟」字又作「臂」，楚辭哀時命云「外迫脅於機臂兮，上牽聯於矰雉」，王注云：「機臂，弩身也。」案爾雅釋器云：「繴謂之罿。」司馬彪釋「辟」爲「罔」，蓋即以爲「繴」之借字。王說與司馬義異，未知孰是。**他人不知，己獨知之，雖其君親皆在，不問不言，是夫大亂之賊也！以是爲人臣不忠，爲子不孝，事兄不弟交，**疑「友」之誤。**遇人不貞良。夫執後不言之朝物，**執後不言，謂拘執居後，不肯先言之。朝物，疑有脱誤。**見利使己，雖恐後言，**蘇云：「『使』當作『便』，『雖』當作『唯』。」俞云：「『雖』當作『唯』，古字通也。蓋言利之所在，唯恐後言也。下文云『君若言而未有利焉，則高拱下視，會噎爲深，曰：惟其未之學也』，正與此文反復相明。言苟無利，則君雖言之，而已亦以未學謝也，正所以破儒者『擊之則鳴，弗擊不鳴』之說。」**君若言而未有利焉，則高拱下視，**說文手部云：「拱，斂手也。」**會噎爲深，**畢云：「說文云：『噲，咽也，讀若快。』『噎，飯窒也。』會與噲同，不言之意。」**曰：「唯其未之學也。」**唯，舊本作「惟」，據吳鈔本改。「其」當爲「某」。**用誰急，**句。**遺行遠矣。**「誰」當作「雖」。蓋言事急則退避而遠行。荀子非十二子篇云「正其衣冠，齊其顔色，嗛然而終日不言，是子夏氏之賤儒也」，此所非與彼相類。

夫一道術學業，仁義也〔二〕。**皆大以治人，小以任官，遠施周偏，**舊本「皆」譌「昔」，「周」譌「用」，並從王校正。偏，吳鈔本作「徧」，畢本同。王云：「與『徧』同，畢本改爲『徧』，非。詳非攻下篇。」**近以脩身，**舊本「脩」作「循」，王云：「此文本作『皆大以治人，小以任官，遠施周偏，近以脩身』，言君子之行仁義，皆大以治人，小以任官，遠則所施周徧，近則以脩其身也。今本『皆』作『昔』，『周』作『用』，『脩』作『循』，則義不可通。隸書『脩』、『循』相亂。」案：王說是也，今並據正。**不義不處，非理不行，務興天下之利，曲直周旋，利則止，**俞云：「『利則止』當作『不利則止』，傳寫脱『不』字也。非樂上篇曰『必務求興天下之利，除天下之害，將以爲法乎天下，利人乎即爲，不利人乎即止』，與此文有詳略，而義正同。」**此君子之道也。以所聞孔某之行，**畢云：「『某』字舊作孔子諱，今改，下放此。」**則本與此相反謬也。**謬，吳鈔本作「繆」。**齊景公問晏子曰：「孔子爲人何如？」晏子不對，公又復問，不對。**吳鈔本無「復」字。**景公曰：「以孔某語寡人者衆矣，俱以賢人也。**

〔二〕「也」，原誤「者」，據畢沅刻本改。按各本均作「也」，無作「者」者，此孫本梓誤。

「以」下當據孔叢子詰墨篇增「爲」字。今寡人問之，而子不對，何也？」晏子對曰：「嬰不肖，不足以知賢人。雖然，嬰聞所謂賢人者，入人之國，必務合其君臣之親，而弭其上下之怨。孔某之荆，史記孔子世家楚昭王迎孔子至楚，事在哀公六年。知白公之謀，而奉之以石乞，白公，楚平王孫，名勝。其與石乞作亂事，見哀十六年左傳。此事不可信。列子說符篇、吕氏春秋精通篇、淮南子道應訓並載白公與孔子問答，或因彼而誤傳與？君身幾滅，而白公僇。畢云：「孔叢詰墨云：『白公亂在哀公十六年秋也，孔子已卒十旬。』」蘇云：「此誣罔之辭，殊不足辨。唯據白公之亂在景公卒後十二年，而晏子之卒更在景公之先，又安能預知後事，而先與景公言之？」嬰聞賢人得上不虛，得下不危，言聽於君必利人，教行下必於上，俞云：「此本作『教行於下必利上』，與上句『言聽於君必利人』相對爲文。『教行』下脱『於』字，而『利』字又誤作『於』，義不可通矣。」是以言明而易知也，行明而易從也，舊本作「行易而從也」，王云：「『行易而從』文不成義，當作『行明而易從』，與上句文同一例。下文曰『行義可明乎民』，又曰『行義不可明於民』，皆其證。」案：王說是也，今據正。行義可明乎民，謀慮可通乎君臣。今孔某深慮同謀以奉賊，俞云：「『同』乃『周』字之誤。『深慮』、『周謀』相對爲文，言其慮深沈，其謀周密也。」勞思盡知以行邪，勸下亂上，教臣殺君，畢云：「孔叢引『殺』作『弑』。」非賢人之行也；入人之國而與人之賊，非義之類也；知人不忠，趣之爲亂，畢云：「趣讀促。」非仁義之也。畢云：「脱字。」逃人而後謀，避人而後言，「言」上「後」字舊本作「后」，今據吴鈔本改。行義不可明於民，明，吴鈔本作「謀」，誤。謀慮不可通於君臣，嬰不知孔某之有異於白公也，是以不對。」景公曰：「嗚乎！」道藏本、吴鈔本作「呼」。既寡人者衆矣，儀禮士昏禮記云「吾子有貺命」，鄭注云：「貺，賜也。」此「貺」與「貺命」義同。畢云：「『貺』當爲『況』，此俗寫。」非夫子，則吾終身不知孔某之與白公同也。」

孔某之齊，見景公。史記孔子世家以此爲昭公二十五年魯亂，孔子適齊以後事。景公説，欲封之以尼谿，史記孔子世家同，晏子春秋外篇作「爾稽」。孫星衍云：「『尼』、『爾』，『稽』、『谿』，聲皆相近。」詒讓案：尼谿地無攷，吕氏春秋高義篇又作「景公致廪丘以爲養」。以告晏子。晏子曰：「不可。夫儒，浩居而自順者也，盧云：「晏子外篇與此多同，『浩居』作『浩裾』。」畢云：「案史記作『倨傲自順』。」顧云：「漢書酷吏郅都傳『丞相條侯至貴居也』，讀作『倨』。」詒讓案：王制云「喪祭，用不足曰暴，有餘曰浩」，鄭注云：「浩猶饒也。」「居」、「裾」並「倨」之叚字。家語三恕篇云「浩裾者則不親」，王肅注云：「浩裾，簡略不恭之貌。」大戴禮記文王官人篇云「自順而不讓」，又云「有道而自順」，孔廣森云：「自順，謂順非也。」不可以教下；好樂而淫人，晏子作「好樂緩於民」。不可使親治；立命而怠事，不可使守職；宗喪循哀，畢云：「孔叢、史記『宗』作『崇』。」詒讓案：宗、崇字通。詩周頌烈文鄭箋云：「崇，厚也。」書盤庚僞孔傳云：「崇，重也。」循，史記、孔叢作「遂」。晏子作「久喪道哀」。王云：「『循』、『遂』一聲之轉。遂哀，謂哀而不止也。三年問曰：『三年之喪，二十五月而畢，若駟之過隙。然而遂之，則是無窮也。』」不可使慈民；晏子作「子民」，慈、子字通。禮記緇衣云「故君民者子以愛之，則民親之」，又云「故長民者章志貞教，尊仁以子愛百姓」。國語周語云「慈保庶民，親也」。機服勉容，盧云：「晏子作『異于服，勉于容』。」詒讓案：大戴禮記本命篇盧注云：「機，危也。」危服，蓋猶言危冠。勉，「俛」之借字。考工記矢人「前弱則俛」，唐石經「俛」作「勉」，是其證也。機服勉容，言其冠高而容俛也。不可使導衆。孔某盛容脩飾以蠱世，吴鈔本「脩」作

「修」，晏子作「盛聲樂以侈世」。文選西京賦薛綜注云：「蠱，惑也。」弦歌鼓舞以聚徒，繁登降之禮以示儀，務趨翔之節以觀衆，趨，吴鈔本作「趍」。觀，舊本作「勸」，吴鈔本作「觀」，與晏子外篇合，今據正。博學不可使議世，博，舊本作「儒」。畢云：「晏子『儒』作『博』，『議』作『儀』。」王云：「作『博』者是，此言孔子博學而不可以爲法於世，非議其儒學也。今本作『儒學』者，『博』誤爲『傳』，又誤爲『儒』耳。隸書傳、儒相似，説見上文。儀、議古字通。」案：王説是也，今據正。勞思不可以補民，畢云：「三字舊脱，盧據晏子增。」絫壽不能盡其學，當年不能行其禮，當年，壯年也，詳非樂上篇。抱朴子外篇省煩引墨子作「累世不能究其學，當年不能究其事」，與史記略同。積財不能贍其樂，繁飾邪術以營世君，畢云：「説文云：『營，惑也。』家語云『營惑諸侯』，高誘注淮南子曰：『營，惑也。』營同熒，熒與眴音相近。」盛爲聲樂以淫遇民，晏子作「以淫愚其民」。案：遇與愚通，詳非命下篇。畢云：「當爲『愚民』。」其道不可以期世，俞云：「晏子春秋雜篇作『其道也不可以示世』，此文『期』字亦『示』字之誤。古文『其』字作『亓』，見集韻，『示』誤爲『亓』，因誤爲『期』矣。」其學不可以導衆。畢云：「孔叢作『家』，非。」今君封之，以利齊俗，晏子作「今欲封之，以移齊國之俗」。畢云：「史記云『君欲用之，以移齊俗』，作『移』是。」非所以導國先衆。」公曰：畢云：「二字舊脱，據孔叢增。」「善！」吴鈔本又無此字。於是厚其禮，畢云：「『厚其』二字舊脱，盧據晏子增。」留其封，敬見而不問其道。問，吴鈔本作「利」，誤。孔某乃恚，舊本作「孔乃志」。道藏本「孔」下又空一字，季本、吴鈔本並作孔子諱，今據增「某」字。晏子作「仲尼迺行」。畢本「志」改「恚」，云：「『恚』舊作『志』，盧改。」怒於景公與晏子，乃樹鴟夷子皮畢云：「即范蠡也。韓非子云：

『鴟夷子皮事田成子，成子去齊，走而之燕，鴟夷子皮負傳而從。』按史記貨殖傳云：『范蠡變名易姓，適齊，爲鴟夷子皮。』」蘇云：「據史記，范蠡亡吴後，乃變易姓名適齊，爲鴟夷子皮。然亡吴之歲乃孔子卒後六年，景公卒後十七年，又安知蠡之適齊而樹之田氏之門乎？此與莊周所言孔子見盜跖無異，真齊東野人之語也。」詒讓案：淮南子氾論訓云：「昔者齊簡公釋其國家之柄，而專任大臣，故使陳成田常、鴟夷子皮得成其難。」説苑指武篇又云：「田成子常與宰我爭，宰我夜伏卒，將以攻田成子。鴟夷子皮聞之，告田成子。」即此。**於田常之門，**田常即陳恆，見春秋哀十四年經。公羊「恆」作「常」。莊子盜跖篇云「田成子常殺君竊國，而孔子受幣」，蓋戰國時有此誣妄之語。錢大昕云：「田常弑君之年，越未滅吴，范蠡何由入齊？此淮南之誤也。」**告南郭惠子以所欲爲，**荀子法行篇有南郭惠子問於子貢，楊注云：「未詳其姓名。蓋居南郭，因以爲號。莊子有南郭子綦。」案：見齊物論篇。南郭惠子，尚書大傳略説作「東郭子思」，説苑襍言篇作「東郭子惠」。史記索隱引世本陳成子弟有惠子得，或即此人。朱彝尊孔子弟子攷謂即衞惠叔蘭，謬。**歸於魯。有頃，閒齊將伐魯，**畢云：「言伺其閒。」蘇云：「『閒』當作『聞』。」案：蘇校亦通。**告子貢曰：「賜乎！舉大事於今之時矣！」乃遣子貢之齊，因南郭惠子以見田常，勸之伐吴，以教高、國、鮑、晏，使毋得害田常之亂，勸越伐吴。三年之內，齊吴破國之難，**史記孔子弟子列傳載田常欲作亂於齊，憚高、國、鮑、晏，故移其兵欲以伐魯。孔子聞之，使子貢至齊，説田常伐吴，又説吴救魯伐齊，與齊人戰於艾陵，大破齊師。越王聞之，襲破吴。越絕書陳成恆內傳所載尤詳，云「子貢一出，存魯、亂齊、破吴、彊晉、霸越」，即其事。**伏尸以言術數，**吴鈔本無「言」字。蘇云：「當云『不可以言計數』也，『尸』下脱『不可』二字。」案：蘇校未塙，依吴本則「術」當讀爲遂，月令「審端徑術」，鄭注云：「術，周禮作『遂』。」此當爲「隧」之叚字，謂伏尸之多，以隧數計，猶言以澤量也。或云當作「以意術數」，意、言篆文相近，即「億」之省。術、率通，詳明鬼下篇。廣雅釋言云：「率，計，校也。」猶言以十萬計，亦通。**孔某之誅也。**畢云：「言孔子之責也。」蘇云：「『誅』當作〔二〕『謀』。」

孔某爲魯司寇，史記孔子世家云：「定公九年由司空爲大司寇。」**舍公家而奉季孫。**畢云：「『奉』舊作『於』，據孔叢改。」**季孫相魯君而走，**經傳無此事，亦謾語也。**季孫與邑人爭門關，**說文門部云：「關，以木横持門户也。」**決植。**「決植」上疑有脱文。爾雅釋宫云「植謂之傳」，郭注云：「户持鎖植也。」一切經音義引三蒼云：「户旁柱曰植。」畢云：「列子云『孔子勁能招國門之關，而不肎以力聞』，吕氏春秋慎大云『孔子之勁，舉國門之關，而不肎以力聞』，云『決植』，即其事也。說文云：『植，户植也。』似言季氏爭關而出，孔子決門植以縱之。」詒讓案：左傳襄十年「偪陽人啟門，諸侯之士門焉。縣門發，郰人紇抉之，以出門者」，孔疏：「服虔云：抉，撅也。謂以本橛抉縣門，使舉，令下容人出也。」「決」疑「抉」之借字，又疑流俗傳譌，以郰大夫事爲孔子也。淮南子道應訓云「孔子勁杓國門之關」，又主術訓「孔子力招城關」，高注云：「招，舉也。以一手招城門關端，能舉之。」

孔某窮於蔡陳之閒，畢云：「孔叢『窮』作『戹』。」**藜羹不糂，**内則鄭注云：「凡羹齊宜五味之和，米屑之糝。」畢云：「藝文類聚引作『藜烝不糂』，北堂書鈔作『不糝』，太平御覽作『糂』，一作『糝』。荀子云『七日不火食，藜羹不糂』，楊倞云：『糂與糝同，蘇覽反。』說文云：『糂，以米和羹也，一曰粒也。古文糂從參。』則糂、糝古今字。」**十日，**

〔二〕「作」，原誤「讀」，據蘇時學墨子刊誤卷一改。

子路爲享豚，「享」，吴鈔本作「亨」。畢云：「孔叢、太平御覽引『享』作『烹』，俗寫耳，『享』即『烹』字。」王云：「『爲』字後人所加。『享』即今之『烹』字也，經典省作『亨』，後人誤讀爲燕享之『享』，故又加『爲』字耳。孔叢子詰墨篇、藝文類聚獸部中、太平御覽人事部百二十七、飲食部十一、獸部十五引此皆作『子路烹豚』，無『爲』字。」孔某不問肉之所由來而食；畢云：「藝文類聚引作『不問肉所從來即食之』。」號人衣畢云：「號，『褫』字之誤，孔叢作『剥』。」詒讓案：説文衣部云：「褫，奪衣也。」非攻上篇云「拕其衣裘」，拕、褫字同。以酤酒，酤，吴鈔本作「沽」。畢云：「孔叢『酤』作『沽』，同。」孔某不問酒之所由來而飲。哀公迎孔某[一]，孔子窮於陳、蔡之閒，在哀公六年。十一年，季康子迎孔子自衛反魯，即其時也。席不端弗坐，弗，吴鈔本作「不」，下句仍作「弗」。論語鄉黨篇云「席不正不坐」，皇侃義疏云：「舊説云，鋪之不周正則不坐之也，故范甯云正席所以恭敬也。」割不正弗食。文選王昭君詞李注引兩「弗」字並作「不」。論語鄉黨篇文同，皇疏云：「古人割肉必方正，若不方正割之，故不食也。」江熙云：「殺不以道爲不正也。」案：此當從皇説，江説非。子路進，請曰：「何其與陳、蔡反也？」畢云：「文選注引『反』作『異』。」孔某曰：「來！吾語女。舊本作「與女」。畢云：「當爲『語女』。」案：道藏本、季本並作「語女」，吴鈔本作「語汝」，今據正。曩與女爲苟生，畢云：「苟且。」王云：「畢説非也。『苟』讀爲『亟其乘屋』之『亟』。亟，急也。説文：『苟，自急敕也。從羊省，從勹口。勹口猶慎言也。』與『苟且』之『苟』從艸者不同[二]。『曩與

[一]「孔某」，原作「孔子」，據畢沅刻本改。按墨子舊本並作「孔丘」，畢刻避諱悉改作「孔某」，本書依畢刻，上下文均作「孔某」。此處作「孔子」實筆誤，各本無作「孔子」者，今改同畢刻。

[二]按：説文訓「自急敕」之「苟」從「羊」省文，本寫作「苟」，與「苟且」之「苟」從「艹」頭不同字。今寫則無區別。

女爲苟生，今與女爲苟義』者，『曩』謂在陳蔡時也，『今』謂哀公賜食時也。苟，急也。言曩時則以生爲急，今時則以義爲急也。若以『苟』爲『苟且』之『苟』，則『苟義』二字義不可通矣。文選石崇王昭君辭注引此亦誤以爲『苟且』之『苟』。案『苟』字不見經典，唯爾雅『亟，速也』，釋文曰：『亟』字又作『苟』，同居力反。』此釋文中僅見之字。釋文而外，則唯墨子書有之，亦古文之僅存者，良可貴也。」俞云：「王氏以『苟』爲説文『自急敕』之『苟』，然求之文義，亦似未合。本文言『爲苟生』、『爲苟義』，不言以生爲急、以義爲急也。此字仍當爲『苟且』之『苟』。苟生者，苟可以得生而止也；苟義者，苟可以得義而止也。儀禮燕禮、聘禮記並有『賓爲苟敬』之文，鄭注聘禮曰『燕私樂之禮，崇恩殺敬也』，又曰『苟敬者〔一〕，主人所以小敬也』，然則苟敬之義，亦謂苟可以致敬而止。此言『爲苟生』、『爲苟義』，正與『爲苟敬』一律。蓋古語有然，未可臆改也。淮南子繆稱篇云『小人之從事也，曰苟得；君子之從事也，曰苟義』，文義正與此相近。」案：俞説亦通。**今與女爲苟義。」**畢云：「舊云『曩與女爲苟義』，脱五字，據文選注增。」**夫飢約則不辭妄取以活身，**舊本「辭」下有「忘」字，畢云：「此字衍。」案：道藏本、吴鈔本、季本並無，今據删。**贏飽則僞行以自飾，**舊本「贏」作「羸」，又脱「則」字。王云：「『贏飽僞行以自飾』，本作『贏飽則僞行以自飾』，贏之言盈也。僖二十八年左傳『我曲楚直，其衆素飽』，杜注曰：『直，氣盈飽。』『盈飽』即『贏飽』，正對上文『飢約』而言。今本『飽』下脱『則』字，『贏飽』又譌〔二〕作『羸飽』，則義不可通。」案：吴鈔本正作「贏」，今據補正。**汙邪詐僞，**吴鈔本「汙邪」倒。**孰大於此！**

孔某與其門弟子閒坐，曰：「夫舜見瞽叟就〔三〕然，畢云：「舊作『然就』，孫以意改。」孟子云『舜見

〔一〕「者」，原誤「也」，據諸子平議改，與聘禮鄭玄注合。
〔二〕「譌」，原誤「僞」，據讀書雜志改。
〔三〕「就」，原誤「孰」，據畢沅刻本改。

瞽叟』，韓非子忠孝云『記曰：舜見瞽叟，其容造焉。孔子曰：當是時也，危哉，天下岌岌』，荀子亦同作『造』。案『就』、『蹙』、『造』三音皆相近。」詒讓案：禮記曲禮「足蹙」，釋文云：「蹙，本又作『蹴』。」大戴禮保傅篇「靈公造然失容」，賈子胎教篇作「戚然易容」，新序襍事篇作「靈公蹴然易容」。此書以「就」爲「蹙」、爲「造」，猶新序以「蹴」爲「戚」、爲「造」也。孟子趙注云：「其容有蹙踖，不自安也。」又公孫丑篇「曾西蹵然」，注云：「蹵然，猶蹙踖也。」**此時天下圾乎！**畢云：「『圾』舊作『坡』，以意改。孟子、韓非子作『岌岌』。」詒讓案：孟子萬章篇云「孔子曰：於斯時也，天下殆哉，岌岌乎」，趙注云：「孔子以爲君父爲臣。岌岌乎，不安貌也，故曰『殆哉』。」莊子天地篇云「殆哉，圾乎天下」，郭注云：「圾，危也。」管子小問篇云：「桓公言欲勝民，管仲曰：危哉，君之國岌乎。」義並同。**周公旦非其人也邪？**「非其人」疑當作「其非人」。人與仁字通。言周公不足爲仁，即指下「舍其家室」而言。三國志魏志裴松之注及長短經懼誡篇並引尸子云：「昔周公反政，孔子非之曰：周公其不聖乎？以天下讓，不爲兆民也。」非仁與不聖之論略同，蓋戰國時流傳有是語。又案：詩小雅四月云「先祖匪人，胡寧忍予」，人亦即仁字，言先祖於我其不仁乎？彼「匪人」與此「非人」文意字例並同。鄭詩箋云：「我先祖非人乎？」則詁「人」如字，失其恉趣，此可以證其誤。**何爲舍亓家室而託寓也？**「舍亓」，舊本作「舍亦」，盧校改爲「亦舍」，畢本從之。王云：「『亦』字義不可通，『亦』當爲『亓』。亓，古『其』字也。墨子書『其』字多作『亓』，説見公孟篇。耕柱篇曰『周公旦辭三公，東處於商奄』，蓋即此所謂『舍其家室而託寓者』。盧改『舍亦』爲『亦舍』，非是。」案：王説是也，今據正。以上並謂孔子誣舜與周公也。**孔某所行，心術所至也。其徒屬弟子皆效孔某，**徒屬猶言黨友，故後兼舉陽貨、佛肸言之。呂氏春秋有度篇云：「孔墨之弟子徒屬，充滿天下。」**子貢、季路輔孔悝亂乎衛，**畢云：「舊脱『亂』字，據孔叢云『以亂衛』增。」詒讓案：莊子盜跖篇：「跖曰：子路欲殺衛君而事不成，身葅於衛東門之上，是子教之不至也。」案子貢未聞與孔悝之難，亦謾語也。鹽鐵論殊路篇云：「子路仕衛，孔悝作亂，不能救君，出亡，身葅於衛。子貢、子皋遁逃，不能死其難。」然則時子貢或適在衛與？**陽貨亂乎齊，**畢云：「孔叢作『魯』。」詒讓案：此當從孔叢作「魯」。左傳定九年陽貨奔齊，又奔晉，無亂齊之事。論語皇疏引古史考，謂陽貨亦孔子弟子，蓋即本此書而誤也。**佛肸以中牟叛，**論語陽貨篇云：「佛肸召，子欲往。子路曰：佛肸以中牟畔，子之往也，如之何？」集解：「孔安國云：晉大夫趙簡子之邑宰。」史記孔子世家：「佛肸爲中牟宰，趙簡子攻范、中行，伐中牟。佛肸畔，使人召孔子。」左傳哀五年「夏，趙鞅伐衛，范氏之故也，遂圍中牟」，即其時也。肸蓋范、中行之黨，孔安國以爲趙氏邑宰，誤也。**桼雕刑殘，**「桼」正字，經典多叚「漆」爲之。刑，吴鈔本校改「形」。畢云：「孔叢作『漆雕開形殘。詰曰：非行己之致』。」詒讓案：孔子弟子列傳尚有漆雕哆、漆雕徒父二人，此所云或非開也。韓非子顯學篇説孔子卒後，儒分爲八，有漆雕氏之儒，又云「漆雕之議，不色撓，不目逃，行曲則違於臧獲，行直則怒於諸侯」，此亦非漆雕開明甚，孔叢僞託，不足據也。俞正燮謂即漆雕馮。攷漆雕馮見家語好生篇，説苑權謀篇又作漆雕馬人，二書無形殘之文。俞説亦不足據。刑、形字通，淮南子墬形訓「西方有形殘之尸」，宋本「形」亦作「刑」。**莫大焉。**畢云：「『莫』上當脱一字。」**夫爲弟子後生，**後生亦弟子也，耕柱篇「耕柱子遺十金於墨子，曰：後生不敢死」，又云「後生有反子墨子而反者」，並弟子之稱。**其師，**「其」上有脱字。**必脩其言，**脩，吴鈔本作「修」。**法其行，力不足、知弗及而後已。今孔某之行如此，儒士則可以疑矣。**

墨子閒詁卷十

經上第四十

畢云：「此翟自著，故號曰經，中亦無『子墨子曰』云云。按宋潛谿云：『上卷七篇號曰經，中卷、下卷六篇號曰論。』上卷七篇則自親士至三辯也。此經似反不在其數。然本書固稱經，詞亦最古，豈後人移其篇第與？唐、宋傳注亦無引此，故譌錯獨多，不可句讀也。」案：以下四篇皆名家言，又有算術及光學、重學之説，精眇簡奧，未易宣究。其堅白異同之辯，則與公孫龍書及莊子天下篇所述惠施之言相出入。莊子又云「相里勤之弟子五侯之徒，南方之墨者苦獲、已齒、鄧陵子之屬，俱誦墨經而倍譎不同，相謂別墨，以堅白同異之辯相訾，以觭偶不仵之辭相應」，莊子言即指此經。晉書魯勝傳注墨辯敍云「墨辯有上下經，經各有説，凡四篇，與其書衆篇連第，故獨存」，亦即此四篇也。莊子駢拇篇又云：「駢於辯者，纍瓦結繩竄句，遊心於堅白同異之間，而敝跬譽無用之言非乎？而楊墨是已。」據莊子所言，則似戰國之時墨家別傳之學，不盡墨子之本恉。畢謂翟所自著，攷之未審。凡經與説舊並旁行，兩截分讀，今本誤合并寫之，遂掍淆譌脱，益不可通。今別攷定，附著於後，而篇中則仍其舊。

故，所得而後成也。畢云：「說文云：『故，使為之也。』或與固同。事之固然，言已得成也。」案：此言「故」之為辭，凡事因得此而成彼之謂。墨子說與許義正同。畢疑「或與固同」，失之。張惠言云「故者，非性所生，得人為乃成」，尤誤。**止，**謂事歷久則止。**以久也。**畢云：「以同已。」張云：「止以久生。」案：畢說是也。**體，分於兼也。**周禮天官敘官鄭注云：「體猶分也。」說文秝部云：「兼，并也。」蓋并衆體則為兼，分之則為體。畢云：「孟子云『有聖人之一體』。」**必，**說文八部云：「必，分極也。」**不已也。**畢云：「言事必行。」**知，材也。**此言智之體也。畢云：「言材知。」張云：「知讀智。」俞云：「經說上曰：『知也者，所以知也。』所以知者，即智也。淮南子主術篇『任人之才，難以至治』，高誘注曰：『才，智也。』才與材通，才訓智，故智亦訓材。」**平，同高也。**詩小雅伐木鄭箋云：「平，齊等也。」畢云：「言上平。」陳澧云：「此即海島算經所謂兩表齊高也。又幾何原本云：『兩平行綫內，有兩平行方形，有兩三角形，若底等，則形亦等。』其理亦賅於此。」案：陳說是也。洪頤煊謂「高」當是「亭」之譌，非。**慮，**說文心部云：「慮，謀思也。」**求也。**畢云：「謀慮有求。」**同，長以𠙺相盡也。**盧文弨云：「𤴓，古文『正』，亦作『𠙺』。」畢云：「𠙺即正字。唐大周石刻『投心𠙺覺』，如此。」詒讓案：集韻四十五勁云：「正，唐武后作『𠙺』。」亦見唐岱岳觀碑。張云：「以，與也。長與正相盡，是較之而同。」陳云：「按幾何原本：有兩直線，一長一短，求於長線減去短線之度。其法以兩線同輳圜心，以短線為界作圜，與長線相交，即與短線等。此即所謂『以正相盡』也。云『以正』者，圜線與兩直線相交，皆成十字也。」**知，接也。**張云：「知讀如字。」案：張說是也。此言知覺之知。淮南子原道訓云：「感而後動，性之害也」；物至而神應，知之動也」；知與物接而好憎生焉。」畢云：「知以接物。」楊葆彝云：「莊子庚桑楚篇〔一〕：『知者，接也。』」**中，同長也。**畢云：「中孔四量如一。」張云「從中央量四角，長必如一。」俞云：「爾雅釋言：『齊，中也。』是中與齊同義，故以『同長』釋之。」陳云：「説云：『中，自是往，相若也。』按幾何原本云：『圜界至中心，作直線俱等。』」

𢜔，明也。𢜔，舊本譌「𢜔」，畢云「推己及人，故曰明」，張云「明於人己」，並非是。今從道藏本、吴鈔本作「𢜔」。顧云：「𢜔即智字。」案：顧説是也。此言知之用。周禮大司徒鄭注云：「知明於事。」**厚，有所大也。**張云：「大乃厚。」陳云：「説云：『厚，惟無所大。』按幾何原本云『面者，止有長有廣』，蓋面無厚薄。言厚必先有面之長、廣，故云『有所大也』。其説云『無所大』者，謂但言厚則無以見其長廣也。」案：陳説非是。此云「有所大」者，謂萬物始於有形，既有而積之，其厚不可極。説云「無所大」者，言無爲有之本，有因無生，則因無而積之，其厚亦不可極。此皆比儗推極之語。説與經辭若相反，而意實相成也。莊子天下篇「惠施曰：無厚，不可積也，其有千里」，釋文引司馬彪云：「物言形爲有，形之外爲無，無形與有形相爲表裏，故形物之厚，盡於無厚。無厚與有，同一體也，其有厚大者，其無厚亦大。高因廣立，有因無積，則其可積因不可積者，苟其可積，何但千里乎？」惠子語亦與此經略同。**仁，體愛也。**國語周語云「博愛於人爲仁」，説苑修文篇云「積愛爲仁」。張云：「以愛爲體。」**日中，**句。**𠙶南也。**經説上無説。「𠙶」亦「正」字。

〔一〕「庚桑楚篇」，原誤「庚桑篇」，據莊子補「楚」字。

中國處赤道北，故日中爲正南。張云：「日中則景正表南。」**義，利也。**左昭十年傳云：「義，利之本也。」孝經唐明皇注云：「利物爲義。」畢云：「易曰：『利者，義之和。』」**直，參也。**亦無説。畢云：「説文云：『直，正見也。』論語：『子曰：立則見其參于前。』」陳云：「此即海島算經所謂後表與前表參相直也。」**禮，敬也。**樂記云：「禮者，殊事合敬者也。」**圜，**句。**一中同長也。**畢云：「『一中』言孔也。量之四面同長。」張云：「立一爲中，而量之四面同長，則圜矣。」鄒伯奇云：「即幾何言圜面惟一心，圜界距心皆等之意。」陳云：「幾何原本云『圜之中處爲圜心』，一圜惟一心，無二心，故云『一中』也。『同長』，義見前。」劉嶽雲云：「此謂圜體自中心出徑綫，至周等長也。」**行，爲也。**經説上云：「志行，爲也。」**方，**句。**柱隅四讙也。**讙，吴鈔本作「驩」，疑皆「雜」之誤。吕氏春秋論人篇云「圜周復雜」，高注云：「雜猶帀。」淮南子詮言訓云「以數雜之壽」，高注云「雜，帀也。」周髀算經云「圓出於方」，趙爽注云：「方，周帀也。」周易乾鑿度鄭康成注云：「方者，徑一而帀四也。」此釋方形爲柱隅四雜者，謂方柱隅角四出，而方冪則四圍周帀，亦即算術方一周四之義。方周謂之雜，猶吕覽謂圜周爲雜矣。雜守篇云「塹再雜」，與此「四雜」義正同。説苑修文篇云：「如矩之三雜、規之三雜，周則又始，窮則反本也。」彼云「矩三雜」疑當作「矩四雜」，古書「三」、「四」字積畫，多互譌。畢云：「『讙』疑『維』字。」張云：「讙亦合也。」劉嶽雲云：「此謂方體四維皆有隅，等面、等邊、等角也。」案：畢、張、劉説似並未塙。淮南子天文訓高注云「四角爲維」，若作「維」，則與「柱隅」義複，不若「四雜」之切也。**實，榮也。**畢云：「實至則名榮。」**倍，爲二也。**畢云：「倍之是爲二。」楊云：「即加一倍算法。」**忠，以爲利而强低也。**畢云：

「言以利人爲志而能自下。」張云：「『低』當作『氐』。氐，根也，詩曰『維周之氐』。」案：畢、張説並非也。「低」疑當爲「君」，「君」與「氐」篆書相似，因而致誤，「氐」復誤爲「低」耳。忠爲利君，與下文孝爲利親文義正相對。荀子臣道篇云「逆命而利君謂之忠」，又云「有能比智同〔一〕力，率羣臣百吏而相與彊君撟君，君雖不安，不能不聽，遂以解國之大患，除國之大害，成於尊君安國，謂之輔」。案此云「彊君」，與荀子義同。「以爲利」，即解大患、除大害、尊君安國之事也。

端，體之無序而最前者也。畢云：「序，言次序。説文云：『耑，物初生之題也。』」張云：「無序，謂無與爲次序。」王引之云：「『序』當爲『厚』，經説上云『端。仳，兩有端而后可。次，無厚而后可。』是其證也。無厚者，不厚也。訓端以無厚者，凡物之見端，其形皆甚微也。『厚』與『序』隸書相似而誤，説見非攻下篇。」陳云：「説云：『端，是無同也。』按『端』即西法所謂點也。『體之無序』即西法所謂線也。『序』如東序西序之序，猶言兩旁也。幾何原本云『線有長無廣』，無廣是無兩旁也。又云『線之界是點』，點是線之盡處，是最前也。又云『直線止有兩端，兩端之間上下更無一點』，是無同也。」案：諸説不同，王説義據最精，而與説不甚相應。經説上〔二〕「仳，兩有端而后可」二句，則非此經之説，無從質定。依畢、張説，則「序」當爲「敘」之叚字，謂端最在前，無與相次敘者，故説云「端，是無同也」，似與説義尤合。魯勝墨辯敘云「名必有分明，分明莫如有無，故有無序之辯」，蓋即指此文，是晉時所傳墨子亦作「無序」。兩義未知孰是，姑

〔一〕「同」字原脱，據荀子臣道補。
〔二〕「上」，原誤「下」，據本書改。

並存之。陳以點釋端，甚精，而訓序爲旁，則亦未得其義。**孝，利親也。**賈子道術篇云：「子愛利親謂之孝。」**有閒，中也。**畢云：「閒隙是二者之中。」陳云：「説云：『有閒，謂夾之者也。』『閒』，謂夾者也。按幾何原本云『直線相遇作角，爲直線角』，又云『在多界之閒爲形』，皆是有閒也，線與界夾之也。」**信，言合於意也。**言言與意相合，無僞飾。張云：「不欺其志。」**閒，不及旁也。**閒，謂中空者，即上「有閒，中也」之義。張云：「不及於旁，謂隙中。」畢云「言閒僕」，誤。**佴，自作也。**畢云：「説文云：『佴，佽也。』此云『自作』，未詳也。」俞云：「『作』疑『佐』字之誤。爾雅釋言：『佴，貳也。』佐與貳義相近。『作』、『佐』形似，又涉下文有三『作』字，故誤耳。」案：「作」疑當作「仳」。經説上有「仳」字，即「比」之借字。佴、比並訓次。言自相次比，是謂之佴。説云「與人、遇人，衆循」，即相次比之意也。節葬下篇云「佴乎祭祀」，亦次比之義。俞説未塙。**纑，閒虛也。**盧云：「纑猶墳壚之壚。」王引之云：「盧説非也。纑乃櫨之借字。經説上云『纑，閒虛也者，兩木之閒，謂其無木者也』，則其字當作『櫨』。衆經音義卷一引三倉云：『櫨，柱上方木也。』櫨以木爲之，兩櫨之閒則無木，故曰『櫨，閒虛也者，兩木之閒，謂其無木者也』。」陳云：「按九章算術劉徽注云『凡廣從相乘謂之冪』，即此所謂『纑』也。又海島算經云『以表高乘表閒』，李淳風云『前後表相去爲表閒』，即所謂兩木之閒無木者。」案：王、陳二説不同，王説近是。「纑」、「櫨」同聲叚借字。文選魏都賦李注引説文云「欂櫨，柱上枅也」，禮記明堂位鄭注作「欂盧」。釋名釋宮室云：「櫨〔二〕在柱端，如都盧負屋之重也。」欂櫨單舉之則曰櫨。淮南子主術訓云「短者以爲朱儒枅櫨」。**誚，**畢云：「字書無此字。」詒讓案：孟子「睊睊胥讒」，孫奭音義云：「睊，一作誚。」「誚」、

〔二〕「櫨」，原誤「盧」，據釋名釋宮室改。

「睊」、「狷」並同聲假借字。**作嗛也。**洪云：「字書無睊字，當與涓字同義。說文：『涓，小流也。』故此云『作嗛』也。『嗛』即慊字。」案：「睊」當爲「狷」之借字，字又作「獧」。論語云：「狷者，有所不爲也。」故經說上云：「爲是之詒彼也，弗爲也。」狷，孟子作「獧」，同。作「嗛」者，國語魏策高注云：「嗛，快也。」言狷者絜己心自快足。嗛，古或借「謙」、「慊」爲之。大學「自謙」，鄭注云：「謙讀爲慊。慊之言厭也。」洪以睊爲涓，非。讀嗛爲慊，則於義可通，然非厭足之本字也。

盈，莫不有也。廣雅釋詁云：「盈，滿也。」**廉，作非也。**畢云：「廉察之廉。作與狙聲近，言狙伺。」案：「廉，作非」與上文「睊，作嗛」文例同，則不當如畢讀。「廉」疑當作「慊」。慊，恨也。作非，謂所爲不必無非。故說云：「己惟爲之，知其𢜔也。」**堅白，不相外也。**此即公孫龍堅白石之喻。不相外，言同體也，詳經說上。**令，不爲所作也。**畢云：「言使人爲之，不自作。」**攖，相得也。**莊子大宗師釋文引崔譔云：「攖，有所繫著也。」畢云：「玉篇云：『攖，結也。』」楊云：「攖，引也。幾何原本所謂線相遇也。」案：楊說亦通。**任，士損己而益所爲也。**畢云：「謂任俠。說文云：『甹，俠也。三輔謂輕財者爲甹。』甹與任同。」**似，有以相攖，有不相攖也。**「似」當依說作「仳」，形近而誤。仳與比通，言相合比者有相攖，相次比者不相攖。故下文云：「次，無閒而不相攖也。」**勇，志之所以敢也。**賈子道術篇云：「持節不恐謂之勇。」畢云：「敢決。」張云：「志得勇乃敢。」**次，無閒而不攖攖也。**張云：「『攖』衍字。無閒乃得不相攖而相次。」案：「攖攖」當作「相攖」，非衍文。言兩物相次，則中無閒隙，然不相連合，故云「不相攖也」。**力，刑之所以奮也。**畢云：「刑同形，言奮身是强力。」張云：「形以力奮。」**法，所若而然也。**荀子不苟篇楊注云：「法，效也。」畢云：「若，順。言有成法可從。」張云：「若，如。」**生，刑與知處也。**畢云：「刑同形，言人處世惟形體與知識。」張云：「形體有知，是生也。」案：此言形體與知識合并同居則生，畢、張説並未憭。**佴，所然也。**吴鈔本無「然」字。畢云：「然猶順，佴之言貳，或爲尒字假音。説文云：『尒，必然也。』」案：爾雅釋言云「佴，貳也」，郭注云：「佴次爲副貳。」次貳與順義近。畢疑爲尒之假音，則非。**卧，知無知也。**畢云：「卧而夢，似知也，而不可爲知。」案：「知」即上「生，形與知處」之「知」，言知識存而卧時則無知也。畢謂夢知，則失之。**説，所以明也。**經説上無説。説文言部云：「説，説釋也。一曰談説。」謂談説所以明其意義。畢云：「解説。」**夢，卧而以爲然也。**説文云：「寢，寐而有覺也。」「夢，不明也。」經典通叚「夢」爲「寢」。畢云：「言夢中所知，以爲實然。」**攸不可，**爾雅釋言云：「攸，所也。」然説無攸義。楊云：「攸，經説作『彼』。」張云：「『攸』當爲『彼』。」案：張校是也。下文「辯，爭彼也」，「彼」今本亦或作「攸」，是其證。**兩不可也。**言既有彼之不可，即有此之不可，是彼此兩皆不可也。**平，**句。**知無欲惡也。**説文兮部云：「平，正也。」謂欲惡兩忘。**辯，爭彼也。**彼，吴鈔本作「攸」。**辯勝，**畢云：「讀如勝負。」**當也。**畢云：「讀如『當意』。」**利，所得而喜也。**畢云「謂夢所見」，誤。**爲，**句。**窮知而縣於欲也。**畢云：「言知之所到而欲爲。縣同懸。」張云：「縣猶繫也。爲必由知，而爲之則繫於欲。」案：此言爲否決於知，而人爲欲所縣係，則知有時而窮。義詳經説上。畢、張説未析。**害，所得而惡也。已，**句。**成、亡。**張云：「『已』有二義。」**治，求得也。**畢云：「言事既治，所求得。」**使，**句。**謂、故。**謂，吴鈔本作「爲」，非。張云：「『使』有二義。」畢云：「説文云：『故，使爲之也。』」**譽，明美也。**國語晉語韋注云：「明，箸也。」言箸人之善。**名，**句。**達、類、私。**張云：「『名』有三義。」**誹，明惡也。謂，**句。**移、舉、加。**張云：

「『謂』有三義。」舉，擬實也。說文手部云：「擬，度也。」謂量度其實而言之。張云：「以名擬實。」知，句。聞、說、親。畢云：「『聞』舊作『閒』，據經說上改。」案：言「知」有此三義。名、實、合、爲。四者言異而義相因。張并上爲一經，云「知有三，聞一，說二，親三，皆合名實而成於爲」，恐未塙。言，出舉也。謂舉實而出之口。張云：「言出名實。」聞，句。傳、親。傳，道藏本、吳鈔本並誤作「博」。張云：「『聞』有二。」且，畢云：「舊衍一『且』字，以意刪。」言然也。見，句。體、盡。張云：「『見』有二。」鈕樹玉云「疑當『見體』爲句」，失之。君、臣、萌，畢云：「疑同『名』，或同『氓』。」鈕云：「萌即氓字，上文已婁見。」案：鈕說是也，詳尚賢上篇。通約也。謂尊卑上下等差不一，通而約之，不過此三名。故說云「君以若名者也」。張云「君所以約臣民」，疑非。合，句。缶、宜、必。張云：「『合』有三。」功，利民也。欲缶權利，且惡缶權害。大取篇云：「於所體之中而權輕重之謂權。權非爲是也，亦非爲非也。權，正也。斷指以存擘，利之中取大，害之中取小也。」「且」字疑衍。賞，上報下之功也。爲，句。存、亡、易、蕩、治、化。張云：「『爲』有六。」罪，犯禁也。同，句。重、體、合、類。張云：「『同』有四。」罰，上報下之罪也。異，句。二、不體、不合、不類。舊本「體」上脱「不」字，今依畢校補。吳鈔本亦不脱。張云：「『異』有四。」同，說作「侗」，通。異而俱於之一也。之一，猶言是一。謂合衆異爲一。同異交得，謂言語同異，各得其義。放有無。張云：「『放』疑『於』字之誤。有無相交則得同異。」案：張說非是。「放」疑當爲「知」。說云「恕有無」，「恕」當爲「𢛁」之譌，知、𢛁字同。久，句。彌異時也。王云：「彌，偏也。」畢云「言不易其時，故曰久」，非。宇，句。彌異所也。舊本「宇」誤「守」。畢云：「言不移其所，故曰守。」王引之云：

「畢說非是。案『守』當爲『宇』，字形相似而誤。彌，偏也。宇者，偏乎異所之稱也。經說上解此云『宇，東、西、南、北』，東西南北可謂異所矣，而偏乎東西南北則謂之宇，故曰：『宇，彌異所也。』高誘注淮南原道篇云：『四方上下曰宇。』蔡邕注典引云『四表曰宇』，四表即東西南北也。」案：王說是也，今據正。聞，耳之聰也。經說上無說，疑有缺佚。窮，句。或有前，不容尺也。有前，謂有端也。經說上云「尺前於區穴而後於端」，蓋以布幅爲喻，自端至尺爲半，不容尺，謂不及半，明其易窮也。循所聞而得其意，畢云：「循，猶云從。」心之察也。無說。畢云：「『之』舊作『也』，據下文改。」盡，句。莫不然也。言，口之利也。無說。始，當時也。執所言而意得見，心之辯也。無說。說文言部云：「辯，治也。」化，句。徵易也。楊云：「驗其變易也。」張云「徵之言轉」，未塙。諾，不一，利用。謂辭氣不同，於用各有所宜，若說所云五諾也。損，說文手部云：「損，減也。」偏去也。畢云：「言損是去其半。」服執說。音利。畢云：「『音利』二字舊注，未詳其義。」詒讓案：說文言部云：「說，言相說伺也。」唐韻音女加切，與利音絕遠。集韻六至利紐下亦不收此字。惟十二霽有說字，音研計切，伺也。類篇言部又引埤倉云「詁說，言不同也，居佳切」，並與利音不相應。攷說釋此文云「執服難成，言務成之，九則求執之」，以相推校，疑「音利」當作「言利」，二字本是正文，誤作小注。說「九」或即「說」之壞字。求執，即說文所謂「言相說伺也」。傳寫舛誤，改「言利」二字爲小注，校者不憭，又改「言」爲「音」，緟悂貤謬，遂不可究詰矣。服，謂言相從而不執。執，謂言相持而不服。說，則不服不執，而相伺，若鬼谷子所謂抵巇者。三者辭義不同而皆利於用。上文云「言，口之利也」，又云「諾，不一，利用」。此以「服執說」爲言之利，與彼義蓋略同。巧轉則求其故。「轉」當爲「傳」，聲同字通。說云「觀巧傳法」是也。故，謂舊所傳法式。國語齊語云「工相語以事，相示以巧」，考工記云「知者創物，巧者述之」。傳法求故，即所謂述也。此與下文「法同則觀其同，法異則觀其宜」句法正同，說亦并爲一條釋之。畢、張讀「巧轉」爲句，「則求其故大益」爲句，並繆。**大益。**無說，未詳其義。此與前云「損，偏去也」損益義似正相對，疑謂凡體損之則小，益之則大也。以旁行句讀次第校之，疑當在「巧轉則求其故」句上，錯箸於此，而又佚其說耳。**儇，稘秪。**吴鈔本作「祇」。畢云：「稘，經說上作『昫』。」詒讓案：當爲「環俱柢」，皆聲之誤。俱，說作「昫」，音亦相近。秪，說作「民」，當作「氏」，即「柢」之省。爾雅釋言云：「柢，本也。」毛詩節南山傳云：「氐，本。」是二字義同。凡物有耑則有本，環之爲物，旋轉無耑，若互相爲本，故曰「俱柢」。**法同則觀其同。**禮記少儀云：「工依於法。」**庫，**盧云：「『庫』疑『庳』，與『障』同。見下文。」**易也。**洪云：「『易』當是『物』字之譌。庫者，物所藏也。」案：此當從盧校作「庳」。經說下「景庳」，字亦誤「庫」，可證。但說無「易」，義未詳。洪說緣誤爲訓，不足據。**法異則觀其宜。**句。**動，**句。**或從也。**「從」當作「徙」。經下篇云「宇或徙」，此與彼文義正同。彼「徙」字今本亦譌爲「從」，可證。說文辵部云：「徙，迻也。」「或」當爲「域」之正字。或徙，言人物迻其故所處之地域，是動之理也。詳經下。**止，**句。**因以別道。**謂道有宜止者，有不宜止者，因事以別也。與經下「止，類以行之」義亦略同。張云：「此句文法特與下篇首句相偶，疑下篇錯簡。」案：張說未塙。**讀此書旁行。**張云：「此舉例，下篇讀亦旁行。」**缶無非。**畢云：「說文云：『非，違也，从飛下翄，取其相背。』言此篇當旁行讀之，即正讀亦無背於文義也。此篇舊或每句兩截分寫，如新考定本。故云旁行可讀。」楊云：「『缶無非』三字經文。」案：楊說是也，畢釋「無非」爲無背之義，非是。「缶無非」，謂聖人以正道，有所非與無所非同。說云「若聖人有非而不非」，即釋此經，可證。惟「讀此書旁行」五字，爲後人校書者附記篇末，傳寫者誤羼入正文，又移箸於「缶無非」三字之上，而其義遂莫能通矣。又案此經云「正無非」，說則云「聖人不非」，義雖可通，而「正」、「聖」二文究不甚合。竊疑此「正」亦當作「聖」。集韻四十五勁云「聖，唐武后作『𨲢』」，今所見唐岱岳觀碑則作「𨲢」，蓋从長从𠙻〔二〕从王，「𠙻」即「正」也，集韻字形微譌。此書「正」字皆用武后所製作「𠙻」，此「聖」字或亦本作「𨲢」，壞脱僅存「𠙻」形耳。惟説語簡略，無可質證，附識於此，俟通學詳定焉。

經下第四十一

止，句。**類以行人，**説云：「止，彼以此其然也，説是其然也；我以此其不然也，疑是其然也。」則是言辭相執拒之意，不當言「行人」。疑「人」當作「之」。「類以行之」，謂以然不定其是非，可以類推，所謂同也。楊云：「小取篇：『夫辭，以類行者也。』」**説在同。**此亦取類推之義。經説上云：「有以同，類同也。」**所存與者，**張云：「『與』下脱『存』字。」案：張校是也。説云：「室堂，所存也；某子，存者也。」**於存與孰存。**下有脱文。**駟異説，**顧云：「當云『説在異』，與『説在同』對文，而句多譌脱。」張云：「『駟』衍，『異説』下脱，疑當云『説在主』。」案：依顧、張説，則此當屬上「所存」以下爲一經，楊讀則以此爲下經發端語，三説未知孰是。但此經不必與「説在同」對文，顧校恐非。依説，似楊讀近是。「駟」疑當爲「四足牛馬」，四字譌脱合并爲一字。説云「謂四足獸與牛馬與」，謂與説義同。**推類之難，**言「四足獸」爲總名，而獸各自有散名，不能以類推也。**説在之大小。**「之」上疑脱「名」字。凡總名爲大，散名爲小，詳

〔二〕「𠙻」，原誤「正」，據活字本改。

經說下。顧讀「之」字句，亦非。**五行毋常勝，**張云：「毋，無也。」**說在宜。**言視其生克之宜。**物盡同名，**物猶事也，謂意異而辭同。張讀「物盡」屬上，誤。**二與鬬，**句。**愛，食與招，**句。**白與視，**吴鈔本作「二」。**麗與，**顧云：「據說，似當有『暴』字。」**夫與履。**說作「屨」，義同。張云：「同名之類有此十者。」案：當云十一者，義詳經說下。**一，**句。**偏棄之。**棄，吴鈔本作「弃」。經說下作「偏去」，與此下文及經上合。去、棄義同。謂凡物或分析一體爲二，或絫比兩一爲二，皆可去其一偏。對下「不可偏去而二」爲文。**謂而固是也，說在因。**說無「因」義，「因」蓋與「固是」義同。公孫龍子堅白篇云「離也者，因是。力與知果，不若因是」，莊子齊物論篇云「因是因非，因非因是」。此云「固是」，猶言因是矣。或「固」當爲「因」之誤。畢讀「固」字句斷，云「言固陋」，失之。**不可偏去而二，**凡物有二斯有偏，有偏必可去其一，而體性相合者，則雖二而不可偏去，若下所云是也。**說在見與俱、**說文人部云：「俱，偕也。」經上云：「同，異而俱於之一也。」又經說上釋「俱」爲「合同」，並與此義合。言所見者爲一，所含而不見者又爲一，此皆名有二而不可偏去者也。即說堅白見不見之義。**一與二、**即說白一堅二色性同體者也。**廣與脩。**脩，舊誤作「循」。俞云：「『循』乃『脩』字之誤，蓋以『廣』、『脩』相對爲文，隸書『脩』與『循』相似。經說下篇『廣循堅白』，『循』亦『脩』之誤。『廣脩』與『堅白』皆二字平列。」案：俞校是也，今據正。此言若平方之冪，有廣有脩，二者異名而數度相函，則二而仍一也。**無欲惡之爲益損也，說在宜。**經上云「平，知無欲惡也」，說釋以惔然。蓋謂淡泊無所愛憎於人，己或益或損，隨宜無定。或疑「爲益損」當作「無益損」。張云「欲惡去之，有益有損，視其所宜」，亦通。**不能而不害，說在害。**經說下有說，而義多難通，大意似謂凡事有害於人者，不能不足爲害。**損而不害，說在**

餘。說文食部云：「餘，饒也。」謂物饒多，則損之爲宜。**異類不吡，**吳鈔本作「吡」。此當與經說上篇「仳」字聲義同。畢云：「說文無此字，玉篇云：『吡，呲必切，鳴吡吡。』」案：畢引玉篇，非此義。**說在量。**量，謂量度其理數之異同。**知而不以五路，說在久。**未詳。**偏去莫加少，**去猶言相離。謂均分一體爲二，是爲兩偏，然與其合時體多少無增減。**說在故。**言如故，即說云「無變」也。**必熱，**依說疑當作「火不熱」。火、必形近而誤，又脫「不」字耳。莊子天下篇亦有此文。**說在頓。**說無「頓」義。疑當作「覩」。說文目部云：「睹，見也。古文作『覩』。」說云：「以目見火，若以火見。火，謂火熱也，非以火之熱。」大意謂目中所見者火之光，不見其熱也。**假必誖，**說文人部云：「假，非真也。」又言部云：「誖，亂也。或作『悖』。」**說在不然。**說云「假必非也」，誖與非義同。正者爲是，則假者爲非，「非」即「不然」也。張云：「假者必誖，以其本不然也。」**知其所以不知，說在以名取。**張云：「名所知，而取於不知之中，則知不知。」**物之所以然，**句。**與所以知之，**句。**與所以使人知之，**句。**不必同，說在病。**說云：「物，或傷之，然也。」病與傷義同。**無不必待有，**句。**說在所謂。**言所謂不同。張云：「有有而無，有無而無，視其所謂。」**疑，**謂不可必。**說在逢、**句。**循、**句。**遇、**句。**過。**言疑含此四義。**擢慮不疑，**「擢」當作「攉」，形近而誤，亦作「榷」。廣雅釋訓云：「揚攉、嫴榷，無慮，都凡也。」凡古書言大略計算者，重言之曰揚攉、嫴榷、無慮；單言之則曰榷、曰慮。文選左思魏都賦云「榷惟庸蜀，與鴝鵒同巢」，荀子議兵篇云「慮率用賞慶、刑罰、埶詐而已矣」，楊注云：「慮，大凡也。」此又合兩文言之曰「攉慮」，其義一也。**說在有無。**謂約計其大數。**合與一，**句。**或復否，說在拒。**張云：「或可合而一，或不可合而一，當拒其不合以爲合。」案：依張說，則相拒即不合，所謂否也。或云「拒」當爲「矩」，後文云「一法者之相與也盡類，若方之相合也，說在方」，矩與方義同，亦通。說無，疑有闕佚。**且然，**句。**不可正，而不害用工，**工與功古字通用，工猶言從事也。「且然」者，將然而未然，不能質定，故不可正，而因時乘勢，正可從事，故不害用工。孟子公孫丑篇云「必有事焉，而勿正」，「勿正」猶此云「不可正」，「有事」猶此云「用工」。孟子語意與此正同，趙岐注殊不了。**說在宜歐。**張云：「且然之事不可以爲正，而可用力，當審其宜。」案：張讀「說在宜」句，而以「歐」屬下「物一體也」爲句，楊讀同。今攷兩章說皆無「宜歐」義，張、楊讀未知是否。歐，吴鈔本作「敺」，以字形校之，與後文「寡區」頗相近，然義亦難通。且彼論鑒景，與此文亦不相應也。竊疑此當作「害區」。害與蓋通，爾雅釋言「蓋、割，裂〔二〕也」，釋文引舍人本「蓋」作「害」，是其證。荀子大略篇云「言之信者，在乎區蓋之間」，漢書儒林傳云「疑者丘蓋不言」，蘇林注云：「丘蓋不言，不知之意也。」案丘、區古音相近，見曲禮鄭注。區蓋者，當爲疑信相參，疏略不盡之謂。韓詩外傳云「殖盡於己，而區略於人」，區蓋猶區略也。此釋「且然」爲「害區」者，即荀子之「區蓋」，亦即「不可正」之義。經典凡言姑且、苟且者，並謂粗略不精。詩邶風泉水鄭箋亦云：「聊，且略之辭。」**物一體也，**張以「歐物」連讀，云：「『歐』或誤或衍。」案：若如張讀，則疑當爲「數物」之誤。說有「數牛」、「數馬」、「數指」之文，或其義與？**說在俱一、惟是。**「惟」當作「唯」。經上云：「同，異而俱於之一也。」「唯是」者，謂物名類相符，則此呼彼應而是也。說云「唯是，當牛馬」，即此義，詳經說下。張云：「知俱則物一體矣。俱一，分也。惟是，合也。」

〔二〕「裂」，原誤「烈」，據爾雅釋言改。

案：「俱一」爲合，「惟是」爲分，張說失之。均之絕不，吳鈔本作「否」，古通用。說在所均。謂均其縣，則將絕而不絕也。說云：「均，其絕也莫絕。」張云：「均者不絕，視其所均。」楊云：「列子『公子牟曰：髮引千鈞，勢至等也』。」宇或徙，畢云：「舊作『從』，以意改。」詒讓案：說文戈部云：「或，邦也。」或从土作「域」。此即邦域正字，亦此書古字之一也。徙者，言宇之方位轉徙不常，屢遷而無窮也。經說下云：「或，知是之非此也，又知是之不在此也，然而謂此南北，過而以已爲然。」此云「徙」，即「不在是」及「過而以已爲然」之義。說在長宇久。謂宇長行之必久，後文云「行脩以久」，脩即長也。堯之義也，生於今而處於古，「生於今」與「處於古」義迕，「生」疑當作「任」，形近而誤。說云「舉友富商也，是以名示人也」，任與舉義同。言於今舉堯之義。說下又云「在堯善治，自今在諸古也」，「在」疑亦「任」之誤。而異時，古今異時。說在所義。說云「所義之實處於古」。二二謂二人，張以此字屬上「說在所義」爲句，云「二，名實」，疑非。臨鑑而立，句。景到，畢云：「即今『影倒』字正文。」鄒伯奇云：「謂窪鏡也。」案：畢、鄒說是也。說文日部云：「景，光也。」大戴禮記曾子天圓篇云：「故火日外景，而金水内景。」蓋凡發光、含明及光所照物蔽而成陰，三者通謂之景。古無玻璃，凡鑑皆以金爲之，此所論即内景也。到者，所謂格術。沈括夢溪筆談云：「陽燧照物，迫之則正，漸遠則無所見，過此則倒，中間有礙故也。如人搖艣，臬爲之礙，本末相格，算家謂之格術。」鄭復光鏡鏡詅癡云：「光線自闊而狹，名約行線。約行線愈引愈狹，必交合爲一而成角，名交角線。兩物相射，約行線自此至彼，若中有物隔，則約行線至所隔之物而止。設隔處有孔，則射線穿孔約行，不至彼物不止。如彼物甚遠，則約行必交，穿交而過，則此之上邊必反射彼下邊，此之左邊必反射彼右邊者，勢也。能無成倒影乎？搭影倒垂，此其理也。」多而若少，張云：「若，如也。」劉嶽雲云：「此爲凹面回光鏡也。凸面透光鏡亦能令景顛倒。考工記『金錫相和謂之鑑燧之劑』，據此，古無透光鏡，知爲凹面回光鏡矣。依光學理，置一物於凹鏡中心以外，即於凹鏡中心與聚光點之閒，成物顛倒之形象，但較之實形稍小。若以此物置於凹鏡中心與聚光點之閒，即在中心以外，亦成物顛倒之形，但較之實形稍大。此言『多而若少』，與較實形稍小之款合，是以知人必立於凹鏡中心以外也。」畢云「若猶順」，疑誤。**說在寡區。**張云：「區，所也。鑑之區甚寡。」案：張說未知是否。說亦無「寡區」義。竊疑當作「空區」，與經說上「區穴」義同。謂鏡中窪如空穴。考工記梟氏鄭注云「隧在鼓中窐而生光，有似夫隧」，是古陽遂即窐鏡也。經說下此條之說在下文「住景二」，說在重」之後，與此敘次不合，疑傳寫移易，非其舊也。**狗，犬也，**說文犬部云：「犬，狗之有縣蹏者也。」「狗，孔子曰：狗，叩也，叩氣吠以守。」爾雅釋畜云：「犬未成豪，狗。」此疑同爾雅義，謂同物而大小異名。**而殺狗非殺犬也，可，**莊子天下篇「辯者曰：狗非犬」，即此義。畢讀「非」字句，失之。成玄英莊子疏引此作「然狗非犬也」，非元文。莊子釋文司馬彪云：「狗犬同實異名，名實合，則彼所謂狗，此所謂犬也；名實離，則所謂狗異於犬也。」張云：「既謂殺狗，即非殺犬。」**說在重。**經說上云：「二名一實，重同也。」**鑑位，**畢云：「當云『鑑立』，古位、立字通。」王云：「上文云『臨鑑而立』，此亦當云『臨鑑立』。」**景一小而易，一大而缶，說在中之外內。**景舊本譌「量」。張屬上讀，云：「以鑑之位量景。易，衺也。中之內，正臨鑑景起中也；中之外，側臨鑑景起外也。『一』之言或也。」王引之云：「『量』當作『景』，字相似而誤也。經說下言『鑑』、言『景』、言『易』、言『正』，竝與此同，是其證。」俞云：「易讀爲施。詩何人斯篇『我心易也』，釋文曰『易，韓詩作施』，戰國韓策『易三川而歸』，史記韓世家作『施三川』，是易與施古字通。施者，邪也。淮南子要略篇『接徑直施』，高注曰：『施，邪也。』孟子離婁篇『施從良人之所之』，趙注曰：『施者，邪施而行。』丁公著音池。說文辵部：「『迆，衺行也。』是『迆』正字，『施』叚字，此作『易』者，又其叚字也。『一小而易』猶言『一小而邪』，與『一大而缶』相對爲文。經說下篇『木柂，景短大；木正，景長小』，以柂與正對，即其例也。」案：王、俞說是也，今據正。張讀非是。經說下此條之說在下文「景之小大，說在地正遠近」之後，與此敍次亦不合，蓋傳寫移易，非其舊。**使，殷、美，**殷，說作「殿」。**說在使。**張云：「『殷』當爲『殿』。殿，下也，不美之名，亦有時而美，若軍後曰殿也。在使之異。」案：張說迂曲，恐非。**鑑團，景一。**無說。說文口部云：「團，圜也。」蓋謂鑑正圜則光聚於一。夢溪筆談云：「陽遂向日照之，則光聚向內，離鏡一二寸聚爲一點，著物火發。」此與下文「不堅白」文義不相屬，當自爲一經，亦似尚有闕文。**不堅白，說在。**張云：「此有脫。」案：張并上「鑑團，景一」爲一經，非是。說似并入下「無久與宇，堅白，說在因」章釋之。下文「荆之大」別爲一經，與此不相冢也。**荆之大，其沈淺也，說在具。**「沈」當爲「沆」。具，說作「貝」，並當爲「有」，皆形之誤。沆，謂澤也。呂氏春秋先己篇云「夏后伯啟曰：吾地不淺」，高注云：「淺，褊也。」言荆地廣大，而其國所有之沆澤，則不害其褊淺，故云「說在有」。莊子天下篇「辯者曰：郢有天下」，與此意異而辭可相證，義互詳經說下。**無久與宇，堅白，說在因。**說無「久宇」及「因」，義未詳。張移箸前「宇或徙，說在長宇久」後。又云「無久者與長久者相爲堅白」，恐非。**以檻爲摶，**楊云：「經說作『楹』。」詒讓案：「檻」當爲「楹」。摶，道藏本作「慱」，吳鈔本作「博」，並非。以義攷之，「摶」蓋謂束木。備城門篇云：「疏束樹木，令足以爲柴摶。」楹，一大木所成；摶則合衆小木爲之。今以楹之大爲摶之小，其類不相當，故云「無知」。**於以爲無知也，說在意。**「意」即意度也。言意度之，而不識楹與摶之大小不相當，是爲無知。**在諸其所然、未者然，**說云：「在堯善治，自今在諸古也。自古在之今，則堯不能治也。」「在」疑當作「任」。「所然」謂所已然，即謂自今任諸古也。「未者然」疑當作「諸未然」，即所謂自古任諸今也。古書「諸」或作「者」，聲之省也。「者未然」上亦尚有脫字，今無從校補。**說在於是推之。**說無「推」義。末二字或當在上文，作「推之諸未然」。又疑當屬下讀，則「推」爲「椎」之誤，下章說云「段椎錐俱事於履，可用也」是也。但椎之意義亦難通，疑未能明，不敢肊定。**意未可知，**此與下文不相屬，說亦無此義。或當別爲一經而脫其半，下經又脫其發端語，遂并爲一與？**說在可用、過仵。**畢云：「即『午』字異文。玉篇云『仵，古吳切，偶敵也』，非此義。」案：「過」當爲「遇」，形近而誤。莊子天下篇「觭偶不仵」，釋文：「仵音誤，徐音五，同也。」集韻十姥云：「仵，偶也。」此「仵」當即「啎」之異文。說文午部云：「午，啎也；啎，逆也。」廣雅釋言云：「午，仵也。」漢書天文志云「遻布於午」，仵、啎與遻義並同。遇仵，猶言遇遻也。「可用遇仵」，並見說，義詳彼。畢、孫、王、楊皆讀「過仵」屬下「景不徙」爲句，與說不合，不可從。**景不徙，說在改爲。**徙，舊本譌「從」。王引之云：「『從』當爲『徙』。徙，移也。列子仲尼篇『景不移者，說在改也』，張湛注云『影改而更生，非向之景』，引墨子曰『景不移，說在改爲也』，是其證。」案：王校是也，今據正。此景謂日光所照光蔽成陰。莊子天下篇云「飛鳥之景未嘗動也」，釋文引司馬彪云「鳥動影生，影生光亡，亡非往，生非來。墨子曰：影不徙也」，正作「徙」，可以據校。以此經及莊、列、張、馬諸說綜合論之，大意蓋謂景必亡而更生，始有更改，若其不亡，則景常在，後景即前景，無所改易。故說云「光至景亡，若在，盡古息」，「息」即「不徙」之義也。**一少於二，而多於五，**俞云：「數至於十則復爲一，故『多於五』。經說下篇曰：『一，五有一焉，一有五焉。』五有一者，一二三四之一也；一有五者，一十、一百之一也。」**說在建。**張云：「建一爲端，則一爲十，是『多於五』。」詒讓案：説無「建」義，疑當作「進」，即算位之二五進一十也。**住景二**，「住」疑當作「位」，與立字同。見上文。**説在重。**張云：「住，止也。一止而二景，以鑑之重也。」案：張説未塙。説云「二光夾一光」，則當爲回光之義。或謂「重」指二景重累，即光學家所謂光複淺深義，亦通，而與説不相應，恐非。**非半弗𣃔**，畢云：「玉篇云：『𣃔，知略切，破也。』」盧云：『非此義。此當與斫斮義同。』沅案：『𣃔』即『斮』字異文耳。」楊云：「『𣃔』同『櫡』。」案：楊説是也。集韻十八藥云：「櫡，説文『斫謂之櫡』，或从斤作『𣃔』。」此「𣃔」即「𣃔」之變體，舊本作「𣃔」，譌。𣃔、斫同詁，與斮音義亦略同，而字則異。畢説未審。**則不動，説在端。**若盡其端，則無半可言，是終古不能𣃔也，故云「不動」。**景到，在午有端與景長，説在端。**説云：「足敝下光，故成景於上；首敝上光，故成景於下。在遠近有端與於光，故景庫内也。」此即光學所謂約行線由侈而斂，交聚成點，端即點也。張云：「午，交午也。」劉云：「古者橫直交互謂之午，儀禮『度而午』，注云『一縱一橫曰午』是也。其形爲㐅，㐅者光線之交點。」案：張、劉訓午爲交點，是也。凡約行線中有物隔，則光線必交，穿交而過，則成倒景。「在午有端與景長」，「長」謂線，對「端」爲點而言。謂凡光在交聚成點之時，則有礙於光線之行，故穿交而景到也。鄒伯奇格術補云「密室小孔，漏光必成倒景。雲鳥東飛，其影西逝」，又云「日無數光點俱射入小孔中，是爲光線交，過孔則侈而至地，遂成日體之影」，皆可證此書之義。**可無也**，言凡有者必可無。**有之而不可去，説在嘗然。**「嘗然」者，今雖無而實爲昔之所有，故云「不可去」。張云：「本可無也，嘗有之，則不可去。」**景迎日，説在摶。**説云「景，日之光反燭人，則景在日與人之間」，「迎日」即回光反燭之義。但説無「摶」義。上云「鑑團，景一」，與此義異。摶，道藏本作「慱」，吴鈔本作「博」，亦並難通。以形聲校之，疑當作

「轉」，謂鑑受日之光，轉以射人成景，亦即反燭之義也。今本涉下而誤耳。**缶而不可擔，說在摶。**「擔」當作「搖」。周禮矢人「夾而搖之」，釋文云：「搖，本又作『搯』。」「搯」即「搖」之變體。漢隸凡从䍃之字，或變从舀。漢書天文志亦云：「元光中，天星盡搯。」「搯」與「擔」形近而誤。史記建元以來王子侯表「千鍾侯劉搖」，漢書王子侯表作「劉擔」，是其證。說文手部云：「摶，圜也。」圜者隨所置而正，故云「不可搖」，義詳經說下。道藏本「摶」作「搏」，吴鈔本作「博」，並形之誤。**景之小大，說在地缶遠近。**「地」當爲「杝」，杝即迆之叚字。「杝」、「正」文正相對。言景隨地面易也。說亦云遠近杝正，是其證。張云：「遠則小，近則大。」劉云：「謂人與鑑相去遠近也。依光學理，發光點與受光處距遠，其景必小，較近其景必巨。書與此款合也。」**宇進無近，說在敷。**說云：「進行者先敷近，後敷遠。」說文攴部云：「敷，㪔也。」寸部云：「尃，布也。」「敷」即「敷」之俗，義則與「尃」近，蓋分布履步之謂。書禹貢云「禹敷土」，義亦同。言宇宙雖大，而人行履步由近可以及遠。張云「敷，至也，以近敷遠」，亦通。**天而必缶，**天，依說當作「大」，即上文「一大而正」之義。**說在得。**說無「得」義。未詳。**行循以久，**楊云：「循，經說作『脩』。」張云：「循當爲『脩』。」案：張校是也。**說在先後。**句。**貞而不撓，說在勝。**楊云：「貞，經說作『負』。」詒讓案：當爲「負」。說云「招負衡木」是也。說文木部云：「橈，曲木也。」「撓」即「橈」之俗。**一法者之相與也盡，**王云：「畢以『一』字屬上句，非。」案：張讀亦與畢同誤。說云「一方盡類」，則此「盡」下當脱「類」字。**若方之相合也，**合，舊本譌「召」。王引之云：「『召』當作『合』。經說下云『或木或石，不害其方之相台也』，『台』亦『合』之誤。一，同也。一法，同法也。廣雅：『與，如也。』盡猶皆也。言同法者之彼此相如也，皆若物之方者之彼此相合也。」案：王校是也，今據正。

說在方。句。**契與枝板，說在薄。**張云：「『契』當爲『挈』，『枝』當爲『收』，『板』字亦誤。」案：張說是也。說云「挈，有力也」，又云「挈，上者愈得，下者愈亡。收，上者愈喪，下者愈得」，可證。「契」、「挈」同聲叚借字。說文手部云：「挈，縣持也。」挈與提義同。「板」疑當作「仮」，仮、反同，謂挈與收二力相反也。或云涉上「收」字而衍，亦通。又說無「薄」義，疑當爲「權」之誤。**狂舉不可以知異，**張云：「狂，妄也。」案：張說是也。「狂舉」猶言妄說。亦見公孫龍子。詳經說下。**說在有不可。**張云：「如非牛不可之類。」**牛馬之非牛，與可之同，說在兼。**張云：「牛馬非牛，或可或不可，專則不可，兼則可也。」詒讓案：兼，謂兼舉牛馬也。荀子正名篇云「單足以喻則單，單不足以喻則兼」，即其義。「可之」疑當作「不可」，即承上經爲文，言兼舉牛馬，則非牛亦非馬，即不可謂之牛、謂之馬也。**倚者不可正，**說云：「邪倚焉〔一〕則不正。」又疑此論轉重法，則「正」或當爲「止」。說又云：「梯者不得流。」流與止文相對。**說在剃。**說云「車梯」，則「剃」當作「梯」，蓋聲之誤。**循此循此與彼此同，說在異。**說無「循」義。張云：「兩『循』字皆衍。此此，此之此也；彼此，彼之此也。各此其此，同也，其所以彼此異。」案：張說未知是否？**推之必往，**推，依說當作「柱」。「往」疑當作「住」。蓋謂凡物榰柱之，則住而不動。說云：「方石去地尺，關石於其下，縣絲於其上，使適至方石。不下，柱也。」住即不下之義。**說在廢材。**廢亦置也，謂置材於地，若說所云「方石」。說下又云「廢石於平地」，此義與彼同。**唱和同患，**言唱而不和，和而不唱，其患同。詳經說下。**說在功。**張云：「不唱

〔一〕「焉」字原脱，據經說下補。

不和俱無功。」**買無貴，**説云：「刀輕則糴不貴。」**説在仮其賈。**畢云：「仮，反字異文，下仿此。」詒讓案：集韻二十阮：「反，或作『仮』。」説文辵部「返」重文作「彶」，云：「春秋傳返从彳。」「仮」蓋「彶」之異文，叚借爲「反」字。張云：「反，變也。」**聞所不知若所知，則兩知之，説在告。**張云：「不知者，人告之即知。」**賈宜則讎，**謂議其賈直所宜。經説上云：「賈宜，貴賤也。」畢云：「『售』字古只作『讎』」，後省。前漢書高帝紀云『高祖每酤留飲，酒讎數倍』，如淳曰：『讎亦售也。』」**説在盡。**盡猶適足。言無所絀。**以言爲盡誖，**句。**誖，**謂人言有是非，概斥其非，亦非也。**説在其言。**「在其」二字舊本到，今據道藏本、吴鈔本乙。言當辨其言之可否。張云：「言無盡誖者。」**無説而懼，説在弗心。**張云：「弗心，不自信。」案：張説非是。「心」當作「必」，安危不可必，故懼。説云：「在軍，不必其死生；聞戰，亦不必其生。前也不懼，今也懼。」是其證。**唯吾謂，**句。**非名也則不可，説在仮。**唯，舊本作「惟」，今據吴鈔本正。説文口部云：「唯，諾也。」言部云：「諾，譍也。」禮記玉藻云「父命呼，唯而不諾」，孔疏云「唯恭於諾也。」吕氏春秋圜道篇云：「唯而聽，唯止。」「唯吾謂」，言吾謂而彼應之，若非其正名，則吾謂而彼將不唯，故不可也。與上文「唯是」文義正相對。仮亦與反同，反謂卻之不應也。莊子寓言篇云：「與己同則應，不與己同則反。」孟子公孫丑篇云「惡聲至必反之」，趙注云「以惡聲加己，己必惡聲報之」，亦此義。詳經説下。**或，過名也，説在實。**或，「域」正字。過名，謂過之而成是名。若過北而成南，過南而成北，説云「然而謂此南北，過而以已〔二〕爲然」是

〔二〕「已」，原誤「此」，據本書經説下改。

也。實，謂方域有定，與方名無定文相對。莊子庚桑楚篇說「宇」爲「有實而無乎處」，域與宇同。故經下又云「宇或徙」。無窮不害兼，張云：「人雖無窮，不害兼愛。」說在盈否知。即說人盈無窮、不盈無窮之義。張云：「知人之盈與否。盈，多也。否，不盈，少也。」知之否之，足用也，諄，張云：「『諄』宜爲『誖』。知之否之，不知也。不知則無以論，乃以爲足用，是誖也。」說在無以也。吳鈔本「以」作「已」。案說作「以」，已、以字同。不知其數而知其盡也，說在明者。張云：「不知天下人之數，而可以知愛之盡，以其明之。」案：張說未塙。此「明」疑當作「問」，說云「盡問人，則盡愛其所問」，即其義。謂辯無勝，必不當，張云：「辯必有勝，謂辯無勝者必其辯不當，故當反求其辯也。」說在辯。不知其所處，不害愛之，說在喪子者。吳鈔本作「有」，非。經說下無說。張云：「不知天下民之所處，而愛可及之。喪，失也，失子者不知子之所在，不害愛子。」無不讓也，不可，說在始。張云：「辯不必讓，當審其始。」案：說無「辯」義，張說不足據。「始」疑當作「殆」。詳經說下。仁義之爲內外也，內，「內外」舊本倒，今據吳鈔本乙。末「內」字誤，疑當爲「非」。張云：「此與告子之徒辯義外也。」說在仵顔。說無此義。畢讀「在仵」句絕，云：「此亦未詳其義。」張云：「玉篇云：『仵，古吳切，偶敵也。』」詒讓案：「仵顔」疑當作「頡仵」。呂氏春秋明理篇云「其民頡啎百疾」，高注云：「頡猶大；啎，逆也。」「仵」、「啎」字通，詳前。「頡」、「顔」形近而誤，傳寫又到其文，遂不可通耳。頡仵，即說所云「狂舉」也。又疑此當作「仵觭」，即莊子天下篇所謂「觭偶不仵」也。「觭」誤作「顔」。經說下篇「觭倍」之「觭」作「頠」，與此正相類。仵觭亦抵牾不合之意。於一有知焉，有不知焉，說在存。說云：「於石一也，堅白二也，而在石。」此云「存」，即「在石」之義。謂堅白在石之中，視之知其白而不知其堅，拊之知其堅而不知其白，義具公孫龍子堅白論篇，説詳經説下。或云「存」疑當作「石」，亦通。**學之益也，説在誹者。**張云：「誹，非也，誹學之人。」案：説無「誹」義，張説未塙。此疑當作「學之無益也，説在誖者」。言庳學爲無益，於論爲誖也。此脱一「無」字，而「誖」又涉下文而誤爲「誹」，遂不可通。**有指於二，而不可逃，**謂指一得二，無所逃也。**説在以二絫。**畢云：「説文云：『絫，增也，从厽从糸。絫，十黍之重也。』漢書注：『孟康曰：絫音累蠡〔一〕。師古曰：絫，孟康音來戈反，此字讀亦音纍紲之纍。』」楊云：「絫，經説作『參』。」張云：「『絫』當爲『參』，或兼指，或參指。」案：張説是也。「二參」即二三。廣雅釋言云：「參，三也。」説云：「若智之，則當指之智告我，則我智之。兼指之，以二也。衡指之，參直之也。」**誹之可否，不以衆寡，**即説云多誹、少誹。**説在可非。**句。**所知而弗能指，説在春也、逃臣、狗犬、貴者。**「春」字誤，説同，未詳。楊云：「貴，經説作『遺』。」張云：「『貴』當爲『遺』。」案：張校是也，當據正。**非誹者誖，説在弗非。**張云：「『諄』當爲『誖』，誹皆當，則非誹者誖。」案：張説是也。「弗非」，即當理之謂。**知狗而自謂不知犬，**句。**過也，説在重。**亦即重同之義，詳前。張云：「知而又知，是謂重知。」俞云：「畢讀『説在重物』爲句，非也。上文云：『狗，犬也，而殺狗非殺犬也，可，説在重。』文義與此相近，然則此文亦當以『説在重』斷句矣。」**物甚不甚，**舊本作「物箕不甚」。張云：「『箕』疑當爲『莫』。」俞云：「疑當作『物甚不甚』，言有甚有不甚也。『甚』誤作『其』，又誤爲『箕』耳。」案：俞説是也，楊校同，今據正。吴鈔本「甚」作「順」，尤誤。

〔一〕按：畢引漢書注見漢書律曆志上。宋景祐本漢書此注作「音蠡」，是。「累」字爲衍文。

說在若是。說云：「莫長於是，莫短於是。」通意後對，張云：「先通彼意，後乃對之。」說在不知其誰謂也。張云：「否則不知其何謂。」取下以求上也，說在澤。顧云：「『澤』字句。」案：顧讀是也。說云：「取高下以善不善爲度，不若山澤。」是是與是同，說在不州。此有譌字，說亦難通。畢云：「疑云『不同』。」張云：「州，說作『文』。」楊云：「『疑』『文』之譌。」案：說「不文」似非即此字，張、楊說非。莊子寓言篇云「同於己爲是」，是或即此義。

經說上第四十二

故，此目下文。小故，句。有之不必然，吳鈔本誤作「必不然」。無之必不然。體也，若有端。五字與上下文義不相屬，張校移箸下節「體」字上，云：「物之有體，若有其端。」案：張校近是。大故，句。有之必無然，此疑當作「大故有之必然，無之必不然」，與上「小故」文正相對。「小故」、「大故」，謂同一言故，而語有輕重，事有大小也。今本上句脫「然」字，下句脫三字，遂不可通。若見之成見也。義亦難通。張云：「若者，指事之詞。目之見，性也。然不接物則不見，接物而不故欲見之，亦不成見。是見之所以成其見者，乃故也。」案：張說亦迂曲。以經校之，疑上「見」字當爲「得」之誤。「得」正字作「㝵」，壞脫僅存上半，遂成「見」字，故古書多互譌。下「見」字當爲「是」字之誤。言得彼乃能成此也。顧云：「此釋經上『故，所得而後成也』。」體，句。若二之一，尺之端也。尺之端，謂於尺幅中分之，其前爲端。經上云「端，體之無序而最前者也」，此後文亦云「尺前於區穴而後於端」，皆其義也。此「端」與小爾雅「廣度倍丈謂之端」義異。凡數兼一成二，故一爲二之分。幅兼端爲尺，故端爲尺之分。張云：「一分二之體，端分尺之體。」畢云：「此釋經上『體，分於兼也』。」知材，句。知也者，所以知也，上二「知」字讀爲「智」，言知生於智。荀子正名篇云：「所以知之在人者謂之知，知有所合謂之智。」而必知，張云：「智者必知。」若明。管子宙合篇云「見察謂之明」，此叚目喻知也。下文以睨況慮，言不必見，以見況知，則必見矣。此以明況智，則所見尤審焯。取譬不同而義並相貫。畢云：「此釋經上『知，材也』。」慮，此亦目下文也，與下文「知」、「恕」並述經而後釋其義。畢、張皆誤屬上讀，俞又謂皆涉下而衍，並未達其義。慮也者以其知有求也，而不必得之，言以知求索，而得否不可必。若睨。說文目部云：「睨，衺視也。」謂有求而不必得，若睨而視之，見不見未可必也。楊云：「莊子庚桑楚篇：『知者之所不知，猶睨也。』」畢云：「此釋經上『慮，求也』。」知，句。知也者以其知過物而能貌之，貌，吳鈔本作「皃」。「過」疑當爲「遇」，與經云「接」同義。說文皃部云：「皃，頌儀也，籀文作『貌』。」能貌之，謂能知物之形容，與經說下「貌能」爲「貌態」異。若見。畢云：「此釋經上『知，接也』。」恕，舊本譌「恕」。顧云「當從經作『恕』」，是也，今據正，下同。恕也者以其知論物，而其知之也著，句。若明。與上經「知，材也」義同，而體用則微別。畢云：「此釋經上『恕，明也』。」案：「恕」當作「恕」。仁，句。愛己者非爲用己也，不若愛馬，張云：「愛己非爲用己也，愛馬爲用馬也。愛所不用，則非己無愛也，未足明愛。愛所用，則非己亦愛也，愛足明也。言當觀仁於兼愛。」案：張說是也。但疑「己」或當爲「民」。民，唐人避諱闕筆，與「己」形近，因而致誤。淮南子精神訓云「聖王之養民，非求用也，性不能已」，此義或與彼同。著若明。三字無義，疑「著」當爲「者」，屬上讀，涉上文而誤作「著」，又并衍「若明」二字。畢云：「此釋經上『仁，體愛也』。言當觀仁於愛物。」義，句。志以天下爲芬，而能能利之，不必用。畢云：「此釋經上『義，利也』。言意以爲美，而施之又忘其勞。」張云：「芬，美也。而能，才也。」俞云：「『志』當作『者』，草書相似而誤。能能疊用無義，當作『而能利之，不能必用』。下文『孝以親爲芬，而能能利親，不必得』，亦當作『而能利親，不能必得』，誤與此同。」案：畢、張、俞説並非。此下「能」字，當讀如詩書「柔遠能邇」之「能」。漢書百官公卿表顏注云：「能，善也。」「能能利之」，言能善利之也。「志」字亦不誤。惟「芬」義不可通，疑當爲「㤅」之誤。「芬」篆文作「岎」，與「㤅」〔一〕形近。「不必用」，言不必人之用其義也。禮，句。貴者公，賤者名，言賤者稱貴者爲公，而自名也。張云：「公，君也。『名』當作『民』，古字通用。」案：張説非是。而俱有敬僈焉，言貴賤之中復有敬慢之別。荀子不苟篇云「君子寬而不僈」，楊注云：「僈與慢同，怠惰也。」畢云：「僈，『慢』字異文。」等異論也。禮有貴賤尊卑等差之異。張云：「論讀爲倫。」畢云：「此釋經上『禮，敬也』。」行，句。所爲不善名，句。行也；所爲善名，句。巧也，若爲盜。王引之云：「『善』疑當爲『著』，形相似而誤也。言所爲之事不著名，是躬行也；所爲之事著名，是巧於盜名者也。」畢云：「此釋經上『行，爲也』。言所爲之事無善名，是躬行也；有善名，是巧於盜名也。」張云：「善名，求善其名也。所爲求善名，其巧如爲盜。」案：畢、張説近是。「巧」疑當爲「竊」，「竊」與盜文義正相貫。「竊」俗書作「窃」，下半與「巧」相似，故譌。大戴禮記文王官人篇「規諫而不類，道行而不平，曰巧名者也」，逸周書「巧」作「竊」，是其證。實，句。其志氣之見也，使人如己，言待人以實，與己身無異。張云「見其外而

〔一〕「㤅」，原誤「𢙴」，不成字，據上文改。㤅即愛之本字。

知其内」，亦通。**不若金聲玉服。**「不」字疑當作「必」。「玉服」，即佩服之玉。周禮玉府「共王之服玉」，鄭衆注云：「服玉，冠飾十二玉。」禮記月令「春服蒼玉，夏服赤玉，中央土服黄玉，秋服白玉，冬服玄玉」，鄭注云：「凡所服玉，謂冠飾及所佩者之衡璜也。」吕氏春秋孟春紀高注云：「服，佩也。」並此「玉服」之義，言其實充美則見於外者，若金聲玉服之昭著，即所謂榮也。文選西都賦李注引尚書大傳云「皆莫不磬折玉音，金聲玉色」，「玉服」與「玉色」義亦相近。張云：「金聲玉服，宣於外也。」畢云：「此釋經上『實，榮也』。」**忠，**句。**不利弱子亥，**「亥」疑當爲「孩」。説文口部云：「咳，小兒笑也。古文作『孩』。」明鬼下篇云「賊誅孩子」，「子亥」猶云「孩子」。「弱子孩」謂小主也。言忠臣之强君，其迹若不利於小主，即書金縢管叔流言，謂周公將不利於孺子之意。**足將入止容。**「止」疑當爲「正」。此言雖强君，而事君必以敬，此其所以爲忠也。畢云：「此釋經上『忠，以爲利而强低也』。」案：低，「君」之誤。**孝，**句。**以親爲芬，而能能利親，不必得。**畢云：「此釋經上『孝，利親也』。言不以爲德。」張云：「孝有不可必得者。」案：「芬」疑亦「忎」之誤。能能利親，亦謂能善而利之也。不必得，謂不必中親之意。莊子外物篇云：「人親莫不欲子之孝，而孝未必愛。」畢、張説非。**信，**句。**不以其言之當也，**不，亦當爲「必」之譌。**使人視城得金。**言告人以城上有金，視而果得之，明言必信也。畢云：「此釋經上『信，言合於意也』。」**佴，**句。**與人、遇人、衆循。**漢書司馬遷傳云「僕又佴之蠶室」，如淳云：「佴，次也。若人相次也。」此與説文佴佽之訓正合。言人相與、相遇，皆相佽比之意。「衆循」，未詳，疑「循」當爲「揗」，同聲叚借字。説文手部云：「揗，摩也。」言人衆相摩切。畢云：「此釋經上『佴，自作也』。字書無『循』字。」案：經「作」疑「佌」之誤。**諿，**當讀爲獧，説詳經上。**爲是爲是之台彼也，**畢云：「台，一本作『治』。」顧云：「『台』讀當爲『詒』。季本作『治』。」案：顧説是也。説文言部云：「詒，相欺詒也。」謂猥者不爲欺人之言。下「爲是」二字蓋誤衍。弗爲也。畢云：「此釋經上『誚，作嗛也』。」廉，疑當爲「慊」。己〔一〕惟爲之，「惟」當作「雖」，同聲叚借字。知其睸也。舊本「睸」上有「也」字。畢云：「一本作『知其思耳也』，是。此釋經上『廉，作非也』。」詒讓案：經「廉」亦疑當爲「慊」，禮記坊記注云：「慊，恨不滿之貌也。」孟子公孫丑篇「吾何慊乎哉」，趙注云：「慊，少也。」淮南子齊俗訓高注云：「慊，恨也。」「睸」上別本無「也」字，是，今據刪。字書無「睸」字，別本作「思耳」，顧校季本同，亦非。以文義校之，當爲「諰」之譌。荀子彊國篇云「雖然，則有其諰矣」，楊注云：「諰，懼也。」此「其睸」即荀子之「其諰」，與論語「慎而無禮則葸」之「葸」聲義亦相近。此家上爲文，言狷者則有所不爲，慊者己雖或爲非，而心常自恨，猶知懼也。所令，非身弗行。弗，吳鈔本作「不」，疑當依經作「所行」，言使他人作之，非身所親行也。畢云：「此釋經上『令，不爲所作也』。」任，句。爲身之所惡，即經所謂「損己」。以成人之所急。即經所謂「益所爲」。畢云：「此釋經上『任，士損己而益所爲也』。言任俠輕財。」勇，句。以其敢於是也，命之；命猶名也，言因敢得名。張云：「人有敢亦有不敢，就其敢於此，則命之勇矣。」不以其不敢於彼也，害之。畢云：「此釋經上『勇，志之所以敢也』，言勇懺。」力，句。重之謂下，句。與重，奮也。「與」疑當作「舉」。言凡重者必就下，有力則能舉重以奮也。楊云：「以重力激之，使其下奮出，而至高遠，故曰『下與重奮』。」案：楊讀非是。畢

〔一〕「己」，原誤「已」，據畢沅刻本改。

云：「此釋經上『力，刑之所以奮也』。」案：刑、形同。**生**，句。**楹之生**，楹，吴鈔本作「盈」。畢云：「『楹』當爲『形』。」**商不可必也**。畢云：「此釋經上『生，刑與知處也』。『商不可必』，言不可知量。」詒讓案：「商」疑當爲「常」，聲近而誤。言生無常，形與知合則生，離則死也。經刑亦與形同。**臥**。句。**夢**。張云：「即以夢説臥，或有闕文。」案：此疑以「臥」、「夢」義易明，故述而不説。依張説，此釋經上「臥，知無知也。夢，臥而以爲然也。」**平**，句。**惔然**。張云：「『惔』疑當爲『憺』。」案：張説是也，楊説同。集韻四十九敢云：「『憺』或作『惔』。」説文心部云：「憺，安也。」即經所謂「無欲惡」。依張説，此釋經上「平，知無欲惡也」。**利**，句。**得是而喜，則是利也。其害也，非是也。害**，句。**得是而惡，則是害也。其利也，非是也**。畢云：「此釋經上『利，所得而喜也』，『害，所得而惡也』。」**治**，句。**吾事治矣，人有治南北**。有，疑當讀爲又，或當作「人治有南北」。言吾事治則自治其身，人治則當廣求之四方。亦求得之意。畢云：「此釋經上『治，求得也』。」**譽之**，句。**必其行也，其言之忻**，説文心部云：「忻，闓也。」司馬法曰「善者忻民之善，閉民之惡」，即此義。張云：「若是者，其言可忻悦也。」**使人督之**。督，「篤」之借字。書微子之命云「曰篤不忘」，左僖十二年傳云「謂督不忘」，「督」即「篤」也。爾雅釋詁云：「篤，厚也。」言使人厚於爲善行。張以此句屬下説「誹」，云「督，正也，人有惡，使人自正之」，恐非。畢云：「此釋經上『譽，明美也』。」**誹**，句。**必其行也，其言之忻**。誹譽義相反，説不宜同，疑皆涉上而誤，下亦有脱文。畢云：「此釋經上『誹，明惡也』。」**舉**，道藏本、吴鈔本作「譽」，涉上而誤。**告以文名，舉彼實也**。春秋文八年「宋殺其大夫司馬，宋司城來奔」，公羊傳云「司馬者何？司城者何？皆官舉也」，何休注云：「皆以官名舉言之。」荀子儒效篇亦云「繆學襍舉」。

案：此「擧」與公羊、荀子義正同。文名，言以文飾爲名。又疑此篇「之」字多誤爲「文」，此「文名」亦當作「之名」。「之名」猶言是名，與「彼實」文相對，亦通。畢云：「此釋經上『擧，擬實也』。」**故言也者，諸口能之出民者也。**王引之云：「當作『故言也者，出諸口能之民者也』。『出』字誤倒在下，『能』下又脱一字。能與而通，謂言出諸口而加之民也。繫辭傳曰：『言出乎身，加乎民。』」案：王説移易太多，似未塙。竊疑「口能」即謂口之所能，猶經上云「言，口之利也」。「民」當爲「名」之誤，後文云「聲出口，俱有名」。出名，亦謂言出而有名，猶經云「出擧也」。**民若畫俿也。**「民」疑亦「名」之誤。蓋言名與實不同。字書無「俿」字。太玄經止次七「車纍其俿」，范望注云：「俿，輪也。」案非此義。畢云：「俿，『虎』字異文。」**言也，謂言猶石致也。**此義難通。「言也」下疑當有「者」字。畢云：「『石』當爲『實』。此釋經上『言，出擧也』。」案：「實致」亦無義。「石」疑「名」之誤，猶與由通，謂言因名以致之。**且，**句。**自前曰且，自後曰已，方然亦且。**呂氏春秋音律篇高注云：「且，將也。」俞云：「此當讀『且』句，『自前曰且』句，『自後曰已』句，『方然亦且』句。蓋凡事，從事前言之或臨事言之，皆可曰『且』。如『歲且更始』之『且』，事前之且也。如『匪且有且』之『且』，毛傳曰『此也』，此方然之且也。惟從事後言之，則爲已然之事，不得言且，故云『自後曰已』。」**若石者也，**畢云：「此釋經上『且，言然也』。」俞云：「『若石者也』，涉下句『君以若名者也』而衍，又誤『名』爲『石』耳。」詒讓案：「若石者也」疑當作「臣民也者」，乃約述經語以起下文，今本譌舛不可通，遂誤屬之上章耳。**君，**句。**以若名者也。**張云：「謂以臣萌名。」畢云：「此釋經上『君、臣，名通約也』。名，經上作『萌』，誤。」案：經云「萌」，即氓字，不誤。此言君之名，對臣民而立，故云「以若名」。若，即指臣民也，畢説非。**功不待時，若衣裘。**「不」疑當爲

「必」。言功之利民必合時宜，若夏衣而冬裘也。張云：「冬資葛，夏資裘，不待時而利。」案：張說亦通。舊本重此七字。畢云「疑衍」，張說同。案：吴鈔本亦無，今據删。畢云：「此釋經上『功，利民也』。」**賞。**疑當在下文，誤箸於此。

罪不在禁，惟害無罪，殆姑。「殆」，疑當爲「隸」之叚字。説文隶部云：「隸，及也。」姑與辜通，言罪不必犯禁，惟害無罪，則及罪也。**上報下之功也。**此句上當有「賞」字。**罰，**句。**上報下之罪也。**「上報下之功也」六字當在「罪不在禁」上，乃述經語，而未著説，今本貿亂不可通。畢云：「此釋經上『賞，上報下之功也；罪，犯禁也；罰，上報下之罪也』。」**侗，**説文人部云：「侗，大皃。」又言部云「詷，共也」，引周書云「在夏后之詷」，今書顧命「詷」作「侗」，釋文引馬融本字義並與許同。禮記祭統云「同之言詷也」。是同、侗、詷三字並通，故此經作「同」，説作「侗」也。張云：「『侗』當爲『同』。」**二人而俱見是楹也，**楹，疑亦「形」之誤。張云：「一楹也，二人俱見，俱謂之楹，是同也。」案：張説亦通。**若事君。**事，舊本作「是」，今據道藏本、吴鈔本正。似言猶衆人同事一君。此釋經上「同，異而俱於之一也」。**久，**句。**古今旦莫。**舊本「久」上衍「今」字，「旦」譌「且」。王引之云：「上『今』字因下『今』字而衍，『且』當爲『旦』。言古今異時，旦莫異時，而徧歷古今旦莫則久矣，故曰：『久，古今旦莫。』故經上云：『久，彌異時也。』彌，徧也。」案：王校是也，顧、張校亦以「且」爲「旦」，今並據删正。**宇，**句。**東西家南北。**顧云：「『家』字衍。」王校同。案：家猶中也，四方無定名，必以家所處爲中，故著家於方名之閒，非衍文也，今不據删。畢云：「此釋經上『久，彌異時也。守，彌異所也』。」案：守，「宇」之誤。**窮，**句。**或不容尺，有窮；**言前雖或有不容尺之餘地，然此不容尺之外即爲盡處，是有窮也。張云：「或不容尺，實也，雖未窮而有窮。」**莫不容尺，無窮也。**張云：「莫不容尺，虛也，雖窮而無窮。」畢云：「此釋經上『窮，或有前，不容尺也』。」**盡**，吴鈔本作「静」，誤。**但，止動。**「但」疑當作「俱」，謂盡與俱義略同。止動，謂事無動静皆然，即經所謂「莫不然也」。畢云：「此釋經上『盡，莫不然也』。」**始**，句。**時或有久，或無久，始當無久。**張云：「時有此二者，始則當其無久也。無久，久之始也。」案：張説是也。此言「始」者，或時已歷久，而追溯其本；或時未歷久，而甫發其端，二者皆謂之始。但始必當無久時，若已有久，則不得爲始也。列子釋文引「始時」作「夫物」，疑誤，「無」並作「无」。畢云：「此釋經上『始，當時也』。」**化**，句。**若鼃爲鶉。**列子天瑞篇亦有此文，釋文引此末有「也」字。畢云：「此釋經上『化，徵易也』。」孫星衍云：「淮南齊俗訓云：『夫蝦蟆爲鶉，生非其類，唯聖人知其化。』」詒讓案：説文黽部云「鼃，蝦蟆屬」，淮南書即本此。荀子正名篇云：「狀變而實無别而爲異者，謂之化。有化而無别，謂之一實。」**損，偏去也者，兼之體也。**舊本無「去」字，今依王校補。「兼之體」，即上文「一之二、尺之端」之義。兼者，合衆體；偏去，言於衆體中損去其一體也。經上云「體，分於兼也」，亦即此義。**其體或去或存，謂其存者損。**「存」上舊本脱「或」字。王引之云：「經上云『損，偏去也』，則此當云『損，偏去也者，兼之體也，其體或去或存，謂其去者損』，寫者脱誤耳。」張云：「一物兼二體，體一去一存。就其存者言則損矣。」案：王校增「或」字，是也，今據補。「謂其存者損」，當如張説，「存」字非誤，今不據改。畢云：「此釋經上『損，偏去也』。」**儇**，當爲「環」，詳經上。**昫民也。**畢云：「昫，經作『稘』。此釋經上『儇，稘秪』。」詒讓案：「昫」當爲「俱」，「民」當爲「氏」，經作「儇，稘秪」，亦誤，説詳經上。**庫**，當作「庳」，詳經上。**區穴若**，句。**斯貌常。**貌，吴鈔本作「皃」。管子宙合篇云：「區者，虚也。」「區穴」猶云空穴，「區穴若」，猶言若區穴，文偶到耳。「斯貌常」疑當作「所視庳」。備城門篇「時令人行視封」，視，今本亦誤作「貌」，可證。「常」、「庳」音近而誤。言雖有區穴，視之則庳而不見也。畢云：「此釋經上『庫，易也』」。」案：「庫」亦「庳」之誤。**動**，句。**偏祭從者**，此義難通。「從」亦當作「徙」。經云「動，或徙」，與經下「宇，或徙」二文正同，則是遷地之義。疑「偏祭」當作「徧際」，謂動則周徧所接之域。經說下云「區宇不可偏舉」，偏、徧字亦通，詳非攻下篇。**户樞免瑟。** 呂氏春秋盡數篇云：「户樞不螻，動也。」張云：「瑟，蝨同。户樞不蠹，動故也。」案：依張說，「免蝨」謂免於蠹，義未塙。竊疑「免瑟」當作「它蠶」，「它」即「蛇」正字，說文它部云：「它，虫也。上古艸居患它，故相問無它乎？或作『蛇』，从虫。」干禄字書：「蠶，俗作『蚕』。」「它蚕」與「免瑟」形近而譌。下文「免蚓」，「免」亦即「它」字。耕柱篇「白若之龜」，龜，今本譌作「龜」，龜亦从它也，皆可以互證。户樞與它蠶，皆常動之物。畢云：「此釋經上『動，或從也』」。」案：「從」亦「徙」之誤。**止**，句。**無久之不止，當牛非馬**，當猶言是也。經上云「辯勝，當」，即謂是者勝也。淮南子齊俗訓云「從牛非馬」，疑即此義。張云「無久之不止，以不止爲不止也，其理易見，故當牛非馬」，亦通。**若矢過楹。** 矢，舊本譌「夫」。張云：「疑亦當爲『人』。」王引之云：「『夫』當作『矢』，矢之過楹，久則止而不行，故曰『無久之不止，若矢過楹』。鄉射禮記曰『射自楹閒』，故以『矢過楹』爲喻。」案：王校是也，今據正。莊子天下篇云「鏃矢之疾，而有不行不止之時」，疑此義與彼略同。**有久之不止，當馬非馬**，莊子齊物論篇云「以馬喻馬之非馬，不若以非馬喻馬之非馬也」，疑即此義。或謂當作「當馬非牛」，亦無義可說。此與上云「當牛非馬」二句，並與上下文不相冢，而與後「彼，凡牛樞非牛」章文相近，或有錯誤。張云「有久之不止，以不止爲止也。其理難見，故當馬非馬」，亦通。**若人過梁。** 「梁」謂橋梁。若人過橋梁，不過不止也。張云：「人過梁，不止以求止也。」畢云：「此釋經上『止，以久也』。」**必，**句。**謂臺執者也。**執，道藏本、吳鈔本作「孰」，非。畢云：「『臺』疑『握』字，説文云：『臺，古文握。』握執，言執持必然者也。」案：畢説是也。「握」古文又見淮南子詮言訓，今本亦誤「臺」。又俶真訓云「臺簡以游太清」，高注云：「臺猶持也。」釋名釋宮室云：「臺，持也，築土堅高，能自勝持也。」莊子庚桑楚篇云「靈臺者有持，而不知其所持，而不可持者也」，釋文云：「靈臺，謂心有靈智，能任持也。」則「臺」似本有持訓，不破字亦可通。**若弟兄一然者一不然者，必不必也，是非必也。**張云：「弟兄一然一不然，是必不能必者也，若是者非必也。言必者，是絶無不然者也。」畢云：「此釋經上『必，不已也』。」**同，**句。**捷與狂之同長也。**捷，吳鈔本作「揵」。畢云：「一本作『楗』。」案：顧校季本同。**心中，自是往相若也。**捷讀爲插。詩小雅鴛鴦篇「戢其左翼」，釋文引韓詩云：「戢，捷也，捷其噣於左也。」儀禮鄉射禮注云「搢，插也」，釋文「插」作「捷」，是其證。「狂」當爲「往」之誤。所插者，即重差之立表，亦即考工記匠人之「置槷」是也，謂插表於地。「同長」即同高也。插一表於中，以測日出入之景，而規畫其端，更於景東西南北端各立一表，而以中一表爲心，外四表爲邊，規畫其邊，周匝成圜形，則自圜邊爲多綫以往湊中點，其長諸綫必正相等。此即「同長」、「相若」之義。亦詳經上。畢云：「此釋經上『平，同高也』，『同長，以正相盡也』，『中，同長也』。」**厚，**句。**惟無所大。**畢云：「此釋經上『厚，有所大也』。言唯其大無所加，是所謂大也。」案：畢説未允。此謂積無成有，其厚不可極也。與經文相反，而實相成。詳經下。**圜，**句。**規寫攴也。**「寫」，謂圖畫其象。周髀算經云「笠以寫天」，趙爽注云：「寫猶象也。」攴，吳鈔本作「支」，下同。攴、支義並未詳，疑當爲「交」之誤。後備城門篇「薪食足以支三月以上」，支，今本誤「交」。此「交」誤作「支」，猶彼「支」誤作「交」也。凡以規寫圜形，其邊綫周帀相湊，謂之交。或爲直綫以湊圜心，中交午成十字形，亦謂之交。考工記匠人云「爲規識日出之景與日入之景」，鄭注云：「日出日入之景，其端則東西正也。又爲規以識之者，爲其難審也。自日出而畫其景端以至日入，既則爲規測景兩端之内，規之，規之交乃審也。度兩交之間中屈之以指臬，則南北正。」鄭説可證此「規寫交」之義。張云：「説文：『攴，小擊也。』疑『攴』爲法度之義，或『攴』爲『及』字之誤，下同。」案張説並非是。畢云：「此釋經上『圜，一中同長也』。」**方**，句。**矩見攴也。**「見攴」疑亦當爲「寫交」。矩寫交者，以矩寫方形，其邊綫周帀相湊，及隅綫相午貫，亦皆謂之交也。張云「見、寫大同」，非是。畢云：「此釋經上『方，柱隅四讙也』。」案：「讙」當爲「襍」之誤。**倍**，句。**二尺與尺但去一。**張云：「二尺與一尺，但相較一也。」畢云：「此釋經上『倍，爲二也』。」**端**，句。**是無同也。**張云：「若有同之，即非最前。」畢云：「此釋經上『端，體之無序而最前者也』。」**有閒**，句。畢云：「此與下『閒』舊作『聞』，俱以意改。」**謂夾之者也。**謂有物夾之。畢云：「此釋經上『有閒，中也』。」**閒**，句。**謂夾者也。**張云：「就其夾之而言，則謂有閒；就其夾者而言，則謂之閒。」**尺前於區穴而後於端，**尺，與上文「前不容尺」之「尺」義同。謂凡物前盡處爲端，後距端一尺爲尺，更後盡處則爲區穴。區穴謂空隙，若布帛裁削之縫際皆是也。此蓋以方制布幅爲況，凡古布幅，皆廣二尺二寸，爲衣，則削其邊各一寸縫之，儀禮喪服賈公彦疏云「整幅二尺二寸，凡用布爲衣物及射侯，皆去邊幅一寸爲縫殺」是也。蓋方制從衡正等，去邊縫各寸，則幅止二尺，中半適一尺矣。**不夾於端與區内。**畢云：「『内』疑『穴』字。」張云：「如有物尺，前有區穴，後有端，端與區穴所夾非閒也，閒乃是區穴之内，但與區内〔一〕相及，故

〔一〕「内」，原誤「穴」，據張惠言墨子經説解改。

云『不及旁』。」案：張讀「內」如字，不如畢校改「穴」之允。此似謂前有端，後有區穴，尺雖有其中，然與前後幅相連屬不絶，則不得爲二者所夾也。或云「不」當爲「必」，亦通。及，如是者謂之「及」。及非齊之及也。張云：「齊，等也。此申説『及』字之義，若論齊等之『及』，則區穴與端之所夾爲中間，穴內宜爲旁。惟不論齊等之及乃夾者，但與區內相及也。」案：張説亦未析。此似言所謂「不及旁」者，非不齊旁之謂及，止謂彼此相次，齊則盡其邊際，二者同而異也。畢云：「此釋經上『閒，不及旁也』。」纑閒虚也者，舊本脱「閒」字，王據經增，今從之。纑與櫨同，詳經上。兩木之閒，謂其無木者也。櫨爲柱上小方木，兩櫨之閒空虚之處則無木。張云：「與夾者相及，則謂之閒。但就其虚處，則謂之纑。」案：張依舊本爲釋，恐非。畢云：「此釋經上『纑，閒虚也』。」盈，句。無盈無厚。言物必有盈其中者，乃成厚之體，無所盈則不成厚也。於尺無所往而不得。此上下文雖多云「尺」，然此「尺」字實當作「石」，形近而誤。經説下「廢石於平地」，「石」亦譌「尺」，可證。此與下文，並以堅白石爲釋。言堅白在石，同體相盈，則彌滿全體，隨在皆有堅，亦隨在皆有白，故云「無所往而不得」，亦即所謂「相盈」也。畢云：「此釋經上『盈，莫不有也』。」得二，「二」即謂「堅白」也。公孫龍子堅白論篇云：「無堅得白，其擧也二；無白得堅，其擧也二。」此云「得二」，亦謂得白得堅分爲二也。堅異處不相盈，「堅」下當有「白」字。相非，是相外也。經説下云「於石一也，堅白二也」，故云「得二」。蓋離堅白爲二而異處，則堅非白，白亦非堅，是爲「不相盈」，亦即爲「相外」。若合而同體，則堅內含有白，白內亦含有堅，是爲「不相外」。此義亦見公孫龍子，互詳經説下。畢云：「此釋經上『堅白，不相外也』。」攖，句。尺與尺俱不盡，言尺與尺相攖，則前尚有餘地，故兩俱不盡。端與端俱盡，舊本「與」譌「無」，「俱」譌「但」。張云：『無』

疑當作『與』，『但』當作『俱』」，是也，今據改。經上云「端，體之無序而最前者也」，是端前更無地，故相攖則兩俱盡。**尺與或盡或不盡**，「尺與」下，張云疑脱「尺」字。案：張校與上文歧牾。此疑當有「端」字，誤錯箸於後。言尺與端相攖，則端盡尺不盡。**堅白之攖相盡**，此言堅白雖殊而同託於石，性色相含，彌滿無閒，故其攖爲相盡，即經説下堅白相盈之義。**體攖不相盡。**言凡物兩體相攖，雖攖而各自爲體，不能相含，是即不相盡也。**端。**此與上下文不相屬，疑即上「尺與端」句之脱字，誤錯箸於此。畢、張、楊並讀「端」屬上爲句。張云：「『尺與尺俱不盡』，則體相攖。『端與端俱盡』，則端相攖。『尺與尺或盡或不盡』，則端體並相攖。體之攖可盡，而端之攖不可盡。」案：此讀恐非，張説亦未析。王讀「端仳」爲句，尤誤。畢云：「此釋經上『攖，相得也』。」**仳**，畢云：「疑『似』字。」張校同。王引之云：「仳與比通。比者，竝也。」案：王説是也。集韻六至云：「仳，及也。」與比義亦相近。**兩有端而后可。**畢云：「有，一本作『目』。此釋經上『似，有以相攖，有不相攖也』。」案：顧校季本「有」亦作「目」。「后」，吴鈔本作「後」。經「似」亦即「仳」之誤。**次**，句。**無厚而后可。**「后」，畢本作「後」。吴鈔本作「厚」，非。無厚，似謂體極薄而相次比。或疑當作「無序」，見經上，言序次齊平，更無差等，而其體終不合并也，亦足備一義。張云：「無厚乃無閒。」畢云：「此釋經上『次，無閒而不攖攖也』。」案：「攖攖」當作「相攖」。**法**，句。**意規員三也俱，可以爲法。**説文員部云：「員，物數也。」禮記少儀云「工依於法，游於説」，鄭注云：「法，謂規矩尺寸之數。説，謂鴻殺之意。」張云：「意若規而爲員，是法也。」畢云：「此釋經上『法，所若而然也』。」**佴，然也者民若法也。**若猶順也。畢云：「此釋經上『佴，所然也』。」**彼，凡牛樞非牛**，此義難通。張云：「可彼可此謂之樞。」案：張説肊定，不足據。「牛樞」疑木名。爾雅釋木云「蘊，莖」，郭注云「詩曰山有蓲，今之刺榆」，今毛詩唐風「蓲」作「樞」。「牛樞」疑即刺榆之大者。古艸木大者，多以牛爲名，若爾雅「茭，牛蘄」、「終，牛棘」之屬是也。「牛樞」叚牛爲名，則非真牛，故曰「非牛」。**兩也，無以非也。**謂牛樞與牛，兩者實不同，則不足辯也。**辯，或謂之牛，謂之非牛，**疑當作「辯者，或謂之牛，或謂之非牛」。**是爭彼也。是不俱當，不俱當，必或不當，**「必」上畢本有「不」字，今據道藏本、吳鈔本删。言兩辯相非，不能皆當，則必有一不當者也。**不若當犬。**當犬，若上云「當牛」、「當馬」。言辯牛之是非而不當，不若謂狗爲犬之當也。經說下云「同則或謂之狗，其或謂之犬也。異則或謂之牛，牛或謂之馬也。俱無勝，是不辯也。辯也者，或謂之是，或謂之非。當也者勝也」，即此章之義。畢云：「此釋經上『攸不可，兩不可也。辯，爭彼也。辯勝，當也』。」案：經「攸」即「彼」之誤。**爲，**句。**欲𩁟其指，**畢云：「『𩁟』即『難』異文。」張從之。案：字書無「𩁟」字，畢說不知何據。此云難指難脯，義亦並不可通，竊疑並當爲「斱」之譌。耕柱篇、備穴篇「斱」斱譌作「難」。經下篇「斱」舊本或譌从着，故又譌从養也。斱與斫義同，亦詳經下篇。斱指謂斫手指，斱脯謂斫乾脯也。**智不知其害，是智之罪也。若智之，慎文也，**「文」當爲「之」之誤。**無遺於其害也。而猶欲𩁟之，則離之。**史記管蔡世家索隱云：「離即罹，罹，被也。」案：離，俗作「罹」，同。詩王風兔爰「逢此百罹」，釋文云：「罹，本亦作『離』。」離之，謂因欲而離患也。或疑「離」亦「斱」之誤，上欲斱屬意，下斱之屬事也，亦通。**是猶食脯也，騷之利害，未可知也，**畢云：「騷，臊字假音，讀如山海經云『食之已騷』。」詒讓案：「騷之利害」，疑言臭之善惡。張云：「味之美否也。」**欲而騷，**「騷」上疑脱「得」字。**是不以所疑止所欲也。廧外之利害，未可知也，**畢云：「『廧』字，『牆』俗寫。」詒讓案：左傳襄二十六年「寺人惠牆伊戾」，釋文「牆」作「廧」。**趨之而得力，則弗趨也，**俞云：「『力』字無義，疑『人』字篆書之誤。『趨之而得』爲句，『人則弗趨也』爲句。」案：「力」疑當爲「刀」，經説下亦云「王刀」，皆謂泉刀也。「趨之而得刀」句，言若有人言牆外有泉刀，趨之即得，而不信者則弗趨也。前説「信」云「不以其言之當也，使人視城得金」，此趨牆外得刀，與「視城得金」語意正同。俞説未塙。**是以所疑止所欲也。**俞云：「蓋趨之則得利，而人以爲利害未可知，止而弗趨，是以所疑止所欲也。」張云：「譬如食脯，不知其利害，則仍食之。譬如趨廧外，不知其利害，則弗趨。所疑同，而止、不止異，則不在於知明矣。」**觀爲窮知而⿰亻縣於欲之理。**張云：「指説經也。」畢云：「⿰亻縣，『縣』字異文，讀如縣挂之類〔一〕。」詒讓案：「⿰亻縣」，與莊子寓言篇「無所縣其罪」之「縣」義同，郭象注云：「縣，係也。」言所爲爲欲所牽係，則知或有時而窮。**難脯而非𢜔也，**畢云：「𢜔，『悊』字異文，字書無此字。」張云：「即『智』字誤耳。」案：張説是也，詳經上。爾雅釋器云「魚曰斮之」，即此斮脯之義。**難指而非愚也，所爲與不**讀爲「否」。**所與爲相疑也，**張讀作「所爲與所不爲相疑也」，云：「『不所』疑當作『所不』，『與』疑衍。」案：張校亦通。**非謀也。**謂不暇審計而爲之，所謂「縣於欲」也。畢云：「此釋經上『爲，窮知而縣於欲也』。」大指言所知一事，必待爲之而信，其利害否則懸於欲，不以疑而自止。」**已，**句。**爲衣，**句。**成也；治病，**句。**亡也。**張云：「爲衣以成爲已，治病以亡爲已。」詒讓案：亡猶言無病也。漢書郊祀志云「病良已」，注：「孟康云：已，謂病愈也。」畢云：「此釋經上『已，成、

〔一〕「類」，疑當作「縣」。「讀如縣挂之縣」，謂「縣」即「懸」字。按縣、懸爲古今字。

亡』。」**使**，句。**令謂**，句。**謂也，不必成濕**；張云：「以令謂人，是之謂謂。方謂之，成不可必。」盧云：「方言『自關而西，秦晉之間，凡志而不得，欲而不獲，高而有墜，得而中亡，謂之溼』，楊倞注荀子引作『濕』。此『濕』字與方言義同，他合反。」案：方言雖有此義，然古書罕見，盧援以釋此，畢、張、楊並從之，似不甚塙。荀子不苟篇云「窮則棄而儑」，楊注引方言「濕」爲釋，韓詩外傳「儑」作「累」。洪頤煊謂荀子之「儑」，即説文人部云：「儽，垂皃，一曰嬾解。」乘覆也〔二〕。案：洪説甚是。説文人部又有「儡」字，云「相敗也」。老子「儽儽兮其不足，以無所歸」，釋文云：「儽，一本作『儡』，敗也，欺也。」淮南子俶真訓云：「孔墨之弟子，皆以仁義之術教導於世，而不免於儡其身。」蓋儡、儽聲義並相近。此書之「濕」當作「㶟」，荀子之「儑」當作「儽」。經典凡从畾、纍與从㬎字多相掍。「㶟」即説文「儡」、「儽」之叚字。「不必成儡」，言雖使爲之，而其事之成敗則未可必。「儡」與「成」義正相對也。**故也，必待所爲之成也**。「故也」下當有「者」字。此與經上「故，所得而後成」義同。言因此故而致彼如是，必所爲已成，乃可爲使也。張讀「濕」屬此句，云：「志而不得，而故使之，是之謂故，其事必欲成。」案：張説未塙。畢云：「此釋經上『使，謂、故』。」**名**，句。**物**，句。**達也**，言物爲萬物之通名。荀子正名篇云「故萬物雖衆，有時而欲偏舉之，故謂之物。物也者，大共名也」，即此義。**有實必待文多也**。張云：「物有是實，名以文之。文者實之加，故曰多。」案：依張説，則經「名，達」下當有「多」字，恐非。竊疑「多」當作「名」，言名爲實之文也。上文云「舉，告以文名，舉彼實也」可證。或謂此文「多」與前文「名」，

〔二〕按：「乘覆也」三字非説文「儽」字注，且與文義無涉，疑衍文。

並當作「之名」，亦通。**命之馬**，句。**類也，若實也者必以是名也。**張云：「馬而命之馬，是類也。凡馬之實，皆得名之馬。」案：張説是也。荀子正名篇云「有時而欲偏舉之，故謂之鳥獸。鳥獸也者，大別名也」，即此義。**命之臧**，句。**私也**，「臧」即臧獲之臧，詳後大取篇。言於人之賤者而命爲臧，則臧非人之通名，故曰私。張云：「人而名之臧，是私也。」**是名也止於是實也。**張云：「名止於是實，凡人不得名之。」**聲出口，俱有名，若姓、宇。**吴鈔本作「與」。畢云：「疑『字』」。」張云：「當爲『字』，物之有名如人之姓字。」案：畢、張校是也。姓、字亦一人之私，與臧相似。依張説，此釋經上「名，達、類、私」。畢以「若姓字」三字屬下説，非。**灑謂狗犬，命也；**灑，吴鈔本作「洒」，義並難通。命也，亦與經不相應。張云：「『灑』即移意。移狗而謂之犬，是猶其命也。」案：張説未塙。以經推之，疑當作「鹿謂狗犬，移也」。「灑」、「鹿」形近而誤。言移他名以謂此物，猶言指鹿爲馬。楊讀「灑」屬上「若姓字」句，非是。**狗犬**，句。**舉也；**謂正舉物名。上文云：「舉，告以文名，舉彼實也。」張云「或謂之狗，或謂之犬，單舉之謂也」，未塙。**叱狗**，説文言部云：「叱，訶也。」漢書儒林傳王式〔二〕曰「何狗曲也」，顔注云：「意怒，故妄發言。」言狗者，輕賤之甚也。」**加也。**謂以惡語相加。説文力部云：「加，語相增加也。」論語集解引馬融云：「加，陵也。」畢云：「此釋經上『謂，移、舉、加』。」**知**，句。**傳受之**，句。**聞也；方不㢓**，集韻四十漾云：「障，或作㢓。」**説也；身觀焉**，句。**親也。**畢云：「此釋經上『知，聞、説、親』。言所爲知者有三，得之傳受是耳所聞也，非方土所阻是人所説

〔二〕漢書儒林傳原作「王式曰：『在曲禮。』江翁曰：『何狗曲也。』」。

也，身自觀之則親見也。」所以謂，句。名也；所謂，句。實也；名實耦，句。合也；志行，句。爲也。畢云：「此釋經上『名、實、合、爲』。」聞，句。或告之，句。傳也；身觀焉，句。親也。畢云：「此釋經上『聞，傳、親』。」見，句。時者，體也；二者，盡也。「體」，即經上「體分於兼」之義。「時」疑當爲「特」。特者，奇也。二者，耦也。特者止見其一體，二者盡見其衆體。特、二文正相對。畢云：「此釋經上『見，體、盡』。」古，此與下文爲目。楊依經校云：「疑『合』之誤。」兵立，兵，吴鈔本作「力」，並未詳。反中。疑當作「反也」。「反」與「正」，上下文義相對。志工，「工」疑「功」之省。大取篇云「志功爲辯」，又云「志功不可以相從也」，是其證。正也。志功相合，爲得其正。臧之爲，「臧」疑當爲「義」。宜也。張云：「臧，人臣也。臧奉主命，無不宜爲。」案：張說未知是否。非彼必不有，句。必也。聖者用而勿必，「聖」疑當爲「宜」，或當爲「正」。經上「正無非」，說亦作「聖」，可證。必也者可勿疑。依楊說，此釋經上「合，正、宜、必」。仗者，兩而勿偏。張云：「此申言『兵立反中』，言仗兵者皆兩比，而無獨立，故以解合也。」案：張以「仗」爲兵杖，楊說亦然，皆穿鑿不足馮。以經文推之，疑「仗」當作「權」，艸書形近而譌。經說下「右權交繩」，「權」今本誤「校」，與此相類。言兩權利害無所偏主。依楊說，此釋經上「欲正權利，且惡正權害」。爲，句。早、臺，張云：「阜，古只作『早』。」詒讓案：「早」疑當爲「甲」，後文「劍甲」字亦譌「早」，可證，說詳後。「臺」謂城臺、門臺，詩鄭風出其東門毛傳云：「闍，城臺也。」禮記禮器云：「天子諸侯，臺門。」存也；言爲甲以備戰，於城及宮門爲臺以備守，皆以求存爲爲也。張云：「以爲而存。」病，句。亡也；言治病之爲，求其亡。左成十年傳「晉侯有疾，秦伯使醫緩爲之」，呂氏春秋至忠篇「文摯治齊王疾，曰：請以死爲王」，高注云：

「爲，治也。」此即上文「已，爲衣，成也。治病，亡也」之義。張云：「以爲而亡。」**買鬻，**俞云：「説文貝部：『賣，衍也。讀若育。』今經典通以『鬻』爲之。」張云：「互相爲。」**易也；霄盡，**畢云：「『霄』與『消』同。」詒讓案：爾雅釋天「雨霓爲霄雪」，釋文：「霄，本亦作『消』。」**蕩也；**張云：「莫之爲而爲。」**順長，**句。**治也；**張云：「有爲而爲。」**鼃買，**句。**化也。**張云：「『鼃買』未詳，或即『鼃鶉』，化亦爲也。」畢云：「此釋經上『爲，存、亡、易、蕩、治、化』。」俞云：「上文雖有『化，若鼃爲鶉』之文，然『買』、『鶉』音義俱遠，形又不相似，『鼃』疑『賣』字之誤。上文云『買鬻，易也』，此云『賣買，化也』，文異而義同。」案：俞改「鼃」爲「賣」，則與上文義複，不足據。「買」疑當爲「鼠」。列子天瑞篇云「田鼠之爲鶉」，蓋古説鼃鼠二者皆能化爲鶉。故上文既以鼃鼠〔二〕釋「化」，此又兼舉鼃鼠二者以盡其義。兩文雖異，而義實同也。鼠，漢隸或作「⿱臼月」，見仙人唐公房碑，與「買」形極相似，因而致誤。或云「買」當爲「𦎧」，即「鶉」之省。亦可備一義。**同，**句。**二名一實，**句。**重同也；不外於兼，**句。**體同也；**亦與經云「體分於兼」義同。分體統含於兼體之内，故云「不外於兼」。**俱處於室，**句。**合同也；**説文人部云：「俱，偕也。」**有以同，**句。**類同也。**説文犬部云：「種類相似，唯犬爲甚。」楊云：「大取篇云『重同，具同，連同，同類之同，同名之同，丘同，鮒同，同是之同，同然之同，同根之同』。」畢云：「此釋經上『同，重、體、合、類』。」**異，**句。**二必異，**「必」讀爲「畢」，古通用。張云：「名二而實又異。」**二也；**謂名實俱異，是較然爲二物也。**不連屬，**句。**不體也；不同所，**句。**不合也；不**

〔二〕按：上文云「化，若鼃爲鶉」，則「鼃鼠」當是「鼃鶉」之筆誤。

有同，句。不類也。畢云：「此釋經上『異，二、不體、不合、不類』。舊脱『不體』『不』字。」同異交得，交，吳鈔本誤「於」。言同異各得其義，若下文有無多少之類。於福家良，疑當作「於富家食」。楊以「於」當經文之「放」，非是。恕有無也。「恕」當作「𢘓」，與知通。比周禮小胥鄭注云：「比猶校也。」度，多少也。免蚓還園，「免」當作「它」，即「蛇」之正字。前「它蠶」譌作「免瑟」，與此正同。「蚓」字亦見經説下，字書所無。楊云：「前文『免瑟』，此云『免蚓』，瑟、蚓通用。」又云：「『蚓』疑『蝨』字之訛，如韓咎與幾瑟爭立太子，戰國策作『幾瑟』，史記作『蟣蝨』。」案：楊説非是。説下云「蚓與瑟孰瑟」，則「蝨」與「瑟」不得爲一字。彼「瑟」當亦「蠶」之譌。此云「它蚓」，彼云「蚓蠶」，則蚓似當爲蛇蠶同類之蟲。竊疑「蚓」字即「螾」之別體，後漢書吳漢傳李注引十三州志云：「朐䏰，其地下溼，多朐䏰蟲。」䏰音閏，即螾之音轉。蚓从刃爲聲，猶以䏰爲螾也。方言云：「蛐蜒，自關而東謂之蚰蜇，北燕謂之蚰蚭。」彼蚰字亦説文所無，與此蚓字形相近，疑「蚰蚭」亦當爲「蚓蚭」。蚓、螾字同，蚭、蜇聲轉。傳寫譌作「蚰」，郭璞遂音爲奴六反矣。「園」疑當作「圜」，亦形之誤。還與旋同，蛇螾皆蜿蟺屈曲而行，故下云「去就」也。去就也。彼此相背爲去，相還爲就。鳥折用桐，此義難通，竊疑「鳥」當爲「為」，「折」當爲「梗」。干禄字書云「象通作為」，北齊南陽寺碑「象」作「為」，並與「鳥」形相近。「梗」、「折」偏旁亦略相類。象謂象人，即偶人也。説文人部云：「偶，桐人也。」越絶書記吳王占夢云：「桐不爲器用，但爲俑，當與人俱葬。」淮南子繆稱訓云「魯以偶人葬，而孔子歎」，宋本許注云：「偶人，桐人也。」周禮冢人言鸞車象人，鄭注引孔子謂爲俑者不仁。論衡感虚篇云「厨中木象生肉足」，史記刺客傳索隱引「象」作「烏」，與此可互證。梗者，戰國策齊策云「有土偶人與桃梗相與語，土偶曰：子東國之桃梗也，刻削子以爲人」，趙策又云「土梗」、「木梗」，史記孟嘗君傳「桃梗」作「木偶人」，是木偶人謂之象人，或謂之俑，亦謂之梗，以桐爲之，亦曰桐人。故云「象梗用桐」。堅柔也。此謂象人與生人不同者，一堅一柔也。老子云「人之生也柔弱，其死也堅強，故堅強者死之徒，柔弱者生之徒」，即此「堅柔」之義。劍尤早，吳鈔本作「蚤」，此義未詳。以意求之，疑當作「劍戈甲」。「戈」、「尤」形近而譌。篆文「早」作「皁」，从「甲」，故「甲」譌作「早」。言劍戈以殺人求其死，甲以衛人求其生，故下云「死生」也。此與孟子矢函、韓子矛盾之喻，語意略同。死生也。處室子，孟子告子趙注云：「處子，處女也。」莊子逍遥遊釋文云：「處子，在室女也。」子母，長少也。言子則有母，長少相對爲名。兩絶勝，言二色相勝。白黑也。中央，句。旁也。謂有四旁乃有中央，此與經上「有閒，中也。閒，不及旁也」同義。論行行學實，衍兩「行」字。是非也。言人之論説、行爲、學問、名實，四者各有是非之異。難宿，未詳。成未也。謂成與未成。兄弟，句。俱適也。適讀爲敵，言相合俱、相耦敵。此與上文「若兄弟一然一不然者」義略同。身處志往，句。存亡也。身處爲存，志往爲亡，亡與忘通。此與經上「生，形與知處也」義略同。霍爲姓，句。故也。「霍」疑當爲「虎」。經説下「霍」字四見，並同，説詳彼。「故」疑當爲「叚」，叚與假同。此與經説下「狗假霍也，猶氏霍也」義略同。張云「『姓』疑當爲『性』」，非是。賈宜，句。貴賤也。楊云：「經下有『賈宜則讎』語。」詒讓案：已上並辨言語之同異，釋經上「同異交得，放有無」。諸，句。超城員止也。「超城」二字誤。「員止」疑當爲「負正」，九章算術方程篇有「正負」。負，即下云「過五諾，若負」；正，即下云「正五諾」也。相從、謂彼謂而我從之。相去、説文去部云：「去，人相違也。」謂口諾而意不從。先知、先已知之。是、句。可，相從一，相去二，先知三，是四，可五。説文言部云：「諾，譍也。」言人之譍諾，其辭氣不同，隨所用而異，有此五者。五色。疑當作「五也」。「也」、「色」形近而誤，即所謂「五諾」也。下文「正五諾」云云，似當箸此下。長短、前後、輕重援。楊云：「小取篇『援也者，曰子然，我奚獨不可以然也』。」詒讓案：此疑亦論諾之不同。張讀「援」屬下句，恐非。畢云：「此釋經上『諾，不一，利用』。」執服難成，「執」謂人各執持一説。「服」謂服從人之説也。周禮調人鄭注云：「成，平也。」「難成」謂平議其是非難論定也。言務成之，九則求執之。此義難通。經有「説」字，説未見，疑「九」即「説」之壞字。説文説訓「言相説伺」。「求執」，即「相説伺」之意。此釋經上「服執説音利」。「音」疑「言」之誤。法，法取同，觀巧傳法，取此擇彼，擇讀爲釋。釋、捨古通，見節葬下篇。言取此法則捨彼法也。問故觀宜。畢云：「此釋經上『巧轉則求其故。法同則觀其同，法異則觀其宜』。」案：轉、傳字通。以人之有黑者有不黑者也，止黑人；與以有愛於人有不愛於人，心愛人，是孰宜心？張校兩「心」字云：「疑當作『止』。」案：張説是也。此言因人有不黑者，而禁其庰人之黑；因人有不愛者，而禁其愛人，二者皆不宜禁者也。皆釋經「止」字之義。彼舉然者，以爲此其然也，則舉不然者而問之。經説下釋「止」云「彼以此其然也，説是其然也；我以此其不然也，疑是其然也」，義正同。依張、楊説，此釋經上「止，因以别道」。若聖人有非，而不非。而不非，而與如通。言聖人於人雖有所非，而非其所當非，則與無所非同。此釋經上「正，無非」。正五諾，自此至篇末，似皆釋五諾正負之義，以經校之當屬上文「五也」之下，而傳寫貿亂，誤錯箸於末也。楊以此下並説經上「正，無非」，非是。皆人於知有説。「皆」疑當爲「若」。「於知」，即上五諾之「先知」也。過五諾，句。若負，舊本譌「員」，今據吴鈔本正。負者，不正之謂。列子仲尼篇「樂正子輿庰公孫龍說云，其負類反倫有如此者」，負諸亦謂非正諸也。**無直無說。**「直」疑當爲「知」，聲轉而誤。上「正五諸」云知，此「過五諸」云無知，文正相對。此數句義難盡通，其大意似謂正者或已知，或有說，過者或未知，或無說。「五諸」，即上經所謂諸不一也。**用五諸，**即上經所謂「利用」。**若自然矣。**言所譍出於自然。顧云：「此說五諸，當在經說下。」案：經下無「五諸」，但有「五路」，亦與五諸不同，顧說未塙。

經說下第四十三

此篇以經下校之，文有闕佚，畢注疏繆殊甚，與經尤多不相應，今並依張氏別爲攷正。畢本句讀亦多舛誤，今不悉論。篇中論景鑒及升重、轉重諸法，與今泰西光、重學說略同，顧涉未深，以竢達者。

止，句。**彼以此其然也，說是其然也；我以此其不然也，疑是其然也。**張云：「彼以爲然而說之，是一然也；我以爲不然而疑之，是又一然也，不可止也，故宜以類。」案：張說未塙。左傳哀十二年杜注云：「止，執也。」謂彼此然不，各執一辭，即經所謂類行也。依張、楊說，此釋經下「止，類以行人，說在同」。「人」即「之」之譌。**謂四足獸**爾雅釋鳥云：「四足而毛謂之獸。」此謂獸爲四足毛物之大名。**與生鳥與，**畢、張並讀「與生鳥」句，義不可通。疑當作「與牛馬異」，下三字並形誤。此謂牛馬爲四足獸之種別，下云「若牛馬、四足」。**物盡與，**句。**大小也。**「與」亦當作「異」。莊子天下篇：「惠施曰：大同而與小同異，此之謂小同異；萬物畢同畢異，此之謂大同異。」此云「物盡異」，即謂萬物畢異也。蓋物爲總名，大也，獸爲四足動物之專名，小也。猶荀子正名篇以萬物爲大共名，鳥獸爲大別名是也。然牛馬復爲獸類之種別，是又獸爲四足之大名，牛馬爲四足之小名。明大小無定，隨所言而物盡異也。此與經下文「物盡同名」亦正相對。畢讀「物盡」句，張云「與」疑衍，或三「與」字並音「餘」，皆非是。此釋經下「駟異說，推類之難，說在之大小」。經「駟異說」當作「四足牛馬異說」，「在」下蓋脱「名」字。**此然是必然，則俱。**謂同物同名，即莊子所謂「小同」。經上云：「同，異而俱於之一也。」**爲麋同名。**「爲」疑當爲「如」，艸書相似而誤。麋，舊本誤糜，今據道藏本、吴鈔本正。謂若是麋，則其名盡同。又疑「爲」當爲「馬」，馬麋同爲四足獸也。亦足備一義。此釋經下「物盡同名」。張、楊讀「則俱爲麋」句，張云「糜，靡同」，楊云「謂糜爛也」，並非。**俱鬭，**顧讀句。**不俱二，**張云：「有二人然後鬭，然可云俱鬭，不可云俱二。」**二與鬭也。**二，舊本誤「三」，顧改爲「二」，云：「『三』字誤。」案：顧校是也，張校同，今據正。以下並廣推物同名之說。經說上云：「俱處於室，合同也。」言二人相合斯謂之俱，若俱鬭，雖是二人，然是不相合之俱，故云「不俱二」，與下文云「俱一」義略同。此釋經下「二與鬭」。**包、**疑當作「色」。**肝、**句。**肺、**句。**子，**句。**愛也。**張云：「四者俱人所愛，而所以愛者異。」**橘茅，**吴鈔本作「茆」。**食與招也。**張云：「茅亦可食，而巫以茅招神，不與橘同食。周禮司巫云『旁招以茅』。」案：張說亦通，但此文與同名不相應。竊疑此「橘」當爲「楙」，爾雅釋木云：「楙，木瓜。」毛詩衛風木瓜傳云：「木瓜，楙木也，可食之木。」說文「楙」从林，矛聲，與「橘」上半形相近，聲類與「茅」同。此謂二字同音，而一以食，一以招，同音〔二〕異實也。招，道藏本作「抬」，誤。畢云：「已上釋

〔二〕「音」，原誤「言」，據文義徑改。

經下『愛，食與招』。」**白馬多白，**句。**視馬不多視，**視馬，蓋言馬之善視者。此謂白馬、視馬語意異而辭例同。張云：「『視馬』即盼馬。小取篇云『之馬之目盼，則爲之馬盼』。」案：張說非是，詳小取篇。**白與視也。**畢云：「已上釋經下『白與視』。」**爲麗不必麗，不必麗與暴也。**此文難通。「麗與暴也」上疑衍「不必」二字。張云：「暴，惡也。爲麗者不必麗也，雖不必麗，然非暴也。」案：張讀下「爲非」二字屬此，非是，其說亦恐未塙。楊云：「公孫龍子通變論：『黄其馬也，其與類乎；碧其雞也，其與暴乎。暴則君臣爭而兩明也。兩明者，昏不明，非正舉也。非正舉者，名實無當，驪色章焉。』」案：楊據公孫龍書證此「與暴」之義，亦未知當否。若然，「麗」亦或即「驪」之譌文。但彼書「與類」、「與暴」義並難通，而此上下文並以某與某相對爲文，則與彼書又似不相應。疑未能明，姑從蓋闕。**爲非以人是不爲非，若爲夫勇不爲夫，爲屨以買衣爲屨，**吴鈔本首「屨」字上無「爲」字，誤。此疑當作「若爲夫以勇不爲夫，爲屨以買不爲屨」，蓋爲非以人是不爲非者，凡已爲非理之事爲非，議人所爲之非亦爲非，今庰人之非，則非其自爲非。經下云「非誹者諄」，即此「非」字之義。若爲夫以勇不爲夫者，上夫爲勇夫之夫，下夫爲夫婦之夫。言以勇偁夫，則非爲夫婦之夫。爲屨以買不爲屨者，言爲屨而買之於人，則非其所自爲也。此並論異意同辭，三句文例略同，可以互校。今本「爲夫」下脱一「以」字，不爲屨「不」又譌「衣」，遂不可通。楊云：「韓非子詭使篇『而輕刑法，不避刑戮死亡之罪者，世謂之勇夫』。」張云：「『勇』當爲『男』，若名爲夫，則凡男子不得爲夫。」案：張說非是。**夫與屨也。**畢云：「已上釋經下『麗與，夫與履』。履同屨。」詒讓案：經「麗與」下疑脱「暴」字。**二與一亡，**句。**不與一在，**此言分一體爲二，一既化二，即爲無一。公孫龍子通變篇云「曰二有一乎？曰二無一」，即此義。**偏去**下疑脱「之」字。言分一體爲二偏，則可去其一偏也。此釋經下「一，偏棄之」。**未。**此字疑衍，似即上句「之」字之譌。或云當屬上句，云「偏去未」，謂或去、或未去也，經說上云「難宿，成未也」，亦通。**有文實也，**張云：「文實猶名實。」案：張説是也。經說上云「舉，告以文名，舉彼實也」，是其證。或謂「文」並當爲「之」，之猶此也，亦通。**而後謂之；**句。**無文實也，則無謂也。**謂有名實始有所謂，無名實則無所謂。大恉與公孫龍子名實篇所論略同。**不若敷與美。**張讀「不若敷與」句，云：「敷與，氾與也。經所謂『因』。」案：張説亦難通，「不」字疑衍。「敷與美」疑當作「假與義」。經下云「使，殷、美」，亦似當作「使，假、義」也。漢衡方碑「假」作「徦」，魏高湛碑「假」作「仮」，與「敷」、「殷」並相似。此言有名實可謂，則與類相比附，是謂之義。無名實可謂，則當假借他物以謂之，是謂之假，即後文「假必非也」之義。**謂是，**句。**則是固美也。**「美」疑亦「義」之誤。**謂也，**疑當讀爲「他」。**則是非美。**疑亦當作「義」，非義，即所謂假也。**無謂，則報也。**「報」與「美」文相偶，疑即上文之「敷」，亦當爲「假」之譌。或云報與反義同，經下云「唯吾謂，非名也則不可，説在仮」是也。又疑「報」或當作「執」，言我無謂，則彼將堅執其説。經説上云「臺執」，又云「執服難成」。三説並通，未知孰是。此釋經下「謂而固是也，説在因」。**見不見離，一二不相盈，廣脩、堅白。**脩，舊本譌「循」，今據俞校正。此言若堅白在石，見白不見堅，見堅不見白。白一也，堅二也，二者離則不能相盈。相盈猶相函含也。若離者合之，則無不相盈。如廣脩本爲二，而從衡相函則爲一。堅白亦爲二，而色性相含則爲一。此皆二而一者也。此釋經下「不可偏去而二，説在見與俱、一與二、廣與循」，「循」即「脩」之譌。公孫龍子堅白篇云：「堅白石三，可乎？曰：不可。曰：二，可乎？曰：可。曰：何哉？曰：無堅得白，其舉也二；無白得堅，其舉也二。曰：得其所白，不可謂無白；得其所堅，不可謂無堅。而之石也之於然也，非三也？曰：視不得其所堅而得其所白者，無堅也；拊不得其所白而得其所堅者，無白也。曰：天下無白，不可以視石；天下無堅，不可以謂石。堅、白、石〔一〕不相外，藏三可乎？曰：有自藏也，非藏而藏也。曰：其白也，其堅也，而石必得以相盈，其自藏柰何？曰：得其白，得其堅，見與不見離。一一不相盈，故離。離也者，藏也。曰：石之白，石之堅，見與不見，二與三，若廣脩而相盈也。其非舉乎？〔二〕曰：循石，非彼無石，非石無所取乎白石。不相離者，固乎然，其無已！曰：於石，一也；堅白，二也，而在於石。故有知焉，有不知焉；有見焉，有不見焉。故知與不知相與離，見與不見相與藏。藏故，孰謂之不離？」即此書之義。**舉不重，**言無重不舉。**不與箴，**畢云：「疑當云『不舉箴』。」詒讓案：「箴」即「鍼」之叚字。一切經音義引字詁云：「鍼，又針、箴二形，今作針。」說文金部云：「鍼，所以縫也。」**非力之任也。**言箴之舉與不舉，於力無與，即下文「舉之則輕，廢之則重，非有力也」之義。**爲握者之⿰角頁倍，非智之任也。**俞云：「字書無『⿰角頁』字，疑『⿰角卓』字之誤。玉篇角部：『⿰角卓，女卓切，握也。』」案：俞說非是。「⿰角頁」當爲「觭」，形近而誤。其讀當爲奇，周禮大卜杜子春注云：「觭，讀爲奇偶之奇。」說文角部云：「觭，角一俛一仰也。」莊子天下篇云「觭偶不仵」，經上云「倍，爲二也」。觭倍者，觭爲一，倍爲二，與「觭偶」義同。或云「倍」即「偶」之譌，亦通。此言握物，而使人射其奇偶之數，雖或億中，不足以爲智，故云「非智之任也」。**若耳目異。**謂視聽殊用，

〔一〕「石」字原脱，據公孫龍子堅白論補。

〔二〕公孫龍子堅白論此處有「曰：物白焉，不定其所白；物堅焉，不定其所堅。不定者兼，惡乎其石也」一段答詞，此引脱去。

各有所不能。依張說，此釋經下「不能而不害，說在害」。**木與夜孰長，**張云：「木長非夜長。」**智與粟孰多，**張云：「智多非粟多。」**爵、**謂貴爵。**親、**貴其所親者。**行、**德行之貴。**賈，**賈直之貴。**四者孰貴？**吳鈔本脱此字，非。張云：「各貴其貴也。」**麋與霍孰高？**霍，吳鈔本作「藿」，此字篇中四見，此與「麋」同舉，下文又與「狗」同舉，則必爲獸名。以字形校之，疑當作「虎」。俗書「虎」、「霍」二字上半形相近，旗幟篇「虎旗」譌作「雩旗」，可以互證。史記楚世家：「西周武公曰：若使澤中之麋蒙虎之皮，人之攻之，必萬於虎矣。」張云：「『霍』疑當爲『隺』，麋，獸之高者；隺，鳥之高者。」案：張說亦通。**麋與霍孰霍？**此句疑涉上文衍。**蚒與瑟孰瑟？**張云：「蚒蓋蟲名，瑟、蝨同。言麋不可以爲隺，蚒不可以爲瑟，各異類。」案：張說未塙。「蚒」即蚓之異文。第一「瑟」字疑當作「蠶」，並詳經說上篇。第二「瑟」字疑當爲「長」，涉上譌文而又譌。或謂此當作「蛇與龜孰長」？莊子天下篇云「龜長於蛇」，於義得通。但經說上云「免瑟」，又云「免蚒」，以文義校之，「免」當爲「它」，則「蚒」不得又爲「蛇」字。或說不可通於彼也。此皆言輕重、多少、長短、貴賤之迴異者，不足相比。依張說，此釋經下「異類不吡，說在量」。吡、仳同。**偏，**句。**俱一無變。**偏者一之分，分之則偏，合之則一，所謂「俱一」也。然分合雖不同，而一全體，二半體，無增減，故云「無變」，即經云「莫〔一〕加少」也。張云：「俱一，各有其一也。無變，故也。」案：張未憭「俱一」之義，說詳後。依張說，此釋經下「偏去莫加少，說在故」。**假，**吳鈔本此字不重。**假必非也，而後假。**說文人部云：「假，非真也。」小取篇云：「假者，今不然也。」

〔一〕「莫」，原誤「無」，據經下改。

狗假霍也，猶氏霍也。「霍」亦並當爲「虎」。張云「疑亦『雀』字」，非是。此言狗假虎名，猶以虎爲氏也。古名禽獸草木亦通謂之氏，大戴禮記勸學篇云「蘭氏之根」、「懷氏之苞」是也。依張説，此釋經下「假必誖，説在不然」。物或傷之，句。然也。即經云「物之所以然」也。見之，句。智也。即經云「所以知之」也。張云：「智讀爲知。」告之，句。使智也。即經云「所以使人知之」也。告，舊本譌「吉」。王引之云：「『吉』當爲『告』。智與知同，欲使知之，故告之也。下文曰『告我則我智之』。」案：王校是也，張校同，今據正。物或傷之，即經所謂「病」也。見之則知其病，告之則使人知其病。依張説，此釋經下「物之所以然，與所以知之，與所以使人知之，不必同，説在病」。疑逢，此述經，與下爲目。畢云：「舊作『蓬』，下同，以意改。」爲務則士，此語難通。以意求之，疑「務」當讀爲鍪。荀子哀公篇「務而拘領」，淮南子氾論訓「務」作「鍪」，是其例。説文虛部云：「䖒，土鍪也。」金部云：「鍪，鍑屬也。」禮記内則孔疏引隱義云：「堥，土釜也。」鍪、堥字通。「士」當爲「土」，形近而譌。史記殷本紀「相土」，周禮校人注引世本作「相士」。言土壤至賤，而爲鍪者或用土爲之。明物無貴賤，逢所便利也。爲牛廬者夏寒，説文广部云：「廬，寄也。秋冬去，春夏居。」此「牛廬」蓋以養牛，若馬之庌。周禮圉師「夏庌馬」，鄭注云「庌，廡也。廡所以庇馬涼。」吴子治兵篇云：「夏則涼廡。」蓋牧馬牛者並有之。凡爲廬者欲其暖，而庌則取其夏寒，此即經「逢」字之義。逢也。舉之則輕，廢之則重，非有力也；公羊宣八年傳云「去其有聲者，廢其無聲者」，何注云：「廢，置也。」此與前舉箴之喻同。沛從削，非巧也；張云：「『沛』當作『柿』，木之見削而下者。」案：張校是也。説文木部云：「柿，削木札樸也。」隸變作「柿」。言木柿從所削，不足爲巧也。若石羽，此未詳其説。莊子天下篇云「若羽之旋，若磨石之隧」，此或與彼同，蓋亦循從自然之義。**循也。**循，舊本譌「楯」，今依經下改。說文彳部云：「循，行順。」此亦當詁爲順，與「柹從削」之「從」義同。**鬬者之敝也以飲酒，若以日中，**「日中」謂市也。易繫辭云「日中爲市」，市以日中時爲最盛，即周禮司市所謂「大市日昃而市」，故因謂市爲日中，猶嫁娶之禮用昏，因謂之昏也。古市朝或謂之日中之朝，晏子春秋外篇云「刑死之罪，日中之朝，君過之則赦」，即司市之國君過市，則刑人赦，是其證也。凡飲酒及市，皆易啟爭鬬，故下云「不可知也」。**是不可智也，**智、知通，下同。**愚也。**依經當作「遇也」，「愚」、「遇」聲之誤。**智與？**句。**以已爲然也與？**句。**愚也。**依經當作「過也」，蓋「過」涉上文而譌爲「遇」，又譌爲「愚」。下文云「過而以已爲然」，可證。「過」謂已過之事。言或固知之，抑或本不知，而以已然之事推之。此釋經下「疑，說在逢、循、遇、過」。張以「舉之則輕」以下至此，爲釋經「合與一，或復否，說在拒」，非是。**俱，**句。**俱一，**經上云：「同，異而俱於之一也。」又經說上云：「俱處於室，合同也。」言合者則爲一。**若牛馬、四足。**牛馬者，散名而兼言之也。四足者，大名而通言之也。兼與通言皆爲一。上文云「謂四足獸，與牛馬異」，即其義。張云「牛馬四足，足各一也」，非是。**惟是，**句。**當牛馬。**惟，經同，亦當作「唯」。謝希深公孫龍子注云：「唯，應辭也。」案：唯是，言應者則爲是，或牛或馬，名實相符，則此呼而彼應，是名當其物也。經說上云「當牛非馬」，又云「當馬非馬」。公孫龍子名實篇亦有唯當之論，與此義同，詳後。**數牛、數馬，**句。**則牛馬二；**句。**數牛馬，**句。**則牛馬一。**俞云：「數牛、數馬，則牛馬二，謂分牛、馬而數之也。數牛馬，則牛馬一，謂合牛馬而數之也。畢讀『惟是當牛馬數』爲句，失之。」**若數指，**句。**指五而五一。**張云：「指有五，五而俱爲指，五還爲一。」案：張說非是。此言合數之，爲五指；分數之，則爲一指者五也，亦「俱一」與牛馬二、一之義。依張説此釋經下「物一體也，説在俱一、惟是」。**長宇**，此述經文，畢讀「長」屬上句，非。**徙而有處，宇。**莊子庚桑楚篇云：「有實而無乎處者，宇也。有長而無本剽者，宙也。」文子自然篇：「老子曰：往古來今謂之宙，四方上下謂之宇。」淮南子齊俗訓、莊子齊物論釋文引尸子，又庚桑楚釋文引三蒼，説並同。宇者，彌亙諸方，其位不定，各視身所處而爲名。若處中者，本以南爲南，叚令徙而處北，則復以中爲南，更益向北，則鄉所爲北者亦轉而成南矣。四方隨所徙而易，並放此。然方位雖屢徙不同，而必實有其處，故云「徙而有處」。莊子云「無乎處者」，則據其轉徙無常者言之，與此文義不相硋也。**宇，南北在旦有在莫，宇徙久。**旦，舊本譌「且」。王引之云：「經説上云『宇，東西南北』，此不當言南北而不及東西，蓋有脱文。『且』當爲『旦』，有讀爲又。此言宇徙則自南而北，自東而西，歷時必久，屢更旦莫，故云『宇徙久』，又云『在旦又在莫』。經説上云『久，古今旦莫』是也。」畢云：「已上釋經下『宇或徙，説在長宇久』。」案：王説是也。但此云「宇南北」，乃約舉之詞，王疑其不當不及東西，非也。後文説或云「然而謂此南北」，與此文例正同。**無堅得白，必相盈也。**此即堅白石之論。謂視之但見石之白，不見石之堅，而堅之性自含於白之中，故云「必相盈也」。又疑「必」當爲「不」，即説上「堅白異處不相盈」之義，亦通。此義皆見公孫龍子堅白論篇，並詳上篇。此釋經下「不堅白，説在。無久與宇，堅白，説在因」。經及説似皆未全。**在堯善治，**「在」疑當作「任」，下同。任猶舉也。張云「在，察也」，亦通。**自今在諸古也。自古在之今，則堯不能治也。**言堯不能治今世之天下。下文云「堯之義也，是聲也於今，所義之實處於古」，亦即此義。此釋經下「在諸其所然、未者然，説在於是推之」，「在」疑亦「任」之誤。「未者然」三字，疑當作「諸未然」，文亦有脱誤。**景，**俞讀句。**光至景亡，**俞讀句。**若在，**俞讀句。**盡古息。**俞云：「句首『景』字，舉經文而說之。『光至景亡』者，謂所以有景由無光也，下文曰『足敝下光，故成景於上；首敝上光，故成景於下』是也。光之所至，則景亡矣。『若在，盡古息』，又與上句反復相明。言景若在，則光盡古息也。盡古，猶終古也。考工記『則於馬終古登阤也』，莊子大宗師篇『終古不忒』，是『終古』爲古人恒言。釋名釋喪制曰『終，盡也』，故終古亦曰盡古也。畢讀皆誤。」案：「若在盡古息」，息當訓爲止，即經「不徙」之義，亦即莊子天下篇所謂「飛鳥之景未嘗動也」，司馬彪亦據此釋之。大意蓋謂有光則景亡，有景則光蔽，若其景在，則後景即前景，盡古常息止於是，形雖動而景若止而無改也。畢讀「景光至」句，「景亡若在」句，張云「光之所至謂之景」，並誤。俞說得之，而以息爲亡，則與經不合。殷家儁云：「光至，謂光複過物徑也。至，極也，影止，漸不見也。」案：殷訓至爲極，亦非是。此釋經下「景不徙，說在改爲」。**景，**句。**二光夾一光，一光者景也。**謂若日在東而西縣鑒，鑒受日光，反射人而成景，是日光與鑒光爲二，而人景在日與鑒之間，是即二光共夾之也。張云：「二光，日與人也，夾之光是爲景。」案：張說似失其義。**景光之人煦若射。**之猶與也。言景光與人參相射。說文火部云：「煦，蒸也。一曰赤皃。」又日部云：「昫，日出温也。」楊謂煦、昫通，近是。蓋謂如日出時之光四射也。張云：「景者，光所爲之人也，煦然而至若射。」案：張說未塙。此釋經下「住景二，說在重」。「住」疑當作「位」，讀爲立。**下者之人也高，**張云：「高猶上也，景在下者，其人在上。」**高者之人也下。**張云：「景在上者，其人在下。」**足敝下光，**張云：「敝讀曰蔽。」**故成景於上；首敝上光，故成景於下。**陳澧云：「此解窪鏡照人影倒之故也。」劉嶽雲云：「即西法所謂射光角與回光角相等，由交點射景入壁，故令景倒也。」詒讓案：此即塔影倒垂之義，詳經下。此釋經下「二，臨鑑而立，景到，多而若少，說在寡區」。「寡」疑「空」之誤，即謂窪鏡中爲圓空也。但說無多少寡區之義。又經此條在前「宇或徙，說在長宇久」

條後，與說敘次不合。竊疑此當並屬下條，以下經亦有「景到」之文也。而「二臨鑑景到」一經，說或已不存。此篇文本多脫譌，疑未能定也。**在遠近有端與於光，**此疑即格術之義。端即沈括鰱臬之喻。「與於光」謂礙光綫之射，亦詳經下。**故景𢉖內也。**畢云：「𢉖，舊作『庫』，盧以意改。」案：盧校是也。謂景障於內，即光學家所謂約行綫交聚處不見物是也。殷氏謂「景庫」謂聚光點，非是。此釋經下「景到，在午有端與景長，說在端」。**景，**句。**日之光反燭人，**句。**則景在日與人之間。**張云：「所謂二光夾一光。」劉云：「此釋回光之理，如人依鑑立，日射鑑上，若人與日之間有壁，其距鑑與日距鑑交角等，則人必成景於上。若其閒無壁，則回光綫成景極長，而射於無量遠空界中。凡海與沙漠，恒見樓臺人物之象，即此理。然雖無量遠空界中，仍爲景在人與日之閒也。」詒讓案：日照於東則人景在西，今以西鑒之光反燭人成景，則景又在東矣，故云「在日與人之閒」。此釋經下「景迎日，說在摶」。「摶」疑「轉」之誤。**景，**句。**木柂，**柂，「迤」之叚字，詳經下，道藏本作「杝」。畢云：「猶言木斜。」殷云「『木』即謂立柱也」。**景短、大。**斜近地，故景短。陰景濃，光不內侵，故大。殷云：「『木』即謂立柱也。短，淡也。大，光複多也。淡者雖長，而視之如短，不清故也。」案：殷說與文義相迕，不可從。**木正，**句。**景長、小。**正遠地，故景長。光複映射，景界不清，故小。殷云「正則長，近根則清也。小，光複小也」，亦非是。**大小於木，**疑當作「光小於木」。**則景大於木，**鄭復光云：「光與物大小相等，其景雖遠，相等而無盡。物大光小，則景漸遠漸大而無量。」**非獨小也。**「獨」疑當作「猶」。言景不與木同。張云「承上言大小非與景爲大小，乃於木爲大小。言景有時大於木，非獨小於木也」，亦通。畢云：「已上以表言。」**遠近臨正鑒，**疑當作「臨鑑立前」，經云「臨鑒而立」。**景寡、**疑當作「景多寡」，屬下讀。張云：

「正臨鑑者景則寡，遠近皆然。寡亦小義。」案：張說未塙。**貌能、白黑**，貌，吴鈔本作「皃」。張云：「能，態字。」案：張說是也。備城門篇「態」作「能」，此又「能」之省。劉云：「此論因光見色之理也。」**遠近、柂正**，句。**異於光鑒**。此冢上「多寡」以下，言光之所照與鑒之受光，各因物而異。張云：「此言非獨長短、大小，即貌態、白黑，亦遠近、柂正，則光鑒各異。」案：張說未允。此釋經下「景之小大，説在地缶遠近」。「地」即「柂」之誤。**景當俱就**，疑當作「景就當俱」，與下「去當俱」文正相對。「就」謂漸近，綫景不一，而同爲約行也。**去尒當俱**。「去」謂漸遠，綫景不一，而同爲侈行也。畢云「『尒』疑『亦』字。」**俱用北**。疑當作「由比」，言俱之義猶比也。**鑒者之臭**，張云：「『臭』字未詳，義當作道字解。」殷云：「『臭』之爲言蓄也。」案：張、殷説並不塙。「臭」疑並當作「具」，具與俱通，大取篇亦云「具同」。**於鑒無所不鑒。景之臭無數，而必過正**。此言鑒者不一，則景亦無數。必過正，似謂光綫必穿交點而過。殷云：「正則當限之內，體正而明也。過正則影倒，而線侈行矣。」案：殷説亦通。劉云「言光綫必正行也」，恐非。**故同處**，張云：「同一處。」**其體俱**，經説上云：「俱處於室，合同也。」張云：「物體又同。」**然鑒分**。謂中內外景遠近大小正易不同。張云：「然而鑒有分。」**鑒中之內**，句。**鑒者近中**，句。**則所鑒大**，「大」上吴鈔本有「者」字。**景亦大**；句。**遠中**，句。**則所鑒小**，句。**景亦小**，陳云：「此謂突鏡也。」案：陳説近是。凡突鏡，邊容下而中高處，其面微平，故有內外界。「中之內」，謂平面之內也。劉云「近中、遠中，指人距鏡中心言，據此，仍當爲凹面鏡也」，亦通。殷云「中謂交於中綫」，恐非是。**而必正**。張云：「大小皆正不斜。」**起於中，緣正而長其直也**。謂中之內其景必起於中心，緣其正而外射爲長直綫也。張云：「所以正者，由其景起於中，景緣鑒之正而長與人相直故也。」案：張訓「直」爲參直之義，恐非。楊云：「長，進也。直者，準直，謂光綫也。謂遠物象起於前限，緣正影透鏡而進，其光綫交合於後限，所謂斂行者是也。」案：楊訓「長」爲「進」，尤誤。所説光理亦未必與此合，姑存以備攷。**中之外，**謂突鏡平面之外近邊低仄處。**鑒者近中，**張云：「雖中之外，亦以中爲節。」**則所鑒大，**句。**景亦大；**句。**遠中，**句。**則所鑒小，**句。**景亦小，**景亦近大遠小，與「中之内」同。**而必易。**鏡側，邪面既不平，則光綫邪射，其景亦易。「易」即邪也。張云：「大小皆斜不正。」楊云：「易，變也，正之反也。」案：楊説非是。**合於中而長其直也。**舊本「合於」下無「中」字。王引之云：「『於』下蓋脱『中』字。上文云『必正，起於中，緣正而長其直也』，此亦當云『易合於中』。」案：王校是也，今據補。楊校增「中」「緣」「易」三字，亦近是。此謂突鏡當中之外，其景雖邪而仍與中相應，緣其邪而旁射爲長直綫也。張云：「而長，所長也。中之外得景必斜，然合於正之長者也，亦以直對故也。」案：張説未塙。殷云：「凡以一凸窺物收光，限内之影爲正象，限外之影爲變象，即此。至以又一凸窺前凸象，兩限相入者，兩凸限内之影同。兩限相切與相離者，兩凸限内之影異。其理亦猶是也。」楊云：「謂斂行綫合於後限，緣變影直進而散其光綫，淺至於無窮，所謂侈行者是也。」案：殷、楊説略同，所釋光理於此亦未必合，姑存以備考。此釋經下「鑑位，景一小而易，一大而缶，説在中之外内」。經此後有「鑑團，景一」一條，無説。又此二條並在前「不堅白，説在。無久與宇，堅白〔二〕，説在因」之前，與説敘次亦不合，並傳寫之誤。**鑒，鑒者近，則所鑒大，景亦大；**劉云：「近遠指人距鑑

〔二〕「堅白」二字原脱，據經下補。

面言。」亣遠，亣，舊本作「亦」。張云：「衍。」王引之云：「『亦遠』當作『亣遠』。亣，古『其』字，與『亦』相似，又因上下文『亦』字而誤。」案：王校是也，今據正。此對上文「鑒者近」言之。所鑒小，景亦小，而必正，即發光點與受光處，距遠景小，距近景大之義。詳經下。景過正。以上與上文略同，張以下「故」字屬此讀，亦通。此釋經下「天而必正，說在得」。「天」即「大」之誤。畢云：「已上以鏡言。」故招負衡木，張云：「招，直木也。親士篇曰『招木近伐』。」案：張說未塙。「招」當爲「橋」，聲近字通。親士篇「招木」亦當爲「喬木」。曲禮云「奉席如橋衡」，鄭注云：「橋，井上㮴槔，衡上低昂。」孔疏云：「衡，横也。」說苑文質篇云：「爲機，重其前輕其後，命曰橋。」莊子天地篇云「鑿木爲機，後重前輕，其名爲槔」，釋文云：「槔，本又作『橋』。」吳越春秋句踐陰謀外傳作「頡橋」。淮南子主術訓云「今夫橋直植立而不動，俛仰取制焉」，彼以橋爲直，明與衡横別。高注云：「橋，桔皐上衡也，植柱權衡者。」高并橋與衡爲一，非。加重焉畢云：「加，舊作『如』，以意改。」而不撓，言平而不偏撓。極勝重也。畢云：「極，謂權也。」張云：「勝重之至。」案：古書無訓「極」爲權者，畢說不足據。張訓「極」爲至，亦非。「極」當即上文之「衡木」。說文木部云：「極，棟也。」屋棟爲横木，引申之，凡横木通謂之極。漢書枚乘傳云「單極之綆斷幹」，顏注引孟康云：「西方人名屋梁爲極。單，一也。一梁謂井鹿盧也。言鹿盧爲綆索，久鍥斷井幹也。」枚云「單極」，與此「極」正同，謂桔皐上之一衡木也。汲綆繫於其上，故久鍥而斷井幹。孟說以爲「井鹿盧」，未塙。而以屋梁況「極」，則不誤。「極勝重」者，言加重於一偏而不撓者，因衡木前重能勝之也。右校交繩，張云：「徐鍇說文繫傳曰：『校，連木也。』交繩連木。右，未詳。或者『校』爲急疾，考工記云『釋之則不校』。謂以右手校繩而急之。」案：張說未塙。「校」疑「權」之譌，艸書相近。交繩，疑謂繫權之繩與他繩相交絓。無加焉而撓，極不勝重也。衡加重於其一旁，句。必捶。畢云：「此錘字假音。陸德明考工記音義云：『直僞反，劉直危反。』」張云：「衡，稱也；捶，偏下也。」權重相若也，相衡則本短標長。畢云：「標猶杪末也。」楊云：「管子『大本而小標』。廣雅釋詁：『標，末也。』」兩加焉，重相若，句。則標必下，此即下文「長重者下」之義。張云：「使兩頭各加重，雖相若，而標必下。」標得權也。張云：「以其長，故得權也。」詒讓案：謂標長故偏得其權之重。此釋經下「貞而不撓，説在勝」。「貞」即「負」之誤。挈，有力也；説文手部云：「挈，縣持也。」「提，挈也。」張云：「挈，自上挈之。」引，無力也。張云：「引，自下引之。」不正，畢云：「舊作『心』，以意改。」所挈之止於施也。疑當作「正於柂也」。於猶如也，如猶與也，見王引之經傳釋詞。施與迤、柂並同，謂邪也。詳經下。正於柂，猶言正與邪也。繩制挈之也，若以錐刺之。疑儗繩直之形。挈，謂上挈之；此與下云「收」，並述經而釋之。長重者下，句。短輕者上，張云：「挈，衡上之繩，所以挈衡者，過長，則重者將下；過短，則輕者將上。此上下謂衡低昂。」上者愈得，句。下下者愈亡。張云：「次『下』衍。上，衡也，上得，物重也。下，權也，下亡，權失重也。挈長短之弊。」案：張説是也。謂上昂之力愈增，則下低之力愈失。繩直權重相若，句。則正矣。畢云：「正，舊作『心』，以意改。」張云：「當其權不長不短。」收，張云：「收，權之繩也。」詒讓案：廣雅釋詁云：「收，取也。」謂下引之。上者愈喪，下者愈得。張云：「物輕則衡失其重，是爲上喪。權之勢將得其重，是爲下得。」上者權重盡，則遂挈。張云：「『上者權重盡』，謂全無物。『遂挈』者，權將内遂，著挈乃止。」案：張説未塙。此謂下收之有力。遂、隊通，見法儀篇。蓋謂權重盡，則標仰，隊其所挈。畢云：「已上以權衡言。」

鄒伯奇云：「此一段升重法也。」依張、楊說，此釋經下「挈與枝板，說在薄」。案：當作「挈與收，說在權」。**兩輪高，**當云「爲高」。**兩輪爲輲，**四輪高卑不同，故車成梯形也。畢云：「襍記云『載以輲車』，鄭注云：『輲讀爲輇，或作輇。』說文云：『輇，蕃車下庳輪也。』又鄭注既夕記云：『許叔重說有輻曰輪，無輻曰輇。』」張云：「輪高而輇卑。」**車梯也。**古乘載車皆兩輪而平，此四輪而前高後低，是爲車梯。依下文，蓋假爲斜面升重之用。據史記集解引服虔說，以軒車爲雲梯，則人升高或亦用之矣。**重其前，**縣重於前，蓋以助升重之力，其一端繫於所升之物，所以挈之也。**弦其前。**畢云：「弦，直也。」案：畢說難通。「弦」疑當作「引」，隸書「弦」、「引」形近。隸釋漢陳球碑「引」作「弘」，廣韻十六軫云「引，弘同」，並其證。既縣重，更於車前別以繩引之，欲使所升之重物自斜面漸進而上也。或云當作「引其後」，文義較遜。**載弦其前，**此申言之，或涉上下文而衍。**載弦其軲，**「弦」亦當作「引」，下云「繩之引軲」可證。畢云：「玉篇云：『軲，古胡切。』廣雅云：『軲，車也。』曹憲音枯，又音姑。案『軲』、『轂』音相近，疑『轂』字異文。」案：畢說未塙。「軲」以字形校之，頗與「軸」相近，而以聲類求之，則疑當爲「前胡」之叚字。周禮大行人侯伯「立當前侯」，注：「鄭司農云：前侯，駟馬車轅前胡，下垂拄地者。」是也。胡在車前，與此上文正合，義爲長也。此與下句亦申言重其前、引其前之義。**而縣重於其前，**句。**是梯**畢云：「舊作『埗』，據上文改，下同。」**挈且挈則行。**疑當作「挈且引則行」。「行」謂重物上升無所阻滯，與車行異也。**凡重，**句。**上弗挈，**說文所謂縣持。**下弗收，旁弗劫，**劫，疑「抾」之借字。廣雅釋言云：「抾，挹去。」與引義略同。**則下直。**張云：「其著於下也必直。」詒讓案：直與正義同，言其重心必就下而正。**抛，**句。**或害之也。**張云：「抛與㧻同，不直也。或害之，乃不直。」案：張說是也。「抛」

即前「木柂」之「柂」，言重物不挈之、收之、劫之，則下必正；其不正者，必或挈、或收、或劫害之也。**沶**言拕則重勢偏下，而流不得止也。畢云：「公羊傳桓十年有云『沶血』，陸德明音義云『古流字』。」**梯者不得沶，**畢云：「舊作『汴』，據上改。」案：吴鈔本正作「沶」，不誤。張云「當作『下』」，非。**直也。**言梯雖邪而重物不下流者，以其挈引之，而無異直升也。**今也廢尺於平地，**張云：「廢，置也。置一尺之物於平地。」詒讓案：「尺」疑當爲「石」，下云「垪石、絫石」，是其證。**重不下，**「下」即流也，或當爲「沶」之譌。**無䠙也。**畢云：「玉篇云：『䠙，蒲唐切，踉䠙欲行皃。』正字通以爲腿字之俗。」張云：「『䠙』當作『旁』，雖重不下柂，以平地無旁空缺處也。此解經『廢材』。」案：「䠙」字之義與此文無會，正字通尤俗册不足據也。張讀爲旁亦難通。此疑當爲「踦」之形誤，戰國策云「必有踦重者矣」。言廢石於平地，則雖重而必不流者，以其無偏踦也，故云「無踦」。又案「廢尺」與「廢材」義同，而非釋經「廢材」之義，張説亦誤。**若夫繩之引軲也，是猶自舟中引横也。**張云：「以繩引車，必從旁引，猶舟中横引岸上之物，兩旁有空缺處，必下矣。」案：張説非是。説文木部云：「横，闌木也。」此蓋以爲舟前横木之名。廣雅釋水云：「艆謂之桄。」集韻十一唐云：「桄，舟前木也。」一切經音義云：「桄，古文『横』同。」是二字音近字通。言車梯之引其軲與舟中引其横，皆藉引之力也。**倚、倍、拒、堅，**「堅」當作「掔」。説文手部云：「掔，固也。」又與「牽」通，見迎敵祠篇。言相依倚，相倍負，相榰拒，相掔引。**⿰身出倚焉則不正，**畢云：「唐、宋字書無『⿰身出』字，正字通云：『俗字。舊注音嗔，走貌。』」詒讓案：此字未詳，疑當爲「邪」。隸釋漢戚伯著碑「邪」作「⿰身阝」。變「牙」爲「身」，變「邑」爲「巳」，與「出」相似，因而致誤。**誰垪石、絫石耳。**此義難通。畢讀「誰垪」句，云：「垪，并字異文，已上以車制言。」張讀同。鄒云：「此一段轉重法也。」

案集韻十五青及類篇立部並以「竮」爲「屛」之或體，與此文義無會。畢說近是，而句讀則非。誰與唯通，言唯石與石相合并、重絫，則邪倚而不正，以其無挈引之故也。若車梯前有挈引之力，則雖邪倚，而引物升轉，不患其不正而流也。此釋經下「倚者不可正，說在剃」，「剃」即「梯」之譌。車梯用以升重，非正車制也，畢說非。**夾𡩋者，**畢云：「𡩋，『寑』字省文。」詒讓案：說文宀部：「寑，籀文省人作『𡪢』。」此又省又作「𡩋」。集韻四十七寑云：「寑，古作『𡩋』。」**法也。**張云：「當謂匠人作室絫石之法。」案：張說未塙。「法」疑當爲「柱」。說文木部云：「柱，楹也。」通言之柱、楹同；析言之，堂上兩柱謂之楹，房室及墻序藿依壁而立者謂之柱。夾寢，即謂夾寢室也。**方石去地尺，**疑謂柱下質礎。張云：「石高尺也。」**關石於其下，**方石之下，別以石爲關。張云：「又一石也。」**縣絲於其上，**張云：「絲，繩也。」**使適至方石，**句。**不下，**句。**柱也。**爾雅釋言云：「楮，柱也。」謂石柱絲，絲故不下。**膠絲去石，**張云：「膠，著也。去石，縣石而使去下方石也。」**挈也。**謂上提挈其絲。張云：「絲所以能縣石，是有挈之者。」**絲絶，**句。**引也。**張云：「從下引之即絶。」詒讓案：此釋經下「推之必往，說在廢材」，「推」、「往」即「柱」、「住」之誤。**未變而名易，**句。**收也。**收，依經下當爲「仮」。仮、反字同。言刀與糴輕重貴賤相反。張以此二句屬上節，誤。**買，**畢讀「買刀」句，誤。**刀糴相爲賈。**說文人部云：「糴，市穀也。」畢云：「『刀』謂泉刀。」**刀輕則糴不貴，**句。**刀重則糴不易。**張云：「易，輕也。刀輕則賤其糴以稱輕；刀重則貴其糴以稱重，所謂反賈。」**王刀無變，**張云：「王者所鑄，故曰『王刀』。」**糴有變，**句。**歲變糴則歲變刀。**張云：「以糴權刀，則刀亦變。」案：張說是也。此言糴之貴賤，每歲不同，則刀之重輕亦隨而變。依張、楊說，此釋經下「買無貴，說在仮其賈」。**若鬻子，**張讀屬上節，誤。**賈盡也**

者，盡去其以不讎也。「其」下據下文亦當有「所」字，言其所以不讎者，爲予賈未盡其數也，若盡其數，則其所以不讎者盡去矣。**其所以不讎去，**句。**則讎。**句。**𠙽賈也宜不宜，**謂讎者之正賈有宜不宜。**𠙽欲不欲。**謂所讎者有欲不欲，以意爲正。張云「買者賣者相宜，謂讎也。買者欲賤，賣者欲貴，是賈也」，亦通。**若敗邦鬻室，**國語越語云：「身斬妻子鬻。」**嫁子無子。**疑申論無不讎之義。依張說，此釋經下「賈宜則讎，説在盡」。**在軍不必其死生，聞戰亦不必其生，**當作「其死生」，或當作「在軍不必其生，聞戰亦不必其死」。在軍，謂方出師而兵未接。聞戰，則聞其已接戰也。**前也不懼，**張云：「前，在軍。」**今也懼。**張云：「今，聞戰。」案：依張、楊說，此釋經下「無説而懼，説在弗心」，「心」即「必」之誤。**或，**「或」即邦域正字，故下云「謂此南北」。前經下云「宇或徙」，説云「宇南北」，與此義正同。彼「宇或」亦即宇域也，詳前。**知是之非此也，**謂南或非南，北亦非北。**有知是之不在此也，**張云：「有讀曰又。」案：張說是也。謂南北在彼在此，名實無定，即「宇或徙」之義。公孫龍子名實篇云：「夫名，實謂也。知此之非此也，知此之不在此也，則不謂也。」與此經名實義亦同。**然而謂此南北，**即「宇南北」之義。**過而以已爲然。**此謂以身所在之域爲中，儻過此而北則前日所在之域轉謂之南。自此以前，每進益北，則所過成南。若由中過南，則南轉成北，所過亦然。故云「過而以已爲然」。莊子天下篇「惠施曰：我知天下之中央，燕之北、越之南是也」，釋文引司馬彪云「天下無方，故所在爲中」，即此義也。**始也謂此南方，故今也謂此南方。**言始與今所謂南方者，過而屢變，即「過而以已爲然」之義也。依張說，此釋經下「或，過名也，説在實」。**智論之，**張云：「智讀曰知，知而後有論。」**非智無以也。**疑有脱誤。依張說，此釋經下「知之否之，足用也，諄，説在無以也」。經文亦有譌脱。謂，句。所謂舊本「所」譌「非」，今據道藏本、吴鈔本正。非同也，則異也。同則或謂之狗，其或謂之犬也。張云：「狗犬之謂同。」異則或謂之牛，牛或謂之馬也。下「牛」字疑當爲「亣」，與上句文例同。張云：「牛馬之謂異。」楊云：「吕氏春秋審分篇：『以牛爲馬，以馬爲牛，名不正也。』」俱無勝，句。是不辯也。謂是非兩同，無以相勝，則不成辯。莊子齊物論云「是若果是也，則是之異乎不是也，亦無辯。然若果然也，則然之異乎不然也，亦無辯」，即其義。辯也者，或謂之是，或謂之非，當者勝也。畢本「當」下有「也」字，今據道藏本、吴鈔本删。張云：「既云『當』，是勝也。」詒讓案：言是非互見，得其當則勝也。依張説，此釋經下「謂辯無勝，必不當，説在辯」。無讓者酒，謂凡賓主獻酬之酒，於禮無讓。未讓，句。始也，不可讓也。依張、楊説，此釋經「無不讓也，不可，説在始」。案：「未讓，始也」，疑當作「不讓，殆也」。殆、始形近而誤，經同。凡相近而不讓謂之殆。後文「若殆於城門與於臧也」九字，文無所屬，疑本在此下而誤錯於彼，説詳後。於石一也，堅白二也，張云：「堅與白，二。」而在石。謂堅白含於石體之中，即經所謂「存」也。故有智焉，有不智焉，可。顧云：「『智』即知字。」詒讓案：「故」下疑脱「謂」字，以下智並與知通。此謂「石一」，而知堅者不知白，知白者不知堅。文亦見公孫龍子堅白篇，説詳前。依張、楊説，此釋經下「於一有知焉，有不知焉，説在存」。有指，謂有所指也。公孫龍子指物論篇有「非有非指」之説，與此似異。子智是，句。有智是吾所先舉，句。重。張云：「有讀曰又。」案：張説是也。以下文校之，疑當作「子智是，有智吾所无舉，是重」，「无」、「先」形近而譌。「子知是」是其一，又并知「吾所无舉」，是其重也。「吾所无舉」，即下文所云「吾所不舉」，「是重」與下文「是一」文亦正相儷。「重」謂二名一實，下文所謂「智，智狗；

重，智犬」是也。「子智是」，若知狗。「智吾所无舉」，若因狗知犬。重，則若狗犬同類也。**則子智是，而不智吾所先舉也，**「先」亦「无」之譌。**是一。**對上「重」及下「二」、「三」言之，謂唯知其一，若知狗而不知犬。**謂有智焉有不智焉也**〔二〕**。**謂知其一，而不知其二是一，猶上經云「於一，有知焉，有不知焉」也。**若智之，則當指之智告我，則我智之。**張云：「若果知之，則當指子之所知告我，則我知子之所知矣。」**兼指之，以二也。**謂并「吾所无舉」者而指之，若指狗則兼指犬，指一而所指二也。**衡指之，參直之也。**參、三同。經云「二絫」，「絫」亦「參」之誤，「二參」即二三也。言從衡指之，則參相直，以一兼二、參直爲三也。張云：「直，當也。」**若曰必獨指吾所舉，毋舉吾所不舉，**「毋舉吾」下吴鈔本有「之」字。吾所舉者一也，所不舉者二與三也。**則者固不能獨指。**張云：「『則』下有脱字，或是『二』字，或是『三』字。」案：張説未知是否？今以文義推之，「則」下疑當脱「指」字。言於此有二物，或同類，或同處，今特指此物，勢必兼直彼物，故不能獨指，即經所謂「不可逃」也。又莊子天下篇云「指不至，至不絶」，疑亦即此節之義。蓋若甲乙同處，欲指甲而勢不能不兼直乙，既兼直乙，則所指不得謂專至甲，亦不能與乙絶也，故云「不至」、「不絶」。釋文引司馬彪説殊誤。**所欲相不傳，**張云：「所欲言不相傳。」詒讓案：相，疑亦「指」之誤。意所欲指者一物，今兼直二三，則不能明傳其所欲矣，與莊子「指不至」語意同。**意若未校。**張云：「校，恱也。不快人意。」**且其所智是也，**張云：「有所知。」**所不智是也，**張云：「有所不知。」**則是智、是之**

〔二〕「也」，原誤「可」，據畢沅刻本改。按作「可」爲孫本梓誤。

不智也，惡得爲一？是智者，所已知也；是之不智者，所未知也，則不能并爲一矣。謂而有智焉有不智焉。疑亦當有「也」字。依張、楊説，此釋經下「有指於二，而不可逃，説在以二絫」。所，春也，未詳。張云：「下云『臧也今死，而春也得文』，則春爲人，疑不能決。」其執固不可指也。張云：「『執』疑當爲『埶』，與勢同。」案：張校是也。埶即古勢字。徐鉉説文新附云：「勢，經典通用『埶』。」禮運「在埶者去」，鄭注云「埶，埶位也」，釋文云：「埶，本亦作『勢』。」後魯問篇亦以埶爲勢，今本並誤「執」，可證。逃臣不智其處，不知其所匿之處。狗犬不智其名也。若韓盧、宋鵲。遺者，巧弗能兩也。張云：「皆不可指。遺者，義宜爲失亡者。『巧弗能兩』，未詳。」詒讓案：「兩」疑當爲「网」，或作「罔」。孟子公孫丑篇「以罔市利」，趙注云：「罔羅而取之。」「网」與「兩」形近而誤。言人偶有遺物，雖使至巧罔羅索取之，不能必得也。依張説，此釋經「所知而弗能指，説在春也、逃臣、狗犬〔一〕、貴者」。案：「貴」即「遺」之譌。智，句。智狗；吴鈔本「智」下衍「者」字。重，句。智犬。經説上云「二名一實，重同也」。義詳前。則過，依經當作「不智則過」，今本脱二字。張云：「既知狗又知犬，而不知狗之即犬，則過。」不重則不過。不重則名實迥異，宜其不知，故不過。依張説，此釋經「智狗而自謂不知犬，過也，説在重」。通，問者曰：「通」即經云「通意」，言問以通其意恉也。「子知羈乎？」畢云：「『羈』當爲『䮝』，即『驘』省文。」詒讓案：説文馬部云：「驘，驢父馬母者也。从馬，𣎆聲。或从𦝠作『騾』。」此蓋从𣎆省聲，而以「言」爲「西」，則傳寫之譌。應之曰：「羈

〔一〕「犬」，原引誤「馬」，據經下改。

何謂也？」彼曰「蠃施」，句。則智之。「施」疑當作「也」，謂告以蠃之名物。張云「蓋即蠃螔」，繆。若不問蠃何謂，徑應以弗智，句。則過。不問蠃何謂，而徑應以弗知，則不知而復無求知之意，人將不復告，是終於不知矣，故謂之「過」。且應必應，此義難通，疑當作「且問必應」，涉下而誤耳。問之時若應，句。長應有深淺。「長」疑當作「其」，形近而誤。深，若應之曰「蠃何謂」；淺，若徑應以「弗知」是也。此釋經下「通意後對，説在不知其誰謂也」。大常中在，大，道藏本、吴鈔本作「天」，以文義推之，疑當作「人」。畢云：「據下文，『常』當爲『堂』。」兵人，句。長所。長，吴鈔本作「常」，非。此疑當作「其人，其所」。今本兩「其」字譌「兵」、「長」二字，遂不可通。室堂，句。所存也；此謂其所。其子，其，疑當爲「某」之譌，後旗幟篇云「建旗其署曰某子旗」。存者也。此謂其人。據在者而問室堂，張云：「『在』當爲『存』。」案：在、存義同，似不必改。惡可存也？當作「惡所存也」。上云「堂室，所存也」，下云「主存者以問所存」，並其證。言問存者以在室或在堂也。主室堂而問存者，孰存也？言問在室堂者爲何人也。是一主存者以問所存，句。一主所存以問存者。依楊説，此釋經下「所存與者，於存與孰存」。案：經「者」上脱「存」字。五合，謂五行相合。水土火，疑當作「木生火」。張云：「五行自相合者，水土火。金待火而合，木待金而合。」案：張説未知是否。火離然。此言火離木而然。易離象傳云：「離，麗也。」莊子外物篇云：「木與木相摩則然。」張云「火出於石而然於木，離其本」，未塙。火鑠金，火多也。金靡炭，靡，礳之叚字。説文石部云：「礳，石磑也。」「研，礳也。」言金能礳研炭，使消散。金多也。張云：「所謂無常勝。」合之府水，道藏本、吴鈔本作「木」，非。畢云：「府，疑同腐。」張云：「水無不合。」案：畢、張説並未塙，此疑當作「合之成水」。言金得火則銷鑠而成水，莊子外物篇云「金與火相守則流」是也。木離木。張云：「木必相離。」案：張説亦難通。疑當作「木離土」，離亦與麗同義。易離象云：「百穀艸木麗乎土。」此釋經下「五行毋常勝，説在宜」。若識麋與魚之數，惟所利，無欲惡。無欲惡，猶言無愛憎。麋魚以共膳羞。惟所利，謂惟所共無偏嗜，即經所謂「宜」也。傷生損壽，説以少連。説，吴鈔本作「設」，此義難通。疑「連」當作「適」，謂節嗇以養性也。下云「適足不害」，亦其證。呂氏春秋適音篇云「和心在於行適」，高注云：「適，中適也。」是誰愛也？嘗多粟，或者欲不有能傷也，疑當作「或者欲有不能傷也」。言多粟而或欲有之，然徒欲不足爲益損也。若酒之於人也。言酒無益於人，損之爲宜。且怨人利人，怨，吴鈔本作「恕」，下句仍作「恕」。愛也，則唯恕弗治也。唯，舊本作「惟」，今據吴鈔本改。徒知不足爲益損。或云唯與雖通，「治」疑當爲「給」，言知愛利人，而力不可徧給，亦不足爲益損也，亦通。依張説，此釋經下「無欲惡之爲益損也，説在宜」。損飽者去餘，言損去其多餘者。適足不害，能害飽，能與而通。「害飽」疑當作「飽害」。言若食適足，不害於人，而過飽乃爲害。若傷麋之無脾也。脾讀爲髀。少牢饋食禮云「腊用麋」，又云「髀不升」，鄭注云：「近竅，賤也。古文『髀』皆作『脾』。」此與古文禮正同。言麋以共祭，而髀不登於祭俎，故傷麋雖無髀，無害於爲腊以共祭，亦損而不害之意。且有損而后益智者，「智」字疑衍。若㾑病之之於㾑也。畢云：「『㾑』即『瘧』省文。説文云：『瘧，熱寒休作。』今經典省几，此省E，一也。E即爪字。」詒讓案：廣雅釋詁云：「𤺺，病也。」此「㾑」或當爲「𤺺」之省文。下「之」字當作「人」，言人患瘧者，以病損爲益也。此釋經下「損而不害，説在餘」。智以目見，而目以火見，而火不見。公孫龍子堅白論篇云：「且猶白以目，以火見，而火不見，則火與目不見而神見，神不見而見離。」彼文「以目」下蓋脱「見目」二字，義與此正同。莊子天下篇「辯者曰：目不見」，亦即此義也。惟以五路智久不當。未詳。此釋經「知而不以五路，説在久」。以目見，下當脱「火」字。若以火見。火，句。謂火熱也，非以火之熱。言火雖熱而所見者光也，非以其熱。莊子天下篇云「火不熱」，此即其義。淮南子詮言訓許注云「公孫龍以白馬非馬、冰不寒、炭不熱爲論」，彼「炭」疑亦「火」之誤。此釋經下「必熱，説在頓」。「必」即「火」之誤，下又脱「不」字。我有若視曰智，智並與知通。張云：「有如視一物而曰知。」雜所智與所不智而問之，則必曰：「是所智也，是所不智也。」取去俱能之，張云：「取所知。去所不知。」是兩智之也。依張説，此釋經下「知其所以不知，説在以名取」。無，句。若無焉，句。則有之而后無。后，吴鈔本作「後」。無焉，「焉」疑當作「馬」。馬爲物名，必先有馬，乃可言無馬也。無天陷，句。則無之而無。張云：「天陷未詳，或謂天所缺者。」案：張説未塙。「天」疑當作「失」，戒人無失陷爲虚言，則先未有此事而豫相敕戒，亦可言無，所謂不必待有也。依張説，此釋經下「無不必待有，説在所謂」。擢疑「擢」當爲「摧」，詳經下。無謂也。未詳。臧也今死，而春也得文文死也可。此義不可通。「春也」與「臧也」對舉，疑「春」當爲廝養之「養」，形近而誤。「得文」疑當作「得之」。大意似謂亡臧而得養，略足相當。但文尚有譌脱，不能盡解。此釋經下「擢慮不疑，説在有無」，「擢」亦「摧」之誤。且，句。猶是也。此引申比況之義。詩周頌載芟「匪且有且，匪今斯今」，毛傳云：「且，此也。」孔疏云：「且亦今時。」此云「猶是也」，與此今義相近。張云：「且，未然之辭，亦方然，故曰『猶是也』。是，如此也。」案：張説亦通。且然，句。必然。舊本作「且且必然」，吴鈔本作「且必然」。王引之云：「『且且必然』當作『且然必然』，以下三句文義例之，可知。」案：王校是也，張校同，今據正。經說上云「自前曰且，自後曰已，方然亦且」，此即方然之義。言且之爲言，雖尚未然，而事勢湊會，必將至於是。**且已，**句。**必已。**句。**且用工而後已者，必用工而後已。**舊本「必用工」下脱「而」字。王引之云：「『後』上亦當有『而』字。」案：王校是也，今據補。用工，猶言從事也。此釋經下「且然不可正，而不害用工，説在宜歐」，「宜歐」疑當作「害區」。**均，**句。**髮均縣，**句。**輕重而髮絶，不均也。均，**句。**其絶也莫絶。**舊本「輕」下脱「重」字。孫星衍云：「列子湯問篇云『均髮均縣，輕重而髮絶，髮不均也。均也，其絶也莫絶』，張湛注云：『髮甚微脆，而至不絶者，至均故也。今所以絶者，猶輕重相傾，有不均處也。若其均也，寧有絶理？言不絶也。』今『輕』下脱『重』字。『均其絶也』句，『均』下無『也』字。」案：孫校是也。畢亦據補「重」字，今從之。依張、楊説，此釋經下「均之絶不，説在所均」。**堯霍，**此二字爲下文發耑，篇中「霍」字婁見，以義推之，似並當爲「虎」之譌，然於此文不合。畢云「據下文作『臛』」，張從之，未知是否。**或以名視人，或以實視人。**張云：「堯者名，臛者實。」**舉友富商也，是以名視人也。指是臛也，是以實視人也。**臛，或當同上作「霍」。視與示通，舉友之富商以告人，是示以名也。指臛以示人，是示以實也。**堯之義也，是聲也於今，**張云：「名生於今。」**所義之實處於古。**言堯之義施於當時不能及今，即經「異時」之義。此釋經上「堯之義也，生於今而處於古，而異時，説在所義」，「生」疑當爲「任」。**若殆於城門與於臧也。**此九字上下文無所屬，張并上「堯霍」爲一條，云「城門，守門者。臧，僕也。『城門』舉實，『臧』舉名」，其説殊迂曲。審校文義，疑當在上文「無讓者酒，未讓，始也，不可讓也」之下，皆釋經下「無不讓也，不可」之義。凡古人行禮，賓主入門必讓，若與人同入城門，而相殆，則無爲讓。臧爲賤人，不足與爲禮，則不必讓也。荀子榮辱篇云「巨涂則讓，小涂則殆」，楊注云：「殆，近也。」此殆異於讓之義。又案殆與逮聲義相近，毛詩小雅巷伯傳云「柳下惠嫗不逮門之女」。「殆於城門」即逮門，謂近而相及不爭先也。**狗，**句。**狗，犬也，謂之殺犬，可，**以經文校之，當作「而殺狗謂之殺犬，不可」。莊子天下篇云「狗非犬」，成玄英疏云：「狗之與犬，一物兩名，名字既空，故狗非犬也。狗犬同實異名，名實合，則彼謂狗，此謂犬也；名實離，則彼謂狗，異於犬也。墨子曰：狗，犬也，然狗非犬也。」案：此經云「殺狗非殺犬」，亦即名實離之義。然成引經語，亦有刪佚，非其元文。**若兩䐚。**未詳。集韻十五灰云「胎䐚，腫大皃」，非此義。「䐚」疑當爲「髃」，儀禮士喪禮鄭注云：「髃，肩頭也。」說文骨部云：「髃，肩前也。」楊云：「『䐚』疑『髀』字之誤。」案：依楊說，則當亦「髀」之叚字，見前。此言同一體而有左右之異，以喻狗犬同物而異名也。依張、楊說，此釋經下「狗，犬也。而殺狗非殺犬也，可，說在重」。**使，**句。**令使也。**此與經說上「使，令謂，謂也」文例同。張云：「訓使義。」**我使我，我不使亦使，我。**此義難通。張云：「殿，自爲之也，亦得爲使，故言使不使皆使。」案：張改經「使，殷、美」「殷」爲「殿」，故其說如此，然義甚牽強，恐不足據。審校文義，此「我」字或當經之「美」字，疑並當爲「義」。蓋兩文皆誤，而一存其上半，一存其下半也。此似當云「義使使，義不使亦使，義」。言義者使令之，使乃其正也。以義使之爲使，以義不使之亦爲使，不使謂禁止之也，末義字總釋上語。**殿戈亦使，殿不美亦使，殿。**楊云：「經作『殷』，說作『殿』。」張云：「殿戈，殿軍也。」案：張說未塙。此「殿」字當經之「殷」字，兩文似皆誤，無可推校。意必求之，疑「殿」並當爲「假」，「戈」與「美」並當爲「義」。似云「假義亦使，假不義亦使，假」。言假者假設之，使非其正也。似假設合義爲使，假設不合義亦爲使也，末假字亦總釋上語。此肊說，無可質證。而前云「不若敷與美」，「敷美」似亦「假義」之譌。綜校諸譌文，約略相類，聊復箸之。依張、楊說，此釋經下「使，殷、美，說在使」。**荆沈，**句。**荆之貝也，則沈淺非荆淺也。**「沈」當爲「沆」。說文水部云：「沆，大澤也。」徐鍇繫傳引博物志云：「停水，東方曰都，一名沆。」太平御覽地部引述征記云：「齊人謂湖曰沆。」水經巨馬河篇督亢澤，注引風俗通云「沆，漭也。言乎淫淫漭漭無崖際」，今本風俗通義山澤篇「沆」作「沈」，又云「沈澤之無水，斥鹵之類也」，並形之誤。漢書刑法志「山川沈斥」，荀悦漢紀「沈」作「坑」，坑與沆字正同。蓋沆爲藪澤，此「荆沆」即荆之沆澤。「荆之貝」當作「荆之有」。言沆在荆，則沆即爲荆之所有也。然沆包於荆畺域之中，則沆雖淺狹，無害於荆之廣大，故曰「沆淺非荆淺」。依張說，此釋經下「荆之大，其沈淺也，說在具」。案「具」亦「有」之誤。**若易五之一，**之猶與也，下同。張以五字屬上，非。**以楹之摶也，見之，**摶，即備城門篇之「柴摶」、「積摶」，蓋聚束柴木之名。此言楹大而摶小，若以五易一，多少之數不相當也。**其於意也不易，**蓋謂意度之，則知其不當易。**先智意相也。**先智，以經下校之疑當作「无智」。說文：「无，古文奇字。」「无」與「先」形近而誤。「无智」即經云「無知」也。「相」下疑有脱字。**若楹輕於秋，**秋當讀爲萩。說文艸部云：「萩，蕭也。」左傳「伐雍門之萩」，釋文「萩」作「秋」。彼「萩」爲「楸」之叚字，與此義異，而或作「秋」，則可互證。此亦喻輕重之失當，與「楹之摶」同意。**其於意也洋然。**未詳。此釋經下「以檻爲摶，於以爲無知也，說在意」。「檻」即「楹」之誤。**段、椎、錐俱事於履，可用也。**吴鈔本「段」作「斷」，「事」作「視」，並誤。說文殳部云：「段，椎物也。」木部云：「椎，擊也，齊謂之終葵。」金部云：「錐，鋭也。」詩大雅公劉〔二〕「取厲取碫」，毛傳云：「碫，段石也。」說苑襍言云：「干將鏌鋣，以之補

〔二〕按：引文見詩大雅公劉篇，「公」上原衍「篤」字，茲據删。

屨，曾不如兩錢之錐。」**成繪屨過椎**，「繪」疑當爲「繒」，「過」當爲「遇」，下同。說文糸部云：「繒，帛也。」古爲屨，冬皮夏葛，蓋亦或以繒帛爲之。**與成椎過繪屨同**，句。**過仵也**。仵，字書無此字，道藏本作「件」，吳鈔本同。畢云：「『仵』當爲『舛』異文。」張云：「依經當作『仵』。」案：張校是也，仵與啎同。過，經同，亦當作「遇」。史記天官書云「逢俉化言」。說文午部云：「啎，逆也。」夊部云：「夆，啎也。」爾雅釋詁云：「遘、逢、遇，遌也。」漢書敘傳鄧展注引作「遻、逢，遇也」。遇、逢義同。啎、遌、遇、逆音並相轉，仵、俉、遻聲相近。遇仵，猶言逢俉、夆啎，亦猶言逆啎也。此謂繒爲作履屨之材，段、椎、錐爲作履屨之器，材與器兩者遇仵以成履屨，相須而爲用也。此釋經下「意未可知，說在可用、過仵」。**一**，句。**五有一焉，一有五焉，十二焉**。張云：「五析之，則有一者五，是一少於二也。建一以爲十，則一有五者二，是多於五也。建一爲十，累一爲二。」詒讓案：「十二焉」疑當作「十，二五焉」，謂一十有二五也。依張、楊說，此釋經下「一少於二，而多於五，說在建」。案：「建」疑「進」之誤。**非斱半**，斱，欘之別體，此疑當作「斱非半」，即約經云「非半弗斱」也，而反辭以明其義。**進前取也**。非半而斱之，則每斱前進也。**前，則中無爲半**，言半者必前後之中，進前取，盡其端，則中無所謂半。**猶端也**。「端」即前也。經上云：「端，體之無序而最前者也。」此言雖取中斱之，終必前極其端。**前後取，則端中也**。前後端之中，即所謂半。**斱必半，毋與非半**，毋，吳鈔本作「無」。**不可斱也**。盡其端則無半，不復可斱。莊子天下篇云「一尺之捶，日取其半，萬世不竭」，釋文引司馬彪云「若其可析，則常有兩；若其不可析，其一常在，故曰萬世不竭」，即此義也。依張、楊說，此釋經下「非半弗斱，則不動，說在端」。**可無也，已給，則當給不可無也**。張云：「給，具也。嘗已具之，則當具之。」案：張說未塙。此以經校之，疑當作「已然，則當然不可無也」。「然」與「給」艸書形近而誤。凡事之言已然者，即嘗然。今雖無，而昔之爲有則審矣。故云「不可無」，猶經云「不可去」也。依張、楊說，此釋經下「可無也，有之而不可去，說在嘗然」。**久有窮無窮。**此五字與上下文皆不屬，張、楊並屬上爲一章，以經校之，亦不相應，疑當在後「民行脩必以久也」之下，而誤錯在此。**正九，**畢云：「一本作『凡』。」案：顧校季本亦作「凡」，今以文義校之，當是「丸」之形誤，謂正圜之丸。下云「摶」，即圜丸之形也。**無所處而不中縣，摶也。**摶，道藏本、吳鈔本作「搏」，非。考工記云「直者中縣」。「正丸」即立圜，隨所轉側，而其中綫必正直，故云「無所處而不中縣」，即經「不可搖」之意。依張、楊說，此釋經下「正而不可擔，說在摶」。案：「擔」即「搖」之誤。**偃宇不可偏舉，**偃、區、偏、徧，並聲同字通。**字也。**「字」當作「宇」。**進行者先敷近，後敷遠。**敷猶布也，詳經下。**行者行者**張云：「誤重。」**必先近而後遠。**依張說，此釋經下「宇進無近，說在敷」。**遠近，脩也；先後，久也。**「遠」下舊本有「脩」字。俞云：「上『脩』字衍文。『遠近脩也，先後久也』，相對爲文。以地之相去言曰脩，以時之相去言曰久。」案：俞說是也，今據刪。脩，吳鈔本並作「修」，「脩」叚字。**民行脩必以久也。**依張說，此釋經下「行循以久，說在先後」。案：「循」即「脩」之誤。**一方盡類，俱有法而異，或木或石，不害其方之相合也。盡類猶方也，**舊本「一方盡類」並作「一方貌盡」，「合」作「台」，「盡類猶方也」作「盡貌猶方也」。吳鈔本下「貌」字作「皃」。張云：「『台』當爲『召』。」王引之云：「當作『一方盡類，或木或石，不害其方之相合也。俱有法而不異，盡類猶方也』。一方盡類者，一，同也，言同具方形則其方盡相類也。隸書『類』、『貌』相似，故『類』誤爲『貌』，又誤倒於『盡』字上耳。或木或石，不害其方之相合也者，言物之方者，雖有方木、方石之異，而不害其方之彼此相合也。作『台』者，字之誤耳。俱有法而不異，盡類猶方也者，言其法同，則彼此盡相類，亦猶方與方之盡相類也。傳寫者上下錯亂，又脱『不』字耳。『一方盡類』云云，則經下所謂『一法者之相與也盡，若方之相合也』。」案：王校改「貎盡」並爲「盡類」，「台」爲「合」，是也，今並據正。吕氏春秋別類篇云「小方，大方之類也」，即此「一方盡類」之義。但「俱有法而異」句，似不必移。蓋上言「一方盡類」，明其方之同。下言「俱有法而異」，明同方之中仍有異也。「盡類猶方也」，猶與由通，言其所以盡相類者，由於同方也。**物俱然。**此釋經下「一法者之相與也盡，若方之相合也，説在方」。「盡」下亦當有「類」字。**牛狂與馬惟異，**張云：「『牛狂』當作『狂牛』。」俞云：「『狂』與『惟』皆『性』字之誤。」案：張校非是，俞校以「狂」爲「性」，是也。吕氏春秋壅塞篇云「牛之性不若羊，羊之性不若豚」，高注云：「性猶體也。」俞謂「惟」亦爲「性」，則非。以公孫龍子校之，當作「牛性與馬雖異」。雖，公孫龍書作「唯」，並與「惟」通。言牛馬性雖異，然其所以異者，不在齒與尾也。詳後。**以牛有齒、**句。**馬有尾，**句。**説牛之非馬也，不可。**俞云：「此言牛性與馬性異，非徒以牛有齒、馬有尾爲別也。」**是俱有，**張云：「牛亦有尾，馬亦有齒。」詒讓案：大戴禮記易本命云「戴角者無上齒，無角者膏而無前齒」，蓋牛有下齒，馬有後齒也。公孫龍子通變篇謂「牛無尾」者，以其有尾而短耳，非實無尾也。**不偏有、偏無有。**句。**曰**盧云：「當有『牛』字。」**之與馬不類，**句。**用牛有角、**舊本「角」上脱「有」字。盧云：「『用牛』當爲『牛有』。」王引之云：「『用』非誤字。用者，以也。以牛有角、馬無角，説牛與馬之不類，故云『曰牛與馬之不類，用牛有角、馬無角』也。下文『若舉牛有角、馬無角，以是爲類之不同也，是狂舉也』，以亦用也。上文『以牛有齒、馬有尾，説牛之非馬也，不可』，文義亦同，則『用』非誤字可知。但可云『用牛』下脱『有』字耳。」案：王校是也，張校同，今據增。**馬無角，**句。**是類不同也。若舉牛有角，馬無角，以是爲類之不同也，是狂舉也。**公孫龍子亦有「正舉」、「狂舉」之文。以意求之，蓋以舉之當者爲正，不當者爲狂，此書經説通例，凡是者曰正、曰當，非者曰狂、曰亂、曰誖，義與公孫龍書略同。此疑當作「以是爲類之同也，是狂舉也」，今本涉上文而衍一「不」字，則不得爲狂舉矣。**猶牛有齒、馬有尾，或不非牛而非牛也，可**〔二〕，此言有齒之嘼與牛相類，或不得謂非牛，而實非牛也。若爾雅釋嘼牛屬犘牛、犦牛之類。**則或非牛或牛而牛也，可。**疑當作「則或非牛而牛也，可」。言或有非牛而與牛相類，則亦可謂之牛也。**故曰「牛馬非牛也」，未可，**此言兼舉牛馬，則不得謂非牛，猶公孫龍子云「羊合〔三〕牛非馬」。張云：「曰牛馬，豈得非牛？」**「牛馬牛也」，未可。**此亦兼舉牛馬，既兼有馬，則又不可竟謂是牛。張云：「曰牛馬，豈得謂牛？」**則或可或不可，而曰「牛馬牛也未可」亦不可。**言可不可兩説未定，則竟旁謂牛馬之爲牛者未可，亦非也。張云：「有可者，今但言未可，是亦不可。三皆不辯其兼，故不可。」**且牛不二，馬不二，而牛馬二。**前云：「數牛、數馬，則牛馬二；數牛馬，則牛馬一。」**則牛不非牛，**張云：「專牛則牛。」**馬不非馬，**張云：「專馬則馬。」**而牛馬非牛非馬，**句。**無難。**張云：「兼牛馬，則非牛非馬，是則無可難矣。」案：張説是也。此即經云「説在兼」之義。荀子正名篇云「『有牛馬非馬

〔二〕「也」下原脱「可」字，據畢沅刻本補。

〔三〕「合」，原誤「言」，據公孫龍子變通篇改。

也』，此惑於用名以亂實者也」。公孫龍子通變篇云：「牛與羊唯異，羊有齒，牛無齒，而牛之非羊也，羊之非牛也，未可，是不俱有而或類焉。羊有角，牛有角，牛之而羊也，羊之而牛也，未可，是俱有而類之不同也。羊牛有角，馬無角；馬有尾，羊牛無尾，故曰羊合牛非馬也。非馬者，無馬也。無馬者，羊不二，牛不二，而羊牛二，是而羊而牛非馬可也。若舉而以是，猶類之不同。若左右，猶是舉。牛羊有毛，雞有羽。謂雞足一，數足二，二而一故三；謂牛羊足一，數足四，四而一故五。牛羊足五，雞足三，故曰牛合羊非雞。非，有以非雞也。與馬以雞寧馬，材不材，其無以類，審矣！舉是謂亂名，是狂舉。」即此書之義。但兩書文義皆宂復奥衍，不可盡通耳。依張、楊說，此釋經下「狂舉不可以知異，說在〔二〕有不可。牛馬之非牛，與可之同，說在兼」。**彼**，句。**正名者彼此。**謂言當其名。**彼此可**，句。**彼彼止於彼，**張云：「定彼爲彼。」**此此止於此。**張云：「定此爲此。」詒讓案：此謂彼此之名有定，故可。**彼此不可**，句。**彼且此也。**疑當云「彼且此也，此亦且彼也」。此謂彼此之名無定，故不可。**彼此亦可，**此言彼此在有定無定之藿。張云：「統言彼此，則彼亦此，故可。」**彼此止於彼此，若是而彼此也，則彼亦且此此也。**「此」字吴鈔本不重。張云：「定以爲彼此，則我此此而彼彼，彼亦且此此而彼彼，故不可。」案：張說未塙。此似申上「彼此亦可」之義。疑當作「則彼亦且此，此亦且彼也」，今本脱三字。公孫龍子名實篇云：「正其所實者，正其所名也。其名正，則唯乎其彼此焉。謂彼而彼不唯乎彼，則彼謂不行；謂此而此不唯乎此，則此謂不行。其以當爲當也，不當而亂也。故彼彼當乎彼，則唯乎彼，其謂行彼；此此當乎此，則唯乎此，其謂行此。其以當而當也，以當而當，正也。故彼止於彼，此止於

〔二〕「在」字原脱，據經下補。

此，可。彼此而彼且此，此彼而此且彼，不可。」即此章之塙詁。又莊子齊物論篇云：「物無非彼，物無非是。自彼則不見，自知則知之。故曰彼出於是，是〔二〕亦因彼。」又云：「是亦彼也，彼亦是也。彼亦一是非，此亦一是非。果且有彼是乎哉？果且無彼是乎哉？」亦與此義略同。畢云：「已上釋經下『循此與彼此同，説在異』。」案：經有譌。**唱無過，**即下云「唱而不和」。「過」疑當作「遇」，遇與偶通，下同。**無所周，**疑當爲「用」之誤。謂所唱不足用，即「唱而不和」之意。**若粺。**當爲「稗」，説文禾部云：「稗，禾別也。」此喻無所用，若荑稗。**和無過，**即下云「和而不唱」。**使也，**謂人不唱使然。**不得已。**明非和者之過。**唱而不和，是不學也。**唱者爲教，則和者爲斆，故不和爲不學也。**智少而不學，必寡。**「必」上有脱文。楊云：「疑脱『功』字。」**和而不唱，是不教也。智而不教，**畢云：「『智』下當有『少』字。」詒讓案：疑當作「智多而不教」，與上文「智少而不學」正相對。**功適息。**張云：「我有知而不以告人，則功息絶矣。」**使人奪人衣，罪或輕或重；使人予人酒，或厚或薄。**句首疑脱一字。此蓋喻不和不唱之無功。依張、楊説，此釋經下「唱和同患，説在功」。**聞在外者，所不知也。**謂在外而聞有人在室，不知其人若何。**或曰「在室者之色若是其色」，**言告以在室者之色，與在外者相若。**是所不智若所智也。**以下「智」並與「知」同。所不知，謂在室者；所知，謂在外者。**猶白若黑也，**若猶與也，儀禮燕禮云「冪用綌若錫」。言問其色白與黑。**誰勝？**勝猶言當，上文云「當者勝也」。謂兩擧白黑，未知孰勝。**是若其色也，**「是若」疑

〔二〕「是」字原不重，據莊子齊物論補。

倒，言告以色若是。**若白者必白。今也智其色之若白也，故智其白也。**張云：「若正而言之，色若此白者，彼物必白，則知其色之若白，可以知其白矣。」**夫名以所明正所不智，**名，吴鈔本作「明」，誤。張云：「正物名。」**不以所不智疑所明，**句。**若以尺度所不智長。**言以所明正所不知，若不知物之長，而以尺度之也。畢、張並讀「長外」爲句，大誤。**外，**句。**親智也；**句。**室中，**句。**説智也。**此與經説上云「知，方不㢓，説也。身觀，親也」，義同。言在外之色爲親見而知，以室中之色若在外之色，則聞人之説而後知也。畢云：「已上釋經下『聞所不知若所知，則兩知之，説在告』。」**以詩，**以詩，猶言以爲詩。「詩」即非也，與下「以當」文義正相對。**不可也。**言以人之言爲詩者，必其言之不可信者也。**出入之言可，**以下文校之，「出入」當作「之人」，形近而誤。**是不詩，則是有可也。**有可信者，即不得盡㢓爲詩。**之人之言不可，**句。**以當，**句。**必不審。**「審」疑亦當作「當」。言以不可爲當，是必不當也，此即公孫龍子「以當爲當，不當而亂」之義。依張説，此釋經下「以言爲盡詩，詩，説在其言」。**惟，**句。**謂是霍，可，**惟，當依經作「唯」。「霍」疑亦「虎」之誤，下並同，説詳前。唯，應辭也。此言叚物爲名，若謂之爲虎也，而彼應之曰唯，則可。上文云「惟是當牛馬」，彼「惟」亦「唯」之叚字，與此義可互證。經以非名爲不可，明是名則可。莊子寓言篇云：「與己同則應，不與己同則反。同於己爲是是〔二〕，異於己爲非非。」**而猶之非夫霍也，**言彼雖非真虎，而既唯我所謂，則是謂之可者也。**謂彼是是也。**謂所謂與其名相應。**不可謂者，毋惟**

〔二〕「是是」，莊子寓言作「是之」，下「非非」作「非之」，此處引文疑誤。蓋「之」字草書與重文符號「Z」相似，故均誤刻作重文。

乎其謂。言凡不可謂者，必無人唯我之所謂。彼猶惟乎其謂，句。則吾謂不行。當作「則吾謂行」，此衍一「不」字。彼若不惟其謂，句。則不行也。此即公孫龍子「謂彼而彼不唯乎彼，則彼謂不行；謂此而此不唯乎此，則此謂不行」之義。依張說，此釋經下「唯吾謂，非名也則不可，說在仮」。無南者，盧云：「『南』當讀如難，上下文俱有『無難』之語。」案：盧說非也。張讀屬上節，亦誤。此「南」即指南方。無南，猶言南無窮也。古者中國所治地，南不盡南海，又天官家不知有南極，故於四方獨以南爲無窮。莊子天下篇「惠施曰南方無窮而有窮」，蓋名家有持此義者。有窮則可盡，句。無窮則不可盡。句。有窮無窮未可智，智與知同，下並同。則可盡不可盡不可盡畢云：「此三字疑衍。」未可智。可，吳鈔本作「有」，誤。人之盈之否未可智，次「之」字疑衍。謂人在四方，盈否未知。而必人之可盡。句。不可盡亦未可智，當作「人之可盡不可盡亦未可智」。此涉上文而脱「人之可盡」四字。而必人之可盡愛也，疑當作「而必人之不可盡愛也」，今本脱「不」字。「盡愛」即兼愛之說。故經云「無窮不害兼」。誖。言持此論者不可也。蓋謂人不可盡愛，則有害於兼愛之說，故墨子非之。人若不盈先窮，「先」當作「無」，亦「无」之誤。則人有窮也。謂人若不能盈無窮，既不能盈，則是有窮也。盡有窮無難。張云：「我愛盡於有窮，不足以難兼也。」盈無窮，句。則無窮盡也，謂人若盈無窮，則無窮既可盈，即界有盡也。盡有窮無難。以上六句，皆難「人不可盡愛」之說。依張說，此釋經下「無窮不害兼，說在盈否知」。不二智其數，張云：「『二』衍。」案：疑當爲「不一一」。惡智愛民之盡文也？「文」當作「之」，下同。吳鈔本重「盡」字，衍。張云「『文』衍」，非。或者遺乎其問也？問，舊本譌「門」，今據道藏本正。言慮所問有所遺忘，則雖愛民不能盡其數。張云「『門』、『問』皆『明』字之譌」，非是。**盡問人，則盡愛其所問。**言於心無不愛。**若不智其數而智愛之，盡文也無難。**依張說，此釋經下「不知其數而知其盡也，説在明者」。案：「明」疑即「問」之誤。**仁，仁愛也。**張校謂次「仁」字衍，今案首「仁」字疑述經爲目，則無衍文。又疑或當作「仁，愛人也」。古人、仁字通。**義，利也。愛利，**句。**此也。**言愛利心在於己，明其同在内。**所愛所利，**句。**彼也。**言所愛所利惠加於人，明其同在外。**愛利不相爲内外，**張云：「俱内。」**所愛利亦不相爲外内。**吴鈔本作「内外」。張云：「俱外。」**其爲仁内也、義外也，**爲、謂字通。此見孟子公孫丑篇告子語，管子戒篇亦云「仁從中出，義由外作」。**舉愛與所利也，**偏舉所愛之在此，故云「内」。偏舉所利之在彼，故云「外」。**是狂舉也，**詳後。**若左目出右目入。**舊本脱「出」字，今據道藏本、吴鈔本補。若，吴鈔本作「㞫」，誤。此亦狂舉之類。張云：「仁義之於人，若二目不可分外内。」案：張説是也，但其本亦脱「出」字，又讀「入」字屬下「學也」，蔪誤。依張說，此釋經下「仁義之爲外内也，内，説在仵顔」。經亦有誤。**學也，以爲不知學之無益也，故告之也，是。**張云：「告，教也。」以學也故教，是也。」**使智學之無益也，**智亦與知同。**是教也，以學爲無益也教，詩。**此言學或有益或無益，故教亦有是有否，否則誖矣。張云：「使知學之無益也而教，則是以學之無益教矣，則誖也。」案：張説是也。依彼說，此釋經下「學之益也，説在誹者」。案經「益」上當有「無」字，「誹」疑「誖」之誤。**論誹，**謂誹議人，宜論其所誹之當否。**誹之可不可，**句。**以理之可誹，**張云：「當爲『非』。」**雖多誹，**句。**其誹是也；**句。**其理不可非，**王校作「誹」，未塙。**雖少誹，**句。**非也。**王引之云：「當作『論誹之可不可，以理之可誹不可誹。理之可誹，雖多誹，其誹是也；其理不可誹，雖少誹，非也』。今本『論誹』下衍『誹』字，『以理之可誹』下脱『不可誹理之可誹』七字，『其理不可誹』，『誹』又譌作『非』。」案：審校文義，似無脱誤，王校並未塙。**今也謂多誹者不可，是猶以長論短。**言誹有可否，不容概以多誹者爲非，若短長各有所宜，不可相論也。依張説，此釋經下「誹之可否，不以衆寡，説在可非」。**不誹，**依經當作「非誹」，謂非其好誹議人者。**非己之誹也。**言厞誹者之非，是謂非誹。**不非誹，**句。**非可非也。**即上云「以理之可非」。**不可非也，**謂人實有非而我非之，是非其所可非也。我所非自當，則人不可厞我爲非矣。**是不非誹也。**言凡誹人，而或議其非者，爲其有妄誹，實有可非也。若所誹不妄，則不可非，是不當非其所誹也。依張説，此釋經下「非誹者諄，説在弗非」。諄，「誖」之誤。**物，甚長甚短，**句。**莫長於是，**張云：「故曰『甚長』」。」**莫短於是，**張云：「故曰『甚短』」。」**是之是也，**是，即「莫長於是，莫短於是」之「是」。張云：「如是者是甚也。」**非是也者，莫甚於是。**言若非是者，則不得爲甚長甚短。「莫甚」上疑脱「非」字。張云：「非是者，莫得以爲甚。」案：張説未塙。依楊説，此釋經下「物甚不甚，説在若是」。**取高下以善不善爲度，不若山澤。**句。**處下善於處上，**句。**下所請上也。**「請」當作「謂」。言因下見上，則所謂上者，但微高於下而已，不必如山與澤之高下縣絶。莊子天下篇「惠施曰：天與地卑，山與澤平」，荀子正名篇亦云「山淵平」，並此意也。此釋經「取下以求上也，説在澤」。**不是，**此約舉經文爲目。不讀如否。**是則是且是焉。今是文於是，而不於是，**「文」當作「之」，下並同。「不」下亦當有「之」字。**故是不文。是不文則是而不文焉。今是不文於是，而文與是，**此句與上云「今是文於是而不於是」句正相對，則「而文與是」當作「而是文於是」。「是文」皆即「是之」之誤。上文

「而不於是」又當作「而不之於是」。傳寫互有脱字耳。故文與是不文同説也。此節文譌脱難通，參互推校，大意以「是」與「不」對舉，「是文」與「不文」對舉。凡「不」字並當讀爲否，「文」字疑並「之」字之誤。餘並未詳。依張、楊説，此釋經下「是是與是同，説在不州」。經亦有脱誤。

經上篇旁行句讀

畢氏新斆定本，今重校正。畢云：「本篇云讀此書旁行。今依録爲兩截，旁讀成文也。」

故，所得而後成也。

體，分於兼也。

知，材也。

慮，求也。

知，接也。

𢜔，知同。畢、張、楊本並作「恕」，誤。明也。

仁，體愛也。

義，利也。

禮，敬也。

行，爲也。

止，以已同。久也。

必，不已也。

平，同高也。

同，長以缶古「正」字。相盡也。

中，同長也。

厚，有所大也。

日中，缶南也。無説。

直，參也。無説。

圜，一中同長也。

方，柱隅四讙當作「襍」。也。

實，榮也。

忠，以爲利而强低當作「君」。也。

孝，利親也。

信，言合於意也。

佴，自作疑當作「仳」。也。

誚，狷通。作嗛也。

廉，疑當作「慊」。作非也。

令，不爲所作也。

任，士損己而益所爲也。

勇，志之所以敢也。

力，刑形同。之所以奮也。

生，刑同形。與知處也。

卧，知無知也。

夢，卧而以爲然也。

平，知無欲惡也。

倍，爲二也。

端，體之無序而最前者也。

有閒，中也。

閒，不及旁也。

纑，櫨通。閒虚也。

盈，莫不有也。

堅白，不相外也。

攖，相得也。

似，當作「仳」。有以相攖，有不相攖也。

次，無閒而不攖當作「相」。攖也。

法，所若而然也。

佴，所然也。

説，所以明也。無説。

攸疑當作「彼」。不可，兩不可也。

辯，争彼也。辯勝，當也。

利，所得而喜也。

害，所得而惡也。

治，求得也。

譽，明美也。

誹，明惡也。

舉，擬實也。

言，出舉也。

且，言然也。

君、臣、萌，氓通。通約也。

功，利民也。

賞，上報下之功也。

罪，犯禁也。

罰，上報下之罪也。

同，說作「侗」。異而俱於之一也。

爲，窮知而縣於欲也。

已，成、亡。

使，謂、故。

名，達、類、私。

謂，移、說作「命」，誤。舉、加。

知，聞、說、親。

名、實、合、爲。畢、張、楊並合前爲一經，誤。

聞，傳、親。

見，體、盡。

合，說作「古」，誤。𤯔、宜、必。

欲𤯔權利，且疑衍。惡𤯔權害。

爲，存、亡、易、蕩、治、化。

同，重、體、合、類。

異，二、不體、不合、不類。

同異交得，放說作「恕」，疑當作「知」。有無。

久，彌異時也。宇，彌異所也。

窮，或有前，不容尺也。

盡，莫不然也。

始，當時也。

化，徵易也。

損，偏去也。

大益。無說。

儇，秪秖。說作「儇昫民」。案：當作「環俱氐」。

庫，當作「摩」。易也。

動，或從當作「徙」。也。

讀此書旁行。此校語誤入正文。楊云：「五字當是後人所加，適在『𤰞無非』三字之上列。」

聞，耳之聰也。無說。

循所聞而得其意，心之察也。無說。

言，口之利也。

執所言而意得見，心之辯也。無說。

諾，不一利用。

服執說。音利。疑當作「言利」，二字乃正文，誤作小注。畢、張、楊以「服執說巧轉則求其故大益」爲一經，誤。

巧轉依說當作「傳」。則求其故。

法同則觀其同。

法異則觀其宜。

止，因以別道。

𤰞無非。畢、張並以三字與上校語爲一，誤。

經下篇旁行句讀

畢本無，今依張氏攷定本重校正。

止，類以行人，疑當作「之」。說在同。

駟疑當作「四足」。異說，張以三字屬下列「孰存」下，疑非。推類之難，說在疑脫「名」字。之大小。

物盡張以二字屬前經，誤。同名，二與鬬，愛，食與招，白與視，麗與，依說當有「暴」字。夫與履。說作「屨」。

一，偏棄說作「去」。之。謂而固是也，說在因。

不可偏去而二，說在見與俱、一與二、廣與循。當作「脩」。張以「物盡同名」以下四經合爲一，誤。

不能而不害，說在害。

所存與當有「存」字。者，於存與孰存。

五行無常勝，說在宜。

無欲惡之爲益損疑當作「無益損」。也，說在宜。

損而不害，說在餘。

異類不吡，仳同。說在量。

偏去莫加少，說在故。

假必誖，說在不然。

物之所以然，與所以知之，與所以使人知之，不必同，說在病。

疑，說在逢、循、遇、過。張以三字屬下，誤。

合與一，或復否，說在拒。無說。

物一體也，說在俱一、惟唯同。是。

宇或域正字。徙，說在長宇久。

二，張以此字屬下列「所義」下，誤。臨鑑而立，景到，多而若少，說在寡疑當作「空」。區。說在

知說作「智」，通。而不以五路，說在久。有誤。

必熱，依說當作「火不熱」。說在頓。疑當作「覩」。

知說作「智」，通，下同。其所以不知，說在以名取。

無不必待有，說在所謂。

擢疑當作「推」。慮不疑，說在有無。

且然，不可正，而不害用工，說在宜歐。疑當作「害區」。張以「歐」屬上列「物一體也」，誤。

均之絕不，不，否通。說在所均。

堯之義也，生疑當作「任」。於今而處於古，而異時，說在所義。

狗，犬也，而殺狗非殺犬也，可，說在重。

「住景二」條後。以下三經皆說鑑，當與說景諸條類列，疑皆傳寫亂之。張云：「此行當作『無久與宇堅白，說在因』。」案：張校以下五經互易，未知是否，姑箸之以備勘。

鑑位，立同。景一少而易，一大而缶，說在中之外內。說在「景之小大」條後，亦傳寫之誤。張云：「此行當『臨鑑而立，景到，多而若少，說在寡區』。」

鑑團景一。無說。下有脫字。

不堅白，說在。下有脫字。張并前爲一經，誤。又云：「此行當『鑑位，景一小而易，一大而缶，說在中之外內』。」

無久與宇。堅白，說在因。張云：「此行當『鑑團景一，不堅白，說在』。」

在諸其所然未者然，疑當作「諸未然」。說在於

使，殷、美，疑當作「使叚義」。說在使。

荆之大，其沈當作「沆」。淺也，說在具。說作「貝」，疑當作「有」。

以檻當作「楹」。爲摶，於以爲無知也，說在意。

意未可知，說無此義，疑有脫誤。說在可用、過當

是推之。

景不徙，說在改爲。

住疑當作「位」，位、立字通。景二，說在重。

景到，在午有端與景長，說在端。

景迎日，說在摶。疑當作「轉」。

景之小大，說在地當作「柂」。缶遠近。

天依說當作「大」。而必正，說在得。

貞依說當作「負」。而不撓，說在勝。

契挈通。與枝當作「收」。板，疑當作「仮」，或涉上衍。說在薄。

作「遇」。仵。說作「仵」，誤。張以「以檻爲摶」以下三經合爲一，誤。

一少於二，而多於五，說在建。疑當作「進」。

非半弗〔二〕斱，則不動，說在端。

可無也，有之而不可去，說在嘗然。

缶而不可擔，當作「擔」。說在摶。

宇進無近，說在敷。

行張以此字屬上經，誤。循依說當作「脩」。以久，說在先後。

一張以此字屬上經，誤。法者之相與也盡，依說當有「類」字。若方之相合也，說在方。

狂舉不可以知異，說在有不可。

〔二〕「弗」原作「勿」，據經下改。

倚者不可正，疑當作「止」。説在剃。當作「梯」。

推依説當作「柱」。之必往，疑當作「住」。説在廢材。

買無貴，説在仮反同。其賈。

賈宜則讎，説在盡。

無説而懼，説在弗心。當作「必」。

或域正字。過名也，説在實。

知之，否之，足用也，諄，疑當作「誖」。説在無以也。

謂辯無勝，必不當，説在辯。

無不讓也，不可，説在始。疑作作「殆」。

於一有知説作「智」，通，下同。焉，有不知焉，説

牛馬之非牛，與可之同，説在兼。張并前爲一經，誤。

循此循此與彼此同，説在異。

唱和同患，説在功。

聞所不知，若所知，則兩知之，説在告。

以言爲盡誖，誖，説在其言。

唯吾謂，非名也則不可，説在仮。

無窮不害兼，説在盈否知。

不知其數而知其盡也，説在明疑當作「問」。者。

不知其所處，不害愛之，説在喪子者。無説。

仁義之爲內外也，內，疑當作「非」。説在仵顏。有誤。

學之依説疑當有「無」字。益也，説在誹依説疑當作

在存。

有指於二，而不可逃，說在以二絫。當作「參」。

所知而弗能指，說在春字誤。也、逃臣、狗犬、貴說作「遺」。者。

知說作「智」，通，下同。狗而自謂不知犬，過也，說在重。

通意後對，說在不知其誰謂也。

「誖」。者。

誹之可否，不以衆寡，說在可非。

非誹者諄，當作「誖」。說在弗非。

物甚不甚，說在若是。

取下以求上也，說在澤。

是是與是同，說在不州。有誤。張并前爲一經，誤。